公共事务与国家治理研究丛书

行政制度：
结构·运行·赋能
——基于国家治理现代化视角

高小平 著

南京大学出版社

图书在版编目(CIP)数据

行政制度:结构·运行·赋能:基于国家治理现代化视角 / 高小平著. —— 南京:南京大学出版社,2021.8
(公共事务与国家治理研究丛书)
ISBN 978-7-305-24940-2

Ⅰ. ①行… Ⅱ. ①高… Ⅲ. ①国家-行政管理-现代化管理-研究-中国 Ⅳ. ①D630.1

中国版本图书馆 CIP 数据核字(2021)第 172909 号

出版发行 南京大学出版社
社　　址 南京市汉口路 22 号　　邮　编 210093
出 版 人 金鑫荣

丛 书 名 公共事务与国家治理研究丛书
书　　名 **行政制度:结构·运行·赋能**
　　　　　——基于国家治理现代化视角
著　　者 高小平
责任编辑 郭艳娟

照　　排 南京南琳图文制作有限公司
印　　刷 南京玉河印刷厂
开　　本 635×965　1/16　印张 29.75　字数 427 千
版　　次 2021 年 8 月第 1 版　2021 年 8 月第 1 次印刷
ISBN 978-7-305-24940-2
定　　价 80.00 元

网址:http://www.njupco.com
官方微博:http://weibo.com/njupco
官方微信号:njupress
销售咨询热线:(025) 83594756

* 版权所有,侵权必究
* 凡购买南大版图书,如有印装质量问题,请与所购图书销售部门联系调换

总序

在人类文明体系演进中,政治共同体的良善治理始终是衡量文明发展水平和程度的标尺。在中华民族源远流长的历史中,形成了丰厚的治理文明传统,至今依然熠熠发光。在近现代基于文明互鉴的治理实践中,中华民族不断探索新的治理文明道路。时至今日,在中华民族伟大复兴背景下,推进国家治理体系现代化成为时代发展的主题。推进国家治理体系和治理能力现代化,就是为人民幸福安康、为社会和谐稳定、为国家长治久安提供一整套更完备、更稳定、更有效的制度体系并构建其实践能力。这既是历史发展的主题,也是当今中国社会科学的时代责任,探究合法性和有效性兼备的治国理政知识,无疑是政治学和公共管理的根本旨趣。

在国家"双一流"建设背景下,南京大学确立了创建具有中国特色、南大风格的世界一流大学的总体目标,其中包括"国家治理现代化"学科高峰和"理论创新与社会治理"特色学科群建设计划。为高水平实现这些目标,南京大学以政府管理学院为主体组建了"公共事务与国家治理"学科群。本学科群以人类社会发展中的公共事务及其规律为基本关怀,研究国家治理与全球治理中的理论及实践问题,探索良政善治之道,全面服务于推进国家治理体系和治理能力现代化的总体目标。

南京大学政府管理学院脱胎于1921年成立的国立中央大学政治学系,历经百年沧桑,她既见证了中国现代国家治理体系的形成过程,又致力于通过对国家治理的知识创造积极参与到中国现代国家治理体系的建构之中。"周虽旧邦,其命维新",经过数代学人的不懈努力,南京大学政府管理学院形成了"道器相济,兼有天下""真诚研究、立德树人"的文化传承,确立了基础理论原创性研究和应用问题引领性研究的学术布局;在新时代社会科学发展进程中,南京大学政府管理学院正在成为科研力量雄厚、学术特色显著、传承紧致有序、发展充满朝气的国家治理现代化的研究和教学机构。

南大校歌云:"吾愿无穷兮,如日方暾。"创新性地开展国家治理现代化的研究,是政治学和公共管理的使命和挑战,呈现在读者面前的这套丛书,是我们研究国家治理现代化的学术成果。我们由衷期待这套丛书成为我们与学术界开展对话和交流的平台,并期待与学界同仁一道为探究国家治理现代化的中国话语做出贡献。

自序

在2019年底参加南京大学社会风险与公共危机管理研究中心召开的一次研讨会期间,政府管理学院孔繁斌院长专门找到我,嘱我为"公共事务与国家治理研究丛书"做一本书。接到这个任务,我倍感兴奋——能在母校出版社出一本书,何等的荣幸,天大的美事。

摆在读者面前的这本书,是我先前发表的关于行政管理体制改革创新方面的文字按照一个体系汇集修订而成的。实际上,我是想通过这种方式,向母校,向胡福明老师、张永桃老师、步惜渔老师等各位老师以及严强、童星、宋林飞、洪修平等我的老同学汇报我从南大校园走到中南海的这一路上的学习与思考。

记得大约是在1983年,我与陈建明合写过一篇短文,发表在《工人日报》理论版上,题目是《假如社会失去这些"真正的花朵"》,开头讲述了法国思想家圣西门的《寓言》中的故事,借以引出政府管理需要科学研究支撑的阐述。

《寓言》写道:"我们想象法国突然损失了自己的五十名优秀物理学家、五十名优秀化学家、五十名优秀生理学家、五十名优秀数学家、五十名优秀诗人、五十名优秀画家、五十名优秀雕刻家、五十名优秀作家;五十名优秀机械师、五十名优秀军事工程师和民用工程师、五十名优秀炮术专家、五十名优秀建筑师、五十名优秀内科医师、五十名优秀外科医师、五十名优秀药剂师、五十名优秀海员、五十名优秀钟表匠；五十名优秀银行家，二百名优秀商人，六百名优秀农夫，五十名优秀铁器生产工匠，五十名优秀枪炮工人，五十名优秀制呢、织布、织绸缎、织麻布、制造五金、制造陶瓷玻璃水晶器皿的厂主，五十名优秀船主，五十名优秀运输公司所有者，五十名优秀印刷工人，五十名优秀制版工人，五十名优秀首饰匠和其他金属工人；五十名优秀石匠、木匠、家具工匠、铁匠、车工、制刀工、铸工；一百名从事这里没有列举的但对科学、美术和手工业有很大用处的行业的其他工人——总共法国损失了三千名科学家、艺术家和手工业者。"

《寓言》接着写道："我们再想一想另一种情况。假如法国把科学、美术和手工业方面的这一切天才人物都保存下来，同时只不幸地失去了国王的兄弟、安古雷姆公爵殿下、贝利公爵殿下、奥尔良公爵殿下、波旁公爵殿下、安古雷姆公爵夫人、贝利公爵夫人、奥尔良公爵夫人、波旁公爵夫人和龚德小姐；同时，法国还失去了一切高官显贵，一切国家大臣，一切国家参事，一切负责做报告的议员，一切元帅、红衣主教、大主教、主教、大本堂神甫和助理神甫、省长和副省长、各部的全体职员和全体法官，此外还有上万名的养尊处优的最大财主。"

《寓言》说，前一个假想如果真的变成现实，法国一旦失去三千名优秀的科学家和工人，法国"马上就要成为一具没有灵魂的僵尸"。因为这些人，为国家制造最重要的产品，管理对整个民族最有益处的工作，使整个民族在科学、美术和手工业方面收到成果。这些人在全体法国人当中，对祖国最有用处，这些人能促进祖国达到最高的文明和最大的成就，这些人使祖国得到最大的荣誉。一句话，这些人是法国社会的"真正花朵"。法国失去这些"真正的花朵"，就要面临一场灾难。圣西门说，再要重新培植这样一批"精于有益劳动的人才"，从丧失这些优秀人才的"灾难"中恢复过来,"至少需要整整一代的时间"。而如果后一个假想成为现实,并不会"给国家带来政治上的不幸"。

圣西门被马克思誉为"第一批社会主义者"。列宁对圣西门的这篇"政治寓言"十分欣赏,认为很精彩,称之为"圣西门的名言"。圣西门在寻找解决社会问题的方案中提出要重视知识分子的作用,确实难能可贵。

1977年国家恢复高考制度,改变了我们班所有人的命运。大学毕业前,班主任杨老师在我们班全体同学中做了一次调查摸底,了解学生毕业分配的工作意向,极为简单:要求每一位同学自己准备一张小纸条,写上姓名后,只需要再写两个字,要么写"学术",就是去高校或研究机构,要么写"行政",就是去党政机关。两者必居其一,大概是由于我们是哲学专业的缘故,没有第三种选择,比如去企业什么的。我毫不犹豫地写了"学术"二字。条子交给杨老师以后还不放心,又去找她进一步表达自己的意愿。结果呢?1982年初我被分配到了行政机关。

假圣西门名言,想表达什么呢?当然绝非鄙视自己的职业,猜测当时一种可能是对命运与前途的追问,另一种更大的可能是怀揣了"立足本职、兼做学术"的梦想。

从1982到1994年,我在行政机关工作了12年。繁忙的事务之余,我对自己的要求是每个月写一两篇文章,这期间一共发表了38篇长短不一的文章,很多是结合业务的一些片段性思考。如《全面深入理解"两个基本点"》(发表在1987年8月14日《工人日报》)初步提出了坚持四项基本原则与坚持改革开放总方针总政策这两者之间的关系是中国现代化建设中政治与行政关系的想法。《"换药"与"换汤"》[发表在1988年第4期《半月谈(内部版)》]提出了改革的实质性内容与制度变迁形式之间的关系。《创建有中国特色的改革理论》(发表在1988年10月21日《无锡日报》上,当时我正在无锡市政府挂职,任市体制改革委员会副主任)提出,改革的理论准备不足,表现在四个方面:一是"两张皮",堆砌新名词,没有新内容,理论与实际脱节;二是"精神现象学",图解上面精神,以政治代替理论;三是"搬运工",一味用西方学说来说事;四是"故纸堆",从马列主义只言片语里找理论。这篇文章对如何研究改革理论、创新制度理论做了一些思考。《探索价值问题的有益探索》(笔名晓辉,发表在 1989 年 7 月 8 日《光明日报》)以读书笔记的风格谈了公共领域的价值以及价值实现方式。《政治工作与经济治理》(发表在 1990 年 1 月 12 日《北京日报》)阐述了政治与经济的关系,表达了行政要把重点放在经济工作上的意见。汪永清邀我与他合编《公务员全书》,我负责写其中的"机关管理卷"。我还在单位领导率领下编辑《在中南海的日子里》一书,邀请 40 多位曾经在周恩来总理身边工作过的老同志专门撰写回忆录,其中有些故事直到今天仍然为人们津津乐道,而蕴含其中的精神世界、管理精义则继续生发着迷人的魅力。

1994 年我步入了学术殿堂——调往中国行政管理学会主办的《中国行政管理》杂志担任主编。在从事编辑和学术服务中,开启了行政管理实践向理论的转型。

贯穿于行政机关和学术社团工作全过程的思考,始终是制度问题。恢复高考,这项制度何以如此根本地改变了几代人的命运?我们生活中遭遇的那么多烦心事,与某些制度的缺失或不合理有着怎样的联系?人们常说的"体制"如何如何,与行政管理制度究竟有着哪些关联?……

再有,如何解答关于中国经济持续高速发展的问题?如果只让用一个理由进行解释,我想,可能大家都会赞成——是改革,是政府与市场、社会的关系重塑。这个切口作为思考问题的方向无疑是正确的,然而深究下去,其原因就是多维度、多元化的了,如果再规定只能选择其中的一个答案,就得分析哪个方面的改革是最重要的"自变量"。我觉得政府自身的改革是经济发展的重要原因。照此分析,至少可以发现三点：一是我国的行政管理体制与市场经济发展要求是基本适应的，没有这一条，市场的能量也发挥不出来；二是针对行政管理体制的各项改革措施是行之有效的，没有这一条，体制的能量也发挥不出来；三是政府的体制机制和管理方式创新是按照其客观存在（但是未必为人们全面自觉地认知）的规律来进行的，没有这一条，政府的能量也发挥不出来。第一是"适应性"，第二是"有效性"，第三是"规律性"。针对这三点，假如我们要问，其中哪一点是最为关键的呢？从中国的国情看，"更好地发挥政府作用"这句十八届三中全会的名言（严格地说，是半句话），我们尚需再认识，含义真的太深了，奥秘或许就在这其中。换言之，起到重要作用的在于我国的体制能够通过不断深化改革，使之与社会生产力、生产关系、市场经济协调起来。

从1978年十一届三中全会开始，党和政府始终把行政管理体制改革作为一项重要工作，抓得很紧，不懈推动。邓小平同志发出振聋发聩的宣言"机构改革是一场革命"，亲自推动政府自身的改革，建立了干部离退休制度，打破领导职务终身制。现在我们越来越能看清楚了，所谓"革命"无非就是结束旧的制度，建立新的制度，或恢复以前好的制度。在人才方面，恢复高考制度，在农村农业方面，实行承包制度，在政府方面，实行干部离退休制度……都起到了杠杆性的撬动作用。没有多个方面配套的制度，恐怕改革开放早就夭折了。

于是，我按照这条思路，理出了一个框架——在政府、市场、社会三者关系中，建立社会主义市场经济，是中国改革开放取得成就的决定性因素；发展社会主义民主政治，建立中国特色的行政管理体制，特别是健全民主行政、科学行政、依法行政，通过行政体系的"库容"与"闸门"作用放大政治"江湖"的功能，推动"供给侧"结构性改革，是中国经济发展的归因性要素。

在此宏观分析基础上，行政管理制度创新的分析模型就可以提炼出来了——呈现为一个等边三角形，它的三条边分别是"结构·运行·赋能"。行政管理制度创新可体现为结构性制度创新、运行性制度创新和赋能性制度创新三类。"结构"规定了制度的体制性,明确了在静态行政组织机构的构架和职能的基础上设置相应功能和职责,制度的结构以及组成结构的制度若得以创新,其政治能量则可发挥得比较充分,这是行政制度中的政治属性使然。"运行"规定了制度的机制性,体现于行政管理的动态过程,行政主体在给定的组织体系下进行运动,支持体制功能的发挥,若制度运行顺畅,则行政权得以独立而且充分地行使,政策得以执行而且可以用足,且不必过多受到加诸其上的种种限制。"赋能"规定了制度的保障性,赋予并激活相关主体和运行中的能量,使制度本体和行为获得保护或监督,并具有可持续性,如果制度赋能效果良好,则行政制度易于被外部社会认可,形成共治。结构—运行—赋能之间的平衡,是政治—行政—市场/社会之间的平衡,任何一方独大或过弱,都有损制度的整体功能。这个解释框架既可以用以理解多项行政管理制度,即将制度体系分为结构性制度、运行性制度和赋能性制度,也可以用于理解单项制度,即内中所包含的结构、运行、赋能元素。

本书的目的不是专门研究制度创新何以实现,而是希望将我多年来对上述制度研究框架背后的原始性思考展示出来。

首先,转变政府职能。"放下,放下,放下",光靠念经是无济于事的。放开不该管的,必须动结构性制度。在社会主义市场经济下,政府究竟应该管哪些,不该管哪些?这归根结底取决于经济发展的内在需求,取决于社会、公众的现实和长远利益。市场经济条件下创造财富的主体是企业和个人,政府的功能主要是拟定实现目标。所以政府必须从资源配置领域退出来,建立以间接手段为主的宏观调控体系框架。根据这个原则,我国行政管理体制改革紧紧抓住政企分开的原则,下放权力,大大减少了政府对微观经济的干预,市场配置资源的作用得到充分发挥,有些原来由政府管的事情转给社会组织自治,彻底解放了为传统计划经济所严重束缚的社会生产力,极大地促进了微观经济的活跃。

其次,简政放权的同时,需要管住该管的。加强对市场的规范和监管,加大社会管理和公共服务的投入,施行高效公共管理①,生产优质公共产品,必须靠政府不断创新管理和服务等方面的运行性制度。在让百姓放心喝水吃肉,生活在蓝天白云下,营造出令人心情舒畅的工作生活环境,建立和谐安定的社会秩序等方面,法律有明文规定,政策有具体要求,关键是要行政机关和公务员去履职尽责,光喊口号没有行动,全然白搭。

再次,"放权""监管""服务"能不能到位,不仅取决于权力结构配置情况和执行是否有力,还与行政有没有动力、干部有没有积极性、工作方式方法得不得当、技术手段灵不灵光有关。"领导就是服务",这些保障性的问题解决了,整个体制才能有作为、干劲大,制度结构性和运行性能量就能得到释放,制度效能就高,同时又进一步催化全局性制度创新。这些赋能性的制度特征,很像"一站式"服务大厅,它将政府的一切宗旨呈现在大众面前,这就有助于提高政府对人民负责、为人民服务的程度。

政治和经济,上层建筑与经济基础,存在着一种互动的函数关系。在政治适应经济、上层建筑适应经济基础的时候,其变量呈正相关性;在彼此不适应的时候,呈负相关性。也就是说,属于国家

---

① "公共管理"概念在中央政府层面首次提出,发生在温家宝任国务院总理期间。2004年3月8日参加全国人民代表大会陕西代表团讨论的时候,他说:"政府职能的四条:经济调节、市场监管、公共管理、社会服务。有的领导干部对第一条的理解不是经济调节,而是经济管理,政府职能要从对经济的直接干预跳出来,变为对经济的宏观调节。第二项任务是市场监管,要保证市场有一个公平公正的竞争环境,不能有假冒伪劣,不能伤害群众利益。""对政府职能后两项任务——公共管理和社会服务,一些领导干部过去知之不多,工作力度不大。而这两项任务恰恰是政府极为重要的职责,恰恰是政府最为薄弱的环节。去年抗击非典教育了我们,使我们懂得了处理公共突发事件,搞好公共管理的重要性。还有,社会服务这项任务太重要了,管理就是服务,我们要把政府办成一个服务型的政府,为市场主体服务,为社会服务,最终是为人民服务。把政府职能这四条完整准确地认识并掌握好,文山会海就会减下来!"(见《人民日报》2004年3月10日第4版)

治理结构上层建筑的政府,如果其管理体制、运行机制、工作方式乃至工作作风适应了经济社会的要求又符合自身内在规律,这时就成为经济社会发展的"润滑剂"和"助推器";反之,就会成为"绊脚石"和"拦路虎"。我国改革开放以来的 40 多年,不就是这样过来的吗?

高小平

2020 年 7 月

目 录

总序 ·· 1
自序 ·· 1

理 念 篇

当今行政管理研究记识与管见·························· 3
行政学中二次二分法的兴起与发展···················· 20
行政管理体制改革方法论要创新························ 35
解放思想 深化行政管理体制改革······················ 42
认识政府改革的深层动因································· 54
行政管理体制改革的哲学意义·························· 58
原理、理性、常识：寻找中国社会发展的逻辑········ 67
以科学发展观指导转变政府职能······················· 77

结 构 篇

政府机构改革的阶段性特色···························· 85
我国行政管理制度改革创新：历程、重点和展望········ 103

行政管理体制改革的关键是转变政府职能………… 130
新时代行政管理体制改革的基本思路………………… 138
推进行政管理体制改革总体思路……………………… 145
服务型政府：我国行政改革的目标选择……………… 158
服务型政府视角下的乡镇管理体制改革……………… 162
向传统行政审批说"零"………………………………… 169
我国国家治理体系的价值目标、结构及层次………… 180
科学化：公共部门人力资源管理的关键……………… 192
科层制弊端与腐败心理发生机制及对策……………… 201
晚清治理体系变革失败的启示………………………… 214

运 行 篇

着眼于制度建设和创新………………………………… 235
中国绩效管理的启动与发展…………………………… 241
政府机关工作效率标准………………………………… 247
创新机制 推进事业单位分类改革…………………… 265
政府绩效管理创新中的"样本点"……………………… 270
我国税务系统绩效管理体系：发展、成效和特色…… 285
行政复议制度的动力分析及对策探讨………………… 302
行政督查的国际经验借鉴……………………………… 311
政务公开：行政管理现代化的重要标志……………… 325

赋 能 篇

以社会主义核心价值观为统领构建行政价值观……… 337
行政体制改革的深层思考……………………………… 345

监督、民主、法治:政风建设的制度创新 …………… 350
深入研究行政问责制 切实提高政府执行力 ………… 360
行政法治视角下的行政监察探析 …………………… 366
智能化:现代行政管理的方向 ………………………… 378
借助大数据科技力量寻求国家治理变革创新 ………… 389
构建常态与应急结合的治理体系 …………………… 401
关键环节:突发事件应急处置的重要视角 …………… 408
突发公共卫生事件应急管理的功能与模式 …………… 421
危机管理方法论初探 ………………………………… 436
英国公共危机管理考察 ……………………………… 449

后 记 …………………………………………………… 459

> 人的理性凭着辩证法的力量而认识到的那种东西,即综合具体的理念的知识,若以对物的认识为例,则是认识了一物异于他物的本质。
>
> ——[古希腊]巴门尼德

理念篇

当今行政管理研究记识与管见

行政学中二次二分法的兴起与发展

行政管理体制改革方法论要创新

解放思想 深化行政管理体制改革

认识政府改革的深层动因

行政管理体制改革的哲学意义

原理、理性、常识:寻找中国社会发展的逻辑

以科学发展观指导转变政府职能

当今行政管理研究记识与管见

1980年,中国学术界响应邓小平同志号召,开展政治学、法学、社会学以及世界政治的研究,成立了中国政治学会。紧接着,作为政治学分支学科的行政学恢复研究。① 笔者1980年时正在南京大学求学,当听到任课老师张永桃先生在授课中提到"中国有了自己的政治学社团",得知中国政治学会成立,作为政治系(后改名为哲学系)的学生,兴奋之情是可想而知的。从中国政治学会成立到现在已过去整40年了。回顾行政学在政治学及相关学科的助力协同下走过的历程,特别是学生有幸与中国政治学、行政学的开创者之一张永桃老师先后都担任过中国政治学会副会长,不禁心潮澎湃。为表达对中国政治学会四十华诞的恭贺之情,特写下这篇小文。

行政管理研究的述评性、回溯性文章,我曾写过一些。这里不再赘述以前几篇拙作已涉及的内容,仅就学科现状、近几年来研究进展做一粗浅梳理,权作记识,对下一步学术发展提出个人的管见。

一、行政管理学科发展的基本状况

行政学自20世纪80年代初在我国重建以来,一直保持着强劲的发展态势,学术研究渐趋繁荣,学者们立足中国,面向世界,不断取得重要的进展,目前呈现出重大主题研究成果丰硕、学科体系基本形

---

① 高小平.中国改革开放以来行政管理学研究的进程和成就[J].公共管理高层论坛,2010(1).

成、研究力量迅速扩大、人才培养和队伍建设步伐加快的局面。

1. 专业建设快速发展，学术研究成果丰硕。行政学作为一门独立学科是在清末民初从西方引入中国的，1952年后在高等教育系统下一度废止，改革开放以来得以重拾。20世纪80年代至90年代，是行政学补课复盘期，在经济体制改革、行政体制改革和公务员制度建立的实践推动下，学术界围绕行政管理改革发展的重大理论问题开展研究，阐发学科内涵、学术思想、学术体系，推动了学科认同。及至20世纪90年代末、21世纪初，随着国内公共事务管理的需要以及全球治理、国际贸易和国家改革的发展，行政学进入快速成长期，研究广度大为拓展，研究队伍不断壮大。

行政学研究水平不断提升，形成一批具有重要国际国内影响力的学术成果。一些学者发表在世界知名的公共行政类学术期刊上的论文在国际学术界产生一定的影响。行政管理研究专著、评估报告和教材出版量成倍增长，成为各类学术图书中的"翘楚"，专著入选国家哲学社会科学成果文库的数量增加，在社会科学领域影响越来越大。行政管理学科的中国特色、中国风格、中国气派逐步凸显，中国行政管理学派初露端倪。

2. 教育体系创新发展，人才培养步入正轨。全国现有1 300多所高等院校设立有行政管理院系或专业、课程，行政学教学层次涵盖博士、硕士、大学本科和大专等各个学历教育阶段。在世纪之交，公共管理专业硕士（MPA）教育起步，北京大学、复旦大学、中山大学、中国人民大学、武汉大学等高校陆续设置了公共管理博士后流动站，使行政学人才培养体系趋于完整。MPA专业学位教育事业发展迅猛，从2000年首批24所高等院校试点发展到现在的238家高校设立学位点，每年培养一万余名具有公共管理理论知识与实践能力的专业人才。

人才培养体系建设取得显著成效，人才培养水平进一步提升。教学科研队伍结构明显改善，形成各梯队合理配搭、领军人才突出、整体水平提高、发展后劲增强的格局;公务员、事业单位和国有企业干部在职接受行政管理课程培训的人次每年都在1 200万以上,人均参加培训的时间不少于18个学时。①

3. 研究平台不断拓展,智库建设成效显著。全国性、区域性、专业性行政管理研究组织纷纷建立。1988年中国行政管理学会成立,2004年中国机构编制管理研究会成立,2010年中国行政体制改革研究会成立,2014年中国应急管理学会成立。各省、自治区、直辖市均建立了行政管理学研究团体。学术期刊竞相创办,自1985年中国行政管理学会筹备组创办《中国行政管理》杂志以来,一批行政管理研究期刊先后创办,如《行政论坛》(黑龙江行政学院)、《公共管理学报》(哈尔滨工业大学)、《中国应急管理》(国家应急管理部)、《公共行政评论》(中山大学)、《中国机构改革与管理》(中央编办)、《公共管理与政策评论》(中国人民大学)、《公共管理评论》(清华大学)、《领导科学论坛》(武汉大学主办)。《学海》《秘书》《南京社会科学》《甘肃行政学院学报》《广州大学学报(哲学社会科学版)》等一大批综合性学术期刊将行政管理研究作为特色重点栏目,还有一大批连续出版物,如童星、张海波主编的《风险灾害危机研究》等优秀辑刊,成为学术论文发表和交流的重要平台。一批外文期刊面世,如中国人民大学公共管理学院英文期刊《公共绩效与管理评论》(Public Performance & Management Review,双月刊),致力于反映全球行政管理学者前沿研究进展,得到国际学术界的认可,被评为本领域一流期刊,依据Journal Citation Reports 2019年发布的影响因子报告,该刊影响因子为1.6。

行政学是一门应用性很强的学科,为政府改善行政管理服务是其本质属性,近年来为中国特色新型智库建设服务得到加强。中国

---

① 笔者根据中共中央印发的《2018—2022年全国干部教育培训规划》中的相关指标规定,结合对中共中央党校有关培训负责人的访谈,计算而得。

行政管理学会、中国行政体制改革研究会、中国机构编制管理研究会、北京大学国家治理研究院、中国人民大学循证治理与公共绩效中心、清华大学国家治理研究院、南京大学社会风险与公共危机管理研究中心、上海交通大学中国城市治理研究院、南开大学中国政府与政策研究中心、兰州大学中国政府绩效评价中心、复旦大学公共绩效与信息化研究中心、浙江大学公共政策研究院、中山大学国家治理研究院等,都是以行政管理学者为主体、以行政体制改革和政府治理创新为研究对象的重要智库,他们为党和国家改革,特别是为政府科学决策提供了大量富有应用价值的智库产品,得到了中央和各级党政领导的重视,发挥了学术为社会服务的应有作用。

二、行政管理研究的重要进展

近几年来,我国行政管理研究者积极进取,学术内聚开放,学问日益精进,学风严谨求实,学科逐渐成熟。行政学界以社会主义核心价值观为引领,进一步增强理论自信和学术自觉,展现中国学术独特魅力,广泛参与世界对话,奋力开创中国特色行政学研究新局面,在公共管理研究多个领域取得突破性进展。

1. 中国特色社会主义理论体系下行政管理思想研究。中国特色社会主义理论是行政学的指导思想和根本遵循。[①] 行政管理体系建设要适应社会主义民主政治建设,推进社会主义市场经济体制改革,创新社会治理体制,必须始终坚持党的基本理论、基本路线、基本方略。行政学界认真学习、系统梳理中国特色社会主义理论体系中的行政管理思想,对其时代背景、基本内容和思想特点做出全面阐释和重点凸显,在学术研究中自觉贯彻、体现、运用,努力提高行政学的理论厚度和学者的学识高度。

---

① 中国行政管理学会课题组. 习近平新时代中国特色社会主义行政管理体系建设思想研究[J]. 中国行政管理,2018(6).

2. 政府机构和行政体制改革理论研究。自 1982 年以来，我国政府先后进行了 8 次较大规模的机构改革，不断推动行政管理体制适应政治、经济、社会发展的需要，建设现代化治理体系。① 近几年来，行政学界在三大领域取得较为重要的进展。一是对改革目标的研究。建立比较完善的中国特色社会主义行政体制，是马克思主义基本原理与中国特色社会主义结合的产物，是深化行政体制改革的目标指向。改革开放以来，我国经济基础、政治文化都发生着深刻的变化，适应这些变化，是行政体制改革不断推进的动力，同时，行政体制也内在地提出了迫切进行结构性改革的需要。党的十七大向世人宣示，要用十多年的时间，通过深化体制改革，基本建成中国特色社会主义行政体制。对这样一个重大命题，行政学界持续发力，从行政体制与经济体制、政治体制、文化体制、社会体制以及其他体制的关系中，从发挥中国特色社会主义制度优势与提高政府治理效能中，深入研究伟大目标的内涵和任务，不断产出更加清晰的理论定位和实践路径的思想。② 具体而言，明确了将建设人民满意的服务型政府作为改革的方向，重点就是要把公共服务作为政府的主要职能，提高行政效能，推动政府为创造良好发展环境和维护社会公平正义服务。二是对政府机构和行政体制改革中的重点理论问题的研究。学界关注国家治理、大部制组织体系、政府职能转变、简政放权等方面的改革，提出充分发挥市场在资源配置中的决定性作用和更好发挥政府作用等具体建议，对政府提高改革系统性和管理科学化水平起到了积极的推动作用。③ 三是对政府机构和行政体制改革规律的研究。很多学者从破解改革中的"精简—膨胀—再精简—再膨胀"的怪圈入

---

① 宋世明. 中国行政体制改革 70 年回顾与反思[J]. 行政管理改革，2019(9).
② 魏礼群. 加快建立中国特色社会主义行政体制[J]. 中国智库经济观察，2013 年第 1 辑.
③ 竺乾威. 政府职能的三次转变：以权力为中心的改革回归[J]. 江苏行政学院学报，2017(6).

手,聚焦政府权力体系、制度体系、政策体系,研究新时代政府机构和行政体制改革的逻辑和规律。①

3. 现代治理体系和治理能力研究。学术界立足经济全球化、后工业化的历史背景,探讨社会高度复杂性和高度不确定性对国家治理、政府治理、社会治理所构成的挑战,揭示工业社会的管理模式即将为新模式替代的趋势和必然性,并探索对这种新模式的概括和认知。有学者把党的国家治理现代化思想具体化为政府与社会合作治理的理念,将其应用于对国际社会、中国社会的考察中,阐释人类命运共同体、全球合作治理等思想,提出合作行为模式取代竞争和协作行为模式,规划性、前瞻性地提出合作社会治理体系、制度建构的理论方案。② 有学者从国际公共行政研究前沿与我国国家治理关系的视角研究行政学,确立风险社会中行政的定位和发展,提出跨学科知识转移、行政规范、治理改革、制度创新对行政研究者的积极影响,以及行政学在学科独立性与学科开放性的内在张力中不断前行的趋势。③

4. 公共服务和服务型政府研究。从理论到实践,对公共服务、公共产品、基本公共服务、公共服务均等化等均有大量的研究,特别是在政府和社会组织公共服务生产机制,供给机制的理念、政策、情况和案例方面④,在公共服务质量管理的系统、过程和方法,公共服务标准化,公共服务质量评价和奖励机制,公共服务质量改进的战略、策略、框架方面,分析研究比较深入。⑤ 服务型政府已由一般性

---

① 周志忍. 机构改革的回顾与展望[J]. 公共管理与政策评论,2018(5).
② 张康之. 为了人的共生共在[M]. 北京:人民出版社,2016. 张康之. 合作的社会及其治理[M]. 上海:上海人民出版社,2014.
③ 高恩新. 国际公共行政研究前沿及趋势:基于2009—2018文献计量分析[J]. 上海行政学学报,2020(1).
④ 王浦劬. 政府向社会组织购买公共服务研究——中国与全球经验分析[M]. 北京:北京大学出版社,2010.
⑤ 陈振明. 公共服务质量管理——理论、方法与应用[M]. 北京:科学出版社,2017.

概念研究和体系研究,发展到学科范式层面的思考,推出了一批对我国行政管理体制机制改革、城乡社会服务体系创新都有重要参考价值的前沿成果。①

5. 法治政府建设和依法行政研究。学术界较为系统地研究了适应中国特色社会主义新时代要求的法治政府建设和依法行政的指导思想、重要特征、主要标志、重点任务和实施要求。在政府机构和职能法定,便民高效服务,行政立法科学化、民主化、规范化,行政决策法治化,行政执法规范化,政府信息公开、监督和问责法治化,守法诚信等方面,均有大量研究成果,为建设职责明确、依法行政的政府治理体系,健全依法行政的制度体系,深化行政执法体制改革,提供了学理支持。② 行政学与行政法学在各自封闭与相互开放的两重维度交集,某些课题在研究中出现了积极的融合态势。③

6. 行政管理方式创新研究。在我国行政学研究恢复之初,行政管理方式是研究重点之一。随着行政体制改革的深入,更多学者转向对组织体制、结构功能方面的研究,对行政管理方式的研究一度有所减少。近年来,这方面研究有了明显增加,对政府管理创新特别是新的管理方式、运行机制、业务流程、技术手段的研究越来越多。这些研究突出的特点是把管理与服务结合起来,坚持问题导向,研究行政的动机与效果、目标与流程,推动政府管理由单纯行政性方式向综合运用经济、行政、法制、技术多种手段转变,由直接干预、微观管理为主向间接调控、宏观管理方式为主转变,适应现代公共治理模式变革需要。④ 研究还向纵、横两个方面延伸,从政府管理方式改革的阶

---

① 姜晓萍.基本公共服务均等化[M].北京:中国人民大学出版社,2016.
② 马怀德.新时代法治政府建设的意义与要求[J].中国高校社会科学,2018(5). 袁曙宏.建设职责明确、依法行政的政府治理体系[J].中国司法.2018(5).
③ 刘艺.封闭与开放:论行政与行政法关系的两重维度[J].南京社会科学,2013(5).
④ 中国行政管理学会,南京大学,江苏省行政管理学会联合课题组.政府履行职能方式的改革和创新[J].中国行政管理,2012(7).

段性与改革开放步伐以及市场经济秩序的相关性中发现管理方式改革的规律。① 针对不同的职能类型,研究行政方式与履行职能之间的匹配度,如对经济和社会事务管理偏好于优惠扶持政策的实施,而履行市场监管职能则更愿意通过体制机制的改革完善实现其管理目标,这方面的研究有助于提高管理方式创新的个性化和针对性。

7. "放管服"改革研究。近几年来行政体制改革和政府管理创新实践的发展,一个主要特征是"三管齐下",将简政放权、放管结合、优化服务三个方面改革打通,增强行政改革的整体性、系统性、协同性。学界抓住热点和难点问题,重点研究通过"放"明确政府角色定位,通过"管"理顺政府权力关系,通过"服"实现政府责任落实,全面优化营商环境。②

8. 政府绩效管理研究。我国政府绩效管理研究经历了"舶来品"社会服务承诺制,到本土探索性绩效评估,再到试点推广绩效考评,以及到今天与政府治理现代化相适应的绩效治理的发展阶段,学术研究对实践过程产生了直接的影响。绩效管理工具对政府多方面工作绩效都有一定的影响,如应用于财政和税收管理的绩效评价③,廉政建设的绩效评价④,社会稳定风险评估⑤等,都促进了决策质量的提高和行政绩效的改善。

9. 公共安全与应急管理研究。学术界在总体国家安全观的指引下,对公共安全与应急管理的研究越来越深入。研究的重点是国内外公共安全形势、传统危机与非传统安全、社会风险治理、应急管

---

① 徐国冲,黄丽妹. 省级政府履职方式探析——基于X省五年规划文本分析[J]. 治理现代化研究,2019(6).
② 张定安. 关于深化"放管服"改革工作的几点思考[J]. 行政管理改革,2016(7).
③ 郑方辉,费睿. 财政收入绩效评价:兑现减税降费政策目标的价值工具[J]. 中国社会科学,2019(6).
④ 郑崇明. 网民眼中的政府反腐败——基于网络爬虫和结构主题模型的分析(2012—2017)[J]. 广州大学学报(社会科学版),2020(2).
⑤ 朱正威,胡向南,石佳. 社会稳定风险评估机制的实践进展、现实问题与完善策略——基于社会稳定风险评估报告的内容分析[J]. 南京社会科学,2019(11).

理体制、公共卫生应急管理体系等。这方面的研究出现了精细化、专业化、学科交叉化的发展态势。①

10. 地方治理创新研究。地方政府创新是解释中国经济社会发展的关键变量,也是遏制部分地方官员不作为的有力举措,因而成为中国行政管理研究的重要议题。学者们从我国地方治理创新实践样本中提取出制度竞争、制度互补和制度学习等创新形态,深入研究中央与地方治权划分、制度创新与法治保障、集中规制与分片调适、局域治理与区域协同治理等关系,凝练中国治理现代化的历史逻辑和现实路径。②

11. 比较视域的学术研究。行政理论与实践的比较研究是经久不衰的重要内容。学者们秉持科学的比较方法,立足中国,面向世界,研究议题不断拓展,在推介国际经验的同时,呈现了一批反思国外公共管理理论与实践不足的研究成果。同时,不断增强本土行政管理理论研究的国际对话意识。③ 总体来看,西方行政理论的本土转化遵循着实践性与价值创造性统一的逻辑,使本土行政学对西方理论的借鉴既做到了符合行政实践发展的需要,又规避了价值上的冲突,并促进了行政管理学研究的知识增量。④

12. 行政学基础理论研究。学术研究水平的提高和学科的学脉延续,离不开关键性基础理论的突破与超越。行政学基础理论研究的重点领域是学科体系建设和公共管理方法论创新。行政管理学科发展出现了拓展性与聚合性等多方面特征。在行政学基础理论体系、实践理论体系、行政管理方法与技术体系不断拓展的条件下,产

---

① 童星.中国转型期社会风险与治理[J].中国党政干部论坛,2017(5).
② 陈世香,唐玉珍.中央—地方政府间职责结构的历史变迁与优化——基于地方政府行动策略的视角[J].行政论坛,2020(2).
③ 丁煌.中西政府治理价值研究的历史嬗变[C]."21世纪的公共管理:机遇与挑战"第六届国际学术研讨会论文集(会议时间:2014年10月16日).
④ 王升平.西方行政理论本土化的形态与逻辑探析——以公共行政主流理论的交融与转化为例[J].治理研究,2019(6).

生了很多新的分支专业,在国家行政制度变迁和政府治理现代化进程中又出现新学科聚合。方法论创新主要表现在案例研究、定量研究、循证研究、混合研究得到广泛应用。①

13. 数字政府与信息技术应用研究。互联网、大数据、区块链、人工智能等新技术的发展和运用,使数字政府、智慧政府等新形态应运而生,行政管理实践和理论研究进入"技术革命时代"。近几年这方面的成果大量涌现,研究表明,新技术的快速发展和应用,在加剧了公共管理治理复杂性的同时,更为改革和完善治理体系、提高治理能力提供了契机。政府大力推动"互联网+政务服务""互联网+监管"等融合发展的创新导向,进一步加速了学术研究的进程。② 新兴技术的应用有助于优化政府工作路径,提高管理的精准度。③

三、行政管理学科发展和学术成长中的问题和不足

我国行政学研究快速发展,取得了很大的成绩,逐渐建立了基本研究范畴和学科框架,形成了相对成熟的教学和科研体系,培养了大量专门人才,推出了一大批有重要价值的理论研究和对策研究成果,学术影响力和辐射力不断扩大。但是,理论创新、知识生产、学术积累和人才建设等各方面优势和劣势、强项和弱项并存,特别是由于学科恢复时间比较短,学科的规范性和成熟度尚待提升,从总体性、学科性问题到具体领域研究都还存在着一些"短板",与社会发展、改革实践的要求不相适应,有的方面差距还比较大。

学术研究中问题意识不够强烈。以发表为导向的研究过多,一些学术成果实质性贡献小,有的甚至制造了文化垃圾。学术自由争

---

① 高小平.论中国行政管理学研究的拓展性与聚合性——兼谈行政管理学科定位[J].学海,2020(1).
② 鲍静,贾开.数字治理体系和治理能力现代化研究:原则、框架与要素[J].政治学研究,2019(3).
③ 徐国喜.地方政府精准扶贫工作路径优化研究——以福建省为例[J].秘书,2019(6).

鸣气氛不浓，某些失实数据和不当观点难以被发现纠正。近年来出现一种讲行政管理价值、讲公共性就全盘否定行政效率的倾向，既缺乏辩证态度和学科反思精神，也违背了行政学基本原理，否定了"行政管理学科的核心命题和行政管理实践的根本标准"①，抹杀了本学科与其他学科最基础性的区别，直接导致对学科"身份"的怀疑。

学科思维方式的时代性体现不足。马克思主义中国化、西方行政学本土化的张力未得到充分释放，中国特色行政管理学科体系、学术体系、话语体系建设尚待加强。

具体看，有以下几个方面的问题：

1. 学科名称不统一。"名不正则言不顺"。关于学科的中文名，现在有十多种，如行政管理学、行政学、公共行政学、公共行政管理学②、行政科学、国家行政管理等，都有广泛的使用，还有不少是混用，虽然绝大多数学者都认为不管用哪个名称，都是同一个指向，但在具体定名上一直没有形成共识。③ 今后需要在知行合一、历史认可、国际通行这三点的基础上进行广泛而深入的讨论，寻找最大公约数，尽快凝聚共议，"定于一名"。笔者建议在"行政学"与"行政管理学"两个中选一个，这既与党的十九届四中全会通过的《中共中央关于坚持和完善中国特色社会主义制度、推进国家治理体系和治理能力现代化若干重大问题的决定》中关于行政、行政管理、国家行政管理的用法相一致，又是本学科恢复建设之初夏书章等前辈学者翻译英文"Public Administration"所定之名，也是多年来学界同仁基本形成的共识。

2. 学术创新能力仍需提升。对一些重大课题研究的原创性成果和突破性进展不够多。对学科的核心科学问题研究以及创新研究

---

① 彭国甫.行政管理效率[J].中国行政管理，1987(7).
② 李琪.中国公共行政管理学[M].上海：上海人民出版社，2003.
③ 余兴安,苗月霞,刘晔.中国行政学的外延式扩张与"学术正脉"回归[J].公共管理与政策评论，2018(3).

能力严重不足。集体氛围的创新能力不足，学派意识不强，满足于建立师承关系为主的学术共同体，不善于在争鸣中打造有竞争力的学术流派。部分研究存在过于注重西方理论，用西方理论和方法框定中国现实的倾向。

3. 理论研究成果转化率有待提高。为实践服务的学术自觉、学术自主、学术自信需要进一步增强，成果形态、转化方式、智库路径需要拓展。可借鉴"转化医学"的思路，搭建集成型转化平台，在行政学理论研究转化为应用对策方面形成机制，将研究成果更快更科学地转化为行动，全面实现理论与实际的有机结合。

4. 学科的基础研究仍然比较薄弱。行政学不仅要从学科来源的角度深入研究政治学、法学、社会学、经济学、行为学、哲学、伦理学等基础学科，还要从这些学科的有关理论对行政问题的解决可以发挥什么样的作用这个角度进行研究，以便拓宽行政学的研究视域，真正实现跨学科的融合。同时，行政学要独辟蹊径，挖掘学术源头，清理传承脉络，延展以"公共性""效能"为导向的研究范式。①

5. 研究方法不成熟。研究方法比较单一、落后，静态的分析多，在行政环境和行政现象中进行动态分析的少。② 从中国现实与西方的差异中研究公共行政学科的方法运用得较少。质性研究与量化研究方法常常出现彼此否定、从一个极端走向另一个极端的现象。本学科是否有独特的研究方法；如果有，如何去探索和开发？对这些问题的认知亟待深化。③

6. 人才培养质量有待提高。行政管理相关的公共管理等一级学科博士点、硕士点数量偏少，人才培养体系不完善，标准不健全，监督考核能力不高，师资力量还有待充实提升，专业人才培养数量、质

---

① 夏志强,谭毅. 公共性：中国行政管理学的建构基础[J]. 中国社会科学,2018(8).
② 唐晓阳,代凯. 加快构建中国特色行政管理学[J]. 岭南学刊,2016(4).
③ 郭小聪,肖生福. 中国行政学学科建设：困境与出路[J]. 中国人民大学学报,2006(6).

量,以及本科、硕士、博士梯队结构都有待进一步改善。高等学校学科定位视野不够开阔,只有个别开设有全球治理方向,大多数高校行政管理学科致力于国内公共管理研究。①

四、深化和拓展行政学研究的建议

行政学是关于国家行政管理和政府治理、公共治理的学问,是社会科学特别是政治学、管理学的重要组成部分,是直接为行政体制改革和政府治理体系、治理能力现代化服务的应用性、自主性学科。行政学研究要坚持以党的基本理论为指导,坚持理论联系实际的原则和以人民为中心的价值取向,坚持百花齐放、百家争鸣的方针,坚持古为今用,洋为中用,学习借鉴世界公共行政研究取得的一切积极成果,紧跟中国特色社会主义伟大实践和行政改革,不断推进行政管理研究的知识创新、理论创新和方法创新,为加快构建和发展中国特色行政学而努力奋斗。

中国行政学研究要融入国家治理现代化进程和行政管理体制改革重大实践中,深入研究新时代支撑中国特色社会主义制度的根本制度、基本制度、重要制度中的行政制度和行政组织理论,深入研究符合科学、民主、法治规律的职责明确、依法行政的现代政府治理体系和行政治理理论,深入研究共建、共治、共享的社会治理制度、公共安全应急管理制度和行政运行理论,深入研究适应社会主义民主政治、适应社会主义市场经济的行政保障制度和行政发展理论,将这些方面的重大问题置于国家经济、政治、文化、社会、生态文明建设的大背景下进行研究。同时加强行政管理改革中深层次问题的理论研究和行政学基础理论、行政哲学的研究。认真借鉴其他国家和地区行政学的概念、范畴与理论,及时吸取他们的前沿研究成果营养。注意

---

① 祁凡骅,林欣.中国行政管理学科建设的未来之路——基于国内外12所行政管理学科顶尖高校的实证研究[J].公共管理与政策评论,2020(2).

对中国古代行政思想的研究,深化学说史挖掘,描绘东方行政理论发展的"清明上河图"。进一步加强学术研究的拓展与聚合的统一,加快行政学与其他人文和社会科学学科以及自然科学学科的统合、融合、整合。

中国行政学研究要坚持强优势、补短板、摒劣势、去弱项,在马克思主义中国化、西方行政学本土化、实践检验和发展理论中获得学科发展动力,推动推进中国特色行政学思维方式、学科体系、学术体系、话语体系建设,增强学科的时代性、历史感、规范化和成熟度。

行政学研究要增强自主性创新能力。近40年来,行政管理学科是在"实践逻辑"优先的情况下发展起来的,"知识逻辑"主要是来自国外的思想资源。政府自始至终成为评价行政学发展的一个重要维度,增强了学者社会责任感。随着学科日趋成熟,行政管理学科的"自主性"诉求需要予以更多关切。一方面,知识本体来源要有多个维度,国外行政管理理论与实践的研究要与自主创新结合起来;另一方面,行政学要从政治学提供的国家意识、民主意识、社会意识、公民意识中寻求新的增长点,对管理学、法学等其他学科的考量也需要进一步拓展,使得学科展开"双轮驱动"的图景。在学术创新能力方面,要特别重视公共管理研究方法论创新。既然经济学可以用其方法论研究和说明世界,行政学也应该可以用自己独特的方法论解释世界。在研究力量布局方面,对一些重大理论问题实行集中力量攻关,对学科核心科学问题、研究范式、学科定名、基础理论、方法论等问题建立以"问题为导向"的团队研究机制和跨学科、跨单位的联合研究机制。加强行政研究智库建设,提高理论成果转化率。促进行政学研究人才培养体系建设,进一步改善科研人员结构,调动科研人员积极性和创造性。

具体建议从以下若干方面(领域、方向和范围)深化行政管理重大理论和现实问题研究:

1. 中国特色社会主义行政管理思想体系研究。改革开放以来,行政管理体系的每一点进步,行政学的发展成长,都是在党的基本理论创新的指导下取得的。党的理论是行动的先导,是前进的动力。当前,深入研究邓小平理论、"三个代表"重要思想、科学发展观、习近平新时代思想中的行政管理思想,重点要研究新时代中国特色行政体制基本建成后如何接续深化改革的战略性问题,新时代社会主要矛盾转化与政府形态创新原理,国家治理体系中党和政府职能分工以及体制机制的统一性与专业性等重大关系。

2. 发挥制度优势与提高政府治理效能研究。重点研究国家根本制度、基本制度、重要制度中行政管理制度的基本类型和优势特征,行政管理制度体系理论和制度执行力理论,政府绩效管理与预算管理,行政效能与成本,现代治理理论与行政理论的嵌入性等问题。要从理论上破解服务型政府建设中深化职能转变问题。重点研究优化营商环境、政务服务创新、公共服务均等化、社会服务体制与社会治理机制创新,深化党和国家机构改革,法治政府建设,以及公共财政制度中央与地方关系创新等问题。

3. 行政改革基本逻辑与实践研究。行政改革是制度性变迁。从行政学视角对制度的研究,学界积累较少。笔者将行政管理制度分为结构性、运行性和赋能性三类,每一类制度在创新与变迁中有着不同的发生机理和表现形式。行政改革的第一步是结构性制度变迁,主要是机构改革和简政放权,注重解决传统政府职能的结构问题;第二步是结构性和运行性制度"双联动型"改革,机构改革、简政放权与机制优化、管理创新相结合,注重解决现代公共管理的运行问题;第三步是结构性、运行性改革与赋能性制度并举的"三联动型"改革,就是"放管服"改革,注重解决现代公共治理的结构、运行,以及赋能和保障的立体式问题。

4. 科学高效处置重大危机与突发公共卫生事件应急管理体系研究。重点是从新冠肺炎疫情对应急管理体制机制和能力的"大考"中研究风险治理、灾害管理和各类突发公共事件应急管理。多学科配合，攻克应急管理中风险识别、灾害评估、社会"韧性"建设、关键环节把握等方面的科学问题和技术性难题。从战略上前瞻性地研究构建常态与应急高度融合的综合型风险治理体系。

5. 协同治理与数字政府研究。重点是搞清楚电子政务在看得见的未来能够做到什么，以及怎么来做使得"成本—收益"较好。笔者不赞成"数字崇拜"，主张实事求是地看待政府信息化的可能性、可及性和阶段性。当前一段时间，把数字政府建设的重点放在推动信息公开、数据开放、信息共享方面，是务实之举。这就需要行政管理学者加紧研究协同治理，促进公共行政从独立办事向协同治理转变。① 要研究部际（政府部门、科室之间）、层际（层级政府、跨层政府之间）、域际（区域、流域、地域之间）、岗际（岗位职责、公务人员之间）协同治理，研究行政程序与政府运行流程创新，政务信息流法治化，社会治理体制创新中的行政权力和义务，以及数字政府制度建设。学术研究要为实践服务，政府制定在线公共服务指南、整合各级政府服务资源、面向企业和公众提供一体化在线公共服务、完善一体化公共服务体系，都需要学术界提供智力支持。要以哲学所特有的时代精神把握信息技术发展的前景，深入研究行政管理"信息化技术革命的主体与革命对象"等本原性问题。

6. 行政改革国际比较与古今借鉴研究。重点研究国际范围及港澳台地区的行政改革理论发展、实践经验和教训，全球治理体系、人类命运共同体建设与中国行政部门的职责创新，以及国际组织中的行政管理与我国的政府公共关系。对于中国古代及东方古国行政历史的研究、行政思想史的研究，也亟须加强。

7. 中国行政学的理论与话语体系建构研究。对行政现象的研究，既是政治学的任务，也管理学、法学等学科的任务，需要建立多学

---

① "公共行政"概念，在中央政府层面的首次提出，是2016年中共中央办公厅、国务院办公厅印发的《国家信息化发展战略纲要》提及"促进公共行政从独立办事向协同治理转变"。

科、跨学科协同研究的思维和体制。行政学研究要吸纳公共管理学、行政法学的研究成果,加强基础理论研究,深入研究行政学科知识体系、学科建设和方法论。话语问题不能仅仅从文字和词语上研究,要从公共哲学、行政哲学、语言哲学的高度,透视话语中的认识论、世界观、价值观和方法论问题。

以上这些研究要从改革创新实践需求出发,把问题导向与目标导向统一起来,坚持突破与坚守并重,不断推进理论创新,概括出符合规律性的实践经验,提炼出学理性强、具备操作性的学术精品,不断提升为党和国家决策及政府治理服务的能力,促进学科研究方法优化和研究范式成型。同时,进一步完善学科人才培养体系,加强学科人才培养质量监控,提升学科人才培养质量,不断提升理论创新水平。

(原载《天津行政学院学报》2020年第5期)

行政学中二次二分法的兴起与发展

政治—行政二分法一直是行政学中的经典理论,长期以来,其效率至上的主张对行政学界的主流思想产生了重要影响。进入后工业时代,行政实践催生了政策分析、流程再造、绩效评估、危机管理、电子政务等新型管理工具,使得行政学产生了第二次二分,即管理工具与管理技能相分离,这个新的分离促进了管理工具的发展,促进了工具本身的革新,而对于管理工具的熟练掌握与运用也促进了行政人员管理技能的提高与思想的转变,使其专注于提高工作效率与公众满意度,促进服务型政府的构建,助力国家治理体系及能力的现代化建设。

一、政治—行政二分法

方法论在行政学科体系中有着举足轻重的地位。"工欲善其事,必先利其器",作为行政学之"器",方法、工具直接决定着行政学科体系是否完善,决定着行政学解决实际问题的功能能否发挥。"政治—行政二分法"作为行政学中的经典理论,自诞生以来就成为学者们研究的重点,其所主张的工具理性、效率至上的观点在很长时间内影响了行政学科的发展和主流思想的演变。从20世纪中叶开始,特别是进入21世纪以来,应行政管理实践的需要及科技型、网络化社会的推动,诞生了诸多新式管理工具,这促使行政学发生了第二次二分,即将管理工具从管理技能中剥离出来,实现独立发展,而行政人员的关注点也由注重效率转变为注重市场需求和回应性,专注于增强管理技能并提高公众满意度,也就是这里所要研究的二次二分法。

国家产生以来,在所有的政治体制中都存在着两种主要的或基本的政府功能,即国家意志的表达功能和国家意志的执行功能。在所有国家中都存在着分立的机关,每个分立的机关都用它们的大部分时间行使这两种功能中的一种,这两种功能分别是:政治与行政①。人类进入工业文明时代以后,随着政府部门管理复杂性的大大增加,逐渐产生了政治管理与行政管理分离的趋势,政治承担决策责任,行政承担执行功能,政治—行政二分法即在这种背景下产生的。

政治—行政二分法长期以来被视为公共行政的理论基石。二分法认为,社会治理系统由政治和行政两个部分构成,政治承担决策功能,行政承担执行功能,政治和行政可以适当分离。在政治领域,对问题进行争论,做出一些有关指导公共政策的决定;而在行政领域,政策由中立的职业化官员执行。美国行政学家威尔逊指出,通过二分法,可以将民主与效率、价值与目标有机地结合起来。政治价值总是模糊的,可操作性差;而行政目标必须是明确具体的,可操作性强。② 通过这种区分,我们能实现民主的回应性和行政能力之间的平衡。③

二、二次二分法的产生

哲学视域下的行政学存在着两个价值维度:工具理性和价值理性。德国社会学家韦伯界定工具理性为对周围环境和他人客观行为的期待所决定的行动,这种期待被当作达到行动者本人所追求的和经过理性计算目的的"条件"或"手段",其界定价值理性为有意识地

---

① F.J.古德诺. 王元译. 政治与行政[M]. 北京:华夏出版社,1987.
② 王乐夫. 公共行政学[M]. 北京:高等教育出版社,2006.
③ 罗伯特·B.登哈特. 公共组织理论[M]. 第三版. 北京:中国人民大学出版社,2003.

坚信某些特定行为的——伦理的、审美的、宗教的或其他形式的——自身价值，无关乎能否成功，纯由其信仰所决定的行动。① 而具体到行政学领域，公共行政的工具理性表现在"按照企业管理的原则与价值取向来对公共组织进行管理，试图通过科学化、技术化的管理来实现政府目标，效率中心、技术至上、价值中立是其核心内容"②，而公共行政的价值理性则体现在"强调公共服务的公平性、官员的回应性、民主行政、公民参与和社区自治等基本价值"。③ 公共行政学自诞生以来，其演进路径就一直在工具理性为主导与价值理性为主导之间摇摆。

（一）工具理性路径的终结

行政学发轫于第二次工业革命，在此期间经济社会层面产生了巨大的变化，与此对应，上层建筑方面做出了适应性调整。早期公共行政学者提出了"政治—行政"二分法，即社会治理系统由政治和行政两个部分构成。受其诞生背景的影响，此时的行政工作及研究中渗透着浓厚的企业管理思想，推崇管理主义、技术理性，公共价值则退到了次要位置。

行政学沿着政治—行政二分法所确立的技术主义路线行进了数十年之后，在科学管理运动的推动下，其在20世纪30年代进入发展的黄金时期，迎来了所谓的"正统期"，古立克和厄威克所提出的POSDCORB原则正是这一时期行政学思想的重要体现。随后，步入20世纪中叶，西蒙在行政学中引入逻辑实证主义，提出建立一门更加精致、有效率的行政科学的主张。西蒙的主张在随后的几十年中一直是行政学主导思想，这种做法依旧忽视价值理性，而使得行政学与企业管理的内容相差无几，面临着学科认同危机。

---

① [德]马克斯·韦伯.社会学的基本概念[M].广西：广西师范大学出版社,2005.
② 丁煌,张亚勤.公共性：西方行政学发展的重要价值趋向[J].学海,2007(4).
③ 董礼胜.工具—价值理性分野下西方公共行政理论的变迁[J].政治学研究,2010(1).

20世纪70年代末、80年代初,西方国家针对政府面临的巨额财政赤字、高昂的社会成本,也是为了适应世界经济一体化、全球化和信息化的发展要求,开展了一场声势浩大的公共行政改革运动。这场改革的重点是在政府管理中采纳企业化的管理方法来提高服务质量,强调以市场或顾客为导向来改善行政绩效。胡德把西方国家的政府改革所体现出来的政府管理新模式称作新公共管理典范。"新公共管理"实践催生出不同于传统公共行政理论的新范式,这就是新公共管理理论。随后,以行政改革为依托的新公共管理运动席卷全国,其特征是,一方面政治与行政出现了某种程度回归式融合,行政从重视"效率"转而重视服务质量和公众满意度,另一方面行政的管理主义却继续进行分化——由于在处理纷繁复杂的公共事务的过程中需要运用一些更有针对性、更精细化、更得心应手的管理方法和手段,于是,专门用于提高服务效率的新型管理工具的重要性凸显出来。"管理工具"本身从"管理技能"中剥离出来,即以往作为行政管理主要支撑资源和研究对象的笼统的"管理技能"被再次二分为"管理工具"和"掌握工具的技能"[①],也就是笔者所认为的新"二分法",政策分析、绩效评估、风险治理、危机管理、电子政务等新式管理工具都是在这个趋势中的产物。由此可见,第二次二分是行政管理工具理性发展的必然结果,也是极致化的表现形态。

(二) 价值理性路径的觉醒

自19世纪末行政学诞生之初,工具理性便超越了价值理性的地位,甚至在很大程度上将价值理性排除在行政研究视域之外,其创立者认为行政应专注于提高执行效率,至于公共价值问题,那是政治应当考虑的事,"行政管理的领域是一种事务性领域,它与政治领域的那些混乱和冲突相距甚远"[②]。既然行政管理是一个纯事务性的领

[①] 高小平. 借助大数据科技力量寻求国家治理创新[J]. 中国行政管理,2015(10).
[②] 彭和平等. 国外公共行政理论精选[M]北京:中共中央党校出版社,1997.

域,是不折不扣地执行政治命令,那么行政管理就是一个纯粹执行命令的工具,价值因素被排除在行政管理之外。

进入20世纪中叶,在公共行政学沿着"政治—行政"二分法的轨迹行进了数十年以后,其对管理主义的崇拜所产生的弊端日益显现出来,学术界渐渐开始了对行政学中注重管理主义即工具理性的批判、对公共价值性回归的呼唤。20世纪60年代以来的新公共行政学派、黑堡学派、行政伦理学派都在不同程度上召唤行政学中价值理性的回归,而这一呼吁在20世纪90年代行政哲学日渐兴起后达到了高潮。行政哲学从更高的价值层面引导人们从"行政科学"时代走出来,进入"行政哲学"时代,以前瞻性、系统化的视角来认识问题,从价值观上着眼于获得美好的生活,在更高的层面认识和理解公共利益[1]。从实践层面看,人类社会由工业文明时期进入后工业文明时期,公共事务日益增多,管理复杂性也大大增加,社会对公共管理的要求越来越高。应行政工作的现实需要,一系列新型的管理工具相继诞生并逐渐实现独立发展。此时,新的二分法的诞生给予了政府公共服务、民主性、回应性更多的实施手段和考量指标,行政中的价值理性回归有了工具层面的技术支持。也就是说,工具理性走向了顶端,与价值理性实现重叠,新的"二分法"使得管理精细化、掌握工具的人综合能力得到提高,政府服务的价值得以彰显。由此可见,"两极相通",以推进工具理性发展为己任的新二分法,恰恰与行政增进公共利益的目标导向相吻合,于是行政学中的价值理性又重新回到了人们的视野,并引起关注。

(三) 二次二分法的核心命题

工具与技能相分离的二次二分法是在新公共管理理论和新公共管理运动兴起的情况下诞生的,也是在行政的公共价值回归的背景

---

[1] 丁煌,张雅勤. 从"科学"到"哲学":西方行政学价值研究的新发展[J]. 行政论坛. 2014(5).

下发展的。通过演化趋势分析，可以得出如下意见。

——随着工具逐渐从技能中剥离出来，在原本以效率和结果为价值导向的行政管理过程中，管理工具与管理技能开始双双引入公平和过程导向，并力求两者平衡。如政策分析和电子政务，从企业流程再造、电子商务活动逐步推广到政府，加强了政策的过程优化功能和政府的均等服务功能。又如绩效管理和危机管理，因顺应信息化和科技型社会的需要，提高了政府管理的公共性和公众满意度。

——随着工具逐渐从技能中剥离出来，管理工具和管理技能之间的分工更加明确。工具负责简化和改善工作机制、提高效率，技能不再需要仅仅专注于会不会使用工具，而是可以依托外部的技术改进和信息化应用轻而易举地学会使用工具，腾出更多的精力去关注以往观照不够的领域——人，忖度价值理性作用的发挥，以人性的真善美、柔性化管理、情感式服务等因素来灵活使用和改变管理工具发生作用的方式及范围。从而，行政管理中融入了软实力，使得在工具管理的刚性特征之外，增添了人文关怀，并使人文关怀具备内生性，从内在属性上将价值理性纳入工具理性中，使工具理性从属于价值理性。管理工具越是独立、精致、科学，价值理性就越能够兼容它、消化它、征服它，其运作工具的人即使主观上不去积极追求价值理性，但在客观上也不得不被"工具"牵引着按照政府工作的价值要求去做事。

——随着工具逐渐从技能中剥离出来，工具本身的作用进一步凸显，自我持续创新能力增强。比如对绩效的测量工具，从重点关注业绩考核与评价的绩效评估，到行政管理全流程的绩效管理，再发展到引入多元主体参与的绩效治理。智能行政、互联网＋政府服务、大数据公共管理等技术得到快速发展，加快了国家治理、政府治理、公共治理、社会治理体系和治理能力现代化步伐，促进政府部门及公务人员运用工具改善和提升公共服务。因此，工具与掌握工具的技能形成互相促进的态势,而管理技能上的进步,使得越来越多的政府部门和公务员熟练地掌握和运用管理工具,更好地履行公共管理的权利和义务,行政的效率性、公共性、公平性、服务性、回应性不断提高,政府的管理和服务理念、伦理、价值观都在发生悄然转变。

三、二次二分法的内容

"二战"后,很多国家在反思战争的教训时,深化了对政治—行政二分法的认知,积极推进行政领域的改革。这一改革呼唤着新的管理工具。

(一) 政策分析

20世纪50年代公共政策科学诞生,公共政策分析在西方国家不仅成为政策活动和政策科学知识的重要组成部分,而且作为一种专业、才艺和职业,经历了从创立、创造到发展的过程。

美国著名政策学家邓恩认为政策分析作为一门应用性学科,要求分析者运用多元的调查方法、政策辩论模式,以创造与转换可以用在政治场合的政策资讯,形成政策知识和主张,最终为解决政策问题提供行动建议。[①] 政策分析强调应用性,强调政策资料和信息的转化及知识的创造,强调政策分析中的对谈与辩论,强调以政策问题为中心形成可以被充分交流、利用的政策知识和主张。在促进国家治理体系与治理能力现代化的大背景下,建设现代政府需要从统治型政策向服务型政策转变,增强政策的回应性[②]。公共政策分析这一工具适应了治理变革的需要。

政策分析将管理工具与管理技能分开是通过程序化、知识化、专业化的路径实现的。

---

① William N. Dunn, *Public Policy Analysis: An Introduction*. Engle-wood Cliffs, NJ: Pretice-Hall, 1993.
② 严强. 公共政策分析的实质、特点和内容[J]. 南京社会科学,2010(1).

程序化是指公共政策分析将收集政策资料、形成政策问题、转换政策信息、形成政策主张、强化政策执行这个过程变成纯粹的技术流程,任何人都可学习,任何组织都可移植。政策分析的这固有特点决定了政府可以通过培训公务员掌握政策分析要领,在实际工作中灵活运用。

公共政策分析创造的相关知识的利用与三个因素有关:知识利用者的构成、知识利用的形式、知识利用的范围。政策分析本身需要研究者具有充足的政策知识储备,具备政策分析经验,政策分析主体的主观意愿和价值取向会对政策分析的结果产生决定性影响。在政策分析中,政策分析人员的知识构成、主观意愿都会对政策分析结果产生重要影响,以个人的知识层面与范围对政策分析结果产生影响,从而影响政策结果及政策议程等。这是以政策分析人员的经验理性和主观意愿来影响政策分析结果的体现。

政策分析的内容本身具有专业性的特点,需要专业化的研究人员来把握政策分析的进展及结果应用。政策分析的专业性客观上要求具备一定的理论素养、掌握一定的专业知识基础、能够运用一定的政策分析技术,并且具有一定政策分析实践经验的人员才能从事专职的公共政策分析。① 为增强政策分析人员的专业技能,很多国家都对政府人员提供培训,强化其政策分析的专业技能。

(二) 绩效评估

在 20 世纪 80 年代开始的世界范围的"政府再造"改革浪潮中,各国政府追求服务对象的满意度提升,于是以顾客和结果为导向的绩效评估成为政府治理模式变革的核心。

政府绩效评估的基本标准是"四 E"——经济、效率、效能和公

---

① 严强. 国家治理现代化要求下的公共政策分析创新[J]. 天津行政学报,2014(2).

平①。其在实践中表现出管理工具的刚性与管理技能的柔性的"二分"。

绩效评估作为一种工具,其本质是一种机制管理,就是将原来不规范或规范性不强的管理机制改造成为从流程到手段都刚性化的规范性很强的管理机制。绩效评估的体系,可以独立于以往行政管理中的经验管理、人文管理之外,通过创新建构评估模块、评估主体、评估标准、评估分值,运用绩效计划、问题诊断、反馈信息及进行绩效改进等措施,对政府及其工作人员进行效能管理,以提高组织与个人绩效。

绩效评估的工具理性内蕴的刚性特征,在实践过程中又表现为柔性的价值理性。绩效评估的施行,在评价公共部门及其人员的工作表现、业绩成果和社会效益产出中,始终坚持结果导向而非过程导向,尽管在流程中设定了标准化、可测量、可评估的绩效因素来增大评估体系的规范性,但这些都是建立在政府服务对象方面的。评估指标的刚性恰恰可以促进公务员的工作主动性、创造性大幅度增强,工作质量和行政效率、服务态度和公众反馈等绩效因子都得到提高,针对评估对象的日常表现、工作结果和产出实行定量及定性指标,直接转化为绩效结果的激励,从而激发了工作热情,增强服务意识,遏制了官本位意识,减少了公共部门与社会、与公众需求脱节的现象发生。政府机关内部管理的人文关怀、对社会的管理和服务的人性化、政府的回应性和透明度等本质都体现了柔性的制度管理特征,这种柔性特征的创新不仅弥补了刚性机制的不足,而且本身就是刚柔分开、刚柔相济的产物。

(三) 危机管理

危机管理是一种有组织、有计划、持续动态的管理过程,政府针

---

① 张定安,谭功荣.绩效评估:政府行政改革和再造的新策略[J].中国行政管理,2004(9).

对潜在的或者当前的危机,在危机发展的不同阶段采取一系列的控制行动,以期有效地预防、处理和消弭危机。① 危机管理将工具与技能分开的特点更加明显。

一是通过建立专司应急的机构和相对固化的响应流程,实施对危机管理体制和机制的工具性改造,实现技术、效能水平的有效提高。危机管理作为一项减少组织风险和处理实际发生的意外事故的活动,是一项技术性很强的管理活动。这里的技术性,即强调危机管理理论在危机管理实践中的应用性、可操作性,也就是强调方法和手段的重要性②。危机管理的流程包括树立危机意识,普及全民掌握防范危机的相关知识,制定危机预警预案,健全危机应对机制。在危机管理的机制构建层面包括危机的组织领导机制、问责机制、各部门各主体的协调机制,在危机善后阶段应做好危机传播管理,积极主动对外公布与危机相关的最新消息,树立政府部门的形象,表明立场等等,这一系列流程。诸如此类,都使危机管理流程具有可操作、可掌握的工具性特点。

二是基于危机事件爆发的特点及危机事件处理经验,可以建立危机预警及预备机制,健全危机管理流程。首先危机管理流程可通过过程分析方法,科学设计、建立和完善危机管理流程,构建危机管理过程监管制度;其次,运用系统方法,建立我国危机管理预警体系、信息体系、决策体系、指挥体系、救援体系、救助体系、评估体系;最后,运用组织行为分析方法,提高我国各级领导危机管理能力。③ 通过这些流程构建和能力培养,可以提高危机预警意识与能力,提高危机应对和处理能力。

三是由于危机事件的突发性和重要影响,危机管理具有紧急性

---

① 张成福.公共危机管理:全面整合的模式与中国的战略选择[J].中国行政管理,2003(7).
② 高小平,侯丽岩.危机管理方法初探[J].中国行政管理,2005(5).
③ 孙静.新世纪以来我国公共危机管理研究综述[J].宜春学院学报,2014(5).

的特点,公共危机管理机制的构建是公共危机管理的核心问题,而其中的应急处置机制又是重中之重。在危机事件逐渐增多的时代,因危机事件的突发性、紧急性、扩散性、不确定性等特点,在这种事件中展开的社会活动和管理活动需要人快速反应、随机决策,如果仅仅依靠工具管理显然难以应对。在这种情况下,人的行为选择以及应对都更加重视经验理性的作用,以人的经验注入危机管理之中,从而在危机管理这一工具中体现出价值理性、经验理性的特点,以以往的应对经验来处理当下的危机事件。

(四) 电子政务

电子政务是在互联网环境中依托实体化的政府组织和资源,利用虚拟的政务渠道运行实际政务的构造。电子政务的建设本质上是某种形式的"政府再造",而绝不是一般意义上的设备和技术条件的更新换代。因此,电子政务建设尽管包含了很多技术的部分,但其根本却是政府管理观念的革新。所以,更新观念、改革体制、理顺关系、重塑流程,以社会公众对政府服务的实际需求为导向发展电子政务,对电子政务的建设具有关键性的意义[①]。

我国电子政务的发展历程大致经历了办公自动化、政府上网及能力全面建设和现阶段"应用主导"三大发展阶段。20世纪末,在"政府上网"之前,我国政府的信息技术应用,大体上包括建立专门机构、专项业务应用系统建设、启动政务专网建设和制定标准等内容。总体而言,这一时期的政府信息化更多带有单机应用、分散开发、"重电子、轻政务"的特征。单机应用阶段"办公自动化"的发展,为我国政府信息化走向网络化应用阶段打下了必要的基础,在随之而来的这一阶段,政府信息化的主要内容是推进政府上网及电子政务能力的全面建设。而现在,我国处于电子政务的应用阶段,主要任务是推进电子政务的应用性,以之为依托推进政府改革,提高工作人员绩

---

① 杨凤春.什么是电子政务[J].安徽决策咨询,2002(7).

效,构建以公众满意度为导向的服务型政府①。

在以应用为主导的电子政务阶段,电子政务是指依托互联网而运行的、与政府管理和服务社会事务有关的一系列政府活动和政府行为方式。与"电子政务"概念相类似的还有政府信息化、互联网政府等。目前电子政务主要运用在以下方面:政府为社会提供服务,政府部门之间的资源共享和协同办公,政府内部的办公管理。②

在电子政务中,由于注重科技的力量,信息获取便利性增加,在一定程度上解决了信息不对称的问题。电子政务使得公众能够在任何时间和任何地方获得政府的在线服务,在线政府没有"门"和"墙"、没有时间限制,公众不需要直接到政府的办公场所,他们只需要知道政府的网站和网络链接就能获得政府所提供的服务。网络技术的广泛应用给人们带来的最直接的益处,就是在更广泛的意义上实现了信息资源的共享,使公众更接近信息,更了解政府的所作所为,使政府"黑箱式操作"进一步变成"白箱式操作",公众与政府之间的距离更为拉近,网络成为公众参与政府决策、参与政府管理和监督政府行为的重要渠道。

电子政务突破了以政府为主导的单一治理模式,促进政府部门、公民以及私人部门之间的有效合作。同时,电子政务建设打破了传统政府部门之间的界限,使部门林立、条块分割、等级森严的结构关系发生改变,使得政府工作模式的重构得以实现,从而提高工作效率,优化政府传统的工作模式、领导体系,改善工作氛围。通过电子化手段获得信息和提供服务,使得政府和公众之间形成平等的关系,公众不再是政府信息的被动接受者,政府不再是公众行为的单项控制者,政府与公众将建立新型的协同关系。③

电子政务依托网络及信息化平台,在提高公众知晓度的同时,提

---

① 汪向东.我国电子政务的进展、现状及发展趋势[J].电子政务,2009(7).
② 杨凤春.什么是电子政务[J].安徽决策咨询,2002(7).
③ 陈波,王浣尘.电子政务建设与政府治理变革[J].国家行政学院学报,2002(4).

高社会领域对公共事务的关注度及参与度。在电子政务中,公共部门更加公开和透明,通过对公众意愿的充分理解,对公众负责,能够彻底抛开繁文缛节,实行过程的公开、民主,能够为每一个人提供需要的、个性化的服务,这些都是公共价值中民主性、回应性的体现。

电子政务的开放性特征意味着政府由过去的包揽一切的管理方式向提供社会服务功能方向的转变,而电子政务顺应信息化社会公众对政府信息开放的要求和获取便捷的公务服务的需要,建立起了以社会公众需求为导向的提供高效、全方位、一站式的服务系统,这使得社会公众可以获得更多的公共信息资源,可以更加直接地参与公共事务,表达对公共服务的需求。而在此状况下的政府管理工作人员所应当做的就是转变服务态度,提高服务技能,对公众需求做出及时反应,将政府信息和公共服务加入电子政务系统之中,使公众更加便捷地参与社会管理和获取公共服务。

从电子政务的上述特点可以看出,它已越来越独立于实体政府,而显现出运行功能与传统行政行为之间的区分,也就是二次二分的特色和优势。

四、二次二分法的创新特征

创新,作为思维活动和实践活动是有规律的。二次二分法是行政管理领域的一次创新,不是简单的修补,而是对学科具有突破性和多维性的重大变革。

首先,管理工具和管理技能分开不是"政治—行政二分"的延长或修正,而是行政管理内涵的拓展。行政学的发展不能仅仅从学术方面来解释,而必须在理论所描述的行政事实之外去寻找。二次二分法不是行政管理经验、能力的简单积累,而是公共管理生活内部蕴含的质上的自发性突破。现代公共管理是在"破中求立,边破边立"中成长起来的。就这一点来看,我国当下正在进行的行政管理体制机制改革,既是对"行政主导型发展"的深刻反思,又是对供给侧结构性改革的积极探索。党的十八届五中全会提出的创新、协调、绿色、开放、共享五大发展理念，体现在国家行政管理领域，必然折射到行政学的领悟中。

其次，供给侧结构性改革虽然发生在政府领域，动力却主要来自需求而不是管理。消费者、民众对政府管理的需要虽然充斥着自发性，但新需求带动管理变革是一种基本的联系方式。随着我国政府简政放权、放管结合、优化服务改革的深化，政府职能的供给侧结构性改革必将继续进行下去。管理者发动的变革，如果得不到对象的启发和触动是不可能的，而社会需求如果在变革中得不到实惠，这种变革也难以继续。需求永远是一切管理的起点也是终点。

再次，基层政府创新是理论构建的关键。管理工具的革新和技术方法的变革在国家创新过程中的作用越来越重要，并将成为公共管理最根本的特征。二次二分法创新是建立一种新的管理函数，包括新流程、新测量技术、新主体、新网络都是来源于基层政府组织，这种创新对整个行政体系的冲击、特别是对高层管理体系的影响函数，最终也取决于基层。从理论上讲，创新有助于打破行政管理"放权—收权—再放权—再收权"和"精简—膨胀—再精简—再膨胀"循环流转的"均衡"状态，而实践上能不能实现真正打破，还有赖于这种理论的验证，即普遍的基层创新。理论的认识为强化基层创新功能提供的可能性，还需要实践予以支持，形成理论与实践的互相支持。如果基层都把二次二分法当作"面子活"，在治理不作为中变成假"创新"，用"空作为"来应付，那么理论与实践都将失去一次真正的创新机会。

五、结语

上述四种管理工具它们的共同之处在于其本身工具性及内含的价值理性。一方面，作为管理工具，它们具有可为人所掌握、所利用、可复制、可移植的特点。另一方面，作为后工业时代的管理工具，它们又包含着价值理性的成分，管理工具在独立于管理技能之外发挥作用时，又可以依靠人的主观意志和能力，改变工具发生作用的范围，设定管理工具要素的内容及比例，使得管理工具在发生作用时注重工具性与价值性之间的协调，从而灵活地应对行政工作的实际需要。

相对于管理工具的刚性化特点，管理技能在发挥作用时更多融入了价值理性的因素，对公众需求、公共利益有更加灵活的关注，在实际工作中加入对于公共利益、公共价值问题的考虑。

行政学本身就是个不断批判与创新的发展过程，未来会诞生更多的管理工具，伴随着国家深化行政体制改革，不适应改革的部分将逐渐被淘汰掉，同时也会产生更多新的管理工具。当前，我国正处于社会转型时期，正处于推进国家治理体系和治理能力现代化的进程中，正处于全面深化改革、深化行政管理体制和社会治理体制改革的关键时期，在此阶段如何具有针对性地对行政工作人员的管理技能进行培养也是行政学研究的重要课题。

（原载《地方治理研究》2017年第1期。作者为高小平、胡仲琪）

行政管理体制改革方法论要创新

一

李克强总理在推进简政放权、放管结合职能转变工作电视电话会议上指出:"要开门搞改革,从政府部门'端菜'变为人民群众'点菜',以群众需求为导向,从反映突出问题入手。"这是对行政体制改革方法论的重大创新。

行政体制改革的核心是转变政府职能,这是一场政府的自我革命,牵一发而动全身,艰巨性、复杂性、系统性很强。以往行政体制改革采取的主要是内部主导、自上而下的流程,外部参与、自下而上的方式也有运用,但相对较少,这种"供给侧"改革模式的好处是有顶层设计,步子比较稳妥,但缺点是人民群众参与度不高,改革的动力不足,当面临掣肘时,常常会摇摆犹豫,甚至停顿倒退,难以做到坚定不移、全面有力。事实上,人民群众对行政体制的弊端感受最深,对改什么、如何改、什么先改、什么难改心里很清楚,最应该有发言权。开门搞改革,把政府部门"端菜"改为人民群众"点菜",就是实行"需求侧"改革模式,将改革的主导权交还给人民,充分发挥市场主体、社会成员的积极性、主动性和创造性。这既可以加大政府改革的压力,冲破挤牙膏式的改革瓶颈,又有利于从实际出发,使改革更契合需求,准确摸到症结,找到下刀子的痛处,改到精准的部位。

"点菜式"改革的实质是行政资源配置上的一次创新。党的十八届三中全会提出,发挥市场在配置资源中的决定性作用和更好发挥政府作用。实施行政审批制度改革,破除行政审批"当关"、公章"旅行"、公文"长征"等乱象,给企业松绑,就是要让市场"显灵",让企业、社会和公众"八仙过海,各显神通"。政府则要以创业创新需求为导向,以扩大就业为目标,在政策、融资、统一平台、法律、知识产权等方面提供更好的服务。政府要大力增加公共产品供给,通过政府购买、发展市场化中介等,补公共服务"短板",撬动内需增长,带动有效投资,让群众享受便捷公平可及的服务。政府要创新行政管理方式,运用电子政务、大数据、云计算、"互联网+"等载体,建立统一监管平台,推进综合执法,推广随机抽查,做到公开、公正、透明、高效,最大限度压缩权力寻租空间。

"点菜式"改革的提出,标志着以问题为导向的倒逼型改革正在进一步深化,开始找到并运用新的机制和实现方式,标志着政府治理体系和治理能力现代化上了一个新台阶。下一步的任务就是认真倾听人民群众的呼声,把改革的菜单做全、做细,做得色香味俱全,建立一套从"点菜"到"下单"、从"配料"到"烹制"、从"接待"到"上菜"的科学流程,确保改革到位。

(原载《行政管理改革》,2015 年第 8 期卷首语)

二

党的十八大,十八届二中、三中、四中全会对行政体制改革和政府职能转变提出了新的更高要求,李克强总理把转变职能作为新一届国务院的第一件事。国务院、国务院各部门和各级政府在推进职能转变方面做了大量工作,取得了积极进展。但总体来看,职能转变还没有到位,在不少方面还有较大的阻力,成效尚不能尽如人意,使得政府的行政审批、公共服务、机关管理还与依法行政的要求,与公众、社会的需求有较大距离,在经济建设、政治建设、文化建设、社会建设、生态文明等领域与社会主义市场经济、社会主义民主政治建设的要求不相符合。进一步转变职能，是人民群众对政府工作的热切期待，是建设服务型政府、法治政府、创新政府、效能政府、廉洁政府和简朴政府的必然要求。

政府如何更好、更有效地回应社会关切，如何进一步推进职能转变工作，如何检验政府职能转变的成效，如何增强职能转变的动力，提升职能转变的绩效，还有不少问题需要深入研究。这实质上是一个改革方法论的问题。

近二十年来，我国各级政府大力推行绩效评估，取得了积极进展。实践证明，绩效评估是推动政府工作的极为有效的"助推器"和"指挥棒"。但从改革、发展、稳定这三个维度看，政府绩效评估主要是作为服务于发展需要的管理工具，其推动改革的作用未引起高度重视，没有发挥应有的作用，至今尚缺乏一个专门对经济、政治、文化、社会、生态文明体制改革的全面评估，单独领域的改革评估也很少。在行政管理领域，还没有建立起政府职能转变的评估制度。现有的政府绩效评估虽然涉及公共服务和加强政府自身建设等领域，但大都没有从职能转变的视角进行研究和评估，只能说是与政府职能转变有一定的关联性。

因此，在全面深化改革的新形势下，建立健全对改革的评估体系是需要加紧研究的问题。

政府职能是行政管理最基本的要素，是政治—行政的结构性制度实现的依据，是政府合法性的基础。职能转变是按照"结构—功能"的原理，在准确定位政府职能的基础上，发挥体制改革、结构优化的作用，使体制的功能得到最大化；同时，通过分析运行机理，改进机制和创新履职方式，提高政府管理和服务效能。职能转变之所以成为当前政府改革的"当头炮"和"先手棋"，就是由政府职能定位、职能转变的重要性决定的。建立对职能转变的评估制度，运用评估这个"指挥棒"和"导向仪"，使职能转变沿着科学正确的改革方向前行。

加大激励和惩罚机制建设,对于推进行政体制改革具有重大意义,也必将有力地推动着全面深化改革。

由于我国行政管理体系正值转型期,政府与市场、政府与社会的边界还不清晰,政府的"公共服务、经济调节、市场监管、社会管理、环境保护"职能尚处于动态发展中,加之各级、各部门在履行管理和服务行为时职责交叉比较严重,因此实施统一测评是一件很难的事情。

职能转变评估,如果不能评估职能履行的状态,就无法建立评估体系。评估结果如果不可能真实反映职能转变的实际情况,评估就没有意义。既然正面进攻受阻,我们可否转换一个思路:能不能评估政府职能转变的绩效?准确地说,评估的对象是一级政府或政府部门推进职能转变这项工作的业绩、效率、成果。然后,衡量选定的评估时点,通过被评估对象推进职能转变绩效的结果,反观政府职能转变的状态。

显然,这是可以做到的。

政府职能转变绩效评估涉及的问题很多,核心是3个:借鉴同类成果、设计指标体系、建立基础数据源。

很多研究机构和学者对中国政府职能转变从不同的侧面做了多维度的研究。世界银行发布的《全球治理指标报告》,根据银行、智库、私营企业等33家机构提供的35项数据源,确立了6项治理状况指标,即话语权与问责、政局稳定与反暴力、政府效能、监管质量、法治和腐败控制,其中对全球施政质量、公共治理、政府效能有专门的研究,也有涉及中国政府职能转变的内容,认为中国政府效能建设取得了明显进步。中国国务院发展研究中心宏观部和中国社会科学院数量与技术经济研究所课题组发布的《中国政府公共服务综合评估报告》,围绕促进政府公共服务,加快政府职能转变,建立了一个含8个子系统、165项指标的政府公共服务综合评估体系,对我国8类基本公共服务进行了评估,开发了基本公共服务综合绩效指数、投入产出效率指数、绩效改善指数和地区差异指数四类指数。华南理工大学政府绩效评价中心从 2008 年开始推出《中国政府绩效评价红皮书》,分别研究了全国"幸福指数"及幸福建设、绩效管理与评价、财政支出绩效评价、法治政府绩效评价结果及学术研究的年度进展与特点。北京师范大学管理学院,北京师范大学政府管理研究院发布的《中国民生发展报告》,测度中国的发展和民生状况,包括经济发展、民生改善、社会进步、生态文明、科技创新、公众评估等 6 项一级指标,45 项二级指标。其中民生改善模块设置了收入分配、生活质量、劳动就业 3 项二级指标;社会发展模块设置了公共服务支出、区域协调、文化教育、卫生健康、社会保障、社会安全 6 项二级指标。中国社会科学院主编的《中国城市基本公共服务力评估》,以公共交通、公共安全、住房保障、基础教育、社会保障和就业、基本医疗和公共卫生、城市环境、文化体育、公职服务水平等为主要内容,对全国 38 个主要城市进行了调研,获取有效问卷近 20000 份,列出关于全国各主要城市的满意度排行。中原发展研究院主编的《中原经济区竞争力报告》,对全国 31 个省级行政区在经济与社会发展各方面进行了横向比较,给出了相应的评分和排名;对河南 18 个省辖市的竞争力给出了相应的评分和排名,对中原经济区内的其他城市的经济发展水平做出了评价。此外,还有一些综合性研究报告涉及政府职能转变内容,但是只是作为研究其他目标的子指标或相关指标。

经过比较研究可以发现,总的来看,同类研究与政府职能转变关系不直接、不紧密,目前我国尚缺乏一个专门对政府职能转变进行全面衡量、科学评估的框架和报告。但现有研究初步探索了我国政府职能转变在公共服务和加强政府自身建设等领域的作用,提供了与职能转变评估有一定关联的指标体系设计等,是可以参考借鉴的。

确立评估指标体系的方法论,可按照五个步骤来走。

第一步,构建逻辑路径。遵循绩效评估的基本原理,可以按照"提出概念(评什么)→界定概念内涵→测量概念内涵(技术体系)→取得基础数据→实证与分析→改善与建议"的思路,建立技术路径。

第二步，设计理论框架。比较理想的政府职能转变评估模型是"目标—效果"框架，这在运用到评估具体的内容上，比如审批制度改革，国务院提出了具体而明确的目标，是可以应用的。但作为总体模型，则是不适用的。在我国，职能转变的总目标现在还处于不很具体、不能完全量化的情况下，需要改变思路，可以"职能—功能—效能""制度—体制—机制"两个三位一体的思路，建构理论框架，并在这个框架基础上设计评估指标体系。"职能—功能—效能"的模型主要用于确立评估的基本维度，"制度—体制—机制"的模型主要用于确立评估的具体指标选择和数据选择。

第三步，确立评估指标设置的依据。职能转变绩效评估指标设置的依据主要有：《宪法》、政府组织法、各类法律法规，党的重要文献，十一届全国人大一次会议通过的《国务院机构改革和职能转变方案》，党中央国务院《关于地方政府职能转变和机构改革的意见》，李克强总理在国务院第一次全体会议上的讲话以及历次对政府职能转变提出的要求，国务院和国务院办公厅颁发的有关职能转变的实施性政策的具体要求等。

第四步，确立评估指标的层次。政府职能转变绩效评估指标体系区分为三个层次，即设置三级指标。一级指标的功能主要是确立评估维度，进行内涵分解。二级指标的功能主要是体现评估的导向性、统一性和可比性。三级指标的功能主要是根据评估对象的关键因素设计的带有个性化选择的内容，体现职能转变绩效评估的特色。

第五步，确定具体评估指标。比如，我们可以对政府职能转变绩效评估设立"制度改革、机制创新、工作成效和社会反应"四个一级指标（评估维度）。在一级指标的"制度改革"维度下，要具体评估政府职能转变政策实施的制度性设计情况，重点是行政审批制度改革的内容，可设"事前审批、事中监控、事后完善"三个二级指标。在二级指标的"事前审批"下，设（1）减少投资审批事项，（2）减少资质资格许可和认定，（3）减少专项转移支付和收费，

(4)改革社会组织管理制度等若干三级指标。在二级指标的"事中监控"下,设(1)推进政府信息公开,(2)加强监督检查制度等若干三级指标。在二级指标的"事后完善"下,设(1)建立绩效管理制度,(2)问责制度,等等。

需要指出的是,一级指标要按照覆盖性和适用性强的原则来确定,可以不区分政府的层级和部门以及地域。二级指标要按照类属性原则来确定,需要区分政府层级和部门,部门还要区分组成部门、直属机构、办事机构,组成部门和直属机构可按照经济属性、社会属性和保障属性等类别适当加以归并。三级指标要按照针对性和可得性原则来确定,要充分考虑国土功能区和地域发展状况等复杂因素。

基础数据源是这项评估最大的难点所在。要坚持科学性、独立性、客观性、公正性原则,注重指标数据的可得性。要从绩效评估的流程管理方法和"测不准"原理出发,设计与目前应用的政府绩效管理体系有所不同的指标项目,以使最终评估结果接近职能转变的真实状况。所用的全部数据应尽量采用客观指标,对调研材料、案例分析、社会舆论和公众满意度、上级满意度等主观意见,需要采取量化归并的方式,力求使之转化为客观指标。

建立基础数据源,采集有效数据,要兼顾结果性数据(统计信息)和过程性数据(自采信息)、体制内数据和体制外数据、自上而下形成的数据和自下而上形成的数据。实现主观评估与客观评估的逻辑统一与功能互补互证。

根据这些要求,研究构建一套符合法律精神、符合当前实际的政府职能转变评估体系,必将极大地发挥科学管理工具对政府职能转变的引导和激励作用,促进政府切实落实职能转变的各项要求,进一步提高正确履职的能力,持续改进工作,加强公民、法人和其他组织对政府职能转变的监督,提升政府公信力和执行力。

(原载《行政管理改革》2015年第8期,题为《构建政府职能转变评估体系的思考》,作者为高小平、朱世欣、郑方辉)

解放思想 深化行政管理体制改革

党的十八大提出了接续改革、深化改革、全面改革的新要求。"深化行政体制改革"又一次提上重要议事日程。① 行政体制改革是改革发展稳定大局中的一个具有关键性影响的环节。如果说改革是一场革命的话，行政体制改革就是政府"改"到自己头上，要"革"自己的命。即将开展的新一轮行政体制改革，其深度、广度和难度都会比较大，必须以解放思想为先导，创新理论，形成共识，才能凝神定力，聚集正能量，增添攻坚克难的勇气，增强深化改革的动力。

一、解放思想是行政体制改革的法宝

解放思想是发展中国特色社会主义的一大法宝，也是深化行政体制改革的法宝。从党的十一届三中全会开启改革开放航程以来，我们国家在应对前进道路上各种新情况、新问题，扫除障碍、引领发展的每一个重要时期，都是靠解放思想这个法宝，顽强地冲破"左"的雾霾，跨越因循守旧的思想藩篱，逐步建立与现代化建设相适应的行政体制。

我国的行政体制模式来源于苏联。这种体制的主要特征是：国家权力高度集中，政府对经济、政治、文化、社会都实行集权式管理体制；权力结构统合性强，决策权、执行权、监督权不分置，政治与行政

---

① 胡锦涛.坚定不移沿着中国特色社会主义道路前进 为全面建成小康社会而奋斗[M].北京：人民出版社，2012：28.

权力交叉重叠;管理方式简单化,以行政命令、行政审批为主,宏观管理与微观管理混合使用。这种体制,在国民经济恢复时期和按照计划经济体制搞建设的初期发挥了一定的积极作用,随着社会主义建设的发展,越来越显现出僵化和不适应性。

以权力过分集中为主要特征的行政体制必然导致五大问题:一是决策失误,资源配置权集中在少数管理者手中,很难避免决策不当甚至错误,极易造成社会财富浪费;二是活力不足,没有竞争或竞争不充分、竞争规则不健全,社会缺失自我管理主体,阻碍了企业和人民群众积极性、创造力的发挥,经济和社会发展常常依靠运动式推进,缺乏内在的活力;三是效率不高,政府机构和公共管理人员不断膨胀,行政成本和社会成本高,行政管理效率和群众满意度低,劳民伤财;四是作风不正,管理人员很难抵御权力带来的腐败诱惑,廉政建设形势严峻,面临困境;五是理念落后,强化了"权力崇拜"和"官本位"等封建思想,难以树立政府服务理念。这种体制性缺陷成为经济政治文化社会发展的桎梏,成为消极腐败、诚信缺失现象的温床,成为官僚主义的"总病根"。①

在改革开放以前,党和政府对行政体制进行过多次调整,一度使过分集中的权力有所下放,但总体上未发生根本变化,仍然维持着高度集中、全面干预、过度管制、手段单一的格局。党的十一届三中全会以来,与国家改革开放进程相联系和适应,为解决行政体制与整个经济社会生活格局存在的内在矛盾,从20世纪80年代初开始,我国进行了6次全国范围的行政体制改革。在调整经济基础和上层建筑的关系中,发展社会主义市场经济体制的进程首先对行政体制不适应经济自由发展提出了改革要求,尔后,政治体制改革的推进又进一步对行政体制不适应民主政治发展提出了改革要求,同时,文化体制、社会体制、生态体制都对行政体制进行了挑战。随着各项改革对

---

① 邓小平文选:第2卷[M].北京:人民出版社,1994:288.

行政体制的对冲,行政体制改革与其他方面的改革互动发展,使我国的行政体制发生了深刻的变革。

在行政体制改革中,一刻也没有停止过思想观念的冲突,一刻也没有停止过解放思想。可以说,改革的过程就是解放思想的过程。通过不断地用理论武装和实践成果澄清各种各样的模糊认识,解决困扰改革发展的思想障碍,行政体制改革才能走到今天。但是,实践在继续,解放思想也无止境。现在,政企不分、政资不分、政事不分、政社不分的情况虽然有了改变,但问题依然十分突出。改革必须谋求新一轮的解放思想,否则认识上的问题必然导致行动上的游移,改革不可能深化,甚至已经取得的成果也有丧失的危险。当前,在深化改革上存在的认识障碍主要有:认为政府、市场、社会的边界根本无法划分清楚;认为行政体制改革总是在"精简、膨胀、再精简、再膨胀"中循环,没有什么实质性意义;担心简政放权会削弱了集中力量办大事的能力,会导致政府威信降低;以为改革就是失去利益,担心影响政治稳定、社会稳定和公务员队伍稳定,等等。

这些认识问题有的是理论上的,有的是实践上的。认识问题不解决,改革难以深化。解放思想,要求我们既要拂去理论认识的模糊,更要破开实践认识上的瓶颈。

就理论而言,关键是要回答政府从何而来、为何而干,是要理顺政府、市场、社会三者关系,是要解决政府在与市场、社会的关系中的定位问题。

政府定位,是马克思主义国家理论的一个基本问题,中国特色社会主义理论对马克思主义关于社会主义国家理论有重大创新。马克思有个著名的论断:"行政是国家的组织活动。"[①]列宁认为,政府是"从社会中分化出来的公共的政治机构"。[②] 恩格斯指出:"集权是国

---

① 马克思恩格斯全集:第1卷[M].北京:人民出版社,1994:479.
② 列宁选集:第四卷[M].北京:人民出版社,1995:44-45.

家的本质、国家的生命基础……只要存在着国家,每个国家就会有自己的中央,每个公民只是因为有集权才履行自己的公民职责。在这种情况下,即在集权的条件下,公共管理完全可以放手,而且必须放手,一切和单个公民或团体有关的事情在一个中心,既然这里的一切都是汇集在一个点上,那么,……涉及这个或那个个人的事情则不在内。"①邓小平多次强调,"领导就是服务",②提出要改革党和国家领导制度,把政府"不该管""管不好""管不了"的事交出去,交给企业、事业、社会单位自己管理。③

马克思主义经典作家,中国改革开放的总设计师、中国特色社会主义理论创立人为我们勾勒出了现代政府理论形态的基本框架。全面理解他们的思想,笔者认为可以概括综合为以下几点:第一,一个国家的政府特别是中央政府要适度集中权力,要有权威,这是建立政府的初衷,也是经济社会发展的需要;第二,政府行政管理要有边界,这个边界是依据市场和社会发育情况而定的,政府要把国家的、公共的事务办好;第三,政府的基本属性是公共性,权力来自社会赋予,职责是为社会服务,行为要向社会负责;第四,政府管理公共事务的基本原则是该管则管、宜放须放;第五,国家领导制度、行政管理体制的改革,重点是处理好集权与分权的关系。

在"政治生活民主化、经济管理民主化、整个社会生活民主化"④大潮的推动下,政府、市场、社会三者关系已经与改革开放前的情况相比有了深刻变化,三者的边界逐步显露出来。市场和社会能做的事,政府不做;市场和社会做不到而经济社会发展又需要的事,政府不仅一定要做,而且要做好。政府要有所为、有所不为。依据这个道理,政府确定职责、机构、编制及运行机制、工作方式等,改革的任务

---

① 马克思恩格斯全集:第41卷[M].北京:人民出版社,1982:396.
② 邓小平文选:第3卷[M].北京:人民出版社,1993:121.
③ 邓小平文选:第2卷[M].北京:人民出版社,1994:328.
④ 邓小平文选:第2卷[M].北京:人民出版社,1994:336.

得以明确。通过多轮次行政体制改革,成效十分显著,政府机构总体得到精简,效率有了明显提高,以往那种过多干预经济社会事务的情况有了很大改变,经济社会活力得到释放。事实胜于雄辩,行政体制改革让政府、市场、社会各自逐步归位,不但没有削弱党的领导和政府的作用,反而在经济发展中使社会各个主体各得其所,巩固了执政地位和行政权威;不但没有削弱社会主义集中力量办大事的能力,反而提升了政府专注办好应该办的事情的实力;不但没有导致政府威信降低,反而因为减少了决策失误,提高了政府的公信力和执行力。从公务员个体角度看,政府直接干预经济社会事务多,固然公务员权力大,但责任也大;政府简政放权,固然削减了公务员的权力,但同时也化减了政府及其公务员的风险,改革不仅利国利民,而且也有益于政府及其公务员的自身利益,人们对行政体制改革的理性认识不断深化。在这样的背景下,进一步解放思想,就是要在理论上形成共识,进一步科学合理地划分市场做什么、社会做什么、政府做什么,坚定政府要有所为、有所不为的认识,并以"改革一定是件好事情"的心态,主动参与改革,积极推动改革。

在理论和实践结合上,我们要解决改革的基本逻辑问题。政府改革内在地客观地存在着统一的逻辑,这个逻辑随着改革的不断深入而逐渐清晰,体现到改革的各个方面。在经济方面,按照政府调节市场,市场引导企业的路子进行改革。在政治方面,按照党的领导,通过依法治国,实现人民当家作主的路子进行改革。在社会方面,按照党和政府领导、负责,通过社会组织的协同管理,实现公民自治的思路进行改革。在文化方面,经营性文化产业遵循经济建设的逻辑,即按照政府调节文化市场,市场引导文化企业的思路进行改革;公益性文化事业遵循社会建设的逻辑,即按照政府引导和扶持文化事业单位,公益性文化单位提供文化公共服务的思路进行改革。在生态方面,绿色生产遵循经济建设规律,即政府通过调节市场,引导企业节能减排、治污利废,催生和发展新兴绿色产业;绿色生活遵循社会建设规律,即政府培育和引导非营利社会组织,这些组织作为公众参与的主体,积极参与到生态文明建设的决策和监督当中。

各个方面改革逻辑的统一性来自生产力决定生产关系、经济基础决定上层建筑的基本规律。各项改革按照这个统一性进行安排,才能促进改革的系统性、整体性、协同性。行政体制改革与各项改革紧密关联,上与政治体制改革承接,下与经济体制改革相连,中间与文化体制、社会体制相互作用。唯有解放思想,打破固化利益格局的传统思维方式,才能实现行政体制改革在"五位一体"的总体布局下,按照生产关系适应生产力、上层建筑适应经济基础的要求设计和推进,才能推动社会生产力持续健康发展,才能最大限度地维护和发展人民的根本利益。

二、解放思想是转变政府职能的关键

政府职能是行政管理的基本问题,是政府一切活动的逻辑与现实起点。行政管理的其他要素都是由职能派生或延伸的。职能定位准确与否,是政府能否正确行使权力,发挥相应作用的关键。行政体制改革致力于转变政府职能,就是抓住了治本之策。

如果说转变政府职能是行政体制改革的关键[①],那么,解放思想就是转变政府职能的关键。

政府转变职能涉及行政机构与经济社会其他要素之间的关系及行政机构内部关系的重大调整。由于体制具有惯性、利益具有刚性等原因,转变职能注定是十分艰难和较长的过程。思想所具有的惰性则与体制、利益紧密交织在一起,显得更加复杂。按照各方面改革不断深入的要求,对政府职能进行重新设计、重新定位,让政府管理那些经济社会需要而企事业单位、社会及个人不去管或管不了的公

---

① 高小平.转变政府职能是行政管理体制改革的关键[N].人民日报,2008-02-27.

共事务,企事业单位、社会及个人能管的事务则由他们自主处理,这既是要在国家法律和制度上解决的问题,更是要在思想认识上解决的问题。

综观历次行政体制改革,在改革之前和改革之中,我们党始终强调解放思想,而着力点就是不断加深对政府职能转变的认识。思想解放始终伴随着职能转变的进程。最早提出转变政府职能,是在经济体制改革取得成效的20世纪80年代中期,人们思想得到解放,在1988年七届人大一次会议通过的国务院机构改革方案中,明确将机构改革的目标确定为转变职能、下放权力、调整机构、精简人员。从那时到2000年是转变政府职能的第一阶段,主要通过机构改革来推动。这一阶段工作取得了成就,但也出现了两个突出问题。一是难以跳出机构精简—膨胀的"帕金森怪圈",使不少人心生疑虑;二是政府管理经济和社会的方式仍然以行政审批为主,政府工作人员在思想上习惯于传统工作方式,这使得政府职能转变步履艰难。直到2000年找到了行政审批制度改革这个突破口,思想获得了又一次解放,人们发现在不做"外科手术"(机构改革)的情况下也能转变职能,审批制度改革不断催化职能转变。2003年党的十六届三中全会提出科学发展观,2007年党的十七大明确提出"加快行政管理体制改革,建设服务型政府",2008年国务院机构改革之前,中共中央政治局专门就"国外政府服务体系建设与我国建设服务型政府"组织集体学习。心智的开启,思想的解放,推动了转变政府职能以创新为导向,政府更多地着眼于建立以公共服务为主要功能的制度创新,使转变职能进入了新阶段。

这些年来,我国政府在转变职能方面做了许多有益探索和推进,取得了可喜成效。例如,在行政审批制度改革、行政许可方式创新上,力度较大,国务院已分六批共取消和调整行政审批事项2 497项,占原有总数的69.3%,各省区市取消和调整的行政审批事项占原有总数的68.2%,使经济社会各方面获得了前所未有的活力,推动了整个行政体制改革。在乡镇以上各级政府机关和具有行政管理职能的单位开展以"提速、提质,为人民、促发展"为主要内容的效能建设。很多地方政府及部门实行"大厅办公、一门受理、联合审批、限时办结"机制,减少了行政许可事项的环节,企业和群众办事手续更简便,行政效率提高了,群众更满意了。有的地方探索建立政府信息化履行行政许可职能的模式,实行"网上许可""全程服务"。有的地方实行"通透式"办公,节约办公用房,便于相互监督,使"门难进、脸难看、事难办"成为"进得来门、找得到人、办得成事",受到舆论称赞。

经过多年努力,政府职能转变取得了显著成绩。以间接管理手段为主的宏观调控体系框架基本建立,市场体系建设取得了重大进展;政府管理国有企业方式有了深刻改变,针对企业以及建设项目的行政审批大幅度裁减;涉外经济管理逐步向国际惯例靠拢;政府决策民主化科学化程度有了很大提高,政府促进经济和社会协调发展的职能不断加强。职能转变促进了行政体制改革的深化,促进了经济社会的全面发展,促进了政治民主化进程。

然而,各级政府职能转变远远没有到位,还有很多攻坚战要打。目前我国各级政府部门管理虽然已经逐渐退出了生产和经济领域,承担起公共事务管理和公共物品的提供的职责,但由于改革的渐进性和过渡性,政府仍然拥有一些应当而且可以放松的管制权力,特别是一些有"实权"的政府部门往往强调其特殊性而否认一般原则,或者从"前脚"迈出了简政放权的"门槛","后脚"又想方设法退回原来自己的"领地",或者"前门"放走了一些管理权限,又以另一种形式从"后门"领回了失去的权力。行政体制改革的成败,就是看政府职能是否真正转变到经济调节、市场监管、社会管理、公共服务上来,就是看政府职能是否真正实现了决策权、执行权、监督权相互制约和协调,就是看政府职能是否真正做到了权责对等、行使透明、法治严厉。下一步还需要继续深化审批制度改革,加大力度推进以公共服务部门为主的行政机构大部门制改革,将这两个具有硬约束功能的举措作为推动政府职能转变的抓手,切实解决政府职能转变问题。转变职能还有很多攻坚战要打。这就需要进一步解放思想,深刻认识政府职能"越位""错位""缺位""不到位""不让位"的危害性,进一步增强改革的紧迫性。

三、解放思想是建设服务型政府的巨大动力

深化行政体制改革的方向在哪里?继十七大提出建设服务型政府之后,党的十八大进一步明确地提出"要按照建立中国特色社会主义行政体制目标,深入推进政企分开、政资分开、政事分开、政社分开,建设职能科学、结构优化、廉洁高效、人民满意的服务型政府"。

将服务型政府确立为行政体制改革的方向,是我们党和政府坚持发扬党的思想路线,解放思想,实事求是,求真务实,把握行政体制改革规律,取得的重大理性认识成果。把服务型政府作为行政体制改革的方向,就是要求行政体制改革按照服务型政府来引领职能转变,按照服务型政府建设的要求来确定政府的基本任务、工作重点、基本方略和保障措施等。要完成建设服务型政府的历史性使命,仍然需要我们进一步解放思想。

一是解放思想,做好顶层设计。十八大报告提出,要始终把改革创新精神贯彻到治国理政各个环节,不断推进我国社会主义制度自我完善和发展。要将行政体制改革放在经济、政治、文化、社会、生态文明建设五位一体总体布局中来设计和安排,促进现代化建设各方面相互协调。要按照确保决策权、执行权、监督权相互制约、相互协调的要求,改革国家权力配置结构。要加快建立中国特色行政体制,使之成为建设服务型政府的体制保障。

二是解放思想,创新机构机制。要坚定积极、稳妥稳步地推进大部门制改革,在2003年实施大部门制改革的基础上,对职能相近、交叉重复、长期扯皮的机构进一步合并和调整,建设大交通、大

农业、大文化、大社会、大生态、大市场监管的政府机构体系。要健全部门职责体系,科学划分、合理界定政府各部门职能,使职能与责任统一。要探索省直接管理县(市)改革,优化行政区划设置,深化乡镇行政体制改革。要创新行政管理方式,大力推进以政府绩效管理为主的机制创新。要严格控制机构编制,减少领导职数,提高行政效能。

三是解放思想,加强公共服务。十八大报告提出,政府要全面履行"创造良好发展环境、提供优质公共服务、维护社会公平正义"的基本职能,提高政府为经济社会持续健康发展服务的能力,加强教育、就业、社会保障、医疗卫生、生态环境、公共安全等公共服务的提供,把建立政府主导、覆盖城乡、公平公正、水平适度、可持续的基本公共服务体系,促进基本公共服务均等化,作为当前转变政府职能的重点和建设服务型政府的基本任务,解决好人民最关心、最直接、最现实的利益问题。要推进事业单位改革,使事业单位更有效地提供公共服务。

四是解放思想,加强依法行政。李克强同志指出:"要加快建设法治政府,用法律法规调整政府与市场、企业、社会的关系,努力做到政府职权法授、程序法定、行为法限、责任法究。"[①]要树立法治至上意识,遵循法定依据确定行政机构、编制和行为,不能在法之外有"附加职能",不能搞"影子行政"。要培养依法行政习惯,行政机关的任何决策都要经过合法性、必要性、合理性审查论证,公务员的任何行政行为都要依法行使。

五是解放思想,深化配套改革。十八大报告提出:"完善体制改革协调机制,统筹规划和协调重大改革。"这是党代会报告中在论述行政体制改革时首次写入的新内容。每当改革处在关键时期,尤其是我国经济社会发展进入重大利益关系调整的新阶段,改

---

① 十八大报告学习辅导读本[C].人民出版社,2012:30.

革要突破,必须超越部门眼界进行设计、克服利益相关者阻碍和影响,防止执行中的走形变样,改革统筹协调就显得更加重要。这给行政体制改革提出了更重的任务。其重点是要对权力结构、决策制度、信息资源、应急管理体制以及干部人事体制等进行综合配套改革。

六是解放思想,加强廉政建设。深化行政体制改革要为干部清廉、政府清廉、政治清明打造体制条件和制度环境。解放思想,破除框框,科学反腐,构筑体制长城和思想长城,尤为重要。正确认识、科学解决权力来源和权力结构问题,使权力在阳光下运行,在制约中行使,是解决权力滥用、异化变质的前提。要建立健全权力运行制约和监督体系,保障人民的知情权、参与权、表达权、监督权。要以更大的勇气,探索建立高级干部家庭财产公示制度,完善反腐败、禁特权的各项制度。要把"廉价政府"与"廉洁政府"建设结合起来,建设节约型机关,减少行政层级,降低政府成本。

建设服务型政府牵涉到政治体制和行政体制的方方面面,要以解放思想的坚强斗志,稳妥处理各方面的关系。一是理论与政策的关系。我国行政体制改革的理论准备不足,导致行政体制改革政策出台存在局促性、局限性的特点和坚定性不够等问题。要在坚持主流理论和核心价值的前提下,提倡百家争鸣,集思广益,形成中国特色社会主义服务型政府理论体系和政策体系,以指导和推动行政体制改革。二是职能转变与职能创新的关系。职能转变主要解决行政体制从适应计划经济转到适应社会主义市场经济体制的问题,职能创新主要解决服务型政府提出的新功能、新要求,两者统一于行政体制与经济体制、政治体制、文化体制、社会体制、生态体制"五为一体"相适应相协调之中。三是服务能力与管理能力的关系。既要加强政府公共服务能力,尽可能多地提供高质量、广覆盖的公共产品,又要强化政府公共管理能力,加强政府自身建设,提高政府的创新力,两者统一于依法行政之中,依法加强服务和管理。四是集权和分权的关系。适度集权是必须的,"强政府"、中央政府权威,仍是我国实现跨越式发展的基本选择,这与简政放权改革的取向并不矛盾。要坚定不移地发挥市场配置资源的基础性作用,坚定不移地发挥社会组织在党委领导、政府负责、法治保障、公民参与的框架下实现协同管理的枢纽性作用,这是行政体制改革的一条必由之路。

(原载《中国行政管理》2013年第3期)

认识政府改革的深层动因

　　学习江泽民同志"三个代表"重要思想，联系行政管理研究的实际，我们深深体会到，加快行政体制改革与创新，是时代的要求，历史的必然，也是贯彻落实"三个代表"思想的伟大实践和具体行动。

　　政府管理组织结构、管理体制和管理方式是随着社会生产方式的变革而变革的。农业经济时代政府实行家长制、家族式管理，属于"权威行政"。工业经济时代政府组织结构是金字塔式的科层制，行政管理主要依靠技术官僚的专业知识进行规制化管理，官员个人的写作、沟通、协调能力和政府机关执行公务的效能是重要的资源，这属于"技能行政"。在信息社会、知识经济的浪潮下，作为上层建筑的政府不可避免地受到全方位的冲击和深层次的震荡。一方面，为了回应经济社会的变革，行政范式被动地发生变迁；另一方面，社会结构、管理模式、价值观念的嬗变和科学技术的进步又为政府行政提供了发展的手段和契机。"智能行政"就是在这场革新中崭露出的行政发展趋势。

　　智能行政的突出特点是，以现代电子政务为载体，以学习型复合型创新型管理人才为主体，主动适应知识经济生产方式。智能行政是对整个行政管理系统的智能化，包括管理体制、流程、方式、人员的动态和开放式的智能化，以及行政文化，特别是行政伦理、行政观念、行政制度与行政智能化的有机融合。目前，智能行政主要以电子政务的形式在一些发达国家得到部分体现。但是不宜把现代行政发展方向简单地归结为电子政务。

智能行政的根本目标是实现由传统政府的管理职能向现代政府的管理服务职能转变。从技能行政到智能行政,行政的范式将发生深刻的变迁,从而促使政府转换结构、更新观念、调整功能。

一、智能行政带来的组织结构扁平化有助于政府加快行政组织结构改革的步伐

传统的自上而下的科层制组织结构形式几乎成了政府唯一组织形式。这种适应工业经济的管理架构,在复杂化多样化的信息社会、知识经济面前充分暴露出呆板、僵化和迟钝的弱点。由于智能行政选择知识管理,强调信息共享,重视管理组织中的横向交流,支持目标管理、自我管理和互动管理,一些传统的技能性工作将不复存在。同时,信息技术将扩大有效管理的幅度,从而可以将一些中间管理机构撤除,大大加快政府机构改革的步伐,走出机构改革"精简—膨胀—再精简—再膨胀"的循环。

我国近 20 年来的行政管理体制改革,取得很大的进展,有力地推动了经济的发展。但是,就总体而言,其仍是"过渡性"改革。即将在党的十六大后启动的新一轮行政管理改革,有理由成为基本"到位式"改革,政府转变职能有可能真正实现。其现实与表层的动因是适应社会主义市场经济和我国加入世贸组织的需要,而更深层的动因则是社会生产方式的更替。

二、智能行政带来的行政权力分散化有助于实现政治民主化

行政改革是政治改革的操作先导和后续保证。政治体制改革的焦点在于民主,而行政管理民主是政治民主的重要组成部分。行政管理改革搞好了,还可能成为政治民主化的切入点和突破口,加快政治民主化进程。在工业经济社会,政府行政一般采用控制型的权力模式,从而使高税收、低效率、浪费和腐败现象成为政府的通病。智

能行政采取分散化的权力结构,行政权力的分散和下移,决策权与执行权、咨询权分离,有利于应付复杂多变的行政环境和行政需求。行政决策权减少后,政府工作人员主要负责提供咨询、维护信息交换系统和整理信息资料等服务性工作,有利于行政管理科学化。智能行政可以切实做到政务公开,任何超越职责范围的行为或专制行为将有迹可寻,并在开放的实时交换的系统中及时暴露,无处躲藏,有利于廉政建设。一个互动的开放的行政管理体系,与公众及其他社会体系处于一种平等的地位进行信息交换,任何个人、团体或组织都可以进入政府网站查询政策或发表意见、参与反馈、表达意愿,满足公民的知情权、参与权,尤其是关于立法、决策的民意调查和信息反馈可以广泛地征求公众的意见,有利于人民群众管理国家事务。这些都是对行政职能的重新定位和对权力结构的重构。

三、智能行政带来的决策科学化透明化有助于建立多重规则以规范政府行为

技能行政中的决策活动往往采取垂直式方式,或者干脆就是"拍脑袋"决策,因为信息不能及时传达,或者收集第一手信息有一定困难,基层实际情况往往有借口忽视,从而造成政策与实际情况脱节,出现"上有政策、下有对策"的现象。而决策过程本身也成了无法解读的"黑匣子",公众与决策层之间信息不对称,存在着严重的"数字鸿沟"。虽然制定了不少法规和民主规则,也难以对政府行为尤其是决策行为进行科学的规范。智能行政采用网络手段搜索相关信息,收集公众上网直接发表的意见甚至表决,形成第一手信息,采用信息决策支持系统,分析并归纳处理数据,然后做出决策方案供决策层选择或者供公众表决,整个过程有着科学化、客观性、定量化的特点,形成政府行为必须遵守的第三个规则:技术规则,它弥补了法律和民主规则的弱点,有利于进一步规范政府行为。

四、智能行政是真正意义上的人本主义行政

如果说,权威行政的主体是"朝廷"和"衙门",强化的是"皇权本位""官本位"文化;技能行政的主体是"行政首长"和"技术官僚",强化的是"部门本位""利益本位"文化;那么,智能行政的主体是公民,强化的是"服务本位""人本位"文化。因为,计算机和因特网给政府、公务员与公民、社会提供了行政管理的全新平台。原先由政府单方面实施的行政管理,现在变成可以由管理的主体、客体双方同时参与、联合操作、同步运行、互动双赢的过程。在这个过程中,人的因素变得更加重要,人的智慧和价值观变得更加重要,尤其是,管理者的思想和道德变得更加重要。

现在研究和实施电子政务工程,比较注重信息技术应用和行政管理改革。这是完全必要的,但是,与此同样重要的是电子政务中的伦理问题。电子政务实践中的文化建设,好比计算机的软件,与硬件有着同样的重要性。再好的机器和网络,如果没有高素质专业化的国家工作人员来操作,同样出不来规范、高效、务实的行政管理,甚至照样可以用它来搞腐败。加强电子政务伦理建设,是对以德行政理念的具体化,是对行政管理优良传统文化积淀的激活,是物质文明和精神文明"两手抓"的现实需要。

我国还是一个发展中国家,行政管理既要积极与国际先进管理体制和管理方式接轨,更要立足国情。我们在推进电子政务建设时,要清醒客观地分析现有管理水平和现实的管理对象。切不可超越发展阶段,盲目照搬发达国家经验。要发挥技能行政和智能行政各自的优势,促进我国现代经济和社会跨越式发展。

(本文系 2002 年 5 月在中国行政管理学会理论学习中心组学习时的发言)

行政管理体制改革的哲学意义

党的十六届二中全会通过了《关于深化行政管理体制和机构改革的意见》，十届人大一次会议通过了《国务院机构改革方案》。新一届中央政府在新世纪开启了新一轮行政改革。这次行政管理体制和机构改革，是在我国全面建设小康社会的历史新时期进行的。如何建设一个适应国际政治经济发展趋势，符合政治文明和社会主义市场经济发展要求的中国特色的政府，是这次行政管理体制和机构改革要面对的基本问题。鸟瞰国际范围的行政改革浪潮，纵观改革开放以来我国四次机构改革历程，当前所进行的第五次行政管理体制和机构改革，在深度、广度和力度上应该具有一些与以往不同的鲜明特点。这就需要我们从战略思维、制度创新的高度，研究行政管理体制深层次的问题。行政哲学思想是指导行政管理体制和机构改革实践的理论基础。运用哲学思维考察行政改革，对于我们深刻理解、整体把握、自觉投身本次行政管理体制和机构改革，具有积极意义。

一、抓住行政本质，体现国家意志，寻求改革的高起点

黑格尔在《小逻辑》中指出，"本质是存在的真理"，"哲学的任务或目的在于认识事物的本质，这意思只是说，不应当让事物停留在它的直接性里，而须指出它是以别的事物为中介或根据的"。行政管理的本质是什么？这个问题不应该在政府内部来寻找，因为行政管理的本质"以别的事物为中介或根据"。那么，这个"别的事物"是什么？美国行政学家古德诺在他于1900年发表《政治与行政》一书中提出

了著名的观点:"政治是国家意志的表达,行政是国家意志的执行。"这是对政治和行政各自本质的基本表述。也就是说,这个"别的事物"就是国家意志。"执行国家意志"就是行政管理的本质。

国家意志不是一个个作为个体意识的简单相加,而是一种集合形态的意识,是要通过民主法制的程序,按照意识形态演化规律,由群体意识上升到政党意识,再由政党意识转化为国家意识。本次行政管理体制改革方案的制定过程本身就是一个揭示行政本质的过程。党中央国务院高度重视行政管理体制改革和机构改革方案的制定,组织专门高层班子,经过充分调查研究,认真回顾改革开放以来特别是上届政府以来行政管理体制和机构改革取得的重要进展,深刻总结改革中积累起来的宝贵经验,集思广益,反复论证,提出了改革方案。这个方案拟订后,提交到党的中央全会上进行深入讨论研究,并正式向国务院建议。就行政管理体制改革和机构改革问题在党中央全会上讨论通过一个"意见",这在我们党的历史上尚属首次。这表明,这次行政改革在反映"国家意志"方面比以往的机构改革更深刻,改革的起点更高。行政管理体制和机构改革方案的拟订,集中了包括行政管理学界在内的全党和全国精英的聪明才智,是科学决策和民主决策产物。

当前我国的国家意志是什么?宪法和党的纲领明确指出,就是在中国共产党的领导下,建设中国特色社会主义政治、经济、文化。这次行政管理体制和机构改革方案,充分体现了中国特色社会主义政治和市场经济的要求,科学地回答了我国各级政府怎样在现代化建设过程中发挥应有的作用,如何更好地为政治体制改革和经济体制改革服务等重大的理论和现实问题,初步明确了"全面建设小康社会条件下政府模式"的框架。因此,这次行政管理体制和机构改革方案抓住了当前我国行政管理的本质问题。

改革开放以来,我们党和我国政府对行政管理体制和机构改革的认知是逐步深入的。起初,几乎同世界上许多国家搞政府改革一样,是出于财政压力,提出精简机构和人员,以减少财政支出。尔后,为了提高行政管理效率,也需要对政府的体制和运作方式进行改革。随着经济体制改革的深入,经济基础向作为上层建筑组成部分的行政管理体制提出了改革要求,党和政府开始明确了行政改革要适应经济改革要求这一思想。再后来,社会各个层面改革的深化,推动了民主政治建设的步伐,政治文明的理念在普遍意义上得到认同,行政管理改革需要与民主政治建设相适应这个重要观点,被提到实践的议事日程。这个认知过程由浅入深,逐步积累,从理论到实践,不断深化,螺旋上升,才有了在党的全会上形成行政管理改革的共鸣和共识。行政改革站在了一个新高地上,这就是在物质文明、精神文明、政治文明建设的同时创建行政文明。

制定改革方案的过程体现了行政的本质,落实方案时同样需要甚至更加需要遵循行政的本质,忠实地执行由党中央提出建议、经过国家最高权力机关全国人民代表大会批准的政府改革方案。在改革中要注重集中民智,按照民主程序办事,依靠广大国家公务员的积极参与,接受社会各界对政府改革的监督,使改革过程公开、公正、公平,防止暗箱操作。这是行政管理改革取得成功的政治保证。

二、追溯行政逻辑起点,转变职能,抓住行政改革的关键

行政管理学原理告诉我们,政府职能是行政管理的基本问题,是政府一切活动的逻辑与现实起点。政府权力来自法定的政府职能,政府所有其他要素都是由职能派生出来的。职能定位正确与否,是政府能不能正确行使权力,发挥相应作用的关键。行政管理体制和机构改革致力于转变政府职能,就是抓住了治本之策。

经过10多年的努力,我国政府职能转变已取得了显著成绩。以间接管理手段为主的宏观调控体系框架基本建立,市场体系建设取得了重大进展;政府管理国有企业方式有了较大改变,针对企业以及建设项目的行政审批大幅度裁减;涉外经济管理逐步向国际惯例靠

拢;政府决策民主化科学化程度有了很大提高,政府促进经济和社会协调发展的职能不断加强。然而,根据社会主义市场经济的要求和世贸组织的规则,各级政府职能转变远远没有到位,还必须进一步下大力气调整和转变。建设社会主义市场经济的核心是建立市场制度,政府职能的转变是建立市场制度的关键。所谓职能转变,无异于政府原有经济活动直接的组织者、决策者、管理者、经营者的身份发生彻底改变,意味着许多政府部门将失去权力和利益,这就使转变政府职能形成巨大的阻力。目前我国各级政府部门虽然已经逐渐退出了一些生产部门和经济领域,承担起公共事务管理和公共物品的提供的职责,但由于改革的渐进行和过渡性,这种职能转变成为改良和妥协,政府仍然固守一些应当而且可以放松的管制不放,特别是一些拥有"实权"的政府部门从"前脚"迈出了简政放权的"门槛","后脚"又想方设法退回原来自己的"领地",或者"前门"放走了一些管理权限,又以新的形式从"后门"夺回了失去的权力。行政管理体制和机构改革的成败,标志就是看政府职能是否真正转变到经济调节、市场监管、社会管理、公共服务上来了。设任何一个机构、定任何一个编制,都是为了行使法定的职能,不能在法定职能之外增加"附加职能"。因此,必须按照精简、统一、效能的原则,按照决策、执行、监督相协调的要求,科学规范部门职能,合理设置机构,按岗设人,切实解决职能"越位""错位"等问题。

　　行政审批制度改革是行政管理体制改革的突破口,也是政府职能转换程度的一个重要标志。近几年来,我国政府加大了行政审批制度改革的力度,对国家 65 个行政审批部门的 4 000 多个审批项目做了全面清理,2002 年 10 月公布了第一批取消的 789 项审批项目,前不久又公布了第二批取消的 406 项审批项目。要进一步改革并完善行政审批制度,逐步建立科学合理的审批管理机制、规范高效的审批运行机制、严密完善的审批监督制约机制,建立和完善行政审批责任追究制度,原则上政府只对那些市场无法完成并要由政府承担责任的项目才进行审批。同时,还要加强对审批机关不履行、不正确履行监管职责或者违规审批等行为的责任追究,切实解决行政审批有权无责的问题。力求通过审批制度改革,使政府职能在流程上实现制度创新、机制创新。

这次深化行政管理改革虽然看起来"动作"不大,但是要求高、难度大,要求高就高在以转变职能作为主要任务,难度大也大在转变职能上。若干年后我们再来检视这次改革,不是像以往几次机构改革那样,重点看减了多少机构,分流了多少人员,而是看政府职能是不是适应我国政治经济社会发展的需要。这显然是横起了一根更高的标杆,各级政府要在"瘦身"的基础上"健美",苦练内功,否则就跳不过世贸组织立起的"标杆"。

三、把握行政基本范畴,致力于整合优化政府结构与功能

范畴是人类认识世界之网上的结。行政范畴是人认识与把握行政管理现象与规律的钥匙。政府的结构与功能,是行政管理研究的基本范畴之一。结构决定功能,功能反作用于结构。结构与功能统一于行政职能之中。结构不合理,职能就会出现重叠、交叉,管理功能就不能正常发挥。反过来,管理功能紊乱,又会导致组织结构松散、无序。结构与功能的矛盾、对立、不和谐,是引发机构和人员膨胀的重要原因之一。因此,优化政府组织结构,是行政管理体制和机构改革的一大主题。

优化政府组织结构可以有两个取向的选择。一是纵向调整,按照国际上行政改革的做法,走决策、执行适度分离的路子,中央政府主要负责决策,地方政府主要负责执行,在同级政府中也有一个决策与执行分离的问题;二是横向整合,走一事一管、适度集中的路子,在同一层级政府机构中,一件事情交由一个部门管理,防止几个部门管一件事情而引起扯皮、推诿现象。前一个选择,由于我们近20年来的改革都是决策权和执行权捆在一起,要放一起放,要收又一起收,

缺少这方面的探索和经验,思维产生了定势,难以改变,暂时还没有被纳入改革方案。而后一个选择,显然已经浓墨绘入了这次改革的蓝图。通过政府组织结构和功能的整合,必将产生新的行政能力。在不增加机构和编制,精兵简政的条件下,使政府的组织结构更加合理,功能趋于齐全,各项工作运行效率更高。

国务委员兼国务院秘书长王忠禹在十届人大一次会议上所做的《关于国务院机构改革方案的说明》报告中,用了三个"整合"。一是讲把原来分散在几个部门中的对国有企业的指导和领导干部管理职能、国有资产管理职能等整合起来,设立国资委;二是讲把对金融企业的监管职能从央行分离出来,与中央企业工委的相关职能进行整合,设立银监会;三是讲把对国内贸易和国际贸易的管理职能整合起来,组建商务部。对这三个急需强化管理职能的国务院所属正部级机构都使用了"整合"这个词,正是强调要把原来分散在几个部门的职能合并,发挥整体的功能。整体大于各个部分之和。"整合"是解决结构与功能矛盾的一个有效方法。

四、注重联系,强调配套,赢得行政改革良好的推进环境

"辩证法是关于联系的科学。"世界是普遍联系的,行政管理与社会生活的方方面面处于水乳交融的相互联系中。因此我们在行政管理改革上想问题、办事情、做决定,都要按照联系的观点,把事物之间联系的纽带梳理清楚,抓住与行政管理改革相关联的各个环节,做好配套改革衔接工作。

这次行政管理体制和机构改革的总体要求是"巩固、完善、探索、深化"。即巩固和完善已经取得的改革成果,积极探索符合实际的改革路径,不断深化行政管理体制和机构改革的理论和实践。这八个字的核心,是强调改革的间断性与连续性的统一,改革在时间和空间上的联系与协调。就改革的具体措施而言,八字方针强调的是配套。要使这次行政管理体制改革的措施与以往的机构改革措施衔接配

套,并继续推向前进;要使行政管理体制改革与政治体制改革、经济体制改革配套进行,使各项改革取长补短、相辅相成;要使行政管理体制改革与人事制度改革配套进行,健全公务员制度,完善干部职务与职级相结合的制度,探索和健全党政机关、企事业单位干部人事分类管理制度;要使行政管理体制改革与机关内部建设的各项措施配套,特别是对机构变动部门和单位的干部人事、离退休干部以及资产处置等工作,要制定配套政策。配套改革搞好了,前进的步子才能稳妥而坚定。

讲行政改革的配套,还有一个极为重要的问题,就是要把廉政建设纳入行政改革中来,使我们建立的行政管理体制中有机地包含廉政的机制。对这个问题的认识也是有一个过程的。仅从官方表述的中国特色行政管理体制,也可以看出这个认识的过程。1988年李鹏在七届人大一次会议政府工作报告中提出,逐步建立具有中国特色的"功能齐全、结构合理、运转协调、灵活高效"行政管理体系。1997年江泽民在党的十五大报告中提出,建立"办事高效、运转协调、行为规范"的行政管理体系。2002年江泽民在党的十六大报告中提出,努力形成"行为规范、运转协调、公正透明、廉洁高效"的行政管理体制。十六届二中全会重申"行为规范、运转协调、公正透明、廉洁高效"的行政管理体制这个提法。这个表述与以往的不同点在于把廉政的要求纳入其中。也就是说,在行政管理体制总体架构中内置了廉政的机制。这不仅表明提法本身比较完整、全面、科学,而且也表明对中国特色行政管理体制的内涵认识愈益深刻,视野逐步开阔,定位更加精当。

五、制度创新亟须理论创新的支撑,哲学理性精神是理论创新的动力

党的十六届二中全会公报指出,行政管理体制和机构改革"是推动我国上层建筑更好地适应经济基础的一项重要的制度建设和创

新"。行政管理体制和机构改革,已经走过了机构简单拆并、人员数量增减的"算术"运转阶段,而进入了制度建设和制度创新的"几何"发展阶段。着眼于制度建设和制度创新,是本次改革的一个最突出的亮点。我们通过上述几个方面的分析,从反映国家意志的行政本质到转变政府职能的关键,从结构与功能的整合到普遍联系与配套,这些都表征着本次改革是一次真正致力于制度建设和制度创新的全新探索。

与这些创新同样重要的是,推行电子政务。党的十六大和十六届二中全会把"推行电子政务"写入政府改革中,标志着党和政府对行政管理改革认识的深化。电子政务建设对于政府创新的作用是全方位的,对于未来政府的影响不容低估。我们要超常规跨越式发展经济,需要以国民经济信息化带动工业化,而政府信息化是国民经济信息化的"龙头"。

实践创新亟须理论创新做指导。我国行政管理科学研究虽然取得了很大的成就,围绕政府改革提出了许多有价值的观点和意见,对于推动我国政府改善行政管理起到了积极的作用。但是,毋庸讳言,我国行政管理科学研究的深度以及对改革实践的影响是相当有限的。行政管理理论在消化吸收国外学说、学习借鉴先进经验和中国实际相结合上始终没有大的突破。

哲学是时代精神的精华。在世界发生变化的时代,哲学总是站在时代的前沿,体现着时代的要求、社会进步的方向,成为革故鼎新的推动者。行政改革要借助理性精神的力量,就要研究行政哲学问题,研究行政的现象与本质、主体与客体、规律与范畴、认识与实践、悟性与理性等。作为一门应用哲学,行政哲学要注意研究当代西方技术主义哲学流派、行为哲学流派,从中吸收有益的营养。政治哲学对行政哲学的研究有指导意义,应该深入研究政治文明对行政管理的要求。经济哲学与行政哲学有交叉的学术领域,研究先进生产力对行政管理的要求,离不开经济哲学的成果。社会哲学与行政哲学也是有交叉关系的学科,社会公众对行政管理的要求,反映在社会哲学中的理念对行政哲学中人本主义、人文关怀是有深刻影响的。总之,要运用多学科研究成果,多角度、全方位研究行政改革的表层与深层动因,行政内部与外部的动力,行政改革决策执行流程,行政改革的监督、制约与保障机制。

马克思曾经高度评价黑格尔关于理性的机巧和威力的思想。黑格尔指出:"理性是有机巧的,同时也是有威力的。理性的机巧,一般来讲,表现在一种利用工具的活动里。"马克思在《资本论》第一卷中引用了这段话,认为理性是能动的,有权谋策略,能灵活应变,会利用客观世界发展的潮流和历史人物的威力,作为其实现内在逻辑目的的工具。马克思主义正是基于理性这一特性,创立了科学的理论,并利用科学理论的威力,指引人们改造世界。我们进行行政管理体制和机构改革,同样需要借助理性的机巧与威力,用理性精神武装,一方面勇敢地纠正认识中的"误区"和"盲区",克服思想上的障碍和惰性,冲破眼前利益的束缚,另一方面又要注意机智地绕开心理承受薄弱环节和外界不必要的纠缠,防止因改革而影响了稳定的政治局面,促使政府改革朝着健康的轨道前进。

(本文是 2003 年 4 月提交中国行政管理学会第一届行政哲学研讨会的论文)

原理、理性、常识：寻找中国社会发展的逻辑

在回顾总结改革开放以来国家领导制度和行政体制改革、公共政治和公共管理发展，展望中国社会变革创新趋势的时候，我们发现有三条逻辑线索，似有助于分析问题、认识问题和解决问题。第一条是上层建筑与经济基础关系的逻辑，即"原理"的线索；第二条是政治与行政关系的逻辑，即"理性"的线索；第三条是人与自然关系的逻辑，即"常识"的线索。

一、用上层建筑适应经济基础的原理，寻找社会变革的逻辑

上层建筑必须适应经济基础，这是马克思主义的基本原理。这一原理在市场经济条件下，是通过政府、市场和社会三者之间的关系，以社会改革总命题的方式表达出来的。政府、市场和社会的关系是一个历史范畴，是随着时代发展而不断演化的。三者关系怎么处理为好？没有也不可能有"标准答案"。总的原则是要相互适应、互相促进，既不要"一方独大"，也不要简单地"此消彼涨"或"此涨彼消"，而是要合理界定、均衡发展、顺势利导、各显其能。市场化是中国经济改革的基本取向，但也不能搞过度市场化。公共权力的行使，公共权利的维护，公共利益的实现，主要不是靠市场力量。服务型政府是行政体制改革的基本方向，这是要政府加大公共服务的职能，但也不能让政府包揽过多的公共服务，而是要建立以政府服务体系为

主导、多元供给主体相结合的公共服务体制架构。建设和谐社会是社会领域改革的基本追求,但也不能祈求没有矛盾的和谐,不能为维稳而维稳,社会发展有内在趋向和谐的规律。创新社会管理就是要寻找政府、市场、社会三者关系的内在逻辑。

改革开放以来,在处理政府和市场的关系上、在经济改革领域,已经找到了一条正确的路子,这就是按照"政府引导市场,市场引导企业"的逻辑,建设中国特色社会主义市场经济体制,发挥市场在配置经济资源方面的基础性作用,释放市场主体的内生活力。那么,在政府和社会的关系上、在社会改革领域,我们应该循着"政府引导社会组织,社会组织管理社会成员"的理论逻辑,建设中国特色社会主义社会管理体制,发挥社会在配置社会资源方面的枢纽性作用,释放社会组织的内生活力。但是,要实现这一改革需要有个前提条件,就是社会组织必须有章可循、按章办事,政府监管和服务必须有法可依、依法办事,这就需要建设法治国家,一切公共权力都纳入依法治理的轨道。那么,政治领域的问题就突显出来了。按照经济基础决定政治发展的原理,就是要把党的领导、依法治国与人民当家作主三者有机统一起来。坚持党的领导、通过依法治国、实现人民当家作主,发挥法治在配置政治资源方面的根本性作用,解决政治活力问题,走中国特色社会主义民主政治之路。[①] 党要通过转变执政方式,更多地提供政策服务和人才服务;法治要通过确保公民参与公共管理的渠道畅通和规范有序,实现共同治理;政府要通过培育和规范社会组织,使人民群众在社会组织中维护合法权益。这样,政府、市场、社会各自配置资源的优势得到充分发挥,社会变革的动力就会进一步增强。

---

① 高小平.解放思想,深化行政体制改革[J].中国行政管理,2013(3).

二、用政治与行政分开的理性,寻找国家领导制度发展的逻辑

政治与行政的关系,是现代化进程中公共领域的核心问题。综观世界各国走过的工业化历程,都不能回避政治与行政的关系方面的改革。政治与行政适当分开,是行政学诞生和立命的基础[①]。政治与行政二分法的确立,成为行政理性的源头。[②] 推进行政科学化,成为实现工业化的基本方式。

中国改革开放的实践,是怎样在推进政治与行政的分开中前行的?

中国的经济体制改革是按照市场化取向实施的。市场经济就是价值规律起主导作用的经济。价值规律的核心是平等竞争、等价交换。这也就是经济生活里的民主。市场是天生的平等派。这种经济领域中的要求,必然反映到政治领域里来。在政治、公共生活和行政管理中,坚持以经济建设为中心,就是适应社会主义市场经济的发展要求,推进民主政治体制建设。因此,市场经济体制的发展和确立,就标志着民主政治建设的深化。这既是现实,也有理论依据。列宁认为,社会主义民主的基本特征是政治上和经济上"完全的、普遍的"民主,其重要原则就是把民主与"行政职能结合起来"。[③] 这一思想的深刻性和前瞻性在于加深了对政治与行政二分法的认识,把以往认为政治要的是民主,行政要的是效率,要效率就必然牺牲民主,把民主和效率对立起来,从而把政治与行政的分开扩大为两者对立的观点。行政管理与社会实现双向互动、分权式、合作式,以及增强政府的回应性、引入行政问责制、绩效评估机制等,行政管理改革与创新,统一了起来。这也加速了政治民主化的进程。

---

① 周志忍. 公共行政学发展绕不开的几个问题[J]. 公共行政评论,2013(2).
② 颜佳华,苏曦凌. 行政理性论[J]. 湘潭大学学报(哲学社会科学版),2010(5).
③ 列宁全集:第 31 卷[M]. 北京:人民出版社,1985:204.

从 1980 年邓小平的《党和国家领导制度的改革》开始,我国的改革在探索政治与行政既分开又结合的意义上前行。《党和国家领导制度的改革》对现行政治和行政体制中存在的种种弊端做了深刻分析,提出了解决权力过分集中的问题,提出了建立从国务院到地方各级政府的强有力的工作系统的要求,提出了经济管理民主化、整个社会生活的民主化等重大问题,这标志着将我国的基本政治制度与具体管理制度分开,改革的内容侧重于行政管理方面的制度。《党和国家领导制度的改革》一文中提到的 30 多项具体制度①,都是属于管理层面的法律、法规、政策和制度。20 世纪 80 年代中期,党中央提出了"一个中心、两个基本点"的基本路线,明确了"坚持四项基本原则"和"坚持改革开放的总方针总政策"既有联系更有区别,两者可以而且应该并行不悖的政治主张,这可以理解为政治与行政的定位在国家层面进一步推进了分开。四项基本原则是政治领域的基本要求,改革开放是行政管理领域的基本要求,只要不违背四项基本原则,行政管理体系可以做任何改革,政治力量都给予支持和鼓励。这使政府的效率得到迅速提高,行政的活力得到充分发挥。

在观察政治与行政关系改革的时候,我们不能离开"发展行政"的作用和集中力量办大事的政治优势的发挥。政治与行政的适当融合,使我国各级党委和政府共同成为经济增长的助推手。党委加大了讨论重大决策的力度,政府则加大了转变职能的力度,在政党和政府之间开辟"制度、体制、机制"三位一体的改革路子。这可以认为是对处理政府和市场关系的另一个角度的探索,以便形成国家政治与行政的新架构。

---

① 邓小平文选:第 2 卷[M].北京:人民出版社,1994:320-343.

三、用人与自然关系的常识,寻找"五位一体"战略的逻辑

党的十八大提出了经济建设、政治建设、文化建设、社会建设、生态文明建设"五位一体"的发展格局和重大战略。经济、政治、文化、社会和生态这五大项内容不是平列的,他们之间存在着一般与个别、普遍与特殊的关系。经济建设、政治建设、文化建设、社会建设这四大项在任何社会形态中都存在,是既有的,属于一般性和普遍性的内容,而生态文明建设是崭新的,是具有特殊意义的任务。在十八大报告中,只在论述生态建设时加了"文明"两个字,具体表述为"经济建设、政治建设、文化建设、社会建设、生态文明建设"。这是意味深长的,表明生态文明是人类文明史上的新阶段、新形态。

"五位一体"的发展格局和战略,其真实含义是要以生态文明的要求总揽政治、经济、文化、社会、文化和方方面面,以可持续发展作为全面发展、协调发展的基础和目标,立足于实现经济发展方式的转变,先进文化的崛起,社会管理的创新。这充分体现了中国执政者视野的进一步拓宽。

为什么生态文明建设具有统领性?

首先,生态环境问题已经越来越政治化。所谓政治化,是指生态保护的层次由经济、社会问题上升为政治问题,由各国的内政问题日益演变为国际政治问题。而政治化又是与全球化联系在一起的,生态保护的意识已由局部走向全球化,"只有一个地球"的生态意识已成为全球一致的口号,没有任何国家或公民能置身事外。同时,政治化的生态环境问题又表现为内部化,生态保护的动力正在以外部压力为主走向以内部压力为主。外部压力是指看得见的生态破坏及运用法制手段促使企业注意保护环境,这是"外因"起作用。现在"内因"的作用越来越明显,即通过管理机制实现"生态公共产品化",通过市场机制实现"生态成本内部化"。由生态危机所引起的各种问题

深刻而普遍，它既不可能仅靠科学技术得到解决，也不可能单纯依靠市场法则得到解决。它的全局性、综合性、历史性、长期性决定了这个问题已经成为人类面临的重大的公共管理问题，必须由政府出面，整合各个方面的资源，才有可能得到解决。因此，政府必须统筹人与自然和谐发展。

其次，生态环境问题越来越经济化。政府推动经济发展方式转变必须依靠循环经济和生态经济。传统经济是以非亲生态为特征的经济，随着生态危机的日益加剧，市场和消费者生态安全方面的需要正在逐步提高，环境这根"指挥棒"使经济发展越来越亲生态化，传统市场经济正在转化为生态市场经济。世界贸易组织一方面不断要求各国政府降低关税，提高市场开放度，另一方面又高筑"绿色贸易壁垒"，不符合环境标准的物品不准进入贸易领域，而且标准越来越多，范围越来越宽。现在，只有符合生态环保标准的产品，附加值才越高，才越有效益。在国际市场上，绿色食品、绿色农产品、绿色工业品的价格，远远高于同类产品。企业产品的绿色形象会影响消费者的购买心理。因此，在市场供大于求的情况下，企业的经济效益将越来越不依靠传统意义上的质量和数量，而依靠生态品质。产品是不是绿色，生产是不是循环进行的，是其能否增值的重要条件。科技所带来的商品高附加值，也越来越体现在生态功能上。有远见的企业家说，绿色是金，良好的生态就是生产力。政府要促进经济转型发展，必须要顺应这一趋势，运用政策手段、行政手段和示范手段，引导企业发展绿色产业、绿色经济，真正把整个国民经济转变到生态市场经济的轨道上来。

再次，生态环境问题越来越社会化。各国大都通过发展生态环境领域的社会组织，依靠社会力量，呼吁生态保护，筹集环保资金，开展宣传活动。近年来，我国公民在大连化工项目、厦门PX等一系列环境事件中表达诉求，表明我国生态环境问题不是要不要社会化的问题，而是已经开始社会化了，并且他们的这种抗争起到了作用，表明他们已经把握了一定的政治和行政权力。社会问题如何解决？是听任社会无序表达，是依靠政权力量打压，还是靠社会组织在自我约束的前提下有序表达诉求，靠不同类型的社会组织之间的协商、沟通和博弈（比如培育代表某些要求在环境可控范围内为发展经济、解决就业而适当发展重化工产业的社会组织与环保社会组织）来取得平衡？"多中心治理"理论认为，在一群相互依赖的个体中有可能将他们组织起来，进行自主治理，能在所有人都面对搭便车、规避责任或其他机会主义行为诱惑的情况下，取得持续的共同收益。这也被称为"合作收益理论"。追求良好的生态治理格局和状态，需要我们大力培育、有效规范、积极引导环境社会组织，让公众更多地依靠这些社会组织解决问题。而各个组织能不能依法建立、依法活动，这些组织内部管理制度是不是健全，能不能有效遏止自己的权力，成为政府监管的重点。总的格局是集中与分权的适度结合，当前我们的情况是政府包揽得过多，所以要以放权为主推进社会组织的发育。

最后，生态环境问题越来越行政化。政府行政体制的生态化趋势在很多国家都有表现。我国政府行政管理体制，在机构、职能和运作方式上，经过几次比较大的改革，已经与计划经济条件下的行政管理有了质的区别。但是在许多方面还不能适应生态建设的要求，不能适应国际政治经济生态化的趋势。政府虽然已经提高了环境保护行政管理机构的规格，但是在整个政府职能配置上仍然存在着严重的生态职能"缺位""错位"和"越位"问题，在机构设置上存在着生态管理职能的交叉重叠、多头管理、效率低下的问题；在生态管理方式上存在着微观管理过多，过分依靠行政审批，宏观调控扭曲等问题。这些问题，一方面使我国业已制定的生态保护战略方针、法律法规和政策措施难以有效落实，另一方面又不能科学地整合生态资源，促进更好地依法保护生态与环境。建设服务型政府，就是要加强生态环境领域的公共服务，维护国家和区域生态安全，把政府生态管理作为重要职责，所以，加强生态行政管理，是政府行政管理体制改革的方向之一,要建设生态服务型政府。

人与自然的关系,如同毛和皮的关系,皮之不存,毛将焉附?这是个简单的道理。尊重常识,是发现规律、遵循规律的前提。人与自然的关系这个简单的常识,本质上就是要求我们不搞本末倒置——马克思批评黑格尔的"头立在地上"。不是政治决定经济,而是经济决定政治。不是权力可以任意摆布社会,而是社会随时在制约权力。不是人能改变自然规律,而是人类必然会因为自身的不遵从自然规律,盲目破坏生态环境,而受到自然的惩罚。

四、结语:寻找中国共产党长期执政的逻辑

回归原理,回归理性,回归常识,我们来寻找这三个关系的逻辑。上层建筑与经济基础的关系——160多年前的马克思恩格斯在哲学意义上解决了这个问题,我们现在是要接续研究中国特色社会主义的上层建筑如何适应经济基础,促进上层建筑的自我完善;政治与行政的关系——110多年前的政治学与行政学者在科学意义上解决了这个问题,我们现在是要接续推进政治体制改革,深化行政管理体制改革,建构更加科学合理的政治与行政关系;人与自然的关系——从我们的先哲用最朴实的"天人合一"回答这个问题,到当代世界各国的政治家、科学家、学者和普通公民所进行的思考,都很难交出令人满意的答卷。其深刻原因在于我们认识问题、着手来解决问题,是要在人类几千年文明大量积累的基础上才有可能,是要在时代进入那个阶段才有可能。

我们经历过头脑发热的政治运动年代,后来进入理性回归的经济建设时期;我们经历过头脑发热的经济建设年代,为发展而发热、把增长作为目的,现在正进入科学发展时期;我们经历过以物为本、无度索取的发展阶段,现在正在向以人为本、把人的发展提到目的这个层面的转变,追求人的全面发展、全体人的发展、发展人的各个方面。我们还要再进一步,就是要实现人与自然之间的和解、共生、共

荣,把治理思想拓展延伸到人与自然的关系,向生态文明的人类生存方式和发展方式转变。那么,其理论的支撑和思想的载体是什么?

马克思主义创始人所处的时代,生态环境问题远没有今天这样突出,他们当时所面对的,主要是资本主义社会制度的矛盾,尽管如此,人与自然的关系问题仍然被他们洞察到了,这使他们成了人类进入工业文明时代后最早认识到这一问题的有良知的学者之一。在马克思恩格斯看来,人类社会面临着"两大变革",那就是"人类同自然的和解以及人类本身的和解"。① 他们把这两个"和解"作为自己哲学、科学、政治的最终追求目标。这里的"人类同自然的和解",是说人与自然的关系,即生态环境问题;"人类本身的和解",是人与人之间的关系,即社会变革问题。一个是天人关系,一个是社会关系;一边是自然史,一边是社会史,两者之间又是怎样的关系呢?已往的研究者将这两个问题割裂开来,看不到自然史和社会史之间的内在联系,找不到解决问题的正确途径。马克思恩格斯认为,过去的历史观把人对自然的关系从历史中排除出去了,或者把它仅仅看成与历史过程没有任何联系的附带因素,这样就造成了自然界和历史之间的对立。马克思恩格斯认为,历史可以从两方面来考察,把它划分为自然史和人类史,但这两方面是密切相联的,只要有人存在,自然史和人类史就彼此相互制约。人们对自然界的狭隘的功利关系引发着他们之间的冲突关系,而他们之间的冲突关系又妨碍了他们与自然界的共生关系。因此,两个"和解"之间的关系,是互相制约、相辅相成的。马克思恩格斯从这一认识出发来看待人和自然的矛盾,认识到生态环境问题产生的根本原因,不仅仅是由于人类认识实践水平的落后,而是在于社会关系和人类活动方式的不合理。因此,他们提出了人与自然和谐发展的真正实现,必须伴之以人与人之间的社会关

---

① 恩格斯.国民经济学批判大纲[M]//马克思恩格斯全集:第3卷.北京:人民出版社,2000:450.

系的改变的思想,这就是说,要从根本上解决生态环境问题,就要把生态环境问题纳入解决整个社会问题的总体框架之中。即"人与自然的和解"—"人类自身的和解"—"人与自然的和解"。再与前面我们讨论的"政府、市场、社会"的逻辑总合起来看,就是[确立可持续发展观]—[正确处理"政府、市场、社会"关系—坚持"两个基本点"—实施"五位一体"发展战略]—[实现可持续发展]。这就是关于整体逻辑的思想。

《中共中央关于加强党的执政能力建设的决定》指出:"党的执政地位和能力不是与生俱来的,也不是一劳永逸的。"党长期执政的依据来源于"三大规律",即共产党执政规律、社会主义建设规律、人类社会发展规律。然而,探索三大规律是一个长期的、历史的进程,我们现在还处在摸着石头过河的阶段,探索远远没有完结,现在就下结论似乎为时过早,但是我们对逻辑的寻找和把握,则未必一定要等到石头摸完。这是理论的品格和价值。党的十八大明确把生态文明建设提到战略地位,体现了高度的理论自觉。对人与自然关系的深刻认识,对生态文明的战略思考,成为当代中国共产党人在继承"人类本身和解""人类同自然和解"的马克思主义智慧基础上,结合自己的实践,进行的一项重大理论创新,而党就责无旁贷地成为研究新理论、开辟新道路的物质载体。建设以生态文明为代表的人类新文明,实现全面、协调和可持续发展,既是中国共产党长期执政的理论依据和合法性所在,也将成为中国共产党人应对新挑战的不二选择。而这是历史老人的又一次选择。

(原载《江苏行政学院学报》2013年第6期)

以科学发展观指导转变政府职能

党的十六届二中全会提出了"政府创新"的要求,十六届三中全会提出了"加快行政管理体制改革"的要求,十六届四中全会提出了"加快职能转变,深化行政体制改革"的要求。树立和落实科学发展观,按照全面、协调和可持续发展和"五个统筹"的要求,转变政府职能,是贯彻二中全会、三中全会和四中全会精神,实现政府创新和加快行政管理体制改革的最佳路径选择。

一、转变政府职能是一个逐步深入的过程

美国学者蒙哥马利(J. D. Montgomery)认为:"行政改革是一个过程,是指调整行政机构与社会其他要素之间的关系或者行政机构内部的关系,改革的目标和所提出的各种弊病都随着政治情势的不同而改变。"①在我们党和国家对发展观的艰难探索过程中,对政府职能的定位是一个难点和重点。这方面的认识是随着经济体制改革的不断深入而逐步深化的。最早认识到需要转变政府管理职能,是在1987年召开的党的十三大,及1988年召开的七届人大一次会议通过的国务院机构改革方案和《政府工作报告》。当时提出机构改革的目标是:转变职能,下放权力,调整机构,精简人员。② 从那时到现在,经历了精简机构、审批制度改革和制度创新三个阶段。1988年至

---

① [美]J. D. 蒙哥马利. 行政改革的根源[M]//参见任晓. 中国行政改革. 杭州:浙江人民出版社,1998.

② 李鹏. 政府工作报告[R]. 人民出版社,1988.

2000年这12年,转变政府职能主要是通过机构改革来实现的,即以政企分开为主线,以减少政府微观经济管理职能为核心内容,以此来回应市场经济和社会发展的要求。这一阶段工作取得了很大的成就。但同时出现两个突出问题。一是政府改革难以跳出机构精简、膨胀、再精简、再膨胀的"怪圈";二是政府管理经济和社会的方式从过去直接管企业改为以行政审批为主,政府职能仍然没有发生本质上的变化,转变职能步履艰难。直到2000年,找到了转变政府职能的突破口,即行政审批制度改革,政府职能转变才取得了实质性进展。[①] 当前这一改革仍在继续深入。同时,从2003年党的十六届三中全会开始,转变政府职能进入了全面创新阶段。"非典"之后,确立了全面、协调、可持续发展的理念,在科学发展观的指导下,我们对政府职能转变的认识又有了新的飞跃,基点是着眼于行政管理制度全面创新。

二、政府职能转变的动因从单维度到多维度

提出转变政府职能,是行政体制改革的深化。改革开放以来,我国经济体制改革的主要任务是建立社会主义市场经济体制,行政体制改革的主要任务被定位在"与建立社会主义市场经济要求相适应"。即侧重在"建立"——在经济领域建立社会主义市场经济体制,在公共管理领域建立与社会主义市场经济相适应的行政管理体制。因此,职能转变的取向从总体而言是单维度的——市场化。党的十五大、十六大,特别是十六届三中全会以来,这种单维度的改革逐步被多维度改革取代,转变政府职能的工作不断深入,已经不仅仅是为了适应"建立"市场经济的要求,也是为了"完善"社会主义市场经济的要求,是为了适应物质文明、政治文明和精神文明协调发展的需要。政府职能的精简,政府管理的科学化、民主化、法制化、现代化,既是促进经济的内在要求,也在客观上实现了社会全面进步。这一

---

① 朱镕基.政府工作报告[R].人民出版社,2001.

认识,经历了由"不自觉"到"自觉"的过程。十六届三中全会,是自觉认识的标志。① 政府职能适应市场经济要求,实际上是满足了效率优先的原则,现在提出完善社会主义市场经济体制,就是说政府职能要适应的不仅是原来认识层面上的社会主义市场经济,而是正在深化认识和正在完善之中的社会主义市场经济,就是要从简单的"效率优先",发展到"效率优先但要更多地考虑公平"的社会主义市场经济体制。

当前转变政府职能的重点,一是按照建设法治国家的要求,推进依法行政,建设法治政府;二是按照"五个统筹"的要求,均衡配置政府功能,全面履行政府职能,在加强和改进经济调节和市场监管职能的同时,更加重视社会管理和公共服务,在实施常态管理职能的同时,更加重视非常态管理,即危机管理;三是把管理方式变革放在重要位置,坚持适度管制原则,继续推进行政审批制度改革,建设透明和责任政府、廉洁和廉价、治理和服务政府。

转变政府职能要继往而开来。要综合运用精简机构和人员、政企分开、政资分开、政事分开,合理划分中央与地方事权、行政审批制度改革等各项有效措施。尤其要贯彻《行政许可法》的各项规定,继续积极推进行政审批制度改革。

三、按照科学发展观的要求进一步厘定政府职能

以科学发展观为指导,创新政府经济和社会职能,有必要对"经济调节、市场监管、社会管理、公共服务"这四个方面职能进行深入研究,拓展认识。

政府经济调节职能,就是健全宏观调控体系,主要运用经济、法律手段和必要的行政手段,引导和调控经济运行,调整和优化经济结

---

① 中共中央关于完善社会主义市场经济体制若干问题的决定[R]. 人民出版社,2003.

构，发展对外经济贸易和区域经济合作，实现经济增长、增加就业，稳定物价和国际收支平衡。

我们以往在政府推动经济发展方面存在着三个"过分"，一是过分关注经济增长，不太注意经济结构和区域协调；二是过分依靠事前控制，不太重视事中和事后的跟踪；三是过分依赖行政手段，经济和法律手段的作用发挥不够。作为发展中国家，运用政府驱动经济，通过经济调节手段直接促进经济发展，是一种必然选择的发展模式。但问题在于要把握好"度"，运用好"杠杆"，着眼于"高起点"。政府直接推动经济的"度"设在哪里？一个是政府财力。有的地方经济贫困，却盖起豪华办公楼，修建大广场、宽马路。有的地方办各类劳民伤财的"节""招商引资"活动，连本都赚不回来。另一个是为市场经济的发育留足空间。就是说，在运用"看得见的手"时，要想到不能因此而遏止了"看不见的手"的作用。所谓把握好"杠杆"，是指要把政府行为和财政资金用在刀刃上，用在调动民力、启动民间资本的"力点"上，起到四两拨千斤的作用。所谓"高起点"，一是要正确把握"促进经济增长、增加就业、稳定物价、保持国际收支平衡"这四大宏观调控目标，对社会总需求和总供给进行总量调控，并促进经济结构调整和优化，保持经济持续快速健康发展。二是要积极推进生产、流通、消费和分配各个环节良好循环，大力发展"三大经济"，即知识经济、循环经济和生态市场经济（一种以生态理念引领的新型市场经济，在发达国家已经初露端倪）。三是要着眼于经济全球化大背景，更多地进入世界贸易市场。过去我们讲进入国内和国际两个市场，重点放在国内市场。现在我国已成为世界第四大贸易国，促进对外经贸，应该成为政府一项重要职能。四是要合理划分中央地方政府经济调节职能，宏观调控权主要应掌握在中央，给地方适当微调的权限。

政府市场监管职能，就是加强市场监管，创造公平和可预见的法制环境，完善行政执法、行业自律、舆论监督、群众参与相结合的市场监管体系，建立健全社会信用体系，实行信用监督和失信惩戒制度，整顿和规范市场经济秩序,建设统一、开放、竞争、有序的现代市场体系。

在这方面,我们存在的主要问题是管理职能分割和监管力度不够。整合监管职能,一是要适当集中管理职权,解决"五龙治水""八个大盖帽管不住一个戴草帽""十几个部门管不住一个网吧"等问题。二是某些监管职能实行上下联动、省级以下垂直管理。三是在城市推行联合执法工作。四是建立社会信用制度,对违法违规失信的法人和自然人,不仅要对其进行罚款、停业等即时的处罚,而且还要纳入信用记录体系,公布于众,使其在今后从业就业、贷款投资、商业信誉、品牌名誉等方面受到全面制约,抬高其违规的成本。①

政府社会管理职能,就是要完善社会管理政策和法律、法规,依法管理和规范社会组织、社会事务,妥善处理社会矛盾,维护社会秩序和社会稳定,促进社会公正。加强城乡基层群众性自治组织和社区建设。培育并引导各类民间组织的健康发展,充分发挥其作用。建立健全各种突发公共事件应急管理机制、体制和法制,大大提高政府应对公共危机的能力。

政府社会管理在整个国家的社会管理中居于重要地位。党的十六届四中全会通过的《中共中央关于加强党的执政能力建设的决定》指出:要"深入研究社会管理规律,完善社会管理体系和政府法规,整合社会管理资源,建立健全党委领导、政府负责、社会协调、公众参与的社会管理格局。更新管理理念,创新管理方式,拓宽服务领域"。②

在社会管理方面,现在存在的问题很多,各国政府都把社会管理放在工作的突出位置。战后,世界经济繁荣,但社会问题层出不穷。贫困、就业、冲突已经成为全球性问题。全球有 10 亿以上人口仍然生活在贫困之中,约有 5.5 亿人在挨饿,有 15 亿以上的人得不到清洁的饮水和卫生条件,有 5 亿儿童失学,还有约 10 亿文盲。贫富差距大,占

---

① 郭济.政府管理创新[C].中国行政管理杂志 2003 年增刊.
② 中共中央关于加强党的执政能力建设的决定[R].人民日报,2004-9-27.

世界人口40%的人靠世界总收入的3.3%的份额为生,占世界10%的人口却拥有世界上大部分的国民生产总值。失业问题严重,全球公开失业人口1.2亿人,潜在失业人口7亿人。① 这些都需要政府进一步加大治理力度,抓住重点,一抓到底,取得实效,取信于民。

政府公共服务职能,就是加大公共服务投入,完善公共服务政策,健全公共服务体系,努力提高公共产品和服务水准,推进部分公共产品和服务的市场化进程,建立健全公共产品和服务的监管,创建公共服务绩效评估制度,简化程序,降低成本,讲求质量,提高效益。

在公共服务方面,一是要增加由政府直接提供的基础性公共服务。政府职能转变的重点,是向全社会提供优质高效的公共服务。不仅要向社会提供更多更好的公共服务,也要注重政府服务提供方式。在市场经济条件下,政府履行公共服务职能,可以直接向社会提供,也可以与社会和市场共同提供。无论从理论上看,还是从许多国家实践经验看,基础性公共服务应当由政府直接提供。因此,对于基础性公共服务,如公共政策制定、公共安全保障、基础教育(特别是在农村)、环境保护、公共卫生、社会保障等,都应当由政府来直接提供,并在发展规划、财政预算、资源配置等方面予以保证,不能出现角色缺位。二是要加快非基础性公共服务的市场化步伐。如城市公用设施、公共交通、环卫服务、邮政服务等,都可以开放市场,或降低市场准入,或公共部门引入市场竞争机制,提高服务效率和质量,降低政府行政成本。三是实行公共服务绩效评估制度。绩效评估制度是从机制层面对公共管理体制的创新。政府部门提供公共服务,往往效率比较低,较少考虑成本。从有些发达国家经验看,在公共服务提供上实行绩效评估是解决公共服务低效率高成本问题的一把钥匙。

(原载《中国行政管理》2005年第1期)

---

① 世界银行.增长的质量[M].中国财政经济出版社,2001.

> 对历史事件不应当埋怨,相反地,应当努力去理解它们的结构,以及它们的还远远没有完全显示出来的原因和后果。
> ——恩格斯

结构篇

政府机构改革的阶段性特色
我国行政管理制度改革创新:历程、重点和展望
行政管理体制改革的关键是转变政府职能
新时代行政管理体制改革的基本思路
推进行政管理体制改革总体思路
服务型政府:我国行政改革的目标选择
服务型政府视角下的乡镇管理体制改革
向传统行政审批说"零"
我国国家治理体系的价值目标、结构及层次
科学化:公共部门人力资源管理的关键
科层制弊端与腐败心理发生机制及对策
晚清治理体系变革失败的启示

政府机构改革的阶段性特色

政府机构承担着经济调节、市场监管、社会管理、公共服务、生态保护等重要职能,是中国特色社会主义制度和国家治理体系的基础。改革开放40年来,我国先后经历了八次较大规模的政府机构改革,深刻体现了党和国家与时俱进、持续创新的勇气和决心。2018年2月28日,中国共产党第十九届中央委员会第三次全体会议审议通过《中共中央关于深化党和国家机构改革的决定》;2018年3月17日,第十三届全国人民代表大会第一次会议审议通过《关于国务院机构改革方案的决定》;2018年3月22日,国务院公开发布《国务院关于机构设置的通知》。新一轮政府机构改革又启航了。在此背景下,对改革开放40年来政府机构改革历史进行回顾,研究不同历史阶段政府机构改革的阶段性特征,既可以从一个新的角度总结政府机构改革的经验,探寻我国政府机构改革的内在规律和发展趋势,也有助于发展政府机构改革理论和行政管理理论,为新一轮政府机构改革提供启示。

一、对制度本体的理性扬弃:1982年至1993年的政府机构改革

新中国成立后,我国建立了适应高度计划经济需要的行政管理制度体系和政府机构体系。"文化大革命"结束后,面对百废待兴的局面,为了快速恢复经济建设、推进社会发展,国家增设了很多管理部门。在1977年到1981年的五年时间内,国务院共增设了48个行

政机构。到1981年,国务院共设有行政部门100个,其中,部委机构52个、直属机构43个、办公机构5个。在国务院的100个工作机构中,行使经济管理职能的有71个。这一方面适应了当时经济社会发展的需要,另一方面也进一步加剧了原有计划经济体制下政府机构臃肿、行政效率低下等问题。1980年,国务院发布《关于经济改革的初步意见》,正式提出经济体制改革的重点是要体现自觉运用经济规律,变单一计划经济为计划指导下的商品经济的意见。在此背景下,政府机构存在的突出问题很快凸显出来。

实际上,邓小平同志早在1978年就已经注意到政府机构臃肿、效率低下的问题,开始思考实施政府机构改革。邓小平同志认为,党的思想路线、政治路线确立以后,最关键的问题就是组织路线问题,而机构臃肿问题是组织路线问题的重要方面。1978年12月,十一届三中全会正式确立把"全党工作重点转移到社会主义现代化建设上来"的改革思路,明确提出要"多方面改变与生产力发展不相适应的生产关系和上层建筑,改变一切不适应的管理方式、活动方式和思想方式"。1979年7月,邓小平同志在接见中共海军委员会常委扩大会议全体同志时明确指出:"组织路线方面还有其他的问题,如机关臃肿怎样解决,退休制度问题怎样解决等等。"①可见他已经正式开始思考政府机构改革问题。1980年8月,邓小平同志提出,要改革党和国家的领导制度,废除干部领导职务终身制。② 1982年1月,他在中共中央政治局扩大会议上发表题为《精简机构是一场革命》的讲话,指出精简机构是一场革命,并就机构改革的性质、任务和方针原则等提出重要意见,认为"让党和国家的组织继续目前这样机构臃肿重叠、职责不清,许多人员不称职、不负责,工作缺乏精力、知识和

---

① 邓小平.思想路线政治路线的实现要靠组织路线来保证[M]//邓小平文选:第2卷.北京:人民出版社,1994:192-193.

② 邓小平.党和国家领导制度的改革[M]//邓小平文选:第2卷.北京:人民出版社,1994:342.

效率的状况,这是不可能得到人民赞同的"①。之后,中共中央政治局正式通过机构改革方案,改革开放后的首次机构改革正式启动。

　　1982年的政府机构改革主要针对机构臃肿、人浮于事、效率低下、干部队伍老龄化等问题,以精简机构、提高效率、废除事实上存在的领导干部终身制、实现干部队伍年轻化为侧重点。通过精简、合并,将国务院部委、直属和办事机构从100个减少到61个,人员编制数缩减约25%。② 省级政府工作部门平均减少20个,市县政府职能部门都有较大精简;取消了领导干部终身制,开始推行干部退休制度;政府各级领导干部的职数减少67%,国务院副总理由13人精简到2人;国务院部委领导干部平均年龄从64岁下降到60岁,司局级领导干部平均年龄从58岁下降到50岁。③ 改革成效显著。然而,受多方面因素的影响,这次改革没有从根本上触动既有的计划经济管理体制,没有从转变政府职能的视角来设计机构改革,甚至也没有就邓小平同志在1981年1月13日中共中央政治局中央机构精简问题讨论会上提出的"规定编制,规定定额,规定各单位和个人的职责界限"④做出实质性规定,没有触动机构臃肿、人浮于事、效率低下等表象后面的深层次根本性体制和制度原因。从实际成果来看,此次机构改革最突出的重大成果是干部任期制的出台和岗位目标责任制的实施。政府机关的思想观念、工作制度、管理体制、工作方法和工作作风等方面都有明显的改进。

　　由于改革后一些既定政策没有实施到位,机构数量在精简之后

---

① 邓小平.精简机构是一场革命[M]//邓小平文选:第2卷.北京:人民出版社,1994:396.

② 高小平,沈荣华.推进行政管理体制改革:回顾总结与前瞻思路[J].中国行政管理,2006(1).

③ 申坤,穆江峰.中国政府机构改革60年的历史变迁与思考[J].河北青年管理干部学院学报,2012(3).

④ 邓小平.精简机构是一场革命[M]//邓小平文选:第2卷.北京:人民出版社,1994:396.

又继续膨胀。到1987年,国务院所属行政机构再一次从61个增加到72个,一些部门内部又新增了一些司局和处室。1988年,政府机构改革再次启动。

新一轮改革提出了"转变政府职能是机构改革的关键"这一重要命题,按照精简、统一、效能的原则,推进政企分开,通过转变政府职能,实现精简机构和人员、理顺关系、提高效率的目的。此次改革另一个重要特点是,开始实施"三定",通过定职能、定机构、定编制来促进转变职能、控制机构和人员数量,并按照专业化的要求,着手研究建立公务员制度。通过改革,政府转移、下放了一些职能,撤并了一些专业经济管理机构,将国务院机构从改革前的72个缩减到66个,人员编制精简了20%。

这一阶段改革最大的收获是思想认识的大幅提高,看到了政府机构存在的问题是一种体制性障碍,核心是政府职能设置不合理,政府职能需要按照经济社会发展的需要特别是商品经济发展的需要进行转变,只有这样才能走出计划经济下机构改革"精简—膨胀—再精简—再膨胀"的循环。此外,这一时期政府各部门、各地区普遍推行了岗位管理制度和目标管理制度,政府行政管理科学化、民主化、法制化、现代化进程大大加速,也是这一阶段机构改革的重要成果。虽然此次机构改革后国家旋即进行经济治理整顿,政府职能转变的进展较为缓慢,原定开展的地方政府机构改革也向后延迟,但是这次改革树立了改革政府机构从职能转变入手,加强科学管理制度建设等理念,对当时和后来的改革发挥了极为重要的解放思想作用。

从1978年的十一届三中全会到1992年邓小平同志发表《南方谈话》,在这个时间段中进行的1982年和1988年两次机构改革,充分体现了邓小平同志对政府机构改革的指导作用,是邓小平理论在政府工作领域的伟大实践。

一是政府机构改革是党和国家领导制度改革的重要内容,要从"总病根"上动手术,重点是简政放权。邓小平同志在《党和国家领导制度的改革》中指出，"我们的各级领导机关，都管了很多不该管、管不好、管不了的事，这些事只要有一定的规章，放在下面，放在企业、事业、社会单位，让他们真正按民主集中制自行处理，本来可以很好办，但是统统拿到党政领导机关、拿到中央部门来，就很难办。谁也没有这样的神通，能够办这么繁重而生疏的事情。这可以说是目前我们所特有的官僚主义的一个总病根。"① 这体现了抓住要害推动政府机构改革的深邃思想。

二是政府机构改革是政治体制改革的重要内容，要拟定正确的标准，积极稳妥推进。邓小平同志反复强调，机构改革是经济体制改革和政治体制改革的客观需要，"现在经济体制改革每前进一步，都深深感到政治体制改革的必要性。……政治体制改革的内容现在还在讨论。这个问题太困难，每项改革涉及的人和事都很广泛，很深刻，触及许多人的利益，会遇到很多的障碍，需要审慎从事。我们首先要确定政治体制改革的范围，弄清从哪里着手。要先从一两件事上着手，不能一下子大干，那样就乱了"②。"我们评价一个国家的政治体制、政治结构和政策是否正确，关键看三条：第一是看国家的政局是否稳定；第二是看能否增进人民的团结，改善人民的生活；第三是看生产力能否得到持续发展。"③ 这体现了推动政府机构改革的政治方向和评价标准。

三是机构改革是一场革命。④ 邓小平同志以革命家的宽阔胸怀和过人胆识，在对机构改革的精准定位和高度理论自觉的基础上，提

---

① 邓小平.党和国家领导制度的改革[M]//邓小平文选：第2卷.北京：人民出版社，1994：342.
② 邓小平.关于政治体制改革问题[M]//邓小平文选：第3卷.北京：人民出版社，1993：178.
③ 邓小平.怎样评价一个国家的政治体制[M]//邓小平文选：第3卷.北京：人民出版社，1993：213.
④ 邓小平.关于政治体制改革问题[M]//邓小平文选：第3卷.北京：人民出版社，1993：178.

出把政府机构改革当作"革命",提出著名的"精简机构是一场革命"的论断,影响极其深远。

这两轮政府机构改革作为改革开放以来首开的改革先河,不仅打开了计划经济体制下的政府组织结构体系的缺口,初步建构了适应商品经济和民主政治需要的政府机构格局和运行机制,取得了多方面令人瞩目的成就,而且明晰了转变政府职能、提高行政效能的主要改革任务和路径,为后来的改革积累了经验,探索了道路,明确了方向,体现了中国共产党人对政府机构制度本体的理性扬弃。

二、对制度本质的理性反思:1993 年至 2003 年的政府机构改革

1992 年,邓小平同志《南方谈话》进一步推进了经济体制改革,为了尽快改革政府机构以适应日益发展的社会主义市场经济体制建设的需要,中共十四大按照邓小平建设有中国特色社会主义理论的指导,正式提出建立社会主义市场经济的经济体制改革目标,同时宣布将按政企分开,精简、统一、效能的原则推进政府机构改革和行政管理体制改革。由于上一轮改革在转变职能上没能得到切实推进,也由于 1988 年之后经济社会建设的现实需要,我国政府机构迅速膨胀,到 1993 年,国务院常设机构已经由 1988 年改革后的 66 个增加到 86 个,非常设机构由 49 个增加到 85 个。① 机构臃肿,职能重叠,人浮于事,官僚主义,效率低下,政企不分等问题日益突出,已经严重阻碍了社会生产力的发展和党群、政社关系,难以适应发展社会主义市场经济的需要,到了非改不可的境地。时任中共中央总书记江泽民同志指出:"机构问题不解决,上述弊端不消除,国有企业就很难真正走向市场,社会主义市场经济体制就难以建立起来,改革开放和现代化建设就迈不开更快的步伐,我们在日益激烈的国际竞争中就难

---

① 谢庆奎.中国行政机构改革的回顾与展望[J].学习与探索,1997(6).

以立于不败之地。现在,进行机构改革不但势在必行,而且条件已经具备,时机已经完全成熟,必须坚定不移地搞好。"①

1993年的政府机构改革是在社会主义市场经济体制改革进程加快的背景下展开的。此次改革承继了1988年政府机构改革的主要理念,以推进转变政府职能和政企分开为重点,按照从中央到地方的顺序逐步展开,对政府综合经济部门、专业经济部门、社会管理部门、直属机构、办事机构和非常设机构,提出不同改革要求,基本原则是"加强宏观调控和监督部门、强化社会管理职能部门、减少具体审批事务和对企业的职能部门。……理顺国务院各部门之间的关系,合理划分职责权限,避免重复交叉,调整机构设置,精简各部门的内设机构和人员,提高行政效率"②,目的是做到宏观管好、微观放开,建立适应社会主义市场经济要求的行政管理体制,使市场机制发挥资源配置的基础性作用。国务院在机构改革中撤销了7个部,保留34个部委,新组建6个部,改革后国务院共有59个机构,比改革前减少了27个,人员减少20%。此次改革是第一次面向市场经济体制建设的政府机构改革,设计了较为详细完整的改革方案,抓住了改革专业经济部门这个重点,并坐实了1988年改革要实施的"三定"制度,协调解决了一些部门间职责交叉重叠的问题。此次改革的另一个重要内容是在"三定"之后开始正式实施公务员制度。

随着市场经济的进一步发展,1997年9月中共十五大再次提出要按照社会主义市场经济的要求,转变政府职能,实现政企分开,把生产经营管理权力交给企业,根据精简、统一、效能的原则进行机构改革,建立办事高效、运转协调、行为规范的行政管理体系,提高为人民服务水平,改组综合经济部门为宏观调控部门,调整减少专业经济

---

① 江泽民.政治改革的目的是完善社会主义政治制度[M]//江泽民文选:第3卷.北京:人民出版社,2006:233—237.
② 乌杰.中国政府与机构改革.北京:国家行政学院出版社,1998:161.

部门,加强执法监督部门,培育和发展社会中介组织。① 按照十五大精神,1998年3月,全国人大九届一次会议审议通过国务院机构改革方案,新一轮政府机构改革再次启动。这一轮机构改革的目标是适应经济发展和社会全面进步的要求,建立办事高效、运转协调、行为规范的行政管理体系,完善国家公务员制度,建设高素质、专业化的国家行政干部队伍,提高为人民服务水平。

与以往几次改革不同,此次改革除继续按照社会主义市场经济的要求,进一步转变政府职能、推进政企分开、调整组织结构和部门职责权限、实行精兵简政外,还按照1997年党中央提出的依法治国方略,正式提出按照依法治国、依法行政的要求,加强行政法制体系建设。另一方面,与以往历次机构改革主要关注机构和人员数量,将精简机构和人员作为主要目标和任务不同,此次改革开始探索政府职能转变,在集中一些宏观管理职能的同时,下放了一些微观管理职能,并向社会让渡了一些社会服务职能。

1992年和1998年两次政府机构改革是在邓小平理论和"三个代表"重要思想指导下展开的。既坚持邓小平同志对政府机构改革提出的重要指导意见,又融入了中国特色社会主义理论的新成果,在方案制定、制度建构和推行实践中体现出很强的创新性。江泽民同志把机构改革作为党和国家领导制度改革的重要任务和政治体制改革的重要内容,提出"政府机构属于上层建筑,应该适应经济基础的要求,经济基础是在不断发展的,上层建筑也要随之不断调整和完善。这是人类社会发展的一条普遍规律。我们是社会主义国家,要从我国国情和维护广大人民群众的根本利益出发,自觉进行调整和改革,以利把社会主义制度的优越性充分发挥出来"。他指出,改革党和国家制度,不是要削弱党的领导,而是要强加和改善党的领导,

---

① 江泽民.高举邓小平理论伟大旗帜,把建设有中国特色社会主义事业全面推向二十一世纪[M]//江泽民文选:第2卷.北京:人民出版社,2006:1-49.

改革要在克服官僚主义、提高工作效率的同时,始终保持党和国家的活力,要按照我国自己的实际情况来决定改革的内容和步骤,不断扩大基层民主、加强和完善党内民主,调动基层和工人、农民、知识分子的积极性。① 这两次改革继续按照邓小平同志提出的加强和改善党的领导、改革党和国家领导制度的要求,推进机构精简、转变职能、政企分开、下放权力,推进政府职责、机构、编制实行严格的"三定",促进政府机构实现规范化、专业化,同时,按照"三个代表"重要思想的要求,提出改革是为了在新形势下加强行政法制建设的命题,探索与机构改革相配套的人事行政制度创新和社会组织创新。②

这十年的两轮改革体现了中国共产党人对政府机构制度本质的理性反思,成为改革开放以来政府机构改革承上启下的关键性阶段,改革成果对于推动经济社会快速发展起到了极为重要的体制支撑作用。

三、对制度发展的理性超越:2003年至2013年的政府机构改革

1998年政府机构改革的魄力非凡,在政企分开上取得了很大的成效,为进一步转变职能、调整结构、理顺关系、完善政府管理体制奠定了厚实的基础,开创了良好的前景。随着经济体制改革持续深入,特别是在加入世界贸易组织的现实背景下,政府管理体制如何适应新世纪社会主义经济社会发展的需要这一重大命题被提出来,机构改革的必要性又在新的条件下凸显。

2003年3月政府机构改革再次启动。此次改革的指导思想是:"按照完善社会主义市场经济体制和推进政治体制改革的要求,坚持

---

① 江泽民.政治体制改革的目的是完善社会主义政治制度[M]//江泽民文选:第3卷.北京:人民出版社,2006:233-237.

② 江泽民.政府机构改革的目标和原则[M]//江泽民文选:第2卷.北京:人民出版社,2006:107-110.

政企分开、精简、统一、效能和依法行政的原则，进一步转变政府职能，调整和完善政府机构设置，理顺政府部门职能分工，提高政府管理水平，形成行为规范、运转协调、公正透明、廉洁高效的行政管理体制。"机构改革以深化国有资产管理体制改革，完善宏观调控体系，健全金融监管体制，推进流通管理体制改革，加强食品安全和安全生产监管体制建设为重点，设立了国有资产监督管理委员会、中国银行业监督管理委员会，改组成立了国家发展和改革委员会，组建了商务部、国家食品药品监督管理局，变原二级局的国家安全生产监督管理局为国务院直属机构，把原国家计划生育委员会更名为国家人口和计划生育委员会。改革后的国务院组成部门为28个，地方政府机构改革随后推进。

2003年的改革在转变职能、重组机构等方面取得实质性进展。此次改革提出了各地要按照巩固、完善、探索、深化的总体要求，结合本地实际，巩固和完善已经取得的改革成果，积极探索符合各地特点的改革路子，同时说明机构设置不搞一刀切、不要求完全上下对口，只要各地重视做好职能衔接，保证国民经济正常运行，保持企业改革重组以及其他各项工作的连续性，维护社会稳定即可。这些要求在很大程度上体现了新一届领导集体和中央政府在特定历史阶段的政治智慧，也体现了治理中国这样一个人口众多、区域特征明显的大国必然需要的因地制宜和发挥地方政府改革创新积极性和智慧的重要性，为提升地方行政管理体制改革创新积极性，增强地方活力，探索具有中国特色的政府行政机构设置和行政管理体制、制度创新注入了动力。同时，2003年改革提出了"决策、执行、监督"三权协调的问题，开展了"行政三分制"的试点。这既是此次改革允许地方因地制宜、改革创新的重要体现，也是对进一步探索政府机构改革和行政管理体制创新的有益尝试。

随着各领域改革的深入，政府机构设置和行政管理体制不能适应社会主义市场经济和政治发展要求的问题日益显现。2007年，中共十七大提出了加快行政管理体制改革、抓紧制定行政管理体制改革总体方案的要求，提出要加大机构整合力度，探索实现职能有机统一的大部门体制，以解决机构重叠、职能交叉、政出多门的问题，降低行政成本，提高工作效率。中共十七届二中全会专题讨论《关于深化行政管理体制改革的意见》和《国务院机构改革方案（草案）》。2008年3月，十一届全国人大五次全会表决批准国务院机构改革方案，新一轮政府机构改革再次启动。此次改革按照积极稳妥的方针，以转变职能为核心、着力理顺部门职责关系、精简和规范议事协调机构及其办事机构，并提出抓紧进行地方政府机构改革、适时推进事业单位改革的要求，目标是合理配置宏观调控部门职能，加强能源环境管理机构，整合完善工业和信息化、交通运输行业管理体制，以改善民生为重点，加强与整合社会管理和公共服务部门。

此次改革的最突出特点是提出大部制改革，提出政府机构改革目标实现的时间表，明确建立比较完善的中国特色社会主义行政管理体制，提出深化乡镇机构改革，加强基层政权建设的任务。

2003年和2008年这两次机构改革是进入新世纪，党和政府在邓小平理论、"三个代表"重要思想、科学发展观指导下展开的。有三个十分鲜明的特征：

一是强调政府管理体制改革不仅要适应社会主义市场经济的需要，而且要适应社会主义民主政治的发展需要。中共十六大报告提出"发展社会主义民主政治，建设社会主义政治文明"的目标，从政治文明建设的高度对政府机构改革提出了新要求。十六届二中全会提出，"深化行政管理体制和机构改革，是推进政治体制改革的重要内容，是完善社会主义市场经济体制的客观需要，也是贯彻落实十六大精神的重要举措"。

二是提出建设与科学发展观要求相适应的政府职能体系。2005年胡锦涛同志在政治局集体学习会上指出，"推进行政管理体制改革是贯彻落实科学发展观、完善社会主义市场经济体制、建设社会主法治国家的必然要求,……要通过推进行政管理体制改革,加快转变政府职能,改进行政管理方式,加强行政法制建设,形成有利于转变经济增长方式、促进全面协调可持续发展的机制,推动经济社会发展转入以人为本、全面协调可持续发展的轨道"。中共十六大报告第一次明确提出,政府主要职能是经济调节、市场监管、社会管理、公共服务。① 此后党中央国务院进一步提出建设服务型政府的改革目标,强调政府职能转变的重点是加强社会管理和公共服务,提出按照大部制改革的要求整合公共服务管理部门,提高为人民服务的水平。

三是继续推进职能创新、理顺关系,推进各级政府的"三定"刚性化约束,不再增加编制总额,同时将事业单位改革与政府机构改革联动,推进事业单位分类改革,使得政府机构改革在原有基础上得以拓展内涵,细化施工,不断"积小胜为大胜"。

改革实践充分表明,政府机构改革只有坚持以科学发展观理论为指导,坚持发展是第一要务,坚持全面、协调、可持续的发展理念,在理论创新的基础上进行实践创新,才能实现政府机构制度发展的理性超越。这两轮改革为后续新时代继往开来的政府机构改革打下了坚实的基础。

四、对制度创新的理性重构:2013年以来的政府机构改革

改革开放向纵深发展,对政府机构改革提出了新期待。中共十八大吹响了全面深化改革的号角,进一步为政府机构改革指明了方向。2013年2月,中共十八届二中全会讨论通过《国务院机构改革和职能转变方案》。2013年3月,十二届全国人大一次会议审议通过《国务院机构改革和职能转变方案》,新一轮机构改革付诸实施。

---

① 胡锦涛:《稳妥推行行政管理体制改革 加快转变政府职能》,2005年12月21日中共中央政治局第二十七次集体学习时的讲话。

此次改革在实现国家治理体系和治理能力现代化的总目标引领下,把"创造良好发展环境、提供优质公共服务、维护社会公平正义"确定为转变政府职能的总方向,深入推进政企分开、政资分开、政事分开、政社分开,建设职能科学、结构优化、廉洁高效、人民满意的服务型政府。继续推进大部制改革,实行铁路政企分开,不再保留铁道部,组建国家卫生和计划生育委员会、食品药品监督管理总局、新闻出版广电总局、国家海洋局、国家能源局。改革后的国务院设有25个组成部门。

紧接着2013年改革的,是正在进行中的最新一轮政府机构改革。2018年3月十三届全国人民代表大会一次会议审议通过国务院提交的《国务院机构改革方案》。在本轮机构改革中,许多以往制约发展的体制方面问题得到化解,办成了许多过去想办而没有办成的大事,推动国家治理体系创新。比如,理顺市场监管体制,推进政府监管职能综合化,加强监管协同,形成市场监管合力;组建应急管理部,整合先前分散在13个部门的应急管理职能,基本完成了自然灾害和事故灾难领域内的全灾种管理;理顺行政执法体制,统筹配置行政处罚职能和执法资源,相对集中行政处罚权,整合精简执法队伍,解决多头多层重复执法问题;理顺自然资源和生态环境管理体制,设立国有自然资源资产管理和自然生态监管机构,完善生态环境管理制度,统一行使全民所有自然资源资产所有者职责,统一行使所有国土空间用途管制和生态保护修复职责,统一行使监管城乡各类污染排放和行政执法职责,解决"九龙治水"的管理体制。本次改革国务院减少8个正部级机构、7个副部级机构。对改革的时间制定了严格的进度表,要求国务院机构改革在2018年底前落实到位,地方机构改革任务在2019年3月底前基本完成。改革的广度、深度、力度、速度前所未有。

这次改革有以下几个关键特点:一是立足社会主义初级阶段的国情,审时度势,积极主动适应正在不断转化的社会主要矛盾,把解决不平衡不充分发展作为政府机构改革的重点领域。二是进一步突出党对政府工作的全面领导，将党的全心全意为人民服务宗旨更直接更全面地体现到政府机构改革中。三是提出政府治理现代化的要求，将实现政府治理体系和治理能力现代化这个全面深化改革的总目标进一步具体化。四是在转变职能方面创造性地进行简政放权、放管结合、优化服务"三管齐下"改革。五是将党、政、军、群机构以及中央和地方机构改革协同推进。

2013年以来的政府机构改革，是在邓小平理论、"三个代表"重要思想、科学发展观、习近平新时代中国特色社会主义思想指导下，在习近平同志直接主持下进行的，全面体现了习近平治国理政的新理念、新思想、新战略。新时代政府机构改革成为推动上层建筑适应经济基础的重要力量，成为全面深化经济体制改革和政治体制改革的重要推手，体现了中国共产党人对政府机构制度体系创新的理性重构。

——建设人民满意的服务型政府。以人民为中心，是习近平新时代中国特色社会主义思想的根本立足点。政府机构改革贯彻以人民为中心的思想，就是要深化转职能、转方式、转作风，提高效率效能，使政府治理体系适应"五位一体"总体布局和"四个全面"战略布局的要求。党的十九大报告提出，"统筹考虑各类机构设置，科学配置党政部门及内设机构权力、明确职责。统筹使用各类编制资源，形成科学合理的管理体制，完善国家机构组织法。转变政府职能，深化简政放权，创新监管方式，增强政府公信力和执行力，建设人民满意的服务型政府"。

——建设现代政府治理体系。党的十九届三中全会第一次把建设"职责明确、依法行政的政府治理体系"作为深化党和国家机构改革的目标之一，做出了全面部署，提出了具体要求，为进一步优化政府机构设置和职能配置、加快转变政府职能、深化行政体制改革指明了方向，明确了任务。虽然经过改革开放以来的多次机构改革，政府职能得到转变,但对微观干预过多过细、宏观经济调节不完善、市场监管问题较多、社会管理亟待加强、公共服务比较薄弱的问题还广泛存在,不依法行政的现象也屡见不鲜。习近平同志指出,建设现代政府治理体系的关键是转变职能,其实质是"要解决政府应该做什么、不应该做什么,重点是政府、市场、社会的关系,即哪些事应该由市场、社会、政府各自分担,哪些事应该由三者共同承担"①。他同时指出,"抓住主要矛盾和重点问题,按照转变职能的总方向,科学界定政府职能范围,优化各级政府组织结构,理顺部门职责分工,突出强化责任,确保权责一致,既巩固以往的改革成果,又着力破解重大难题"。深入推进依法行政,加快建设法治政府,既是日常工作,又需要在进行机构改革时集中突出地进行,以改革精神强化各级行政机关依法履行职责的意识,坚持法定职责必须为、法无授权不可为。习近平同志强调:"政府职能转变到哪一步,法治建设就要跟进到哪一步。要发挥法治对转变政府职能的引导和规范作用,既要重视通过制定新的法律法规来巩固转变政府职能已经取得的成果,引导和推动转变政府职能的下一步工作,又要重视通过修改或废止不合适的现行法律法规为转变政府职能扫除障碍。"②在《关于〈中共中央关于全面推进依法治国若干重大问题的决定〉的说明》中,习近平同志提出:"各级政府必须坚持在党的领导下,在法治轨道上开展工作,加快建设职能科学、权责法定、执法严明、公开公正、廉洁高效、守法诚信的法治政府。"

——建立权力分解制约机制。习近平同志指出,"决不允许任何组织或者个人有超越法律的特权","要强化制约,科学配置权力,形

---

① 习近平.在行政体制改革上迈出新步伐[M]//习近平总书记系列重要讲话读本.北京:学习出版社,人民出版社,2016:175-178.

② 习近平:《在中共十八届二中全会第二次全体会议上的讲话》,2012年2月28日。

成科学的权力结构和运行机制"。① 十九届三中全会就政府机构职能、权限、程序、责任法定化,机关内部重大决策合法性审查,政府法律顾问制度,重大决策终身责任追究制度及责任倒查机制,综合行政执法改革,政府内部权力制约监督,政务公开等与机构改革相关问题做出了一系列规定。

——创新行政管理方式。要最大限度减少政府对微观事务的管理,必须在转变职能的同时努力创新政府管理和服务的方式。党的十八大第一次在党代会报告中将"创新行政管理方式"列为机构改革的重要内容。十九大报告提出"全面实施绩效管理"。2016年3月5日,在参加十二届全国人大四次会议上海代表团审议时,习近平同志指出,管理方式要创新,"该放给市场和社会的权一定要放足、放到位,该政府管的事一定要管好、管到位,坚决扭转政府职能错位、越位、缺位现象。要深化行政审批制度改革,推进简政放权,深化权力清单、责任清单管理,同时要强化事中事后监管"。

五、结语:理性的力量

"横看成岭侧成峰"。我们从改革开放以来政府机构改革的四个阶段进程中清晰地看到,党的理论创新是指导政府机构改革不断深化的一根红线,中国特色社会主义理论的每一步重大发展都成为推进政府机构改革的巨大理性力量。

在西方古典哲学的发展历程中,"理性"始终是一个核心的概念。马克思主义创立之前,黑格尔对理性的研究达到顶峰。他在《哲学史讲演录》中指出:"理性的任务在于认识无条件者、无限者。这是什么意思呢?……哲学的任务在于将人们假定为熟知的东西加以真正认识,因此哲学在这里所要做的就是对无条件者得到真知。"② 恩格斯

---

① 习近平.深入推进党风廉政建设和反腐败斗争[M]//习近平谈治国理政.北京:外文出版社,2014:395.

② 黑格尔.哲学史讲演录[M].北京:商务印书馆,1981:275-276.

在关于历史唯物主义的论述中,运用力的平行四边形的比喻批判地继承和发展了黑格尔的理性思想。他说:"历史是这样创造的:最终的结果总是从许多单个的意志的相互冲突中产生出来的,而其中每一个意志,又是由于许多特殊的生活条件,才成为它所成为的那样。这样就有无数互相交错的力量,有无数个力的平行四边形,而由此就产生出一个总的结果,即历史事变,这个结果又可以看作一个作为整体的、不自觉地和不自主地起着作用的力量的产物。因为任何一个人的愿望都会受到任何另一个人的妨碍,而最后出现的结果就是谁都没有希望过的事物。所以以往的历史总是像一种自然过程一样地进行,而且实质上也是服从于同一运动规律的。但是,各个人的意志——其中的每一个都希望得到他的体质和外部的、终归是经济的情况(或是他个人的,或是一般社会性的)使他向往的东西——虽然都达不到自己的愿望,而是融合为一个总的平均数,一个总的合力,然而从这一事实中决不应得出结论说,这些意志等于零。相反地,每个意志都对合力有所贡献,因而是包括在这个合力里面的。"[①]因此,所谓理性的力量,实质就是人民的力量,是亿万人民伟大智慧的汇合、凝聚、创造、升华。

回览纵观四个阶段的政府制度创新历程,一路走来,充满了艰难险阻,之所以能够攻坚克难,坚定前行,取得积极成效,关键就在于党和政府对改革开放中的新情况、新问题、新矛盾及时做出新的客观分析和理性回应,在于党和政府对改革主体和对象的本质诉求、变化趋势做出准确把握、深刻揭示和科学预见,在于党和政府善于聆听时代的声音,回应人民的呼唤,顺应历史的潮流,找到发展的规律。归根结底,在于形成了中国特色社会主义理论,并运用这个理论,研究解决政府机构体系中存在的重大而紧迫的问题,通过实践创新推动理论再创新,进而推动理论与实践的互动,形成理论联系实际的科学理

[①] 恩格斯.马克思恩格斯选集:第4卷[M].北京:人民出版社,1995:697.

性精神。

　　党的理论创新推动政府机构制度创新的理性历程,是破与立的统一,革故与鼎新的统一,重构与继承的统一,再造与优化的统一,突变与稳定的统一,跨越与连续的统一,通过一轮接一轮递进式的改革,不断击破传统计划经济的桎梏,在组织制度、运行制度、工作制度等各方面建立适应社会主义市场经济、民主政治、和谐社会需要的政府管理和服务体系。其发展脉络就是与党的社会主义市场经济理论、党和国家机构建设理论、科学发展理论和治国理政理论不断丰富和发展相一致。这种指导政府机构改革的理论创新作为中国特色社会主义的一个重要组成部分,将继续指引今后的改革实践。

（原载《学海》2018年第3期,标题有改动,作者为高小平、陈宝胜）

我国行政管理制度改革创新：
历程、重点和展望

国家行政管理制度，是指国家行政机关的设立与变更、职权配置、运行程序、工作方式的规范性约定。行政管理制度是政治制度、经济制度、社会制度、法律制度的重要组成部分，是国家治理体系中的基础性要素。

邓小平指出："制度是决定因素"，制度问题具有"根本性、全局性、稳定性和长期性"，并强调"制度问题不解决，思想作风问题也解决不了"。[①] 改革开放以来，我国不断推进行政管理制度改革和创新，使组织制度、运行制度、工作制度与社会主义市场经济、民主政治的要求逐步适应，制度创新与体制机制创新相互交叉、互相促进，取得重大进展，呈现出问题导向、重点突出、进路清晰、逻辑严谨等特色。深入研究行政管理制度改革创新，对于推进党和国家领导制度的改革，建设创新型国家制度，促进治理体系和治理能力现代化，具有重要意义。

一、我国行政管理制度改革创新的回顾

新中国成立后，我国借鉴苏联建立高度集中的计划经济体制和行政管理制度模式，政府建立了以行业计划管理为主的组织制度、条块分别管理为主的运行制度和指令性管理为主的工作制度，并以多

---

① 邓小平.邓小平文选：第2卷[M].北京：人民出版社，1994：308,333,328.

种具体制度覆盖各行政管理层级及部门,将经济社会资源配置和运行纳入其中。

改革开放以来,随着对社会主义本质的认识不断深化,政府在改革行政管理体制、创新机制的同时,不断进行制度改革和创新,对微观经济社会事务的直接干预制度逐渐减少,宏观调控、间接管理、公共服务制度逐渐增加,市场和社会在配置资源中的作用逐渐增大,初步建立了与社会主义市场经济制度、社会主义民主政治制度相适应的现代行政管理制度体系。

(一) 组织制度变革:从机构归并到职能转变

行政管理组织制度是由政府机构、职能等要素为体制性依托,以组织法、"三定"规定和组织纪律为规制手段共同形成的规范性约定。20世纪50年代中期到80年代初期,我国行政管理组织制度以计划经济体制和全能政府的职能体系为基础,以计划管理制度、实物供给制度、产品调拨制度、命令控制制度进行维系和强化。改革开放以来,我国以机构改革带动政府全面的组织制度变革,逐步打破了计划经济的制度框架。

1982年到2013年我国分别进行了7次较大规模的政府组织制度改革创新,精简机构,转变职能。

1976年"文化大革命"运动结束后,政府面对百废待兴的局面,用行政力量和公共资源加快经济恢复,增设了很多管理部门,适应发展要求,但也出现了机构臃肿、效率降低的情况。1982年的政府组织制度改革,国务院率先行做大幅度的机构和人员精简,各部委、直属机构、办事机构从100个减为61个,人员从5.1万减为3万,实行干部退休制度,废除事实上存在的领导职务终身制,实行干部年轻化。1988年的政府组织制度改革是针对机构精简后出现反弹,国务院工作机构又有增加,政企不分现象严重这个情况进行的,首次提出了"转变政府职能是机构改革的关键"这一命题,将政府机构改革的重点确立为政企分开,政府对企业下放权力,但由于经济上进行治理整顿，政府职能转变进展不大。1993年的政府组织制度改革是在党明确提出"建立社会主义市场经济体制"之后进行的，重点是转变政府职能，使市场机制在国家宏观调控下对资源配置发挥基础性作用。国务院各部门行政编制按总额20％的比例进行了精简。1998年的政府组织制度改革是一次具有相当广度和深度的改革，为了应对东亚金融危机的冲击，面对国家财政不堪重负、相当多的国有企业生产和经营陷入困境的状况，政府撤并调整专业经济管理部门和综合部门中的专业管理司局，精简了20％的政府员额，国务院行政编制缩减一半，转变职能开始取得较大进展。2003年的政府组织制度改革是在加入世界贸易组织后的国际环境下开展的，重点在深化国有资产管理体制改革，完善宏观调控体系，健全金融监管体制，推进流通管理体制改革，加强食品安全和安全生产监管体制建设。2008年的政府组织制度改革是在"大部门制"指导思想基础上进行的，将国家工业行业管理的职责、国防工业的职责与信息产业管理的职责，交通服务职责、人力资源和社会保障部职责分别进行整合。2013年政府组织制度改革的重点是转变职能、简政放权，继续推进"大部门制"，整合加强卫生和计划生育、食品药品、新闻出版和广播电影电视、海洋、能源管理等机构。

  政府机构改革进程中不仅建立了一系列规定组织架构的实体性制度，还形成了比较规范的程序性制度。以国务院机构改革方案产生的程序为例，一共有八个步骤，按照时间先后依次为：一是有关部门对深化行政体制改革和国务院机构改革问题进行基础性前瞻性研究。二是党的中央政治局常委会决定成立文件起草组，负责起草改革方案。三是方案起草组就机构改革问题听取党中央、国务院领导人以及相关部门、省级政府主要负责人、部分国有和民营企业负责人以及专家学者的意见，征求党中央、全国人大和国务院部门主要负责人的意见。四是方案初稿形成后，向中央政治局常委和其他领导人做汇报沟通，听取意见，征求部门、省区市党政主要负责人和地方有关部门主要负责人的意见。同时,进一步收集社会各界的建议。五是国务院会议审议通过方案草案,提请中央政治局常委会议、中央政治局会议审议。六是党的全会讨论审议方案,修改完善并通过。七是中央召开党外民主人士协商会,就改革方案向各民主党派、全国工商联和无党派人士通报情况,听取意见。八是提请全国人大会议审议,国务委员兼国务院秘书长对方案做说明,最后由全体大会表决通过。①

这7轮政府组织制度改革,从时空视角观察有两个特点最为鲜明。一是按照"先拆庙,后建制"的顺序(先调整机构后调整职能),通过梯次型组织机构归并,精简优化行政管理结构。② 二是按照"先经济,后社会"的顺序,先通过连续几轮归并经济行政管理部门,建立适应市场经济发展要求的综合性宏观管理机构,再对社会领域管理部门进行整合,建立适应公共服务需求的社会性管理机构。这两个方面的递进式改革,客观上是由职能变迁的深度和广度决定的。以空间为轴分析可以看出,大部门制度实施的进度呈现加快趋势;以时间为轴分析可以看出,政府职能转变的速率呈现加快趋势。因此,组织制度改革的价值一方面是政府机构的重构和归并,实现精简、统一、效能,另一方面是政府职能的让度和转变,实现结构性分权和扁平化,最大限度地发挥行政管理组织制度创新在关键问题上的功能。

(二) 运行制度变革:从封闭到开放

行政管理运行制度是指政府组织之间、要素之间的相互关系、运转程序和流程等方面的规范性约定。③ 在计划经济时期,我国行政管理运行制度存在的弊端,一是纵横分割,政府部门和地方政府形成"条块"两大系统,分别运行,实践中不是"条条专政、以邻为壑"就是

---

① 《中央编办负责人就国务院机构改革和职能转变答人民日报、新华社记者问》,新华网 http://big5.xinhuanet。
② 周志忍. 机构改革应关注并处理好八种关系[J]. 行政研究信息,1998(17).
③ 张立荣. 当代中国行政制度改革的评析与前瞻[J]. 中国行政管理,2002(3).

"地区分割、画地为牢",常常在两个极端之间摇来摆去,运转不协调;二是无序、刚性,行政制度缺乏稳定的规范,要素之间的关联缺乏弹性,运转效率低;三是僵化、封闭,行政主体以自我为中心、以不变应万变,行政系统缺乏与外界有机联系,运转不灵活。造成协调性、有效性、灵活性不足的最根本原因是封闭性,这决定了当时行政管理运行制度的基本属性。

改革开放以来,调整层级之间行政要素配置制度,调动中央和地方的"两个积极性",增强了"条块"关系的协调性和能动性。建立岗位责任制度、目标管理制度、绩效管理制度、公务员制度,强化了行政系统的规范性和有效性。推行信息公开制度、沟通制度、协调制度和问责制,增强了政府的开放性和透明性。

在分析行政管理运行制度创新中,我们发现一个特殊现象——某些运行制度的变迁可以成为整个行政管理制度变迁的决定性因素,引发整体走向和态势的变化,这里存在一个"创新跳跃"(creative leap)。[①] 比如,在改革开放初期,对已然十分封闭的国家体系,进行四面出击式的改革显然风险太大,选择以具体管理制度改革为突破口是明智的决策,农村联产承包责任制度,担当了这项重任,这对于全面推动治理体系的变革起到了极为关键的作用。农村承包制度就是一个"创新跳跃"。在行政管理制度改革创新进程中,也存在这样的"跳跃",就是由于推行了绩效管理、政府信息公开、信息化等一系列重要的运行制度,更换了机制,行政管理制度改革创新的轨迹发生了质的变化,以此将改革开放以来行政管理制度变迁的历程分为两个阶段,"跳跃"之前是以革故为主的制度安排,"跳跃"之后改为鼎新为主的制度安排。虽然总体上说改革创新都是在"破旧立新""革故鼎新",革故和立新之间没有绝对的界限,但每一阶段的侧重点是有

---

① Cross, N. Creativity in design: analyzing and modeling the creative leap. Leonardo. (1997). Vol. 30, No. 4, pp. 311–317.

所不同的。这个跳跃发生在2002—2003年。从1978年到2002年，是以革故为引领、鼎新包含其中的变革。这一阶段的主要任务是破除"党政企不分、以党代政、以政代企"的制度①，使民经济迅速得到恢复性增长和快速发展。自2002年以后，是革故和鼎新并举、以新元素增量引领的阶段。这一阶段的主要任务是适应社会主义市场经济的新要求，将建立新型行政管理制度作为创新重点，使经济社会得到全面、协调和可持续发展。

这个"创新跳跃"既是由外部因素决定的，又有行政管理制度创新的内在依据。外部因素主要有：一是在2002—2003年中国共产党酝酿并提出了科学发展观。科学发展观对政府行政管理制度提出了创新发展的要求。二是2002—2003年党和政府深化了对行政管理体制改革的认知。2003年2月，党的十六届二中全会通过的《关于深化行政管理体制和机构改革的意见》中根据"我国社会主义市场经济体制框架基本形成"的判断，对深化行政管理体制改革提出了"制度创新"的要求，指出"行政管理体制和机构改革是推进政治体制改革的重要内容，是推动我国上层建筑更好地适应经济基础的一项重要的制度建设和创新"。这是第一次提出行政管理制度创新问题，并将改革与创新并论。内部因素主要有：一是建立绩效评估制度。2003年3月国务院修订《国务院工作规则》，提出"建立健全公共产品和服务的监管和绩效评估制度"。这是中央政府第一次提出该项制度，此后，政府绩效管理在全国推行，促成一种新型的行政管理模式产生。②二是推行政务公开制度。2000年底中共中央办公厅、国务院办公厅发出《关于在全国乡镇政权机关全面推行政务公开制度的通知》，对乡（镇）政务公开做出部署，对县（市）级以上政务公开提出了要求。根据2003年我国政府作对"非典"信息不公开造成疫情

---

① 参见《中国共产党第十一届中央委员会第三次全体会议公报》。
② 段树军.建设服务型政府绩效管理制度推进提速[N].中国经济时报，2012-8-14.

快速大面积蔓延的教训,向各部门和地方政府提出了加大信息公开的要求,并启动《政府信息公开条例》行政立法议程。三是电子政务进入新阶段。2002年党中央、国务院下发《关于我国电子政务建设指导意见》,对电子政务的指导思想、建设原则、目标、任务和措施等做出全面部署,2003年国家信息化领导小组拟定了统一规划、突出重点、整合资源、统一标准、保障安全建设电子政务体系的基本框架。以此为标志,我国电子政务进入政府战略行动计划阶段。包括信息化在内的技术支撑型创新有力地推动了行政管理制度创新。以上几个方面叠加,形成行政管理制度的"创新跳跃",赋予了政府改革新的内涵、新的期待,标志着行政管理制度建设进入到新阶段。以革故牵引与鼎新带动为标志划分的两大阶段,呈现出不同历史时期的行政管理不同的战略指向和策略选择。

  为什么运行制度变革会成为整个制度体系演化的"拐点"?为什么组织制度变革、体制改革没有产生"创新跳跃"?原因是多方面的,其中有偶然性,但就其必然性而言,主要有以下几个方面。一是运行制度具有变易性。行政管理体制层面的制度具有相对稳定性和连续性,而机制层面的制度具有流动性和跳跃性,在运行中出现的问题可以随时进行动态调整。古人说"苟日新,日日新,又日新",就是说明创新具有常态特征。运行制度在内外部冲击刺激下做出反应,往往出现连续变易,其中就可能出现激变。二是运行制度具有通用性。体制因其构造的板块式特点,可以进行分解,比如分别进行经济体制改革、社会体制改革、文化体制改革,事实上在2002年前,我国的改革正是在经济领域、社会领域、文化领域先后展开的,这也成为"摸着石头过河"的改革经验之一。而机制则无法进行分解,人类社会的运行机制是一个完整的系统,分不出你我,即使是不同社会生活领域的差异性机制,也可以相互嫁接,比如企业运行机制可以稍加改造应用到政府运行中,政府公共服务的机制也可以为社会其他主体提供公共服务时使用。这种通用性特征导致政府可以从其他领域借鉴管理机制,推动制度创新。三是运行制度具有技术性。政府机构设立和变更的制度多由政治决定,机制性运行制度则更多地由技术决定。科学技术永远是最具有深层影响力的创新源,对于上层建筑而言,科学的管理技术同样可以成为激发创新的动力,诚如手工磨产生的是农耕生产关系,蒸汽磨产生的是工业生产关系,计算机、互联网产生的是后工业生产关系,信息化、电子政务必然要求建设创新型政府。四是运行制度具有能动性。体制性制度具有硬约束功效,一般表现为被动性,机制性制度的约束力比较柔性,一般表现出很强的主观能动性。政府往往对运行制度创新的积极性高于对体制的改革,因此这方面的优势往往成为重大创新的契入点。

在体制的整体性因为现实操作的需要被人为分割开来进行改革的年代即将结束,需要从一维性、单向度的改革转变为多维度、全方位的改革,建立融合经济建设、政治建设、社会建设、文化建设和生态文明建设"五位一体"统筹协调制度体系的情况下,行政管理运行制度发挥了特定的作用,用机制建设弥补体制的整体性缺失,促进政府实现转轨式创新,进而开启顶层设计与全面推进的改革新时期。

(三) 工作制度变革:从管制到服务

行政管理工作制度是指政府履行职责的方式、方法、手段方面的规范性约定。具体表现为监管工作制度、服务工作制度、执法工作制度,以及机关办文、办会、办事的管理制度等。

计划经济时期,我国行政管理工作制度以管制型为主,通过管人、管事、管财、管物等制度实现对经济社会和机关内部的全面管控。改革开放以来,我国不断推进行政管理工作制度的改革创新。一是转换经济调节制度。政府建立了用经济手段、法律手段并辅之以必要的行政手段管理和调节经济活动的工作制度,增强经济调控的科学性和有效性。二是规范市场监管制度。建立维护市场秩序、促进公平交易的制度,应用约束力强的工作手段加大对涉及人民生命财产安全领域的监管力度。三是创建综合执法制度。建立相对集中行政处罚权的工作制度,探索相对集中行政许可权的制度,推进综合执法制度试点和减少执法层次、下移执法重心的制度,对与群众日常生活、生产直接相关的行政执法活动实行就近管理制度。四是调整社会管理制度。强化促进就业和调节收入分配制度建设,建立覆盖城市和农村社会保障制度,健全基层社会管理制度,推动政府行政管理与社区互动的制度创新,加强处置突发事件工作制度。五是优化公共服务制度。改进对教育、卫生、文化等社会事业领域公共服务提供方式,建立统一、公开、公平、公正的现代公共服务制度。

党的十八大报告提出,"创新行政管理方式,提高政府公信力和执行力"。当前,我国行政管理工作制度正在实现深度转型。规范基本工作方式的制度,正在从直接型、微观型、管制型、命令型为主向间接型、宏观型、服务型、互动型转变。规范基本工作手段的制度,正在从单纯行政型为主向综合运用行政型、经济型、法制型转变。规范基本工作技能的制度,正在从粗放型、手工方式、缺乏个人负责制向精细型、电子政务、岗位责任制、目标管理制、绩效管理制转变。规范基本工作推进的制度,正在从碎片化、运动型、末端型向协同型、持续型、前端型、全程型转变。① 这些变革,实质是改造传统工作制度,完成管制政府向服务政府的转型,将管理与服务统一起来,以服务的制度进行管理,寓管理制度于服务制度之中。通过工作制度创新,提升政府治理能力。

二、当前我国行政管理制度改革创新的重点

本届国务院自 2013 年组成以来,行政管理制度改革创新的重点是围绕转变政府职能,按照简政放权、放管结合、优化服务的核心理念展开,在取消和下放权力的同时加强市场监管和公共服务,旨在通

---

① 中国行政管理学会、南京大学、江苏省行政管理学会联合课题组.政府履行职能方式的改革和创新[J].中国行政管理,2012(7).

过规范政府行为,发挥市场在经济资源配置中的决定性作用和更好发挥政府作用、发挥公众在社会资源配置中的决定性作用和更好发挥政府作用,提供制度保障,从而降低制度性交易成本,释放制度红利,激发经济社会发展的内生动力。

(一) 改革行政审批制度

李克强总理在十二届全国人大二次会议上强调,简政放权是"本届政府开门第一件大事"。行政审批是政府权力的直接体现,行政审批制度改革是政府转变职能、简政放权工作的重要内容。2001年至2012年的11年期间,国务院先后六批取消和调整了2 497项行政审批项目,占原有总数的69.3%,31个省(区、市)取消和调整了3.7万余项审批项目,占原有总数的68.2%。[①] 2013年以来,国务院改革行政审批制度的力度进一步加大、改革面扩宽。仅2014年至2015年两年,国务院就发布关于行政审批制度改革的专项文件13次,取消、下放、修改以及行政审批调整事项1 300项以上。其中,取消和下放管理层级的国务院部门行政审批事项350余项,取消职业资格许可和认定事项272项,取消评比达标表彰项目29项,取消国务院部门非行政许可审批事项150项,取消中央指定地方实施行政审批事项230项,清理规范国务院部门行政审批中介服务90多项。改革事项共涉及国务院机构42个,重点聚集于企业发展、资产处置以及与民众利益紧密相关的领域。

本届政府行政审批制度改革呈现出如下特点。

一是制度改革力度大。截至2015年底,原定2013年至2018年用5年时间完成的减少三分之一行政审批事项的目标提前实现;全部取消法律未设定、仅由政策文件设定的"非行政许可审批",并承诺政府今后不再借由规章或文件设置"非行政许可"审批类别;取消中

---

① 数据来源:中国政府网 http://www.gov.cn/jrzg/2013－06/25/content_2434025.htm。

央指定地方实施审批事项超额完成200项的任务目标；清理规范国务院部门行政审批中介服务70%；涉及取消和下放行政审批事项的国务院部门40多个。

二是改革针对性强。较之2012年前取消和下放的行政审批项目，2013年之后的改革在发挥资源配置的决定性作用方面，在调整政府职能，激发社会微观活力方面的针对性更强，重点更突出。2014年2月公布的《国务院关于取消和下放一批行政审批项目的决定》中，取消和下放的82项行政审批事项里涉及企业设立、资本配置等与企业发展相关的行政审批事项达48项，占取消和下放总数的58.5%。

三是制度创新位阶高。随着审批制度改革的持续深入，越来越触及社会关注度高、影响范围广的核心区域和"硬骨头"，创新的"含金量"高，标志着这项改革在行政管理制度安排中的位阶进一步提高。李克强提出，在简政放权、放管结合、优化服务三个方面制度改革中，要坚持"简"字当头，革除不合时宜的陈规旧制，打破不合理的条条框框，砍掉束缚创业创新的繁文缛节，把该放的权力彻底放出去，能取消的尽量取消，直接放给市场和社会。① 审批制度这项简政放权的制度创新，地位明显高于监管和服务领域的制度创新。

（三）推广政府和社会资本合作制度

政府和社会资本合作（Public-Private-Partnership）制度，又称为PPP模式，是指私营企业、民营资本与公共部门在基础设施及公共服务领域合作，通过"使用者付费"及必要的"政府付费"获得合理投资回报，从而实现风险共担、利益共享。PPP作为推动政府职能转变，拓宽城镇化融资渠道，改善财政投入与管理，撬动社会资本参与

---

① 李克强.深化简政放权放管结合优化服务推进行政体制改革转职能提效能——在全国推进简政放权放管结合优化服务改革电视电话会议上的讲话[N].人民日报，2016－5－23.

基础设施等公共领域建设的市场化机制,推广发展进程不断加快。

20 世纪 80 年代,我国就开始引入这种政府与社会资本合作制度。据统计显示,1984 年以来我国 PPP 项目约有 7 000 个。① 党的十八届三中全会提出"允许社会资本通过特许经营等方式参与城市基础设施投资和运营"。国家财政部在《关于 2014 年中央和地方预算草案的报告》中,首次明确要"推广运用 PPP 模式,支持建立多元可持续的城镇化建设资金保障机制"。2014 年以来,国务院及有关部门发布关于 PPP 的政策文件多达 54 个。目前,我国 PPP 项目主要集中在能源、水务和污水处理、交通运输和通讯四个领域。2014 年,PPP 能源项目实现 409 个,投资额占全年能源投资总额的 43%;水务和污水处理实现 375 个项目,占该类投资总额的 37%;交通运输项目实现 230 个,占该类投资总额的 12%;通讯项目实现 4 个,占该类投资总额的 8%。2015 年 5 月国务院办公厅发布了《关于在公共服务领域推广政府和社会资本合作模式的指导意见》,进一步明确可以在"能源、交通运输、水利、环境保护、农业、林业、科技、保障性安居工程、医疗、卫生、养老、教育、文化等领域"引入 PPP 模式,这标志着 PPP 成为更多领域的融资模式。截至 2015 年底,国家发展改革委员会总计推介 PPP 项目数 2 529 个,总投资金额达到 42 443 亿;财政部总计推出 PPP 示范项目 233 个,总投资金额达到 8 170 亿;国家推出的示范、推介项目和已签约但未纳入中央项目库的项目总数 3 100 多个,金额达到近 6 万亿的规模。② PPP 模式对提高公共产品的供给能力,改善公共服务质量正在发挥越来越重要的作用。

政府和社会资本合作制度的构建,放大市场的功能,提供了政府资金的使用效率,既是重要的公共财政制度改革,将传统的财政部门

---

① 资料来源:《中国各地推进中 PPP 项目近 7000 个总投资约 9 万亿元》,搜狐网 http://www.sohu.com/a/354977888_99958743。

② 数据整理自中国政府网 http://www.gov.cn/zhengce/2016-03/04/content_5048916.htm。

当"出纳""会计"的低层次、被动性管理方式，提高到综合核算的"总会计师"地位，增加了对整个政府收支的完整性、主动性治理，同时又是政府行政资源配置制度的一大创新，在优化行政资源与市场资源的关系方面有着重要的作用。

（四）改革商事制度

商事制度是规范市场主体准入、交易和退出等商事活动行为的法律规章和政策规定。我国商事制度是在《民法通则》和《企业法人登记管理条例》的基础上逐步建立的，从现行的《中华人民共和国公司法》《中华人民共和国公司登记管理条例》《个体工商户条例》等相关工商登记相关的法律法规来看，目前我国的商事制度存在审批过多，对市场干预程度较强等问题。商事制度改革，是推动政府职能转变，激发微观市场内在活力的重要举措，可以有效降低市场准入门槛，为大众创业、万众创新清障搭台。

党的十八届三中全会指出，"推进工商注册制度便利化，削减资质认定项目，由先证后照改为先照后证，把注册资本实缴登记制逐步改为认缴登记制"。近年来，我国商事制度改革稳步推进，主要涉及注册资本登记制改革、"先证后照"到"先照后证"改革、社会信用代码制度改革和年度检验验照制度改革等方面。特别是"五证合一""一照一码"改革，即营业执照、税务登记证、社会保险登记证、统计登记证、法人和其他组织统一社会信用代码的营业执照，执照上只有一组号码，该号码在全国范围内通用，可以适应各个部门管理需要，相当于企业的"个人身份证"，有了它企业就可以一证在手走遍天下。

商事制度改革取得明显的成效。一是降低了市场准入门槛。仅这一项改革就有效激发了市场活力。据世界银行营商环境报告，中国营商环境名次自商事制度改革启动后上升12位；中国科协组织的第三方评估报告显示，2015年商事制度改革推动GDP增长0.4%。据国家工商总局统计显示，2015年我国新登记注册企业户数增长稳定，平均月增速为3%；新登记注册企业平均每天1.2万户，环比增长20%,较2014年增加42.5%。① 二是助力了产业结构调整。新兴产业、第三产业和小微企业对商事制度改革最敏感。近年来,新注册企业多集中于信息、金融、服务等领域,服务业企业占新成立企业总数比例达到八成,至2015年底,第三产业实有企业1635.7万户,占企业总数74.8%。新增小微企业数占新增企业总数达96%。商事制度改革让小微企业"生出来""活下去""活得好"。2015年统计显示,新设小微企业周年开业率达70.1%,这些已开展经营的企业中78.7%均有收入。② 三是严格事中事后监管。商事制度改革的关键思路是将"重审批,轻监管"转变为"宽准入,严监管"。2015年10月《国务院关于"先照后证"改革后加强事中事后监管的意见》中强调,"按照谁审批、谁监管,谁主管、谁监管的原则切实履行市场监管职责,加强'先照后证'改革后的事中事后监管,防止出现监管真空"。改革措施中注重运用信息公示、信息共享、信用约束等手段构建统一的市场主体信用信息公示系统,完善信用约束机制,把有违规行为的市场主体列入经营异常的黑名单,向社会公布。通过改革推动企业增强信用意识,对于推进商务诚信制度建设、营造公平竞争环境具有十分重要的作用。

社会领域的制度创新与商事制度改革并进,实施了行业协会与政府脱钩、自主管理的制度,放宽了科技类、商会类、公益慈善类、城乡社区服务类社会组织的准入门槛,可以直接向民政部门依法申请登记,不再需要业务主管单位审查同意。

(五) 引入第三方评估制度

评估是绩效管理的核心环节,是制度创新的重要工具。在全面推进国家治理体系和治理能力现代化的背景下,将第三方评估引入政府管理和创新,是本届政府行政管理制度改革的发明,为政策落实

---

① 资料来源:国家工商总局《2015年5月全国市场主体发展报告》。
② 同上。

提供了社会面的支撑。

2014年6月,国务院在《关于对稳增长促改革调结构惠民生政策措施落实情况开展全面督查的通知》中部署了第三方评估,委托中国科学院、国家行政学院、国务院发展研究中心和全国工商联合会等单位对党中央国务院决策部署和相关政策落实情况开展进行评估。评估内容主要针对国务院简政放权的决策落实情况,包括落实企业投资自主权,向非国有资本推出一批投资项目的政策措施、加快棚户区改造,加大安居工程建设力度、取消和下放行政审批事项、激发企业和市场活力、国务院重大水利工程及农村饮水安全政策措施、实行精准扶贫等政策效果。2015年2月,国务院又委托中国社科院对56家国务院部门、31家省级政府和5家计划单列市政府的政府信息公开情况展开评估,为政府公开信息平台建设提供参考。

引入第三方评估的特点有:一是彰显科学精神。评估者都是资深的政策研究者,包括了公共管理、公共政策、经济学、行政法、政治学、社会管理、文化科技、电子政务等领域等多学科的专家,以不同专业背景的优势,组成复合型评估队伍,对政府实施的公共管理和公共政策的效能进行客观公正的评价,可以敏锐地发现问题、诊断症结、提出建议。二是具有独立性和专业性优势。第三方评估的主体与政策制定者或执行者之间形成第三方关系,与政策对象之间也不存在利益关系,比较超脱,评估工作在方案制定、方法选取、实施分析、结果验证各环节都以专业技术为依托,让专业来武装群众的眼睛,更加精准地监督政府,有助于避免政府在自我评价体系中既当运动员又当裁判员。三是第三方评估与政府自查、自上而下督查相结合,进行"对表分析",能够真实反映工作实际,借助外部力量帮助政府对症下药,增强政策执行力。

(六)实施结构性减税和清理规范行政事业性收费制度

根据中国中小企业发展促进中心发布的《2015年全国企业负担调查评价报告》显示,目前企业对政府最集中的政策诉求是税费方面的减免,超过八成被调查企业表示期待相关政策出台。2015年中央经济会议提出,"降成本"是推进结构性改革的五大关键举措之一。减税免税,特别是在经济下行压力增大的背景下,对降低企业成本,挖掘市场内生性动力有重要意义。据国家税务总局统计,2015年"双创"减免税达3 000亿元以上,车购税减税近150亿元,涉煤收费基金减少366亿元。

"营改增"制度是税收减免的主攻方向。营业税和增值税是我国两大主体税种。从2011年起,在交通运输业和部分现代服务业开展营业税改征增值税试点,2012年扩大了试点范围,2013年在全国试行,2016年5月1日起,全面推开营改增,至此,营业税退出历史舞台,增值税制度将更加规范。这是自1994年分税制改革以来,财税体制的又一次深刻变革,实现税基缩减与降低制造业增值税率效果叠加,将大大减少企业税负水平,推进供给侧结构性改革进程。

行政事业性收费主要包括管理类收费、资源类收费、证照收费、检验检测费、考试收费、惩罚性收费。行政事业性收费长期存在着地方和部门收费不合理、不合法、企业负担重等问题。清理规范行政事业性收费工作主要从三个方面展开:一是取消、停征、减免一批收费项目,为企业个人减轻负担;二是加大监督检查力度,清理遏制乱收费行为;三是完善管理制度,依法规范保留的收费项目。[1] 据财政部数据,中央层面2013年以来累计取消、停征和减免了420项行政事业性收费和政府性基金,减少项目数超过75,社会减负总额920亿元;地方层面2014年以来各省区市累计取消行政事业性收费项目600多项。[2]

(七)建立和强化权力清单、责任制度、信息公开制度

"清单"管理最早是国际贸易领域的概念。与"负面清单"规定外

---

[1] 财政部部长:推进收费清理减轻社会负担[N].人民日报,2015-11-25.
[2] 中国政府网 http://www.gov.cn/zhengce/2015-05/29/content_2870220.htm.

资企业禁止进入的领域或投资事项类似,权力清单为各级政府和各个部门划清职能边界,对权力的种类、适应条件、运行办法等做出规定,形成目录,真正做到"法无授权不可为"。我国推行权力清单制度改革大体可分为三个阶段。一是基础配套阶段。这一阶段主要是出台相关法规,规范行政权力。2000年开始,政府展开规范部门行政行为工作。2003年出台的《行政许可法》、2004年出台的《全面推进依法行政实施纲要》,为依法行政提供法律依据。① 各地积极开展责任清单管理实践。二是试点导入阶段。推动政府在信息公开和行政权力透明化进程中将权力清单列进去。三是规范推广阶段。中央和地方政府普遍开展权力清单建设。2014年3月,国务院审批制度改革办公室首次公布国务院各部门行政审批事项的权力清单。后来,清单内容加入了政府责任的规定,变成权责清单。

推行权责清单制度,不是政府给自己来一次"加权",而是将分散在各种法律法规中的行政权力、责任梳理集合到一起。因此,建立权责清单制度是行政机关的自身权限,不需要立法机关对行政机关授权。制定权责清单的依据是政府组织法、行政许可法、行政处罚法以及各专门法,对行政权责事项进行全面梳理并逐项列明设定依据,以编码的方式排列,标明权责事项名称、类型、设定依据、调整意见、追责情形等内容,全文对社会发布。这样既有助于理清政府权责边界,规范行政权力运行,又有利于社会监督,实现政府职责规范化、清权系统化、限权公开化、配权标准化,真正把权力关进制度的笼子。

政府在建立权责清单管理制度中,还清理宣布失效了一批政策文件,截至2016年7月已有以国务院和国务院办公厅名义颁布的政策性文件近1 000件被失效,占改革开放以来同类文件总数的六分

---

① 胡税根、徐靖芮.我国政府权力清单制度的建设与完善[J].中共天津市委党校学报,2015(1).

之一。① 这对于削权和规范权力起到了积极的促进作用。

在行政管理制度创新中,透明政府制度建设引人注目。2007年出台《政府信息公开条例》规定,政府信息除法定例外均应当予以公开。2008年全国政务公开领导小组将推进行政权力运行的公开透明列为全国政务公开的要点。2016年2月中共中央办公厅、国务院办公厅印发了《关于全面推进政务公开工作的意见》,强力推进政府信息公开,将政府信息公开分解为行政决策公开、执行公开、管理公开、服务公开和结果公开,并规定要实施政府数据资源清单管理,加快建设国家政府数据统一开放平台,制定开放目录和数据采集标准,稳步推进政府数据共享开放。国家实施了公共财政预算决算公开制度,目前公开内容已细化到部门预算决算分项级科目层次。政府数据公开也列入国家战略,正在拟定工作方案和计划,一些部门和地方进行了卓有成效的探索。今后,这方面的制度建设还将释放出更大的创新能量。

(八) 实施基本公共服务均等化制度

基本公共服务均等化是在增加公共服务总量的基础上,对满足人们生存和发展最基本的需求所进行的公共产品均等配置的制度,是调解收入分配、弥补市场失灵、促进社会公平的重要制度安排,基本特征是普惠性、基本性、均等性、可持续性。

现阶段,我国基本公共服务范围主要涵盖社会保障、基础教育、医疗卫生、就业等领域。近年来,我国基本公共服务均等化建设的特点有:一是公共财政支持力度稳步加大。基本公共服务均等化离不开公共财政的持续投入支撑。近年来,围绕社会保障、就业、教育、医疗等与民众紧密相关的基本公共服务财政支出增速,超过全国一般公共财政支出增速。教育支出、社会保障和就业支出、医疗卫生与计

---

① 本报记者.国务院清理近千件失效文件:精简工作流程[N].中国青年报,2016-7-14.

划生育支出增速逐年递增；占全国一般公共财政支出比例稳中逐涨，2013年、2014年和2015年分别是31.8%、32.2%和32.5%。二是城乡统筹推进。据社科院统计显示，2012年新型农村社会养老保险人均859.15元，而城镇职工人均养老金水平超过两万元。城乡养老金水平相差24倍。这从一个侧面暴露出我国城乡公共服务的极大差距。近年来，政府着力推进统一的城乡居民基本养老保险制度和医疗保障制度，养老保险制度已覆盖8.2亿人，基本医疗保障制度已覆盖13亿人。三是及时研究新出现的问题。针对人口老龄化趋势，出现了在职人员与退休人员机会均等化的新问题，国家人社部已适时启动渐进式延迟退休年龄政策。社会保障制度建设正朝着更加公平和可持续化方向迈进。

为了推进基本公共服务均等化，创新财政转移支付制度，需要大幅度减少中央对地方专项转移支付项目，增加一般性转移支付项目，加大地方政府的财政实力和资金分配权。

（九）建设法治政府

法治政府是行政管理制度改革创新的归宿。法治政府要求政府在组织设置、人员配备、权力运用、职责履行的全领域、全过程将法治作为最高原则，严格依法行政，各项工作都在法治轨道上运行，受法律规制。衡量法治政府的标准是，政府职能是否依法全面履行，依法行政制度体系是否完备，行政决策是否科学民主合法，宪法法律是否严格公正实施，行政权力是否规范透明运行，人民权益是否切实有效保障，依法行政能力是否普遍提高。[①] 1999年国务院颁布《关于全面推进依法行政的决定》，2004年国务院发布《全面推进依法行政实施纲要》，2010年国务院印发《关于加强法治政府建设的意见》，2015年中共中央、国务院印发《法治政府建设实施纲要（2015—2020年）》。党的十八大报告中将"法治政府基本建成"作为"二〇二〇年实现全

---

① 法治政府建设实施纲要（2015—2020年）[N].人民日报，2015-12-27.

面建成小康社会宏伟目标"实现的标志之一。党的十八届四中全会通过《中共中央关于全面推进依法治国若干重大问题的决定》。国家承诺将于2020年基本建成职能科学、权责法定、执法严明、公开公正、廉洁高效、守法诚信的法治政府。

建设法治政府是一项根本性的改革创新,其实质不是要在现有政府改革创新措施外再提出一套与之不同的内容,而是要将各项制度改革创新进一步纳入法的管理轨道,以法制的强制力加以推行,并以法治化的方式巩固改革创新成果。因此,建设法治政府的路径是明晰的,就是要将转变政府职能、优化组织结构、深化简政放权、减少行政审批、简化工商登记、建立权责清单、加强市场监管、改进社会管理、增加公共服务、加强环境保护、规范行政执法、优化管理方式等一系列内容,在各级国务院特别是领导干部中贯彻落实到位,增强法治思维,提高运用法治思维和法治方式解决问题的能力,做到"各级行政机关必须依法履行职责,坚持法定职责必须为、法无授权不可为,决不允许任何组织或者个人有超越法律的特权"①。

以上各项改革创新的措施,将重点领域作为"点",各个"点"连接起来,组成一条创新链,可以十分清晰地看出我国行政管理制度变迁的逻辑,就是"一个理念、三条进路、两个合力"。首先,以大道至简的理念,冲破原有权力和利益格局,进行政府、市场、社会关系的重新定位。然后,沿着三条进路展开,第一条进路是通过行政审批制度改革、推广政府和社会资本合作模式等经济管理制度改革,放大市场机制的功能,降低制度性交易成本,实现政府行政资源与市场经济资源的优化配置;第二条进路是通过实施商事制度改革、开展第三方评估等社会管理制度改革,拓展制度性服务范围,放大社会机制的功能,实现公共服务资源与社会人力资源的优化配置;第三条进路是通过

---

① 习近平.在庆祝全国人民代表大会成立60周年大会上的讲话[N].人民日报,2014-10-21.

结构性减税和清理规范行政事业性收费制度、建立权力清单和责任制度等法律管理制度改革,放大法律机制的功能,培育制度性治理机制,实现公共管理资源与国家法治资源的优化配置。这三条进路分别从市场、社会、国家的维度,建构新的适应现代治理要求的行政管理制度。最后,三条进路汇合,形成推动服务型政府和法治政府建设的合力,制度、体制、机制创新的合力,加快国家和政府治理现代化进程。正如李克强在国务院第一次全体会议上的讲话中指出的:"做工作不是头痛医头、脚痛医脚,要干对当前有用、对长远有利的事情。要注重发挥体制机制的作用,机制的建立要符合长远的方向,不能今天建明天改,不能使今天的改革成为明天改革的障碍。"①行政管理制度的改革创新正在致力于建立长效机制,形成"制度—体制—机制"一体推进的格局。

三、我国行政管理制度改革创新的展望

未来我国行政管理制度改革创新的趋势,主要受到三个方面的直接影响:推进党和国家治理现代化对政府提出的新要求,新兴科学技术特别是大数据在行政决策、管理和服务中的新应用,生态文明所产生的新生产力、生产关系在上层建筑领域的新回应。分析这三个方面的影响,可以为下一步行政管理制度改革创新标明方向。

(一) 党和国家改革的总体目标引领

改进国家的治理体系和能力,施行善治,是古今中外治国理政的追求目标。古人说"居善地,心善渊,与善仁,言善信,正善治"②。"当更化而不更化,虽有大贤不能善治也。故汉得天下以来,常欲善治而至今不可善治者,失之于当更化而不更化也。"③今天,党和国家

---

① 李克强主持召开国务院第一次全体会议全面部署新一届政府工作[N]. 人民日报,2013-3-22.
② 李耳,原著;蒋信柏,编著. 道德经[M]. 北京:蓝天出版社,2006.
③ 董仲舒. 对贤良策. 曾国藩. 经史百家杂钞[C]. 北京:中华书局,2013.

把治理体系和治理能力现代化作为全面深化改革的总目标，实质就是追求一种善治的境界。因为党和国家是以全心全意为人民服务为根本宗旨的，所以除了人民的利益没有其他利益，促进多元利益主体参与国家事务管理，是实现公共利益最大化的基本保障，是行政管理制度改革创新的总方向。

行政管理制度创新以善治为目标，就是要始终牢牢扭住经济建设这个中心。习近平在庆祝中国共产党成立95周年纪念大会上的讲话中指出："我们要坚持把以经济建设为中心作为兴国之要、把四项基本原则作为立国之本、把改革开放作为强国之路，不能有丝毫动摇。"大会现场在讲到这段话的时候响起的掌声时间最长。我国仍还处于社会主义初级阶段，是一个发展中国家，发展是解决我国所有问题的关键，必须牢牢扭住经济建设这个中心，才能使国家其他各项工作包括行政管理有科学的方向感；稍微一放松，就可能滑向万劫不复的深渊。行政管理制度具有强烈的政治属性，必须在各项制度设计上凸显这个重大政治问题要求，运用行政对政治的能动作用，保持政府工作的正确政治方向。

行政管理制度创新以善治为目标，就是要使政府不断适应经济社会发展要求。要深化职能转变，将政府职能向公共服务、社会管理倾斜，将经济建设的成果以公共服务的产品和公平正义的秩序来满足社会日益增长的需求。因此，推进简政放权、放管结合、优化服务的改革将继续进行下去，减少和下放行政审批项目，加强行政服务中心的功能，推进公共服务标准化，再造政府各部门的行政流程，规范管理，拓展服务，将成为基本趋势。

行政管理制度创新以善治为目标，就是要使行政权力配置进一步合理。将按照决策、执行、监督三种权力适当分开、相互协调的原理，收缩政府组成部门的职权，主要负责制定和修订政策、规则、标准，将分散行使的审批权集中交由专门机构，使之成为具有相对独立职能的政府执行机构，将决策、审批后评估和监督交由审计、监察、督查机构,实现组成部门、执行机构、监督机构分工明确、各司其职、有效制衡。

(二)大数据为主的科学技术支撑

大数据、物联网、云计算等科技成为行政管理理念和制度创新的巨大动力,大数据公共治理、"互联网+行政管理""云上政府""智慧政务"应运而生,迅速发展。国务院印发的《促进大数据发展行动纲要》提出,政府要"用数据说话、用数据决策、用数据管理、用数据创新"。政府采用大数据等先进科技,不仅可以实现决策、管理和服务的科学化、精细化、高效化,而且可以实现民主化、人性化、正义化。

大数据给行政管理制度创新带来的机遇是多方面的。现在很多研究在具体应用领域做了有益探索,但触及治理核心问题的研究还不多见。大数据在政治、行政和公共管理领域的顶层应用设计,是当前大数据应用于国家治理的初期最迫切需要解决的重大核心问题。笔者认为,这方面的研究应该集中在两个方面:一是使党和政府全心全意为人民服务的理念转化为制度;二是使大数据支撑的国家宏观调控内置于社会主义市场经济之中。

"全心全意为人民服务"是党和政府的宗旨。追求道德与现实之间尽可能接近的行政管理制度——德治,是治理制度的最高境界。但传统意义上的德治,主要依赖政府及其公务人员的内心道德力量外化为符合社会核心价值观和道德观的公共管理行为,具有很强的主观性,其辐射到德治的作用范围和效果较为有限,而且用于道德教化的行政管理制度越是高尚,往往越是难以执行,容易变成说教,反而加剧了政府公信力的流失。大数据的运用,可以将精神领域的道德冲动与物质领域的制度约束结合起来,以社会客观的道德规范改造政府的道德修为,迫使公务人员将外部道德压力内置到自身内心,从而实现自我道德追求与外部要求的统一。这种统一,是由大数据将客观道德与主观道德剥离决定的,使得外部社会道德要求演变为独立存在的力量,成为可以物化为驾驭行政管理行为的制度形态,即一种新形式的行政管理制度形态。

"国家实行社会主义市场经济",是我国宪法的原则。市场经济具有一种神奇的力量,它能在没有计算机的情况下解决当今最大的计算机也无能为力、涉及无限大未知变量的问题——将全球亿万消费者和生产者的行为所形成的巨量信息汇集起来,形成调节市场的价格信号和价值规律。大数据具有更加神奇的力量,它能在不依靠市场的情况下对巨量经济社会信息进行处理,提炼出有用的信息,形成比价格信号丰富得多的数据信息资源。如果说市场像一个精致的大数据平台,那么大数据就像一个更加精致的市场机制。政府将大数据应用到市场经济的宏观调控和微观监测中,就有可能改变市场的自发性、盲目性和滞后性,降低经济危机发生的几率和频率。在社会治理领域也是一样,大数据有助于将海量、无序的信息梳理出头绪,用于维护社会和谐、安全和稳定。经济治理、政治治理、社会治理与大数据结合,都可以产生重大的创新效果,但关键路径是要建立大数据应用到治理的配套制度。

进行大数据应用于行政管理制度创新的顶层设计,一是要对政府做适合的事进行数据解析和量的规定,二是要提供政府以最大效率和最小成本做事的数据型方法,三是要帮助政府建立有数据约束力的核心价值观和政府市场观。早期行政管理制度研究者主要是采取政治/行政"二分法",使行政管理通过改进"管理技能"提升效率。后来的人又通过"公众满意度"来促进政府采用多种新型的管理工具来致力于提高效能,如绩效评估、目标管理、标准化管理、政策分析、风险治理、危机管理等。这些管理工具由于专业性很强,使得"管理工具"本身从"管理技能"中独立出来,再次形成"二分",将行政的"管理技能"分为"管理工具"和"掌握工具的技能"。但在大数据技术应用于行政管理之前,"掌握工具的技能"还仅仅是停留在设计绩效评估指标、再造政府流程、建立物理形态的一站式政务服务大厅等社会科学意义上的创新,电子政务也只是将现实中的工具"搬到"电脑上。

这样，在理论抽象上的两次"二分"，使得政府的政治属性与技术属性越来越分离，"为人民服务"的实际行为与"全心全意"道德要求产生理性背离，市场经济的自发性特征在政府经济人理性的主导下放大，与社会公平正义的要求也越来越背离。大数据等科技革命对行政管理制度产生了颠覆性影响。大数据客观还原公众的公共服务需求，提供了取向，有助于政府科学地分配公共服务资源，将社会对政府的诚信度、公信力、依法行政能力、工作效率和质量的诉求转化为政府可识别、能认知、易实行的信号，有助于政府管理意识的转变，因此，对政府管理会产生出社会科学、人文精神与自然科学叠加意义上的推力。于是传统行政管理"德治"模式发生变化，大数据所推动的将客观道德与主观道德剥离的第三次"二分"，不但不会导致政府伦理的失陷，反而形成了在传统的道德管理约束之外的新的更加有力的约束力；传统的市场经济模式也发生了变化，大数据所推动的"管理技能"分为"管理工具"和"掌握工具的技能"的第二次"二分"，不但不会使得政府的政治属性与技术属性分离，反而获得了打破部门利益的利器，部门壁垒、信息孤岛被认为是不道德的，坚冰将被打破，专业分工以及支撑专业管理的工具不再是冷冰冰的技术器具，而是可以与人文精神相融合的新制度。综上，完整的公共管理和服务链条终于有望形成，人民满意的民主治理、科学治理的服务型政府将出现在未来的地平线上。

（三）以生态平衡的自然铁律倒逼

生态文明是人类历史发展的最新文明形态，生态管理制度是综合性程度最高的制度。法治是人类迄今为止能够认识到的最佳治国理政方略，也是制度的高级形式。建设生态政府和法治政府这两者在当今中国不期而遇，必须有机结合起来。结合得好，机遇大于挑战；结合得不好，机遇就会丧失，挑战难以取胜。按照生态文明建设的硬道理，以建构科学的生态管理制度体系，倒逼行政管理制度创新，建设符合自然规律、而不是仅仅适应市场经济要求的法治政府，实现可持续发展,是必由之路。

马克思和恩格斯认为,人类社会面临两大变革,"人类同自然的和解以及人类本身的和解"。① 人类同自然的和解就是要求行政管理制度的功能定位从规范一般市场秩序转变为促进生态市场经济发育、均衡一般市场秩序与生态市场经济秩序的关系,从维护社会稳定的社会制度转变为动员公众建设资源节约型、环境友好型社会。

系统完整的生态行政管理制度包括三个方面:法律和政策性制度、公众合作治理制度、主体责任制度。法律和政策性制度主要是综合统一决策、生态管理大部门制度,国土空间开发保护制度,自然资源产权制度,生态补偿制度,生态保护红线制度,资源用途管制、集约使用、有偿使用、破坏赔偿制度,节能量、碳排放权、排污权、水权交易制度。公众合作治理制度主要是全民节约制度,生态文明教育制度,环境信息公布制度,社会监督举报制度。主体责任制度重点是落实生态环境责任制度,干部绩效考评制度,领导干部自然资源资产离任审计制度,生态环境损害责任终身追究制度。

生态管理制度体系,绝不仅仅是就事论事的罗列,而是需要将生态平衡的自然规律自觉地转化为行政管理制度,并渗透到所有制度当中,改变以往分而治之的格局。也就是说,"我们只有一个地球"的生态规律,要求人们认识到"我们只有一个体制",经济体制、政治体制、文化体制、社会体制……只是观察问题和管理操作时的一种方法,只反映了一个侧面。因此,要使生态环境方面的制度与政治建设、经济建设、文化建设和社会建设的各项制度相互衔接,成为一个贯通型、无缝隙的制度体系。要不断推进这些制度上升为法律,成为对政府和社会各界的硬性约束。

要使生态环境方面的制度与行政管理组织制度、运行制度、工作制度深度融合、紧密配套,以制度创新配合体制改革,建立绿色行政

---

① 马克思,恩格斯.马克思恩格斯全集:第3卷.北京:人民出版社,2002:450.

管理体制,按照生态文明的要求进行职能转变,建立适应生态建设的政府职能体系,切实加强政府生态公共服务职能,使各项政府职能服从和服务于生态管理制度。①

如果说,国家治理体系和能力现代化,实现善治,解决的是政府自身管理的主体性创新问题,大数据支撑的制度革新,实现政府、市场、社会的科学定位,解决的是管理主体与客体关系的协同性创新问题,那么,生态平衡规律推动的制度创新,则将实现人与自然的和谐,这解决的是人类认识世界和改造世界的整体性创新问题。

(原载《学海》2017年第1期)

---

① 高小平.我国政府生态公共服务的基本属性、存在问题与对策建议[J].四川大学学报(哲学社会科学版),2015(5).

行政管理体制改革的
关键是转变政府职能

一

胡锦涛总书记在主持中共中央政治局第四次集体学习时指出："建设服务型政府,首先要创新行政管理体制。要着力转变职能、理顺关系、优化结构、提高效能,把政府主要职能转变到经济调节、市场监管、社会管理、公共服务上来,把公共服务和社会管理放在更加重要的位置,努力为人民群众提供方便、快捷、优质、高效的公共服务。"

改革开放以来,我国行政管理体制经过多次改革,取得了很大成绩,突出的标志就是政府职能转变取得了积极进展。政府对微观经济的干预减少,以间接管理手段为主的宏观调控体系框架初步形成,市场体系基本建立,政府充分发挥对市场的培育、规范和监管功能,越来越重视履行社会管理和公共服务职能。政府管理经济的方式有了较大改变,依靠行政审批进行管理的模式正在转变,行政审批事项大幅度裁减,涉外经济管理向国际惯例靠拢。政府决策民主化科学化程度有了很大提高。政府按照科学发展观的要求,驾驭经济和社会全面协调可持续发展的能力得到明显提升。从总体上看,我国行政管理体制与社会主义市场经济体制和社会主义民主政治的要求是基本相适应的。

然而,在经济体制改革不断深入的情况下,我们面临着构建社会主义和谐社会的繁重任务，这就对政府行政管理体制改革提出了很多新的更高的要求。当前，深化行政管理体制改革的关键，仍然是转变政府职能。

行政管理学原理告诉我们，在行政管理体制中，职能、结构、功能是有机结合的重要组成要素和方面。三者中，职能是逻辑起点，职能决定组织、结构和机制，最终体现为效能。政府职能是行政管理的基本问题，是政府一切活动的逻辑与现实起点。政府权力来自法定的政府职能，政府所有其他要素都是由职能派生出来的。职能定位正确与否，是政府能不能正确行使权力，发挥相应作用的关键。

行政管理体制改革和机构改革是一个系统工程，各种权力配置、运行机制、协调机制的建立和运转与职能及其机构之间会产生相互的影响。政府职能的发展变动是机构改革的内在动因，机构设置与改变必须服从职能的变化。从我国行政管理改革的历程来看，我们的机构改革与职能的转变呈现出明显的正相关状态，趋势是与市场经济的发育程度密切联系的，市场经济越发展，政府职能转变越是深入，机构改革就越有成效，职能设置和机构设置的科学化和匹配程度也相应提高。

行政管理体制和机构改革以转变政府职能为核心，就是抓住了治本之策。这既是改革的主题，又是改革的总体要求。要通过改革，把不该由政府管理的事项转移出去，把该由政府管理的事项切实管好，从制度上更好地发挥市场在资源配置中的基础性作用。无论是机构调整整合，还是部门职责界定，都要有利于政府全面履行职能，切实解决缺位、错位、越位和权责脱节、职能交叉、推诿扯皮、效率低下等突出问题，推动科学发展，促进社会和谐，更好地实现好、维护好、发展好人民群众的根本利益。检验行政管理体制和机构改革的成效，既要看政府机构调整是否科学合理，更要看政府职能是否真正转变到经济调节、市场监管、社会管理、公共服务上来。

政府要按照市场经济规律履行好经济调节的职能。政府对经济运行实施宏观调控,在现代市场经济中,是一项重要职能,同时又是重要特征。单纯依靠行政力量直接配置资源,和完全听任市场配置资源,都有其种种局限性,政府应该制定对经济运行实施宏观调控的制度安排,调节的程度和范围应由市场失灵的程度和范围来决定。一是制定全国经济发展战略,主要包括经济增长目标、结构优化目标、人民生活水平提高目标等。二是保证经济发展战略目标和计划目标的实现,主要运用经济手段和法律手段对经济运行实施有效调节。三是保证经济系统正常、高效运行,促进经济又好又快发展。

政府要加大力度整顿和规范市场经济秩序。现在市场秩序已经有所好转,但是在某些方面和领域依然存在着很多问题。例如,偷税、骗税、商业欺诈、财务失真、违反财经纪律等行为时有发生,假冒伪劣商品充斥、文化市场混乱、工程质量低劣等问题比较突出,影响正常的市场秩序。这些都表明政府的市场监管力度不够,政府市场监管的职能还不到位。

要进一步加强政府社会管理职能。在现代社会中,随着民主政治的发展和公民素质的提高,政府社会管理职能要与充分发挥公民自我管理和社区自治有机结合起来。良好的社会管理不仅是构建和谐社会的基本要求,也是促进经济增长、社会全面发展的重要手段。

政府要提供更多的公共服务。提供公共产品,如基础教育、公共卫生、公共文化、社会保障、科学技术、体育休闲、基础设施、环境保护、发布公共信息等,既是为市场创造一个良好的外部环境,又是使人民群众共享发展成果,实现人的全面发展的重要措施。政府要把更多的资源投入到公共服务领域,以使社会发展更加均衡。

转变政府职能要着力处理好五个关系。

一是要处理好经济发展与社会事业发展的关系。当前,我们必须高度关注社会事业发展,尤其是要重点关注并优先发展那些促进经济运行质量提高的社会事业和解决民生问题的公共事业,努力增加公共产品数量,不断提高公共服务水平,并形成全方位公共服务体系。从总体上看，目前政府公共服务职能还比较薄弱，要切实调整政府工作绩效评估标准，使加强政府公共服务职能在绩效评估体系和行政问责制度中得到体现，为政府职能转变发挥导向和监督作用。

二是要处理好"管理"和"服务"的关系。服务型政府不是不要加强管理，而是要使政府的管理职能更多地实现向服务的方向转变。服务型政府的本质，是政府在履行自身职能时坚持以人为本，充分体现"社会本位、民众本位"精神，在决定政府该管什么不该管什么时，首先要看社会和人民是否需要，并以此作为确定政府职责和功能的依据。政府在制定政策、实施管理、提供服务中，都应从公共性角度来考虑。政府是最重要的公共权力载体，它理应成为社会公共利益的代表和社会秩序的维护者，并通过提供公共产品来行使行政权力，实施积极的公共管理，以公众需求和经济社会发展需要为导向，以公众满意程度和推动经济社会协调发展力度作为衡量其履行职能水平和成效的重要评判标准，确定提供公共物品及其优先顺序。以优质服务推动经济社会协调发展，满足人民群众日益增长的公共需求。

三是要处理好改革体制与创新机制的关系。要规范行政审批制度，创新管理制度和方式。行政审批制度改革有待进一步深化。一方面，要继续清理行政许可项目和非行政许可项目，该取消的应当坚决取消，能下放的要尽快下放；能由一个政府部门审批的项目，尽量由一个政府部门审批，减少"多头审批"现象。另一方面，对暂予保留的审批项目，应减少审批环节，提高审批效率。减少行政审批项目和审批环节，既符合经济社会运行规律，也符合当代行政发展规律。当然，减少行政审批项目，绝不是政府撒手不管，而是要苦练内功，大力创新管理制度和方式，探索出一套适应发展、推进发展、保护发展的管理制度和行政管理方式，提升政府引领经济和社会协调发展的能力和水平。

四是处理好政府职能与其他社会主体职能之间的关系。在转变政府职能的过程中还应发挥社会的作用。在社会管理和公共服务中,发挥政府主导作用,引导市场主体、事业单位、社会组织各自的职能履行到位,避免政府角色从有关领域退出后,出现职能缺位,以确保政府职能转变取得成效。

五是要处理好职能改革与依法行政的关系。依法治国是我们基本的治国方略,政府职能的法定性是现代行政的基本要求,依法行政是建设服务型政府的根本保障。政府职能转变要坚持"职能法定"原则,依法界定和科学规范政府职能,防止政府职能改革中的随意性。在履行政府职能时,必须把不断创新、勇于探索和严格依法、依规办事结合起来。

(原载《人民日报》2008年2月24日,题为《行政管理体制改革的关键是转变政府职能》)

二

刚刚结束的十八届二中全会审议通过了《国务院机构改革和职能转变方案(草案)》,把转变职能放在更加突出位置,在向市场放权、向社会放权、向地方放权方面迈出了重要步伐。这透露出本轮改革的方向和重点将与以往历次改革明显不同,即改革的内涵更为丰富,不再局限于机构的调整,而重在突出职能转变。可以说,这抓住了行政管理体制改革的实质和要害,对于充分激发市场和社会发展活力,进一步释放改革红利起到了重要的推动作用。

一、行政管理体制改革不仅仅是机构改革

在2003年以前,许多改革文件都以机构改革来指代行政管理体制改革。许多人也把行政管理体制改革等同于机构改革,在评价行政管理体制改革时,往往关注机构调整的数量,认为行政管理体制改革就是要削减机构设置、压缩人员编制,把机构和人员的精简幅度作

为行政管理体制改革力度大小的衡量指标。其实，行政管理体制改革涉及机构、职能、运行机制等诸多方面。机构的调整必须通过职能转变才能发挥作用，如果不能规范政府与市场、政府与社会的权界，仅仅就机构论机构，那么机构的调整就如同堆积木，形状虽然变了，但本质没动。因为机构和人员规模的调整只是"物理性"变化，而职能转变才是"化学性"反应。物理变化只是形式上量的调整，而化学变化才是根本性的质的改变。没有职能转变这一"化学性"反应，多设几个机构与少设几个机构，其实质意义区别不大。

自党的十七大首次提出"大部门体制"以来，大部门体制改革广受关注。其实大部门体制是我们从西方引进的一个概念。至于大部门体制的实质是什么，推进大部门体制改革的方向和重点是什么，目前还缺乏共识。实质上，十七大提出的"探索实行职能有机统一的大部门体制"，其精髓正在于"职能有机统一"这几个字。大部门制改革的重点应是通过职能转变来提高政府效能。推行大部制改革，如果仅限于机构数量的简单加减，而没有相应的职能整合、权力结构调整、运行机制创新，合起来的大部门实际运行效果可能适得其反，甚至会造成行政权力的进一步扩张。可见，大部门制改革只是政府职能转变的一个途径，决不能脱离职能转变这一根本点，不能本末倒置。

二、行政管理体制改革要以职能转变为龙头

十七届二中全会通过的《关于深化行政管理体制改革的意见》明确提出，深化行政管理体制改革要以政府职能转变为核心，这是因为政府职能是行政管理中的基本问题，是政府一切活动的起点。职能定位是否准确，是政府能否正确行使权力、发挥作用的前提和关键。行政管理体制改革致力于职能转变，可以说是抓住了改革的牛鼻子。

十八届二中全会公报以相当的篇幅强调政府职能转变问题，把政府职能转变放到行政管理体制改革的突出位置。这一改革取向，

符合当前经济社会发展的要求，符合社会各界的共同期待。转变政府职能，就是要以简政放权为重点，把不该由政府管理的事项逐步转移出去，推进政企分开、政资分开、政社分开，充分发挥市场配置资源的基础性作用，充分发挥公民和社会组织在社会公共管理中的积极作用；以完善政府职责体系为途径，把该由政府管理的事项切实管好，不断完善经济调节、严格市场监管、加强社会管理和公共服务，全面正确履行职能。

当前，我国政府已由市场发育初期的经济建设型政府向市场逐步成熟的公共服务型政府转变。这就要求政府把"效率"机制交给市场，把工作重心转移到建立促进社会公平正义的制度环境上来。行政体制改革要顺应政府职能转变趋势，正确把握好政府与市场之间的关系，始终把职能转变作为改革的主要任务抓紧抓好。

三、政府职能转变的重点任务

政府职能转变是一个持续不断的长期过程，不可能一蹴而就，一次调整到位。只要社会经济还在发展，这一过程就不会停止。虽然职能转变是长期的、经常性的，但每次的任务应根据具体情况有所不同，尤其在当前全球经济复苏乏力、发展前景不容乐观，国内经济增长下行压力和产能相对过剩矛盾加剧的情况下，更要区分政府职能转变的轻重缓急，着力解决当下面临的紧迫问题。

一是向市场放权，激发企业和个人创业积极性。十八大报告指出，要处理好政府与市场的关系，更加尊重市场规律，更好发挥市场在资源配置中的基础性作用。应当明确，经济发展的主体力量在市场，企业和公民才是创造财富的主体，政府职能要转到为市场主体服务、创造良好的发展环境上，尊重人民群众的首创精神，激发社会成员创造财富的积极性，增强经济发展的内在活力。

二是向社会放权，激发社会活力。党的十八大报告指出，中国特色社会主义事业是亿万人民自己的事业，要最广泛地动员和组织人民依法管理国家和社会事务、经济和文化事业。应当看到，30多年来，政府对经济领域的放权尽管有诸多不尽如人意之处，但还是比社会领域的放权大得多。随着人民群众维护自身权益的意识和能力越来越强、参与社会管理的积极性不断高涨，必然要求政府加大向社会领域的放权力度，让人民群众依法通过社会组织实行自我管理服务，更好地发挥人民主人翁精神，推动社会和谐发展。

三是强化宏观管理，为市场和社会提供优质公共服务。当前政府承担的微观经济管理职能较多，突出表现是仍然把很多精力放在抓项目、抓审批上，这已不适应新形势下政府的职能定位要求。应当看到，当前政府在市场监管领域的能力还不够、社会管理和公共服务水平还有待提高，特别是本轮改革加大市场、社会放权的力度，将对政府的管理水平提出更高的要求。这就要求政府加大对经济社会各方面的估量分析及科学预测，制定相应的方针、计划、目标、政策和制度，该扶持的扶持，该规范的规范，该放手的放手，该加强的加强，确保做到"放而不乱"，为经济社会的健康发展保驾护航。

（原载《人民日报》2013年3月1日，题为《把转变职能放在更加突出位置》）

新时代行政管理体制改革的基本思路

全面建成小康社会、全面建设社会主义现代化强国,首先需要实现行政管理和政府治理的现代化,而行政体制改革就是建设现代政府的必由之路。党的十九大报告对深化行政体制改革提出了职能改革、管理改革、组织改革、权力改革、编制改革、法治改革、事业单位改革等七个方面的重点改革任务,进一步多维度、全方位推进简政放权改革。

一、创新、接续、服务是党的十九大报告关于行政管理体制改革战略、策略和总体要求的三个突出特点

党的十九大报告提出的深化政府职能转变和机构改革,创新行政管理方式,都是着眼于增强政府公信力和执行力,着眼于建设人民满意的服务型政府。纵观十九大报告在行政管理体制改革的战略、策略和总体要求,有三个突出的特点。

第一是"创新"。十九大报告以更加宽阔的视野和更高的站位来审视机构和行政管理体制,描绘了一幅新时代中国特色社会主义行政管理体制的新蓝图。十年前,党的十七届二中全会明确提出,"到2020年建立起比较完善的中国特色社会主义行政管理体制"。现在距离这个时间已经很近,中国特色社会主义行政管理体制即将基本建成。在这个新时代开启之际,再一般性地提行政管理体制改革,难以适应时代的要求。因此十九大报告在提出深化行政改革任务时,从更加广泛意义上,也就是广义的行政管理意义上提出改革任务和

目标，全面谋篇布局，将拥有公权力、履行公共管理和公共服务职能、使用行政或事业编制的组织机构的改革放到一个大盘子里面综合考虑，统筹规划。这样有助于形成整体性、系统性、协同性的国家治理体系，有助于更好地发挥社会主义集中力量办大事、分工负责抓发展的体制优势。

第二是"接续"。十九大报告制定和提出的新时代行政管理体制改革的中国方案的基本思路，是在总结改革开放以来特别是近五年来行政管理体制改革的经验基础上凝练而成的，登高望远，所提出的改革任务和目标具有很强的政策连续性。这一轮行政管理体制改革是创新性与接续性高度统一、阶段性与历史性高度融合的改革。这种接续改革的特点突出表现在两个方面：一是始终紧紧抓住转变政府职能这个行政体制改革的"牛鼻子"，按照适应民主政治、市场经济、和谐社会建设的要求，将政府职能引入科学、法治、现代化的轨道，持续促进经济社会发展。二是运用行政的体制、机制、制度三者联动的基本方法进行改革，释放改革的巨大能量。体制具有结构性特征，是撑起行政管理大厦的支柱，转变职能离开了机构改革是不可能成功的；机制具有功能性特征，对体制的运行会产生重要的补充作用，这方面的改革也丝毫不能放松；一些关键性的制度改革，如行政审批制度改革，推行政府绩效管理制度，是大厦的砖和瓦，在特定的时间和空间条件下，这方面的改革具有独特的价值。这些经验都值得在今后改革中坚持和发扬。

第三是"服务"。十九大报告对行政管理体制改革的论述贯穿了全心全意为人民服务的宗旨，进一步明确了建设服务型政府的方向。报告提出的坚持发挥市场在资源配置中的决定性作用和更好发挥政府的作用，处理好政府、市场、社会的关系，体现了政府为经济发展服务的基本要求；加强制度建设，创新社会治理，提高公众的参与度，体现了政府为社会和谐服务的基本要求；向地方政府赋权增能，释放地方特别是基层政府的活力，体现了政府提供的服务将不断增强统筹性、协同性和系统性;优化党政行政管理体制,增强现代治理能力,密切党和政府与人民的血肉联系,体现了政府提供服务的根本目的在于保证全体人民参与国家行政事务的管理,在共建共享发展中有更多获得感。

二、简政放权和创新监管要继续深化

党的十八大以来,国务院和各级人民政府以壮士断腕的勇气和决心,把简政放权作为先手棋和当头炮,集中火力,攻克难关,取得了显著成就。

作为全面深化改革特别是供给侧结构性改革重要内容的简政放权和创新监管改革,是本届政府在行政改革方法论上的一大创新。其突出的特征是三管齐下,按照"放得彻底、管得到位、服务得好"的要求,综合配套、统筹兼顾、协同推进改革。在"放"的方面,李克强总理在2013年全国"两会"记者会上承诺的国务院部门取消、下放行政审批事项削减三分之一的任务提前两年完成。到目前为止,从2013年初的1 700项减少到632项。国务院部门设置的职业资格许可和认定事项,削减比例达到70%以上。多数省份行政审批事项减少50%左右,有的省份达到70%。全国减少各类"奇葩证明""循环证明"800余项。非行政许可审批全部取消,法外审批成为历史。在"管"的方面,不断加强事中事后监管。国务院出台了公平竞争审查制度,建立投资项目在线审批监管平台,建立国家企业信用信息公示系统和守信联合激励、失信联合惩戒机制,国务院开展大督查,推进"双随机、一公开"监管和综合执法改革,运用大数据技术实施在线动态监管,使得"线上""线下"政府监管得到落实。据世界银行发布的全球2017年营商环境报告显示,近三年我国营商便利度在全球排名跃升了18位,其中开办企业便利度上升了31位。

十九大后,政府将继续多维度、全方位、复合型推进简政放权改革,创新监管方式,以制度创新引领体制改革和职能转变,降低行政成本，提高工作效率。一是以问题导向、需求导向、目标导向，削减行政审批事项、职业资格认证、生产许可证、经营许可证和企业资质认定。二是简化整合审批内容，改进审批方式，将保留的审批事项纳入全国统一的投资项目在线审批监管平台，实行"一站式"网上并联审批，明确标准、缩短流程、限时办结。三是提高行政放权的协同性、联动性，对跨部门、跨领域、跨地域的审批事项，相同或相近类别的要一并取消或下放，关联审批事项要全链条整体取消或下放。承接行政权力的基层政府部门在人才、经费、技术、装备等方面要确保"接得住""管得好"。四是推动规范化行政机制建设，进一步依法行政，加强制度建设和制度创新，特别要在制度缺失的领域"补短板"。继续推进权责清单制度改革、政府信息公开和数据开放制度建设、第三方评估和政府绩效管理制度建设、行政问责制度建设。五是全面推行"双随机、一公开"监管，建立随机抽查事项清单、检查对象名录库和执法检查人员名录库，制定随机抽查工作细则"一单、两库、一细则"制度。六是加强信用监管、智能监管，运用大数据、云计算、物联网等信息技术，建立无死角一体化监管体系，建设企业信用信息"全国一张网"、市场主体诚信档案、行业黑名单制度、市场退出机制和激励惩戒机制。七是改革市场监管执法体制，推进市县两级市场监管领域综合行政执法体系建设，建立跨部门、跨区域执法联动响应和协作机制，实现违法线索互联、监管标准互通、处理结果互认，消除监管盲点，降低执法成本。八是对"互联网＋"和分享经济等新技术、新产业、新业态、新模式，建立审慎监管模式，量身定制监管方式，推动新经济健康发展。

三、优化政务环境和政府服务要更加全面

十八大以来，政府进一步加大了公共服务的力度，按照普惠性、保基本、均等化、可持续的方向，加快完善公共服务体系，进一步提高公共产品供给水平、基本公共服务均等化水平以及政府工作水平。

推进综合政务大厅建设,在"两集中、两到位"的基础上,实行对企业和群众办事的"一口受理"、全程服务。逐步将实体大厅的功能向网上办事大厅延伸,打造政务服务"一张网",简化服务流程,创新服务方式。通过改革,我国综合竞争力大幅提升,大众创业、万众创新呈现新气象。

十九大之后,政府将继续优化政务环境和政府服务。一是大力推行"互联网+政务服务",实现各类服务事项预约、申报、办理、查询等全流程网上运行。二是发展综合性政务服务,把实体政务大厅、网上政务平台、移动客户端、自助终端、服务热线结合起来,解决政府服务"碎片化"问题。三是推进政务流程优化再造和政务服务标准化建设,将政府所有事项都建立内容的标准、程序的标准、管理的标准、时限的标准,提高老百姓对政府工作的预期。四是按照人人尽责、人人享有,坚守底线、突出重点、完善制度、引导预期的原则,完善公共服务体系,保障群众基本生活,不断满足人民日益增长的美好生活需要。

四、权力结构和机构改革要有大举措

十八大以来,国务院推进机构改革,进一步建立职能有机整合的政府大部门体制,完成了撤销铁道部的任务,将卫生部和计划生育委员会合并,将国家食品药品监督管理局与国家质量监督检验检疫总局合并,将国家新闻出版总署和国家广播电影电视总局合并,一共减少了4个正部级机构。本轮机构改革后,国务院组成部门设置25个,加国务院办公厅,政府瘦身又推进了一大步,大交通、大社会、大健康的管理格局基本形成。省级以下政府也相应进行了机构改革。这一轮机构改革与2008年的改革推进力度大体相当。连续几轮的机构改革,使得政府大部门制的框架已初步呈现,有效促进了政府职能的转变、组织结构的优化,以及各部门职责关系的协调。

目前我国政府机构改革还没有到位,政府与其他公共管理机构

的关系尚未理顺,需要用大力气深化改革。一是推进大部门制改革。按照整体性政府的要求,进一步整合机构,解决"政府权力部门化"的问题,解决一些部门之间存在的多头决策、分散管理、重复执法、政资不分等问题。比如,十九大报告提出要建立国有自然资源资产管理和自然生态监管机构,统一行使全民所有自然资源资产所有者职责,统一行使所有国土空间用途管制和生态保护修复职责,统一行使监管城乡各类污染排放和行政执法职责,加强对生态文明建设的总体设计和组织领导。在推进部门外延变迁的同时,抓紧部门内涵式改革的深化,加强大部门内部司局的职能调整,使之运转更加协调。二是进行纵向行政层级的改革。中央将依法扩大省级政府及市县等各级政府的行政权力,使地方各级政府承担的公共服务、市场监管、环境保护和促进经济发展的职能配置更加科学合理,使承担的职能、责任与赋予的权力、人力、财力实现均衡适当。三是进行横向管理体制方面的改革。将统筹安排党委、政府及其他公共组织机构设置,科学配置党政部门及内设机构权力、明确职责,在省市县探索对职能相近的党政机构进行合并,或合署办公。四是新设置急需加强职能的机构。为了维护军人军属合法权益,让军人成为全社会尊崇的职业,将组建退役军人管理保障机构。五是推进先行先试改革。赋予自由贸易试验区更大的行政改革自主权,推动先行先试,探索更好地与国际接轨的管理制度,引领改革开放形成体制新格局。六是深化事业单位改革。强化事业单位公益属性,按照分类原则,促进政事分开、事企分开、管办分离的事业单位管理体制逐步形成。

五、编制和人事管理制度要推进创新

十八大以来,国务院和各级政府坚决控制行政编制的总量,使得政府在不断增加经济社会管理和公共服务工作量的情况下,编制总额没有突破,保障了改革成果的正当性、合法性和合理性。如果行政改革的成功是建立在编制总量突破的基础上的话,那么其成果就会被稀释、冲淡甚至抵消。本届政府强调绝不能突破总量,通过创新编制管理,优化存量,调剂余缺,解决急需加强职能的人员短缺问题,这对于降低行政成本,提高工作效能,具有很强的现实意义。

编制是中国特色的执政资源,是行政管理的重要工具。十九大之后,行政事业编制管理创新和公共人力资源管理创新将继续坚持下去,并推出更有力的新举措,盘活编制资源和人力资源。一是统筹使用各类编制资源,打破由于传统编制管理体制造成的人力资源身份"壁垒",形成科学合理的编制管理体制。二是加强干部考核和绩效管理。完善干部考核评价机制,把严管和厚爱结合起来,建立激励与约束并重的机制,鼓励创新与容错纠错统一的机制,让敢于担当、踏实做事、不谋私利的干部有更大更高的实现价值的平台,有效治理行政不作为现象。三是加强监督,将行政权力关进严密的制度笼子里,形成不敢腐、不能腐、不想腐的公务员管理的思想、作风、纪律和法治体系。四是完善包括国家机构组织法在内的机构、编制、人事管理法制体系,努力建设中国特色社会主义法治政府。

(原载《人民论坛》2017 年第 38 期)

推进行政管理体制改革总体思路

加快推进政府行政管理体制改革,实现管理创新,是当前我国各级政府面临的一项重大而紧迫的课题。加强理论与战略对策研究,回顾我国行政管理体制改革的历程,总结经验教训,借鉴国外经验,探索前瞻思路,将有助于我们开阔视野,坚定信心,选准路径,更好地实现行政改革的目标。

一、当代国外行政改革的理论与实践

自20世纪80年代以来,英国、美国、澳大利亚等发达国家掀起了行政改革(政府再造)运动,并波及其他国家,形成了世界范围的改革潮流。这轮改革与以往不同的是,不是仅仅着眼于机构精简和行政效率,而是主要通过引入竞争机制和企业管理方法进行政府改革,以期实现从传统官僚模式转向更加注重活力、结果和绩效的新公共管理模式,通常被称为"新型公共管理改革"。

1. 改革的基本动因和主导理论

当代各国行政改革的兴起有着深刻的背景和原因。首先,在经济全球化的背景下,各国都把通过行政改革提高政府能力,作为应对挑战的重要途径。其次,由于政府规模膨胀,财政赤字增加和难以承受的福利制泥潭,许多国家为了摆脱财政困境不得不进行改革。最后,传统官僚管理体制所表现的不计成本、官样文章、效率低下、反应迟缓、缺乏活力等弊端,受到广泛质疑,形成政府信任危机,进而成为推动改革的社会压力。

对国外行政改革实践产生较大影响的主导理论有：

新公共管理理论。

所谓新公共管理，主要"新"在强调要在公共管理中引入市场竞争机制和企业管理方法。西方学者将其要点概括为：(1)政府服务应以社会和公众的需求为导向；(2)更加关心政府服务的产出、结果、效率和质量；(3)放松行政规制，实行绩效目标管理，强调对绩效目标完成情况的测量和评估；(4)灵活选择成本效益分析方法提供公共服务；(5)取消行政垄断，使某些公营部门民营化，让更多的私营部门参与公共服务供给；(6)将权力更多地分散于基层。这一理论对国外行政改革产生了深刻影响，存在的缺陷是过分强调市场化取向和成本效率比，容易导致公共服务质量下降和新的社会不公。

企业型政府理论。

所谓企业型政府，并不是要把政府当作企业来运作，而是强调将企业家精神运用到政府管理中，重视创新、效率、质量和顾客导向等理念，使政府更有效率和活力。该理论提出的基本原则：如政府应"掌舵"(决策)，而非"划桨"(具体服务)；通过引入市场竞争机制改善公共服务；减少繁文缛节；讲究效果，注重绩效等。这一理论也存在着明显的理论漏洞，例如公民毕竟不是顾客，而意味着权利；政府和企业在管理上虽有相通之处，但不能简单照搬。

新公共服务理论。

新公共服务理论是针对上述理论存在问题而提出来的，强调政府要追求经济社会的协调发展，增加政府对公共服务的投入。基本观点是：政府的职能是服务而非"掌舵"；政府应服务于公民而非顾客；要重视人而不只是重视生产力；重视发展包括良好的生态在内的人类共同享用的公共产品等。该理论关于公共服务是现代政府核心职能的观点，是站得住脚的，试图纠正新公共管理存在的缺陷也是正确的，但是其全面否定新公共管理改革运动，将"婴儿与洗澡水一起泼掉"，是有片面性的。

2. 改革的主要内容和做法

当代各国行政改革的具体内容虽然各有侧重，但从政府职能、组织结构和管理方式三个视角看，大都体现了以下趋向：

（1）重新调整政府职能。

在重新调整政府职能方面，减少政府对企业和社会的直接干预，使政府全力履行其核心职能，例如将部分经济社会职能移交给社会和市场，从而减轻政府负担，缩小政府规模。主要途径有：一是压缩社会福利项目，如以劳动换福利，以市场安排来代替政府安排。二是减少政府规制，如对企业进出口及价格，以市场定价代替了政府定价。三是压缩国有企业规模，推行国有企业民营化。

在履行职能方式方面，通过打破行政垄断，引入竞争机制，充分利用各种社会力量来提供公共服务。主要做法有：一是合同出租，即政府通过投标者的竞争和履约行为，将原先垄断的公共产品的生产权和提供权向私营公司、非营利组织等机构转让。二是以私补公，即政府通过制定优惠政策，吸引和鼓励私人资本投入到政府包揽的社会保险、退休保障、中小学教育、医疗服务等公共事业领域，以弥补政府财力及服务能力的不足。三是授权社区，即政府以授权方式，鼓励社区建立老人院、收容院、残疾人服务中心等公益事业。

（2）实行行政结构分权改革。

从政府横向结构改革看，许多国家将政府部门分解成决策部门和具有特定服务功能的执行机构或实业集团，使执行机构在财力、人力等资源配置上有更大的自主权和灵活性，同时对后果也承担更大的责任，实现决策权能与执行权能的分离。在具体做法上，通常采取签订责任书的方式，明确执行机构的责任范围、工作目标及考核标准。英国是这一改革的典型，目前近三分之二的文职人员已转到执行机构，澳大利亚、丹麦、瑞典、爱尔兰、新加坡等国也有类似的做法。

从政府纵向结构改革看，分权改革主要体现为合理界定中央与地方的事权财权，中央政府将更多的事权、财权、项目管理权、法规制定权等权限下放给地方政府,使地方政府拥有更大的权力和自主性。例如,法国、日本、西班牙等中央集权国家通过不断向各级地方政府下放权力,使地方积极性得到充分发挥。

(3) 创新政府管理方式。

一是通过采用市场化工具和企业管理方法推动政府管理创新。这些改革工具和方法包括:绩效预算、项目招投标、内部企业化管理、质量管理、战略规划管理、国企民营化、使用者收费、合同外包、特许经营、人力资源开发等。

二是大力推进电子政务。各国政府的普遍做法是,将电子政务建设与政府改革和社会服务结合起来,运用现代信息技术改造传统管理方式,提高政府的办事效率、透明度、廉政建设和国际竞争力。

三是推行政府绩效管理和评估。英国自90年代起开始在全国推行政府社会服务承诺制,制定工作绩效标准并向社会公布,在提高公共服务质量方面取得明显成效。美国自1993年起在联邦政府全面推行绩效管理和评估,通过8年改革(不止绩效改革)共裁减政府人员42万多人,清除规章制度64万页,节约财政开支1 360亿美元。澳大利亚、新西兰、法国等国的政府预算绩效改革,在实践上也取得公认的成效。

3. 国外行政改革的启示

通过对国外行政改革的简要回顾,可以发现许多发达国家通过新型公共管理改革,使政府管理模式发生了重大变化,不同程度上提高政府管理和服务的能力,其改革中所采用的许多管理理念、实际做法和成功经验,诸如通过体制改革,使政府集中精力履行好公共服务的这一核心职能,通过与社会建立合作关系提供更多更好的社会服务,通过引进竞争机制和企业管理方法实现政府管理创新,通过合理分解决策与执行权能,地方分权改革,优化政府组织结构,通过政府绩效管理和评估,降低行政成本,提高服务成效,重视改革理论的研究和实践指导作用等,对于我国未来的行政改革,不无参考和借鉴价值。

当然,由于各个国家的国情不同,对于主要以发达国家情况为基础的理论和方法,不能盲目照搬。比如,在发达市场经济国家,现在趋向于减少政府规制、限制立法、公共服务职能向社会转移、扩大管理灵活性,这对于规制和法制尚不健全,市场经济和公民社会发育不足的发展中国家来说,不能简单地照搬。同时,对于国外新公共管理改革引发的负面效应,例如部分公共职责私有化,社会不公,社会服务质量下降,过分追求成本—效益比等问题,需要在改革中加以避免。

二、中国行政改革的进展、经验和面临的任务

在世界性行政改革潮流形成的同时,我国行政改革也伴随着改革开放的步伐走过了20多年的历程。回顾这一历程,可以发现,改革取得了重大的进展,获取了宝贵的经验,也面临着许多的问题,艰巨的任务。

1. 行政改革取得的进展

改革开放以来,中国进行的行政改革是多方面的,逐步推进的。从内容上看,可归纳为一条主线,即建立与社会主义市场经济相适应的行政管理体制;三个方面,即政府职能转变、机构改革和管理方式改进。从过程上看,改革是经常性的,其中每隔五年进行一次的中央政府机构改革(1982、1988、1993、1998 和 2003 年)。构成了中国行政改革的重要内涵或阶段。之所以这么说,不仅是因为这五次改革规模较大,而且除1982 年改革之外,其他四次改革都是与政府职能转变相联系的,加上中国政府机构是层层对口设置的,中央政府机构和职能的变化必然使地方政府发生相似的变化,因而可看作全局性的行政改革。从实际情况看,这次五次改革都留下了重要的改革成果。

1982 年机构改革的任务,主要是解决机构臃肿、人浮于事、效率

低下问题。通过改革,国务院工作部门(包括部委、直属机构和办事机构)由100个精简到61个,减少了领导职数,取消了领导干部终身制,提高了政府工作效率。但改革后有回潮,国务院机构数又增加了11个。1988年改革开始把机构改革与政府职能转变联系起来,重点是实现政企分开,弱化政府微观管理职能,强化综合管理职能,精简专业部门,国务院工作部门由72个减少到68个,编制减少9700多个。1993年改革的目标,是按照社会主义市场经济的要求,转变政府职能。国务院工作部门从70个减少到59个,但1997年又膨胀到72个了,精简的人员也是如此。1998年改革大体上走出了精简与膨胀的循环怪圈,其关键是从市场经济建设的需要出发,精简了很多与计划经济相关的经济部门,使之转变为国家经贸委下属的9个局,在2001年又撤销了其中的7个局。到此为止,中央政府公务员从1997年的3.4万人减少到1.7万人,编制总数减少了47.5%。不过,中央财政并未因此而节约,反而为此多支出了20%。2003年改革没有在机构和人员数量上多下功夫,而是通过机构调整为建立适应市场经济需要的政府体制奠定组织基础。核心内容是:深化国有资产管理体制改革,设立国资委;完善宏观调控体系,将国家计委改组为国家发改委;健全金融监管体制,设立银监会;推进流通体制改革,组建商务部;不再保留国家经贸委和外贸部等。

　　对于上述改革,社会舆论往往有一个误解,即每一次改革之后,机构继续增加,人员依然膨胀,似乎都没有什么成绩,陷入一种精简、膨胀、再精简、再膨胀的怪圈。这些说法并不是没有道理,因为轰轰烈烈的改革运动过去之后,总有或多或少的回潮。机构精简之后,又往往会膨胀;人员精简之后,又会有所增加。客观地看,改革虽然以机构精简为外在标志,但更加重要的是政府职能和管理方式有了转变,越来越适应市场经济发展的需要;改革虽然有循环,但不是原地踏步,而是循序渐进,逐步接近改革目标的实现,改革成就是不可抹杀的。

回顾20多年来五届政府的努力,行政改革已取得以下实质性进展:

一是政府职能已有重大转变。我国已初步建立了以间接手段为主的宏观调控体系框架,政企逐步分开,政府部门对微观经济的干预减少,将部分职能政府能移交给各种社会组织,依靠行政审批进行管理的模式正在转变,加强了对市场的培育、规范和监管功能,并且越来越重视履行社会管理和公共服务职能。

二是政府组织结构日趋合理。政府组织得以越来越精简、高效,虽然有精简—膨胀的循环,但实际上回潮的幅度要小于改革的幅度,机构总数从长期来看是一直在下降的;政府权力开始逐步下放。日益分散到地方、社会和基层领域,地方政府的积极性得到更大的发挥,公民社会结构正在逐步发育。

三是政府管理方式发生了可喜变化。依法治国、依法行政已经成为政府运作的基本要求,科学民主的政府决策机制正在形成,公务员制度日趋完备,政府运作走向公开透明化,电子政务发展迅猛,公民权利受到重视和尊重,特别是丰富多彩的政府管理创新活动,不断为改革实践注入新的活力。例如很多地方政府实行让公民评价政府绩效的活动取得了良好效果。

2. 改革的基本经验和教训

——必须建立与市场经济相适应的行政管理体制。这是我国行政改革的主要动力,也是全面深化改革的必然要求。政府机构不改革,政府职能和管理方式不转变,市场经济也难以完善。

——更加重视政府的社会管理和公共服务职能。2003年非典疫情的发生蔓延给我们提供的重要启示,就是要树立和落实科学发展观,强化政府的公共服务和社会管理职能。

——尊重和发挥地方和基层的首创精神,加快管理创新;重大改革要在试点和总结经验的基础上推开,坚持实践是检验真理标准的观点。

——行政改革不能仅仅局限于政府内部或自我完善,而要与经济体制改革、政治体制改革、社会体制改革等方面的改革加强配套,体制改革与机制创新,相互协调、相互促进,才能成功。

——加强基础理论和改革战略的研究和指导作用。我国以往的一些改革存在着视野不宽,缺乏主动性、前瞻性和整体设计的问题,这与理论研究滞后和准备不足,不无关系。

——从我国国情出发,借鉴世界各国政府改革和管理的成功经验。

3. 改革面临的问题和任务

我国行政管理体制改革已经取得了重大进展,但同时也存在着诸多的问题,面临着新的挑战,改革任重道远。

从近期看,现行行政管理体制还不能适应改革开放和社会发展的需要。存在的主要问题有:一是政府职能越位、缺位和错位的问题依然突出,管了许多不该由政府管的事,而许多该由政府管的事却没有管好。例如,政企不分、政资不分、政社不分的问题;热衷于经济项目投资和 GDP 增长速度,而忽视社会发展和公共服务的问题;市场规范和监管缺失的问题;保护环境资源、促进协调发展和调节社会矛盾作用发挥确立的问题等。二是政府组织结构尚未达到精简、统一、效能的要求,机构设置不合理、行政层次较多、职责交叉重复、中央与地方事权财权划分缺乏明确界定等问题远未理清,解决中困难重重。三是在政府管理方式上,行政效率不高、依法行政不到位、绩效考核标准不科学、服务意识不强、行政成本居高不下等问题十分普遍,社会反映较为强烈。因此,当前我国行政改革面临的任务,既艰巨又迫切。

从长远看,也就是从行政学理论和现代政府管理的一般规律看,我国行政管理体制改革还有很大的空间。政府管理体制的理想化状态是:在政府职能上,应当是有限的,比如公共服务是层级化的,不需要行政机构直接提供大量的公共服务;政府与公民、企业和社会组织形成了良好的伙伴关系,市场的运行在大多数情况下由行业协会等社会中介组织自主监管;政府主要是提供基本的法律与秩序,组织提供基础设施,只提供必要的公共服务等。在政府组织结构上,一个国家的中央政府,大体上由10～15个内阁部组成,每个内阁部内部有合理的决策与执行组织结构,中央与地方的事权、财权划分和职责分工在法律上有合理明晰的界定,政府行政机构的设置和预算开支都在国家立法机关的监控之下等。在政府管理方式上,依法治国、依法行政、公开透明、廉洁高效、公正有序等,是普遍要求的境界。如果从以上理想化状态考量分析,我国的行政管理体制改革还没有完全到位,可作为未来改革走向的一种展望。

三、进一步推进行政管理体制改革思路的建议

1. 改革的目标选择:建设服务型政府

我国下一步行政改革的目标是按照落实科学发展观和加强执政能力建设的要求,建立职能合理、公正透明、廉洁高效、依法行政的服务型政府。

关于我国行政改革的目标,学术界和实际部门已经提出了若干重要表述,如法治政府、有限政府、责任政府、透明政府、高效政府、服务政府等。我们认为,这些表述是正确的,都从某个方面阐明了改革努力的方向;同时,在新的形势下,把建设服务型政府摆在更加突出的位置,作为下一步行政改革的主要目标,有着重大现实意义。第一,突出了政府职能的方向。按照科学发展观的有求,政府职能转变要更加注重公共服务职能,使政府成为公共服务的提供者;而且,在经济调节、市场监管、社会管理和公共服务这四项政府职能中,公共服务是全方位的最基本职能,为各个政府部门、各级政府所共有,而其他职能则以某些部门为主。所以,服务型政府的表述,既体现了政府职能转变的主要方向,又概括了所有政府部门共有的基本职能。第二,充分体现了人民政府的本质。以人为本、执政为民,是加强执

政能力建设的根本要求,而以为人民服务为宗旨的政府,各种施政和管理活动说到底都是为人民服务。服务型政府的表述,形象地体现了这一本质要求。第三,强化政府的服务观念。服务型政府的基本理念是民本位、社会本位、权利本位,可以促使政府及公务员摆正位置,在各项工作中以服务为导向,寓管理于服务之中。

关于服务型政府的内涵,应当说是一个不断丰富发展的概念。学术界的理论探讨和各级政府的管理创新实践,都为此做出了重要贡献。概括起来,建设服务型政府的基本要求包括:以民为本、执政为民是政府的核心理念;公共服务是政府的最基本职能;依法行政、法治政府是政府的运作方式;对人民负责是对服务型政府的责任形式。

2. 重要的是合理界定政府职能

加快转变政府职能,首先需要明确政府应当做什么,不做什么,合理界定的政府职能。在新的时代背景下,政府职能主要包括:(1) 经济调节、市场监管、社会管理和公共服务。(2) 在经济全球化背景下,应当把政府的国际职能考虑进来,如维护国家经济安全等。(3) 重视政府构建和谐社会的职能,如加强政府的协调发展、收入分配、社会矛盾调节、保护困难群体等职能。(4) 提供法律与秩序的职能。(5) 根据我国现阶段国情,还应当有培育和发展社会组织的职能。同时,对于不需要由政府承担的职能,例如,适合由市场、企业和社会做的事,就交给市场、企业和社会组织来做,减少政府对微观经济社会生活的干预;某些公共产品和服务,可以通过不同方式应让社会组织和企业参与生产和提供。

3. 不同层级的政府职能定位应各有侧重

中央和省级政府在管理上具有宏观性、指导性和间接性的特点,可以作为以宏观管理职能为主的"决策——服务型政府";省以下地方政府,特别是城市政府,直接面对社会、企事业单位和公众,应是以公共服务职能为主的"服务型政府"。目前,城市政府建设服务型政府的经验相对成熟,如何强化中央政府和省级政府的公共服务职能需要深入研究,进一步予以加强。

4. 探索机构改革的新模式

一是政府部门逐步向宽职能、少机构发展。计划经济条件下机构设置的特征,是职能窄、机构多、管理幅度小、层次多,这种状况经过几轮改革已经有了重大改变,但仍未到位。下一步改革要"合并机构、拓宽职能、减少层级"。国务院所属机构可进一步综合,各类交通部门、农林水部门、文化与体育部门、环保与建设部门、卫生与计生部门可考虑再次合并,逐步向综合部门过渡。地方政府的机构设置也要宽职能少机构,但应有更大的灵活性。

二是将政府的决策、执行、监督机构适度分离。要逐步完善职责分类,减少政府部门"一身二任"现象(既是运动员又是裁判员),应当在同级政府中将决策、执行、监督适度分离,使机构设置各有侧重,各尽其责。

三是改革现行市带县的体制,实行省直管县级市和县的体制。

四是防止机构、人员反弹。解决这个难题的关键,是加强各级人大对行政预算的控制和监督,尽快出台《编制法》。

5. 以法律来规范中央与地方的关系

目前,我国宪法和组织法只对各级政府之间的关系做了简单规定,各级政府之间的事权关系缺乏明确具体的界定,存在着职能交叉、重复或缺位问题。如果局限于过去的思路,只做小的调整,中央与地方的关系是无法走出"放放收收"循环的。可供选择的办法,是制定一个《中央与地方关系法》,以法律来规范这一关系。

6. 依法行政的重心是实现公共利益的公法保护

在现代法治国家,提高依法行政的能力是对各级政府的基本要求,也是一个不断提升标准的动态监管过程。21世纪中国依法行政的重心,应当是实现公共利益的公法保护。为此,我们要建立公共利益的公法保护机制:一是规定行政公益原则;二是立法程序的代表参与制；三是行政程序的利益代表机制；四是规定政府对保护公共利益的职责与行为准则；五是设定政府的公益判断裁量界限；六是行政诉讼的监督——行政公益诉讼。

7. 政务公开的关键是加快立法

对进一步推行政务公开，防止出现时热时冷现象，关键是要加快立法，制定我国的《行政公开法》《政府信息公开法》等相关法律。法律的具体内容，应包括政务公开的实施机关、政务公开的方式、政务公开的内容、政务公开的程序、政务公开的范围以及法律责任和救济手段。

8. 强化公共管理的理念

公共管理是从发达国家引进的管理理念，在消化借鉴的基础上形成了相对的独立的理论体系。其核心涵义在于公共性，突出强调管理主体的多元化，管理导向的社会化，公共服务的均等化等新的观念，与传统行政管理有所不同。在实践中，政府部门开始运用这一理论，转变职能，改进管理，推进改革，例如财政部门强调要建立"公共财政体制"，人事部门提出"人力资源管理战略"，深圳等地政府提出了政府职能从无限到有限、从部门性转向公共性、从政府单一治理转向社会共同治理，都是十分有益的探索。

9. 有选择地借鉴企业管理经验

通过引入企业管理的方法，提高政府服务和管理能力，实现政府管理创新，是许多国家行政改革中采用的做法。在我国的改革中，当然不能简单照搬企业管理方法，但可以根据政府管理的特点，有选择地借鉴企业特别是大企业的管理经验，如注重创新、竞争、成本效益分析、绩效评估、目标管理等经验，提高政府服务和管理的能力，是有益的，也是可行的。

10. 实现政府绩效评估的科学化制度化

我国的政府绩效管理评估起步较晚，在实践上存在许多缺陷。一是评估多处于自发状态，没有制度和法律作保障；二是缺乏系统理论指导;三是缺乏社会评估、政府内部自我评估;四是缺乏科学的评估指标体系,如片面地将经济业绩等同于政绩,将经济指标等同于绩效评估指标;五是评估程序没有规范化,甚至完全流于形式;六是评估多为定性方法,较少采取定量方法,评估结果不够科学;七是没有把评估作为正面激励措施,往往是某一方面问题成堆,社会反映强烈时,才采取诸如大检查、大评比等方式谋求改进;八是评估缺乏媒体监督。所以,目前的政府绩效评估,基本上处于实验探索阶段。

国内外经验表明,政府的绩效评估,没有科学的评估指标体系,没有规范的制度保障,是很难进行下去的。当务之急,是借鉴国外的成功经验,加强评估指标体系研究,完善政策和立法,使政府绩效管理评估走上制度化、科学化和经常化的道路。

(原载《中国行政管理》2007年第1期,题目和部分内容有改动,作者为高小平、沈荣华)

服务型政府:我国行政改革的目标选择

胡锦涛同志在党的十六届五中全会上提出"建设服务型政府"。建设服务型政府,是各级政府实践"三个代表"重要思想、落实科学发展观的积极探索。从转变政府职能、深化行政管理改革的意义上说,服务型政府是我国行政管理改革的目标选择。

一、服务型政府的基本要求

服务型政府的提出是行政管理体制改革实践的结果,是人类管理理论精华的积淀。它依托科学社会主义理论,依托公共性理念,构建于现代民主、法治理论基础之上,呈现出丰富的内涵。

"以人为本""执政为民"是服务型政府的治理理念。"向人民学习,为人民服务,请人民评判,让人民满意",是服务型政府建设的基本要求。我国社会主义民主政治的性质,决定了政府实施对国家事务和公共事务管理的目的是维护最广大人民的根本利益,全心全意为人民服务。这就要求政府牢固树立"公民权利本位,政府义务本位"的思想,一切从人民需要出发,以为人民谋幸福为宗旨,以人民满意为评判工作的唯一标准。

"有限政府"是服务型政府的发展目标。随着社会主义市场经济体制的建立和完善,我国政府不再是无所不为的"全能型政府",而是有所为、有所不为的"有限型政府"。为此,应当厘清政府与市场的界限,应该退出的就坚决退出;合理划分行政决策与行政执行职能,整合组织结构,避免职能交叉;充分开发社会资源,培育和鼓励第三部门、民营企业参与公共事业管理;政府职能和服务重心下移,建立"社区导向的政务模式"。

"依法行政"是服务型政府的行为准则。法治之下的政府权力是一种有限权力,政府在权力、职能、规模上皆受法律的明文限制。也就是说,服务型政府强调政府由法律产生、受法律控制、依法律办事、对法律负责。它要求政府服务程序化、规范化,不仅追求行政行为的效率,而且遵循公开、公平、公正的原则。要通过建立重大行政决策事项的专家咨询论证制度、重大行政决策事项的公示听证制度,提高行政决策的科学化、民主化;通过制定政府信息公开办法,保障公众的知情权;通过职位分析、职位说明书明确工作职责;通过制度明确工作目标;通过控制自由裁量权防止行政行为的显失公正,以保障公民享受平等的政府服务,形成公平的市场竞争环境。

"顾客导向"是服务型政府的工作模式。政府服务要以人民诉求为导向,做到"想为人民所想,急为人民所急",以公众的期望决定策略的设计,以公众的需求决定服务的内容,以公众的满意度衡量政策执行的成效,以公众的评价决定政策变迁的方向。树立公务员的责任心、爱民情、亲和力。在行政决策中充分尊重民意,推行阳光行政,实现政务公开;制定政府服务标准,规范服务流程,保障服务品质;加快电子政务建设,推行"单一窗口式"服务,创建高效政府;提供具有人文关怀的便民服务,增强政府的亲和力。

"违法必究"是服务型政府的问责机制。责任政府是现代民主政治的基本理念,是对政府公共行政进行民主控制的制度安排。它要求政府必须回应社会和民众的基本要求并积极采取行动加以满足,履行政府在整个社会中的法律义务,并承担责任。不仅政府行使的每项权力要承担责任,而且政府拒绝行使法定的权力也要承担责任。人民不仅有享受政府服务的权利,还有监督政府行政、要求其承担责任的权利。

二、地方政府建设服务型政府的实践

近年来,许多地方政府从自身实际出发,积极推进服务型政府建设,取得了明显成效。

上海市于2001年率先提出建立服务型政府的目标,要求加快政府职能转变,树立管理就是服务的思想,为各类企业提供良好的政府服务和安全稳定的社会经济环境。上海市、区(县)两级政府提出降低行政成本、加强行政效能建设的原则,要求各级领导干部落实责任,形成靠制度管理的理念,提高公务人员的整体素质,严格实行责任追究。同时,加强效能监察工作,通过强有力的效能监察,保证效能建设工作取得成效。

江苏省南京市把服务型政府建设的重点放在亲民、富民上。该市制定了建设服务型政府"一年构建框架、三年逐步完善、五年全面完成"的计划,分步实施,不懈推进。他们建立了"市长信箱""市民论坛""群众来访接待日"制度,市民遇到烦心事、想起好主意,一个电话、一封电子邮件,就可以同市长、局长对话。市长、局长确定"党政领导接待日",参与"市民论坛",到信访接待室、电台和电视台的直播室、报社的"读者热线",面对面地与市民交流。

四川省成都市政府以制度创新打造"规范化服务型政府"。改革的重点,一是改进公共决策机制,建立公共决策的调查制度、公示制度和专家咨询论证制度;二是优化政府服务流程,引进全面品质管理的理念,通过制定系统化的政府服务标准,提高服务品质。

广东省珠海市将"万人评政府"活动作为建设服务型政府的突破口,重点抓好窗口服务和现场服务。自1999年开始,每年由测评团向社会发放1万份测评问卷,其中70%的问卷发放到企业和项目现场,让企业和市民自主地对机关部门的工作做出"满意"或"不满意"的评测,其结果与年度目标任务考核相结合,对连续两年考核结果为"差"的单位的一把手实施免职。

重庆市在建设服务型政府中注重创新服务方式，实施共同治理。从2002年起试行的"为民办事全程代理"制度，在公开、便民、依法、高效、自愿的前提下，为群众提供全过程代理服务，形成了方便群众办事的一项高效、文明、优质的办事规范。大足县进行试点，如今每个村都有代办点，每天由村代办员将村民申请材料直接送至乡镇受理室，由其对受理事件进行处理，或即收即办，或承诺时限，或上送县行政服务中心一站式办公大厅办理。

目前，应当在理论研究和总结经验的基础上进一步丰富和提升服务型政府的理论内涵与实践水平，进一步转变政府职能，完善政府运行机制，创新政府服务模式。

（原载《人民日报》2005年10月28日，执笔人为高小平、鲍静、姜晓萍）

服务型政府视角下的乡镇管理体制改革

我国农村人口超过9亿,最靠近他们的行政管理者就是乡镇政府。乡镇人民政府作为一级政权,是最基层的政府,是政权体系的重要组成部分,是政治系统的基础。改革开放以来,我国乡镇管理体制经过几轮改革,在政府职责调整、服务资源配置、行政管理方式等方面有了一定进步。但从总体上看,乡镇政府职能转变没有到位,服务能力严重不足,服务效能有待提升。

2017年2月,中共中央办公厅、国务院办公厅印发了《关于加强乡镇政府服务能力建设的意见》。这个文件进一步明确了乡镇改革的方向——建设服务型乡镇政府,这在一定意义上标志着我国建设服务型政府进入到一个新的阶段,也标志着乡镇建设服务型政府进入决定性阶段。

这个文件和中央关于乡镇改革的一系列文件、中编办的一些具体要求,主要有三个方面特点。

一是釜底抽薪。彻底剥离乡镇管理体制中"不该管""管不好""管不了"的政府职能,进一步深化职能转变。

二是化茧为蝶。按照职能科学、运转有序、保障有力、服务高效、人民满意的要求建设服务型乡镇政府管理体制。

三是扬帆起航。乡镇改革走过了艰难历程,从联产承包责任制的一帆风顺,到近30年改革的胶着状态,再到党的十八大以后进一步明确乡镇改革的方向,走出胶着状态,开始了新的航程。

今天汇报的内容,主要有三个。一是为什么乡镇要建设服务型政府。二是服务型政府是一个什么样的政府,乡镇距离这样一个服务型政府还有多少差距。三是怎样来建设乡镇的服务型政府,通过体制改革,服务于三农。

一、历史把乡镇和全国各级政府推向了一个新的管理模式

历史唯物主义经济基础决定上层建筑的理论,决定了政府管理采取什么模式是由劳动生产力和劳动关系决定的,而且要随着生产力生产方式的变化来不断地调整。行政管理体制组织机构是随着生产方式的变化而不断变革的。农业文明时期,政府是"倒T"型体制。工业文明时期,政府是"金字塔"形体制,工业化中后期和知识经济时代,政府适应信息化要求,逐渐向"扁平"型体制发展。区别详见下表。

对比项目	农业社会	工业社会	后工业社会
经济基础	农业经济	工业经济	知识经济
组织结构	家族式	科层制	扁平化
管理制度	家长制	首长制	治理制
行政方式	全能行政	技能行政	智能行政
政府职能	统治	规制	服务

具体来说,农业经济时代,政府是由自然经济的需要,实行家长制、家族式管理,特征是政治与行政管理高度的结合,权力集中在作为政府的皇帝和衙门中,政府高度集中的权力所形成的权威成为管理的主要资源,可以概括为"权威行政"。皇权行政体制的主体是"朝廷"和"官"。

工业经济时代政府适应大机器生产的需要,实行政治与行政"二分制度",行政管理处于执行的层面,依靠技术官僚的专业知识,实行

规则化管理。组织结构按照"金字塔"式的科层制建构,政府制定政策、规制和执行能力成为管理的主要资源,可以概括为规制行政。规则行政体制的主体是"规则"和"管"。

近30年来,科学技术迅猛发展,引发了生产和组织方式的变革、全球市场的融合与重构,引起一场与工业革命深度相当的信息革命,它改变着整个社会的根基,把人类带入一个"后工业社会""知识经济社会""信息社会"。在工业化中后期和知识经济时期,政府适应科学技术成为第一生产力的需要,加快信息化步伐,把提高人的素质作为主要任务,政府提供公共服务的能力成为管理的主要资源,这就进入"服务行政"的时期。服务行政体制的主体是"公民"和"倌"。

建设服务型政府是人类历史发展的客观要求和必然趋势。乡镇建设服务型政府,是一个历史的必然,它和整个人类的行政管理模式的变迁是分不开的。管理模式的变迁把我们乡镇服务的作用,提升到一个历史的高度,也就是把乡镇和各级政府推到了服务的前台,推向了一个新的管理模式。

二、服务型政府是什么样的政府,乡镇应该怎样补短板发展自己的服务能力建设服务型政府

首先,建设服务型政府,是加强和改善党的领导,优化配置党的执政资源、转变管理方式和政府职能,提升公务员素质和创新能力,提高政府执行力和公信力的重要举措。其次,建设服务型政府是供给侧结构性改革的关键所在,是"放管服"改革的重要内容,有助于转变经济发展方式,提高经济运行效率,启动内需,刺激预期消费,解决经济增长动力不足问题。

关于什么是政府的服务,不同时期有不同的论述。毛泽东同志指出,要全心全意为人民服务,这为我们现在建设时期的政府服务指明了一个大的政治方向。邓小平同志指出,我们的政府是人民的政府,应该以人民高兴不高兴、人民答应不答应、人民满意不满意作为

政府施政的目标。"领导就是服务","管理就是服务",意思就是说一个好的领导是一个善于服务的领导,优质的管理就是以服务的方式进行的管理。

江泽民同志提出"三个代表"重要思想,强调"代表最广大人民的根本利益"。党的十六大报告第一次把政府职能归结为四个方面:经济调节、市场监管、社会管理和公共服务。这是第一次把公共服务作为政府的基本职能之一。胡锦涛同志明确提出行政体制改革的方向就是"建设服务型政府"。习近平同志早在2000年,就在福建率先倡导和推动服务型政府建设,担任总书记后多次强调要加快转变政府职能,减少审批事项和环节,不去管那些不该管的事,腾出手来把该管的事管好,建立有限政府和服务型政府。管好自己该管的事情,剥离那些应还权于社会、还权于企业的职能。政府进行宏观调控、社会管理、社会执法、公众服务要加强服务职能。同时要换一个角度理解服务,管理也是服务,要用服务的心态去加强管理,因为我们人民是人民政府。

党的十八届二中、三中、四中全会从推进国家治理体系和治理能力现代化的高度以及全面深化改革系统性、整体性、协同性要求出发,对创新行政体制改革、建设服务型政府做出了全面部署,提出了新的要求。指出创新行政管理的基本方向是建设服务型政府,这体现了党对社会发展规律、社会主义建设规律和执政规律认识的深化,标志的行政体制改革进入了新阶段,体现出建设服务型政府是行政改革创新的总方向、总抓手。

中国经济要实现升级版,必须有政府转型。服务型政府的内涵十分丰富,至少包含三层意思:一是更好地体现党的为人民服务根本宗旨,要把这个宗旨落地;二是更多地履行公共服务的基本职责;三是更全面地创新政府管理方式,将管理和服务统一起来,寓管理于服务之中。这三个方面,构成服务型政府的一个总的框架。

建设服务型政府的基本任务是建立适合国情、惠及全民、公平公正、水平适度、可持续发展的公共服务体系,这是最基本的任务。它的主要目标就是五有:学有所教、劳有所得、病有所医、老有所养、住有所居。首先是实现基本公共服务的均等化,然后推进服务水平的不断上升。

对乡镇来说,公共服务的水平还比较低。比如,据调查全国有2/3的乡镇没有供水站,80%的村不通自来水,11%的村不通公路,49%的村不通电话,55%的农民无合格的、卫生的厕所,95%的村接收的电视信号很不稳定,61%的乡镇没有文化站,207个县没有公共图书馆,309个乡镇没有卫生院。这些都给我们提出了很大的挑战,建设服务型政府,补齐短板,必须从乡镇开始,要建成服务型政府,也必须从最薄弱的地方开始。

三、怎么建设乡镇公共服务体系,打造乡镇管理体制改革的新机制

一是以服务型政府建设为龙头,破解"取予观"。"取予观"关系到如何处理政府与农民关系的根本性态度。自从全面取消农业税以后,制度性的"取"没有了,但是非制度性的"取",由于市场不规范、管理不到位而"予"的远远不够等问题,从农民那里变相索取的现象屡见不鲜。只有建设服务型政府才能真正建立起正确的"三农观"和"取予观"。

二是以管理与服务的统一,破解"低少差"。当前推进建设服务型政府建设重点要解决农村公共产品质量低、数量少、服务差的问题。在乡镇一方面继续抓简政放权,让乡镇政府真正有职有权,另一方面要加强监管,把监管的重点放到农村去,以"放管服"改革破解农村公共产品"低少差"的问题。

三是以城乡一体化公共服务体系,破解"碎片化"。中央、省、市各个部门都在扶农,都在为农村提供公共服务,但是没有形成合力,"碎片化"问题严重。把城市里、县城里的公共服务延伸,利用延伸的

办法建设一体化的公共服务体系,才能有效解决碎片化,形成各个部门支农惠农政策的有机衔接,发挥整体效应。

四是以大部门行政管理体制改革,破解"针线论"。有的基层干部说,"上面千条线,下面一根针",最突出的问题在于下面的这根针的"针眼"太多。一是上面的婆婆多,有的政策还不一致;二是下面的部门多,无法形成统一的行政资源。中央强调,要就近管理、属地管理,建设乡镇服务型政府必须在县级以上政府中形成对乡镇的政策协同机制,同时把该还权于乡镇的坚决还权,在乡镇建立大部门制,让这些综合性的办公室有统筹协调的职权,有管理和服务的能力。

五是以职务职级并行制度改革,破解"官本位"。现在中央出台了对县级以下的干部实行职务职级并行的制度。通过制度改革,创新公务员制度,充分调动基层干部的积极性,破除官本位。

通过这些改革,实现乡镇服务型政府有资源、有能力来推进这项改革。在具体的层面上,要注意以下几点。

一是实现工作重心向农村转移。放弃"乡镇为县域经济服务"的指导思想,建立县级部门、乡镇政府和农村的服务网络(县—乡—村纵向服务链,村级横向服务平台),增强党组织的协调、服务功能。

二是建立政府治理与社会治理的协同机制。实现社区、社会组织、社工"三社联动",法治、德治、自治"三治合一"等基层社会治理创新。

三是推进基层治理体系和治理能力现代化。通过行政审批制度改革,放大市场功能,降低制度性交易成本,实现行政资源与市场资源的优化配置。通过社会管理制度改革,放大社会组织功能,实现公共服务资源与社会人力资源的优化配置。

四是进一步发挥文化的引领作用,营造公共精神。让农民参与到改革当中来,通过参与进来解决自己的利益受到损害的问题。建设公共行政,培养公务员的公共意识。

四、研究成果转化为政府决策的建议

一是以问题为导向,从所有成果中找出关于社会乱象和治理缺失的问题之间的对应关系,提炼出公共管理"话题"。

二是以政策议题为导向,将涉及公共管理"话题"的基础研究成果转化为应用性成果,将应用性成果转化为政府现实关注的治理"难题"。

三是以政府职能为导向,将科学研究成果概化,标识为政府有权可解的"论题"。

四是以国家治理现代化改革为导向,围绕党和政府中心工作,将公共性论题转化为决策者和管理者的创新性"命题"。

五是以中国特色话语体系为导向,将创新性命题转化为行政管理话语体系和专题性文本。

(原载《机构与行政》2017 年第 9 期)

向传统行政审批说"零"

行政审批是行政机关为其实现行政管理目的所布置的一张过滤网。随着社会经济的不断进步,传统行政审批暴露出行使权力过大、审批过程冗余等弊端,一定程度上制约着经济的发展,降低了资源要素的运转效率。党的十八大报告指出:"要深化行政审批制度改革,继续简政放权,推动政府职能向创造良好发展环境、提供优质公共服务、维护社会公平正义转变。"这预示着行政审批制度改革势在必行,它已成为建设人民满意的服务型政府的关键。深入研究和推动行政审批制度改革,如何将权力交还给人民,让权力在阳光下运行,使权力只做好事不做坏事,成为摆在政府和学术界面前亟待解决的重大课题。

一、历史地辩证地看行政审批制度

在计划经济时期,行政审批作为一种政府行为,虽然普遍存在,但不是行政管理的主要方式,当时主要依靠计划、比例、命令、指挥以及直接参与经济和社会活动实现管制,审批只是辅助性管理工具,只有在极少数领域、部门和事务的管理上才主要靠审批的手段。总的来看,计划经济条件下,行政审批不是作为一种基本制度和手段出现的。改革开放以后,随着计划经济的解体,直接的行政计划、行政命令等手段开始弱化,同时,法律的真空状态又导致多领域内缺乏管理的统一标准和依据,于是行政审批作为政府间接管理方式的"替代品"大量出现,渗透到几乎所有领域,成为一种基本制度形态的管理手段。我国政府通过建立覆盖全面的、法律范畴内的行政审批制度进行管理,把全部经济活动和一切基本的、普遍的社会活动都纳入了行政审批的作用范围。[①] 可见,行政审批是政府在未实施转变职能的情况下,转变管理方式的重要途径,它作为一项制度在我国从计划经济体制转向社会主义市场经济体制和民主政治、和谐社会体制过程中发挥了关键作用。

行政审批制度也是世界各国政府实施行政管理的重要手段,广泛运用于经济、社会生活的各个领域。但是,各个国家的行政审批在行政管理中的作用与地位各不相同,每个国家在不同历史阶段也有所不同。在成熟市场经济国家,市场是配置资源的主要渠道,行政审批则是辅助性的,即使是这些国家,也会根据不同的经济情况和形势,增加或减少行政审批事项。比如20世纪80年代至90年代很多国家开展了"放松规制"运动,如美国的"里根经济"、英国的民营化改制、日本的《前川报告》,都是打破政府限制,为推动市场化运作发挥了积极作用。进入21世纪以来又有"加强"的趋势,就是这种不断变化的表现。行政审批制度的历史和现实作用,是由其本质属性所具有的两面性决定的。

行政审批制度的两面性表现为三个层面。一个层面是,一方面,行政审批作为政府应对市场失灵、社会自律不足等现象采取的必要干预,在防范市场风险、保障社会安全、分配稀缺资源、提高管理水平等方面发挥着重要作用;另一方面,行政审批作为前置性的管理手段,如果过多过滥,会严重抑制市场创造力、打压社会活力、降低经营效率、增加市场主体经营成本、甚至阻碍经济发展。这个层面揭示的是行政审批制度的"质"的规定性。第二个层面是,行政审批的行政强制力和管理效率居于"中位",即较之行政命令而言,行政审批的强

---

① 张康之.行政审批制度改革:政府从管制走向服务[J].理论与改革,2003,(6):42-45.

制力和管理效率要低些,较之市场和社会的自我管理而言,行政审批的强制力和管理效率则高得多。这是从行政审批的"量"的规定性得出的结论。第三个层面是,行政审批制度在处理政府、市场、社会的关系方面,从价值判断和理念导向意义上看,具有"中性"特点,即相对于政府的直接干预而言是一种间接管理方式,对市场和社会具有明显优于计划经济色彩的管理优势,基本趋向于"善"的治理结果,但相对于市场和社会内在需求、内生力量而言,又是外力作用,带有强烈的直接管理特征,极容易导致"恶"的治理结果。这个层面揭示的是行政审批的"质"与"量"相统一的规定性。行政审批制度的积极意义和消极作用,概出于此三个层面、六个方面。

二、当前行政审批制度存在的主要问题

我国改革开放的35年来,行政审批在行政命令、行政指导等活动逐渐退缩的过程中建立并成长起来。分析发现,在这个过程中,行政审批制度一度是根据政府某个阶段管理的需要,以权宜之计的形式出现的,在实施行政审批制度改革的进程中,指导思想也是不断发展的。随着市场经济和民主政治的不断发展,这种出于经济社会管制需要的行政审批制度越来越不能够适应现实的要求,而且由于这项制度在最初的意义上是从属于政府管制的范畴,因此日益暴露出各种各样的弊端。主要存在以下几个问题:

(一) 行政审批事项繁多

一方面,审批规范性框架限定多。我国现行行政审批事项,除了法律法规规定的外,许多是由部门规章和地方政府规章规定的,规章以下规范性文件设定的审批事项较多。另一方面,审批机构遍地开花。从设定行政审批的机关看,上自全国人大及其常委会、国务院,下至乡政府,甚至连乡政府派出机构行政管理区,也都在设定行政审批事项。行政审批事项设定权限不明确,随意设置审批事项的情况较为严重。

(二) 行政审批程序随意性大

一是程序不完善。许多行政审批事项没有规定申请对象应当具备的申请条件及申请办法,也没有明确规定行政机关对申请对象进行审查与核实方法,更缺少行政机关对申请对象提出的申请,不依法及时、按期予以办理应承担的责任。二是内容不公开。许多行政审批缺乏政策和法规依据,不是依法审批、按章办事,审批的内容、条件、方法不明确,有的事项只规定了一些原则性条件,这种审批条件的模糊性,使审批人员的自由裁量权和随意性过大,缺乏公开、公平、公正的审批环境。三是监管不到位。我国许多地方还没有建立起有效的事后监管制度和事后责任追究制度,致使有些审批项目取消后市场出现管理混乱和无序经营的状态,重大责任事故无人负责。

(三) 行政审批成本过高

一是审批费用无明确标准。审批的速度取决于审批机关的工作效率,多一道审批,工作效率就低一些,产生的审批费用就会增加。二是推诿扯皮增加时间成本。多部门联合审核常会遇到审批机构之间缺乏协调,无故拖延、推诿扯皮的现象不可避免,审批权力的交叉重叠、多头管理,势必会增加申请对象的经济开支等负担。三是权钱交易滋生腐败的温床。审批权是行政权的一个组成部分,审批事项设置过多,就等于扩大了行政机关的权力,如不加控制和制约,多设置一道审批关卡,就可能多一道权钱交易,对于防止腐败极为不利。

三、行政审批制度改革需要进一步解决的问题

随着经济社会的发展,传统行政审批的弊端越来越受到人们的关注,特别是近十几年来,通过不间断的改革,情况已经有了很大的变化,从国家层面到地方各级政府,行政审批事项大大减少,审批时间长、步骤多、重复作业、效率低、服务差等现象有了明显改观。但是,改革仍然存在很大的阻力,改革中需要解决的问题仍然很多。

一是认识不到位,创新动力不足。有的同志认为,行政审批制度改革已经搞了多年,该减的都减了,存在差不多的思想。有的同志认为,深化行政审批制度主要是针对上面的,基层只要把上面放下来的接好就行了。还有的同志担心改革过了头,放松了必要的管理。有的领导同志在内心深处认为,行政审批是"臭豆腐",闻着臭,吃着香,现在公务员待遇不高,也不能把干部搞得太"苦"了。这些不正确认识,导致在改革行动中存在中"慢""等""看","拆分"(把原来一项审批事项拆成多个,减其一部分)、"凑数"(把多年也没有遇到的审批事项减掉)、"避重就轻"(减那些对经济社会生活制约影响小的项目,而制约影响大的真正应该减的倒不减)等现象,壮士断腕般大刀阔斧改革创新的动力不足。

二是审批职能分散,流程不够优化。中央要求各级政府行政审批工作要实行"两集中、两到位",即一个行政机关的审批事项向一个处室集中、行政审批处室向行政审批服务中心集中,保障进驻行政审批服务中心的审批事项到位、审批权限到位。但目前完全做到"两集中、两到位"的地方并不是多数,审批职能分散的问题依然比较严重。同时,实行"两集中、两到位"也无法解决省、市、县职能交叉的问题,有不少行政审批权在上级职能部门,下级政府只能做"配角",有的是因受客观条件制约,"多点办事"一时难以解决,审批项目既要跑市、县审批中心窗口,又要跑有关职能部门窗口的现象还有不少。审批流程没有做到持续创新,程序复杂化、要求多态化、行为机械化的问题又开始出现,制约了行政审批效率的提高。

三是工作作风"冷热病",服务不到位。行政审批制度改革为机关作风改进提供了制度基础,但工作人员责任心的增强和能力的提升需要有个过程,不可能一蹴而就。当事人去窗口办事的时候,面对的既是"死"的制度,又是"活"的人,当事人和公务员之间从权力、权利到信息都是不对称的,当事人总会拿制度、权利来要求公务员,而公务员则未必一定按制度来行事。行政审批人员还存在知识不足、本领恐慌的问题,诸如政策法规不熟悉,基层情况不了解,审批业务不精通,这些问题都会导致审批效率不高。在此情况下,很多地方存在着上面抓一抓,作风好一阵,稍一放松,就老毛病重犯,由制度规定的流程滑回潜规则。群众称为政府的"冷热病"。作风好的时候,窗口内洋溢着笑脸,作风差的时候,"脸难看"依旧,制度规定的"微笑服务"变成心态复杂的"皮笑肉不笑"。

四、行政审批制度改革实践为告别传统方式打下了基础

我国大力推进行政审批制度改革,取得重大突破,有两个标志,一个是各地普遍建立了行政服务中心这个综合性行政服务平台。该平台紧紧围绕建设服务型政府的要求,大胆进行行政审批制度改革,大力规范行政权力运行。第二个标志就是大幅度精简行政审批项目数量,全国共减少和下放审批项目七成以上。各地从简政放权的"减审批项目"、到打造审批服务的"零障碍"、再到实施标准化管理和公共资源交易活动一体化的"零传统审批",开展了积极的探索,取得了显著成效。主要经验和启示有这样几点:

——通过大幅度精简,向"零传统审批"逼近。自 2001 年 9 月国务院办公厅下发《关于成立国务院行政审批制度改革工作领导小组的通知》(国办发〔2001〕71号)开始统计,至 2013 年 2 月底,国务院推进行政审批制度改革分六批共取消和调整了 2497 项行政审批项目,占原有总数的 69.3%。[①] 2013 年以来,新一届国务院组建后,进一步加大了改革力度,取消和下放了一大批行政审批事项,激发市场和社会活力的成效迅速显现。各地各级政府也同步进行行政审批制度改革,建立完善审批项目动态清理工作机制,定期取消和调整审批项目,落实了"应减必减、该放则放"的原则,做到了"四个下放"和"四

[①] 中国法学会.中国法治建设年度报告(2012)[M].北京:中国法律年鉴社,2012:18.

个不放"，即对公民或法人能够自主决定，市场竞争机制能够有效调节，社会组织能够自律管理，基层部门能够组织实施的审批权限，政府坚决放权，回归社会；对事关党的执政地位、法律有明文规定，事关科学发展、事关民生民利的审批权限，政府予以保留。目前，据笔者调研了解，地级市保留的市一级行政审批项目，最少的已减到120项左右，其中，市级审批项目80项左右，国家、省级行政审核项目40项左右，与2001年时相比，总的精简幅度达85％以上。这说明，审批事项的多还是少，并不与政府管理水平直接相关；审批事项究竟能减少到什么程度，没有一个绝对的标准，主要取决于管理和服务的体制、方式和能力。

——通过"零障碍"，再向"零传统审批"逼近。政府行政服务中心加强作风建设，积极创新建立"延伸审批服务、项目挂钩跟踪、倒排时间节点、全天候预约"等机制，主动深入一线、靠前服务，提速提效，初步实现了行政审批的"零障碍"。所谓延伸审批服务就是对需要省、市、县几级审批的重点项目，中心组织各窗口主动对接，深入项目所在地开展审批服务，变市多级分别审批为同步受理、同时审批。所谓强化跟踪落实，就是对进入中心审批的重点工程项目，抽调各处室、窗口负责人和业务骨干组成挂钩辅导组，靠前跟踪落实，帮助协调解决问题。所谓倒排时间节点就是根据业主的需求和项目开工建设的时限，由中心牵头组织各审批单位倒排时间节点，确定完成审批的最后时限，保证项目按期开工建设。所谓全天候预约就是中心管理层和各窗口负责人24小时开通手机、接受预约，不管节假日、还是休息日，全天候提供审批服务。工程项目交易中心开通"绿色通道"，为重点项目招投标提供24小时服务。市房地产登记办证、公安户籍身份证、法律援助、公证、劳动鉴证等便民服务事项，为老弱病残、行动不便的申办人提供预约上门服务。有的地方还在"两集中"的基础上加了一个集中，即实行所有审批事项向电子政务平台集中，从而加速了"零障碍"建设。地方探索的这些做法，看起来对减少行政审批数量没有直接关系,但实际上关系紧密,他们的做法已经在朝着"你自己要来找我审批",向"我为你办你所需要办的审批做服务"转变,那么这个审批就与传统意义上的审批划清界限了。

——通过标准化,突破传统审批的最后防线。行政审批制度改革是一项烦琐复杂、牵涉面广的系统工程,只有遵循科学的方法,才能取胜。在改革实践中,一些地方政府引入现代服务业先进的理念、技术和运作方式,积极推进政务服务标准化管理,加快政府职能转变。如漳州市先在市行政服务中心试点,把标准化建设作为抓手,从"审批项目、审批流程、审批时限和审批服务"四个标准化,取得了成效。然后,该市出台了《关于进一步深化政务服务的十四条意见》《关于全市政务服务体系标准化建设的意见》,在全市推行标准化平台、标准化服务、标准化管理、标准化运行的"四标准"体系,编制了涵盖所有窗口、所有业务、所有环节的1064条审批服务标准,绘制标准流程图864幅,全市各职能部门有多少审批服务事项,每个事项如何办理、由什么人办理、多长时限内办结,都用标准规范、依标准衡量,并向社会大众公示,让人一目了然。漳州市运用"标准化"这把"管理进步的标尺",推进职能转变的做法,使我们领悟到,行政审批制度改革的目标越来越清晰——这就是"不审批",或者叫传统审批为"零"。依法行政、规范行政,就只需要依法进行的行政许可,而不再需要无所不包的、传统意义上的审批,以前的政府内部流程中的审批被"标准、透明、刚性"的政务服务所取代,政府职能由事前管理为主向事中和事后监管为主转变,即使是必须的事前审批事项也可以由事前审批改为事前申请人自己按照规定的标准化流程作业,政府负责监督,事中和事后也按照标准化的要求进行监督。这样,传统意义上的审批就是"零"。只有这样,政府由管控型向服务型转变、由封闭型向开放型转变才能真正实现。因此,标准化为深化行政审批制度找到了"利器",有了这个武器,便可以攻克传统审批所谓"必要性"的顽强堡垒。

——通过基础性制度建设,为进入"后审批"时期做好准备。加强行政管理基础性制度建设,加强事中、事后监管,将为逐步进入"后行政审批"时期做好制度准备。重点是要建立以居民身份证号码和组织机构代码为基础的统一社会信用代码制度,建立不动产统一登记制度,加强技术标准体系建设,完善信息网络、金融账户等实名登记制度和现金管理制度。将公共资源配置的权力和权力行使过程纳入基础性制度建设领域,不少地方做了有益探索。有的行政服务中心从资源配置、交易手段、监督制约等方面入手,着力从源头上改变公共资源交易的治理方式,实现简约、节约、公开、公平、公正。有的规定,凡是进入市公共资源交易目录的项目必须百分百纳入公共资源交易中心配置;凡是政府出资的项目都要百分百纳入统一的公共资源交易平台进行规范操作;凡是能够进行市场化配置的公共资源都要百分百采取招拍挂等公平竞争方式。有的地方针对工程建设领域招投标各环节存在的漏洞,大力推进工程项目网上招投标系统建设,打造"无纸化"招投标平台,使招投标的报名、评标、开标、保证金缴纳等活动全部实现电子化操作和全程电子监管,解决招投标活动中容易出现的围标串标、信息不透明、监管不到位、工作效率低、资源浪费等问题。有的地方在各行业主管部门和纪检监察、审计机关之间建立了沟通联系渠道,对公共资源交易实行全方位、全过程的监督,并向交易合同履约过程的监督延伸,形成有效的监督合力。有的地方还把各部门进场交易项目情况与部门年度绩效考评挂钩,制定奖惩措施,进一步强化激励与约束机制。统一公共资源交易的做法,不但把过去属于政府各个部门需要审批的事项转移到了一个集中的平台,这在数量上大大减少了原来一家一家做的审批工作,而且这种整合带有很强的整体政府的特性,成为政府转型的催化剂。我们知道,事物的性质由主要矛盾决定,占主导地位的要素对其他要素原有的属性会发生影响。一旦整体政府的属性占据主导,碎片化的状况就会发生极大改观,"碎片"可以找到在整体中的适当位置,成为整体中的一部分而不再作为碎片存在；一旦政府服务的属性占到主导地位，管理的属性必然会随之发生根本变化。建立新的公共资源配置体系和制度，为最终实现"零传统审批"扫清了道路，为新的管理制度的诞生奠定了基础。

五、行政审批制度发展的趋势

通过对行政审批的历史、两面性、弊端、改革进展及经验的分析，我们不难得出，传统行政审批"零"时代即将到来。但是，仅靠现在的思路和方法，还不能完全实现这一点。要彻底解决传统行政审批带来的问题，完成向传统行政审批"零"的跨越，除了缩减数量、优化程序和改进作风外，我们认为今后一段时期要做三方面的工作。

一是在"体制—制度—机制"三位一体中确立行政审批制度改革的地位。这正是我们从《国务院机构改革与职能转变方案》中读出的基本精神，其逻辑就是，行政体制改革的重点是转变职能，转变职能的主要方法是行政审批制度的改革和各项行政管理基础性制度的改革，行政体制和制度的改革又需要有相应的机制创新作为保障和相互促进的动力。这样来认识行政审批制度改革的地位，是历史上各次行政管理体制改革所没有的。从这个认识高度看问题，就必然需要进一步大力推进这项改革，特别是在减少和下放行政审批项目上。

二是应将行政审批制度改革的另一个重点放在进一步推进相对集中审批权，建立行政审批的决策、执行、监督这三种权力相互分开、相互协调上。首先，做"实"行政审批专门机构，将分散的审批权集中交由行政审批机构行使，使之成为具有相对独立职能的政府直属机构。其次，做"虚"政府其他职能部门的审批职权，这些部门主要负责决策和监管。再次，做"强"专门的审批后评估和监督机构，对行政审批的决策和执行情况进行评价和监管。最后，做"大"行政审批权与行政监督权、行政处罚权相对分离的缝隙，实现决策、执行、执法、监督分权制衡。

三是加强日常管理,将审批工作转化为政府依法进行的常态业务。一个单位的门卫审查并批准进门人资格,然后决定是否放行,这是日常工作职责还是行政审批权?只要行政方面的法律制度更加健全了,公务员依法办事的能力提高了,管理的职责和流程都规范了,该按照《行政许可法》办的许可事项都按法办理了,再加上事中事后的监管到位了,那么我们现在意义上的"审批"就和保安审查进门人资格的行为一样,是平平常常的服务性工作。到那时,要办审批事项,只要公务员输入电脑,把需要了解的情况通过网络与相关部门联系,经过强大的地理信息系统、社会数据系统和法律政策规划系统的机读和审查过滤,然后就可以自动生成并输出批准还是不批准的结果,你想"设一个卡""拖延一下",都不可能。而公务员的任务就是加强平时的调查研究,把包括政策法规、客观事实以及前因后果等各种资料充实到数据库并经常更新。

逐步实现传统行政审批为"零",是全面建设服务型政府的需要。服务型政府要扭转的不仅是政府的职能,加大公共服务的力度,而且是政府的整个行政管理形态。这个行政管理的基本形态就是服务当头,寓管理于服务之中,从管理理念的服务化,到管理体制、制度、机制的服务化,从职责内容的服务化到工作形式的服务化。行政审批的旧版本升级为行政服务的新版本,是题中应有之义。

深化行政审批改革,应该有新的亮点,应该寻求政府转变职能的新着力点。建设行政审批为"零"的服务型政府,是一项系统工程,也是一项长期任务,要与推进行政管理体制改革结合起来,常抓不懈、持之以恒、积小胜为全胜,不断完善行政服务机构功能,健全行政管理制度,优化行政审批程序,创新公共服务机制,提高公共管理效能。

(原载《行政论坛》2014 年第 5 期,作者为高小平、严艺)

我国国家治理体系的
价值目标、结构及层次

党的十八届三中全会将推进国家治理体系和治理能力现代化确立为全面深化改革的总目标。十八届四中全会将促进国家治理体系和治理能力现代化确立为全面推进依法治国的总目标。这一总目标的设立,是中国改革开放的经验总结,是各领域改革目标的科学提炼,也是未来改革的基本走向。探索国家治理体系的价值目标、结构及层次,有助于明确国家治理体系现代化的方向,也有助于提高国家治理能力。

一、国家治理体系的价值目标

在我国现实的情况下,研究国家治理体系的价值目标,就是依据完善和发展中国特色社会主义制度,推进国家治理体系和治理能力现代化的要求,正确处理国家、政府、市场、社会之间的关系,科学实施改革发展稳定、内政外交国防、治党治国治军等各方面工作,使治理功能得到合理发挥,治理能力得到显著提高,治理行为得到正确行使的价值追求的总方向和总标的。正确认识和确立国家治理体系的价值目标,对于推进治理体系现代化具有重要意义。

价值目标作为人的主观思维与客观存在围绕功能性展开的矛盾运动过程,在现实条件下,国家治理体系的价值目标,就是国家在社会存在与社会意识、生产力与生产关系、经济基础与上层建筑的矛盾中,围绕治理体系的功能性展开的运动过程。随着国家治理体系的变革，国家治理体系的价值目标也会不断地发展。作为全面深化改革总目标的"国家治理"，是党关于全面深化改革的思维体系、话语体系和制度体系中的一个核心范畴。从传统"管理"到现代"治理"的跨越，虽只有一字之差，却是一个价值目标选择的重大变化，是治国理政总模式包括权力配置和行为方式在价值导向上的一种深刻的转变。①

确立国家治理体系的价值目标，要从社会主义核心价值观的高度来认识问题，要从中国传统优秀治理文化中汲取营养，要从现代西方先进的治理思想和实践中获得借鉴，要从中国特色社会主义道路、理论、制度和我国改革开放以来的伟大实践中获取方向感和驱动力。

当代中国治理体系的价值体系不是抽象的，而是通过各种要素之间的关系得以实现的。依据这些原则，立足国家治理体系现代性、人民性、公共性的要求，我们认为，当代中国的国家治理价值目标概括起来就是，一个现代化、三个自信、十大关系和五大目标。一个现代化就是国家治理体系和治理能力现代化。三个自信就是道路自信、理论自信和制度自信。② 十大关系就是要处理好(1) 党与政的关系，(2) 法治与德治的关系，(3) 政府、市场、社会的关系，(4) 全面建成小康社会、全面深化改革、全面推进依法治国、全面从严治党的关系，(5) 经济建设、政治建设、文化建设、社会建设、生态文明建设的关系，(6) 改革、发展、稳定的关系，(7) 解放思想、解放和发展社会生产力、解放和增强社会活力的关系，(8) 顶层设计与摸着石头过河的关系，(9) 管理和服务的关系，(10) 常态管理与非常态管理的关系。五大目标就是实现经济发展、政治清明、文化昌盛、社会公正、生态良好的治理效果。

---

① 高小平. 治理体系和治理能力如何实现现代化[N]. 光明日报，2013-12-4.
② 颜晓峰. 推进国家治理，构建价值体系[N]. 宁波日报，2014-3-18.

追求国家治理价值目标的实质,就是要把握好公共性与效率的平衡,处理好政府、市场、社会的关系,其核心命题是解决"多"和"一"的矛盾,就是要遵循生产关系适应生产力、上层建筑适应经济基础的规律,在社会多元主体治理中寻求历史与逻辑的统一,做到经济建设、政治建设、文化建设、社会建设和生态文明建设"五位一体"的科学发展、系统发展、协同发展和统筹发展。

把握好国家治理价值目标中"多"和"一"的矛盾,就是要以经济治理逻辑为底版,折射经济、政治、文化、社会、生态文明治理共同的逻辑影像,实施以经济体制改革为牵引、以政府为主导的全面改革,实现国家治理体系现代化。比如,在经济治理体系中,就是要按照政府调控市场、市场引导企业的逻辑深化经济体制改革,发挥市场在配置经济资源中的决定性作用和更好发挥政府作用;在政治治理体系中,就是要按照党的领导、人民当家作主、依法治国有机统一的逻辑深化政治体制改革,发挥法治在配置政治资源中的决定性作用和更好发挥党政作用;在社会治理体系中,就是要按照党和政府领导、培育、规范社会组织,社会组织配置社会资源的逻辑深化社会体制改革,发挥社会组织在配置社会资源中的决定性作用和更好发挥党政作用。

这样的逻辑统一性,是解决"多"和"一"矛盾的钥匙,只有大家追求共同的逻辑来治理,才能实现越是多元越是可以获得共识的目的。这个思想的源泉就来自道路、理论、制度"三个自信"的价值取向和价值目标追求。如果缺乏自信,永远也走不出"统治"的思维牢笼,永远会满足于停留在"管理"的层面,甚至连管理也会出现不到位、不作为、乱作为的问题。

二、国家治理体系的结构

结构是组成整体各部分的搭配和安排,是各部分结合成为整体的方式及构造的形态。

治理结构,是思维与存在围绕有序性问题的矛盾运动在组织建构上的实现及过程。国家治理体系的结构,就是国家治理体系中的各组成部分结合的方式、构造的形态,是一种抽象的法则性安排。

现代国家治理体系的基本结构可以建立一个由价值、制度和行动三个板块构成的橄榄型模型(见图 2-1)。在这三个板块中,国家治理价值是理念,属于宏观的范畴,位于结构的顶端,有统摄功能;国家治理制度是理念的表达,属于中观的范畴,位于结构的中间段,扮演了承上启下的角色,有制节功能;而国家治理行动是制度的实现,属于微观的范畴,位于结构的底部,有发散功能。

图 2-1 现代国家治理体系的基本结构

国家治理结构是一个不可分割的整体,好比人体的构造,价值、制度、行动,好比人的大脑、身子和四肢。价值代表着人的头部,有大脑进行思想,有眼睛等五官进行感知,这样才能决定方向,做出决策;制度代表着身体,有各个脏器进行循环运动,这样才能提供保障,产生动力;行动代表着操作,是落实大脑和身体的命令,朝着既定方向前行。国家治理制度就结构的实体部分而言,体量最大,在整个国家治理体系中居于承上启下的中位,它上与治理理念相连,下与治理行动相通。国家治理行动就结构的输出部分而言,权重最大,整个治理理念、治理制度的功能都需要依靠行为去实现。

在由价值、制度与行动构成的国家治理体系基本框架中,价值包括了民主、法治、科学等理念,制度涵盖了行政体制、经济体制、社会体制等部分,行动则细化为政策制定和政策执行。这一结构的内在联系性以质的流动性、要素的循环性表现出来,即以价值形塑制度,以制度督导行动,以行动彰显价值,从而形成一个循环往复、相互回应的闭合系统。①

研究国家治理体系的结构,是为改善现存的国家机器、制度、体制、机制、流程,然而价值、制度与行动的大框架未必能使研究进入看得见、摸得着的境界。这就需要寻求一个突破点,而在价值与行动之间的中间地带——制度,就是研究国家治理体系结构性变革的出发点。

国家治理制度作为规范社会权力运行和维护公共秩序的一系列制度和程序,分别包括国家的行政体制、经济体制和社会体制,进一步看,是由政治权力系统、社会组织系统、市场经济系统、宪法法律系统、思想文化系统等构成的一个有机整体。② 现代的国家治理结构是一个有机的、协调的、动态的和整体的制度运行系统。③

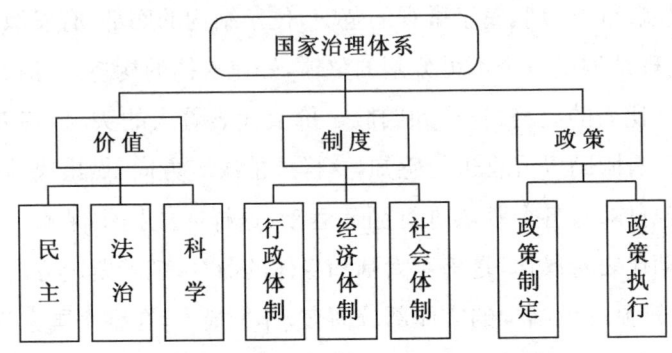

图 2-2 现代国家治理体系的框架结构

通过对国家治理制度基本结构多方位、多视角的研究(见图2-2),可以对现实改进和创新治理体系提供启示。比如,从权力关系看,有纵向结构和横向的结构之分,纵向结构即中央与地方间的关系,横向结构即治理主体间的关系。根据国家治理体系结构的价值要求,为了使国家治理行动能够有效、高效实施,纵向应该以放权为

---

① 郑吉峰.国家治理体系的基本结构与层次[J].重庆社会科学,2014(4).
② 许耀桐,刘祺.当代中国国家治理体系分析[J].理论探索,2014(1).
③ 俞可平.推进国家治理体系和治理能力现代化[J].前线,2014(1).

重点,形成充分授权、重心下移、就近管理的治理格局,才有可能实现权责对等、责任明确、运转协调、有效实施;横向应该以分权为重点,形成决策机构、监督机构、执行机构相互分开又相互协调的格局,才有可能实现决策科学、执行顺畅、监督有力。这从组织体系看,有层级设置和部门设置之分,为了适应信息化社会的价值需要,治理结构应该趋向扁平化,层级应该逐步减少,部门应该逐步合并。

欲进一步研究,还可以从结构的系统性原理进行分析。国家治理结构是由总系统与子系统、整体和部分组成的,为了形成复杂系统的稳定性和成长性,必须使总系统与子系统、整体与部分、子系统与子系统、部分与部分保持有机统一和有序流动,使治理结构在开放性中获得整合性,在协同性中获得自组织性,在动态平衡性中获得时序性。这就应该以价值为统领,括入不同的构成要件,又以发散的制度思维,建立包容国家治理体系中的任何一个子系统、子要素的规则,使这些规则服务于整个治理主体的行为。若制度规范中的价值含量越多、价值指导作用发挥得越好,则制度的善意和能量就越大,治理主体的价值自觉、制度自觉就越强烈,其行动自觉也必然就越有力,执行制度的行动能力必然就强,反之则行动无力,或反其道而行之,背离了正确的方向。

三、国家治理体系的层次

全部人类历史告诉我们,治理体系是一个由共生、共治走向非共生、非共治,再走向共生、共治的过程。近代以来,国家治理体系的发展呈现出追求多元主体共生、管理方式共治、参与各方共赢的过程。就是说,共生、共治本身并不是目的,人们的价值追求是实现共赢。共生、共治是为了获得共赢。

那么,什么样的治理体系能够保证实现治理的共赢?除了需要前面讲的大框架结构外,还需要对结构进行细化,划分出层次。否则,每个群体、每一个人、每一件事都要求做主,都要求在最终决策上做主,就会乱套。

现代系统理论认为,层次是系统在结构或功能方面的等级性秩序。这个理解正与哲学意义上的治理范畴居于同等高度,换言之,治理的层次性是思维与存在围绕有序性问题的矛盾运动在组织建构上的实现方式及运动过程。

层次具有多样性,可按物质的质量、能量、运动状态、空间尺度、时间顺序、组织化程度等多种标准进行划分。治理的不同层次具有不同的性质和特征,既符合治理的共同规律,又各有治理的特殊规律。现代治理需要解决的问题很多,除结构性矛盾作为基本矛盾存在外,大量的是属于治理层次中的问题。比如,引入多元行政主体参与管理,就有一个在公共性这个核心价值目标和合作协商制度共同结构体下,区分出不同的层次的问题,以便根据特定的治理层次解决特定的治理任务;要对公共组织和私人组织进行区分,明确不同性质的治理主体的责任;还要对体制内的人和体制外的人做区分,包括对参与治理的人也要区分出人的素质层次、职业层次、诉求层次等,才能解决相应的治理问题。

划分国家治理体系层次的标准是多元的,不是一元的。根据治理主体可以分为国家、区域、单位、中央、地方、基层、部长、局长、处长、领导、被领导、既是领导又是被领导,等等;根据治理方法可以分为宏观、中观、微观、经济、行政、法制,……一般来说,应该根据具体治理的实际需求(包括理论研究需求与实践应用需求),确定或选择一到若干种划分层次的标准,是可行的。

按照层次在系统结构或功能方面的等级秩序,我们可以从政治—行政系统这个意义上对国家治理体系进行层次划分。最高层次是意识形态治理,就是管思想和理论的方向;第二个层次是政治纲领治理,是政党和国家机器将指导思想和基本理论运用和体现到施政实践中去的最高形式;第三个层次是法制规则治理,是将政党和国家的意志在"明规则"上得到落实;第四个层次是政治监督治理,是对治理主体乱作为、不作为、行为错位、不到位等问题实施纠正,以确保政治的基本方向;第五个层次是组织人事治理,是按照政治要求配置人力资源,以实现政治理想。第六个层次是行政责任治理,是按照责任原则建立行政系统并随时实施问责。第七个层次是绩效治理,是对各类治理主体在各自治理中的绩效进行评价和管理。第八个层次是机构编制财政治理,是在绩效的要求下,将各治理主体的职能定位转化为一定的机构、安排一定的员额、确定一定的经费,以及对这些安排进行管理。第九个层次,也是最基础的层次是职能治理,是对每一个治理主体、治理主体中的每一个机关、每一个公务员、每一个人应该干什么做出明确规定。(见图2-3)

图2-3 现代国家治理体系的政治—行政层次

在全面深化改革的进程中,我们还可以根据改革的总目标——实现国家治理体系和治理能力现代化这个要求,对治理体系进行一种特定意义上的划分。

在《中共中央关于全面深化改革若干重大问题的决定》中,"治理"这个词一共提到 24 次,成为该文本中的一个重要术语、关键性的概念。在多种表述中,国家治理、政府治理、社会治理、社区治理、治理体系、治理能力、治理体制、治理结构、治理方式、系统治理、依法治理出现次数比较多。

从层次的意义上看,国家治理、政府治理、社会治理、社区治理是依次排列的四个层面,可以理解为国家治理体系中具有这样的层次性。①

国家治理处于第一个层次,这是作为改革的总纲、总符号、总概括提出来的。国家治理体系和能力现代化是相对于以往所强调的工业、农业、科学技术和国防事业的"四个现代化"的第五个现代化。这个层次的治理,强调与以往的四个现代化偏重于物质层面相区别,而国家治理现代化更加关注非物质层面的制度、体制和机制的现代化,强调了在改革开放取得大量物质成就的基础上进一步完善和发展制度建设的新目标;同时,这个层面的内容相对于以往所推行的渐进性、单维型改革策略更强调了在全面深化改革的新阶段要更加注重改革的系统性、整体性、协同性,要以"国家治理"为主题突显全面深化改革的统摄性、配套性和持续性。

政府治理处于第二个层次,是在国家治理体系中处理"国家—政府"的关系,这是最为关键的问题。这不仅是因为以往长期实行的政治经济体制造成了"国家—政府"的强大,不仅是因为改革开放以来的经济发展和制度变迁仍然为"国家—政府"带来了丰富的施政资源和实力,而且还因为中国未来的发展将在相当程度上取决于"国家—政府"如何对待自己,如何对待市场与社会。于是,在新的历史时期,

---

① 王浦劬在 2014 年第 7 期《国家行政学院学报》上撰文,认为《中共中央关于全面深化改革若干重大问题决定》将治理分为从国家治理、政府治理、社会治理,到事业单位法人治理、公司法人治理、学校内部治理、社区治理等多个层次,从总体上来看,这些不同层次上的"治理"概念,主要涉及治理活动的三个基本概念,即国家治理、政府治理和社会治理。

"国家—政府"的关系就转化为"国家与社会"和"政府与市场"两大关系。对于全面深化改革而言,重点要处理好政府和市场的关系,使市场在资源配置中起决定性作用和更好发挥政府的作用,处理好国家和社会的关系,创新社会治理体制,实现政府治理和社会自我调节、居民自治良性互动。

社会治理处于第三个层次,是与上一个层次紧密联系的处理政府与社会组织、企事业单位以及个人等的关系,以及社会自治,通过平等的合作型伙伴关系,依法对社会事务、社会组织和社会生活进行规范和管理,最终实现公共利益最大化的问题。社会治理强调在政府与社会治理关系中权力来源要多样化,社会组织、企事业单位、社区组织等也同样是合法权力的来源;强调社会治理的主体活动的多元化,任何一个单一主体都不能垄断规范和管理的实践过程,要更多地在多元行为主体之间形成密切的、平等的网络关系,并将原先由国家和政府承担的社会管理责任、公共服务责任、公共安全责任越来越多地由各种社会组织、私人部门和公民自愿团体来依法承担。社会治理是当代民主的一种新的实现形式,它更多地强调发挥多主体的作用,更多地鼓励参与者自主表达、协商对话,并达成共识,从而形成符合整体利益的公共政策,形成市场的、法律的、文化的、习俗的等多种管理方法和技术。

社区治理(包括所有的基层治理)处于第四个层次,也是基础性治理。社区治理是从处理政府与基层社区组织、居民以及辖区机构关系这个层次定位的。社区治理是国家治理体系的基石,也是政府治理、社会治理的基本载体之一,它通过对社区范围内公共事务的治理,对所有涉及社区的政府、非政府组织,依据正式的法律、法规以及非正式社区规范、公约、约定等,通过协商谈判、协调互动、协同行动等对涉及社区共同利益的公共事务进行有效管理,从而增强社区凝聚力,增进社区成员社会福利,推进社区发展进步。

总之，通过对国家治理体系层次的研究，我们发现：

第一，层次分析有助于我们厘清改革的主次。在整个国家治理大厦中，治理主体的职能具有最根本作用，基层治理处于最基础地位，这就告诉我们，政府简政放权、转变职能、发挥市场和社会的基础性、决定性作用是完全符合逻辑的，理应成为深化改革的主题，是当前最紧要的事情。

第二，层次分析有助于我们增强改革的系统性和协同性。体制和机制是贯通在治理的各层次中的脊柱和经络，没有合理的体制机制承载和运行，治理的各层次就被割裂，无法正常发挥作用。政治思维、纲领法制等居于高端的治理层次需要有配套的政治和行政体制机制支撑，而能不能建立问责制和绩效管理制，则决定了政治和行政管理机构会不会履行好职能。

第三，层次分析有助于我们在改革中建立适当的阻隔机制，防止系统性变异。区分层次的基本依据是由制度建构所形成的"隔膜"和"软骨"。"隔膜"是动物体腔内的较硬的分隔物，仿生学以此制造了"隔膜泵"，在隔膜泵中隔膜起到了既密封、防渗透，又无剪切力，有出口压力，且能自呼吸的作用。"软骨"是胚胎早期的主要支架成分，随着胎儿发育逐渐被骨取代，在成体后鼻尖、外耳、肋骨的尖端、椎骨的连接面保留有软骨，由于软骨是身体里唯一不会发生癌变的组织，因此是在正常人体内起到隔绝癌变的重要部位。事实上，制度就是治理层次建构的标准。能不能在不同层次建立科学、善治的制度，是检验治理层次的定位是否准确、功能是优是劣的标准，达到这一标准，就能矫正治理体系存在的扭曲和错位。

第四，层次分析有助于我们进行改革的"动力学"研究。层次之间具有传导效应与反馈效应，上一层次对下一层次有一种决定与被决定的关系，下一层次对上一层次有一种作用与反作用的关系。比如"意识形态"对于"政治纲领"的传导作用表现在使内在的思维外化为宣扬与传播，反馈作用表现在政治宣传的效果对意识形态具有检验和修复机制;"法制规则"对于"政治监督"的传导作用表现在以刚性约束实施监督行为,反馈作用表现在政治监督不能脱离法治的框架;"行政责任"对于"绩效"的传导作用表现在以责任政府的要求建立绩效管理制度体系,反馈作用表现在治理的绩效状况直接验证责任制度的建设和执行,等等。

(原载《工程研究——跨学科视野中的工程》2015年第2期,题目略有改动,作者为高小平、刘杰)

科学化：公共部门人力资源管理的关键

21世纪初，人类社会正在从工业文明，走向知识经济文明。经济全球化步伐加快，高新科技迅猛发展，信息技术广泛应用，互联网络日益普及。伴随着新时代的到来，人力资本的作用在一定意义上已超过物质资本和自然资本，成为最主要的生产要素和社会财富，成为经济增长的不竭源泉。对人力资源的争夺，对创新人才的培养，成为当今各类企业及社会组织时刻关注的重心。公共部门人力资源的开发和利用，同样对公共部门工作质量与效率起到举足轻重的作用。

公共部门人力资源管理，既要制定战略，明确目标，又要确定战术，把握策略；既要破除旧观念，更要改革旧体制；既要制定适应知识经济时代的人事政策，还要解决人力资源管理法制化等问题。在这一切过程中，人力资源管理科学化问题，是一个基本前提，同时又是渗透于人力资源管理各个环节之内的重要元素。笔者在这里无意全面论述人力资源管理科学化的总框架及基本原理，而是试图立足于公共部门人力资源管理创新，对知识经济时代人力资源管理科学化的几个关键问题进行思考，提出对策，旨在使公共部门人才迅速成长、脱颖而出和才尽其用。

一、人力资源管理科学化的涵义

现代人力资源管理是从传统人事管理转化而来的。人力资源管理脱胎于人事行政，又有别于人事行政，二者差别很大。其质的区别在于所对应的经济形态不同。传统人事行政是适应工业文明的产物,它以严格的规制对员工进行管理为主要特征,着眼于提高组织整体效能,是为完成组织的目标而实行的战术性、技术性管理工作。人力资源管理是适应后工业文明的产物,它是将工作人员作为一种主动的资源进行管理,是通过放松规制、开发心智等新措施,激发员工的工作主动性和创造性,着眼于提高个体智能,进而增强组织适应外部环境的能力,因而人力资源管理是具有战略与决策意义的管理活动。人力资源管理注重把开发人的潜能与实现公共组织的目标紧紧地联系在一起,这是传统的人事管理中所没有的。

这些区别,决定了人力资源管理科学化与传统人事行政科学化,也是既有量的区别,又有质的不同。传统人事行政所依托的理念是规范、管制;而人力资源管理所依托的理念是发展、创新。人事行政的理论是以古典管理学、行为科学、行政学等学科为知识背景,运用常规研究方法,吸收相关学科营养,建立起来的传统理论;而公共人力资源管理理论则是以现代公共管理学、资源经济学、公共部门经济学、公共政策分析、信息科技等为基础,运用知识管理方法,依靠信息技术作为平台和手段,装备起来的全新理论。传统人事行政有一门边界比较清晰的学科,即人事行政学,作为其基本的理论形态;而人力资源管理理论,没有也不可能有一门学科作为其基本的理论形态,甚至连一门主干理论形态的学科也未必会有,它是以多学科相融合的理论格局对管理实践产生影响和进行干预。也就是说,学科的"边缘化"已经到了完全模糊了学科界限的程度。

人事管理理论是一门比较成熟科学,而人力资源管理的理论形态还处于初创阶段。

二、提高别人素质首先要提高自身素质

公共部门人力资源管理部门要从传统的主要从事人事行政管理和事务工作中走出来,把人力资源能力的开发放在战略的位置,作为工作的重中之重,首先就要提高人力资源管理人员自身的业务素质和思想水平,将人力资源部门建设为既是人事行政管理的办事机构,又是领导班子实施人才战略的参谋部。人力资源管理的科学化,有赖于人力资源管理机构和人员自身的科学化。目前,有的公共组织虽然将原来的人事部(司、处、科、股等)改为人力资源部,但部门职能与工作内容并没有发生相应变化。这些机构中的人员结构也没有大的变化,不少干部是由政治工作干部或军队干部转业而来的,有的未经过现代人事管理知识的正规训练。而且,由于人事工作仍然以手工操作为主,效率与质量难以提高,人力资源管理工作没有全面展开,直接影响了公共组织战略的实施效果。

公共部门人力资源管理者,要把转变自身观念作为第一位的任务。从过去"管"字当家,习惯于做管理性工作,喜欢别人叫自己"领导",转变到"服务"为主,既为上级领导服务,又为普通工作人员服务;从满足于事务性工作,转变到做好实施人才开发战略的参谋性工作;从满足于片面做好静态管理,转变到全面实施动态管理;从历来的等人上门的被动式工作方法,转变到走出去主动参与式工作方法。

公共部门人力资源管理者,要有学习的紧迫感,先学一步,快走一步,多学一点,多会一点,尤其要学习自己过去所最缺的知识。同时,提倡人事部门与其他部门人员交流,形成知识结构和业务优势的互补。此外,还可以探索人事部门工作的"开放式"运行方式,如在提拔干部、决定政策、制订计划等重要工作时,实行"听证会""专家咨询""网上调查"等制度,听取人事部门之外,甚至组织以外人员的意见,借用别人的"慧眼",开阔视野,使公共部门人力资源管理者的能力得到延伸,视野更加开阔。

三、用人力资源知识管理促进人力资源智力开发

公共组织管理从根本上讲就是对人的管理。要充分发挥公共组织中每一个人的作用,必须使人事管理真正做到"公平、公正、合理"。传统人事行政很难做到这一点,其中一个重要原因就是信息不充分、

不对称,信息分析和信息利用的工具不适用。于是,传统人事行政往往借助其他途径减少损失,如建立规章制度和颁布有关政策。这并不能完全弥补管理上的缺失。现在有了电子计算机和网络技术,有了知识管理的理论和方法,就可以通过建立全面的人力资源信息系统,将与人相关的信息统一地管理起来,实现人力资源管理的科学化。

依靠信息技术和知识管理,建立人力资源管理系统,其发展历史可以追溯到20世纪60年代末期。这首先是在企业中实行的。计算机技术已经进入实用阶段,同时大型企业用手工来计算和发放薪资既费时费力又容易出错,为了解决这个矛盾,第一代的人力资源管理系统应运而生。当时由于技术条件和需求的限制,用户较少,而且其系统只是一种自动计算薪资的工具,既不包含非财务的信息,也不包含薪资的历史信息,更没有报表生成功能和薪资数据分析功能。但是,它的出现为人力资源的管理展示了美好的前景,即用计算机的高速度和自动化来替代手工的巨大工作量,用计算机的高准确性来避免手工的差错和误差,使大规模集中处理大型企业的薪资成为可能。第二代的人力资源管理系统出现于20世纪70年代末。计算机的普及,以及计算机系统工具和数据库技术的发展,为企业和公共部门人力资源管理系统的发展提供了可能。第二代人力资源管理系统基本上解决了第一代系统的主要缺陷,对非财务的人力资源信息和薪资的历史信息都给予了考虑,其报表生成和薪资数据分析功能也都有了较大的改善。但这一代的系统主要是由计算机专业人员开发研制的,未能系统地考虑人力资源的需求和理念,而且其非财务的人力资源信息也不够系统和全面。

公共部门人力资源管理引入信息技术和知识管理,所产生的革命性变革,是在20世纪90年代末。其特点是从公共部门人力资源管理的角度出发,用集中的数据库将几乎所有与人力资源相关的数据(如薪资福利、招聘、个人职业生涯、培训、职位管理、绩效管理、岗位描述、各种假期等个人信息和历史资料）统一管理起来，形成了集成的信息库。完整的信息记载了工作人员从笔试、面试开始到离职或退休整个周期的人事信息。报表生成工具、分析工具和信息的共享，使人力资源管理人员得以摆脱繁重的日常工作，把精力集中到更富有挑战性和创造性的人力资源分析、规划、激励等工作中去，从战略和宏观的角度来考虑组织人力资源开发政策。此外，这里还可以包括识别和认证的功能，如对工作人员的身份、历史、学历等进行鉴别。

人力资源管理系统不仅提高了管理的质量和效率，而且使干部的提拔有了更加客观而准确的依据。过去干部的提拔主要根据谁在领导面前表现得多少，有了人力资源管理系统，就可以根据他的全面情况，特别是知识、技能和以往的绩效，决定是否升迁。这使公平原则得以落实。

同时，人力资源管理系统还有利于管理民主化。在这个管理系统中，工作人员可以进行自助服务，即当他的个人信息发生变化，他本人就可以去更新自己的信息，经过一定的批准程序即可生效。同样，对于培训、假期申请、报销等日常的行政事务也可作类似处理。这样不仅减轻了人力资源管理人员用于数据采集、确认和更新的工作量，也较好地保证了数据的质量和数据更新的速度。而且由于计算机和因特网不受时间和地理位置的限制，即使首长远在国外，他也可以及时地处理其下属的各种申请，不会因为人不在机关而影响工作。同时，公共组织的各种政策、制度、通知和培训资料也可通过这种渠道来发布，有效地改善了内部沟通途径。

四、规划管理使人力资源开发刚性化和长远化

关注终身学习，这已经不仅是企业的理念，而且是公共组织必须高度重视的问题。公共管理人员自身也会日益重视和投资教育，组织更需要制定规划，持之以恒地抓好这方面的工作。规划管理的优

点就在于使本来"软约束"的任务"硬"起来,把"短打算"变成"长计划"。有的学者认为,规划是为配合组织发展的需要,预测未来所需人力资源的种类、数量和提拔使用的时机,以及所需人力资源的培训等,进行前瞻性的规划,以期人力与需求相适应,达到组织目标。这样给人力资源规划下定义,是比较准确的。

人力资源规划要解决公共组织不断提出的更高的要求。既要为组织选择和提供适当的人才及储备,发展和提升组织和个人的创新能力,还要及时发现人才方面存在的问题,提供综合解决问题的方案,对有关人力资源特定问题建立专家"会诊"制度,以及传递专家的咨询意见的渠道等。规划的重点是规定培训的内容,将更多地注重能力的改善。在课程设计上,更多地重视战略思维、领导能力、解决实际问题能力、决策能力、技术能力以及道德水准、团队合作和知识管理等方面内容,而不再仅仅是简单技能上的锻炼。

人力资源实行规划管理,必须赋予人力资源主管部门以相应的职权,从单纯的行政执行功能为主的传统角色转向公共组织领导者的良好的合作伙伴的角色。在公共组织的最高会议上,人力资源管理部门的负责人不仅仅是以政策执行者的身份出席,而且也应该是以政策制定的主要人员之一的身份出席。通过他们参与决策性的会议,可以把研究业务与培养、考察干部结合起来,发现人才,并从人力资源的角度鉴别平行部门提出意见的真伪对错,提高会议主持人决断的全面性和科学性。人力资源管理者已经到了给自己重新定位的时候了:他们不再是唯唯诺诺、引经据典、照章办事的执行者,也不再是单纯地对工作人员进行监控的"警察"。他们开始在组织领导者的队伍中找到自己的席位,在工作人员群体中确定自己的定位,而两者的共同特征就是开始运用他们的睿智和专才,为公共组织和工作人员提供引导变革、改善绩效、开发潜力的最可信赖的意见和建议。

五、整合企业与公共部门人力资源管理经验

一般来说,公共部门尤其是政府部门的管理方法与私营机构是有质的区别的,因为政府和社会公共事务管理部门,其主要目标是公正、公平;而私营机构则多是赢利单位,追求效率、效益是它基本的价值取向。然而,自80年代以来,很多国家特别是欧美一些国家,由于国内经济状况差强人意,再加上长期以来实施的福利国家制度,公共开支居高不下,政府部门的工作成本和效率受到抨击。公共部门特别是政府部门实行改革,建立以市场为导向的观念,强调放权,公共管理引入了竞争机制,强调效率和效益等。这就使得人力资源管理方式渐趋一致。

公共管理与企业还有一个共同点,即都要对社会资源进行配置。公共部门的职位对人群有相当大的吸引力,人事部门执掌着这些职位,也就拥有了这种稀缺资源的配置权。致力于公共部门人力资源开发,就是要主动地研究企业的经验,整合共性,借鉴强项。在这些变革中,最引人瞩目的是改变公务员的终身雇用制度和长俸制度,开始逐步实行有弹性的入职和离职制度,建立以工作表现为基础的激励机制。同时,增强公务员为公众服务的责任感和使命感。这种种改革,一方面使政府部门形成了类似私营机构的具有竞争性的人力资源管理新体制,另一方面创造出以公正、效益为本的行政哲学,反过来又进一步影响着私营机构的经营理念与管理文化。

企业人力资源管理的一条重要经验,就是必须打破常规去发现、选拔和培养杰出人才。要看到人才的层次性,不能将人才仅仅理解为高层管理人才和技术尖子,有时由于中层和基层缺乏人才也严重阻碍了公共事业的发展。但是也要看到,杰出的创新型人才,在任何时候都是最重要的。所以,必须对人才有全面的理解。评价人才,不能仅仅根据学历、学位,以及档案里的"死"情况,必须根据发展的观点和实践检验的思想,依其能否胜任其岗位,是否有创新能力,是否

有发展前途,来选拔人才。对人才不能求全责备。吸纳人才,不能只依赖从外部引进,还要注意从内部发现和培养。总之,对人才的理解要走出片面性的误区,对人才的使用要打破传统的论资排辈的做法,学习现代企业"不拘一格降人材"的气魄和经验。尽管政府与私营机构的最终目的仍然差异很大,但两者在管理方式上的逐步接近趋势却越来越明显。

六、流动法则和宽松环境是留住人才的秘诀

传统人事行政认为,人才静态的数量是衡量人事部门工作成效的主要指标。从人力资源管理的意义上理解留住人才,其立足点和着眼点,不能是静止的,而要以动态的观点,着眼于吸引、发现和发挥人才的作用。在市场经济条件下,人才流动是客观法则。据统计,目前全球约有1.3亿人在国外工作。影响人才流动的各项因素,根据专家的研究,物质待遇的比值为14.4%,居第四位;晋升机会公平居第一位,比值是21.2%;领导重视为第二位,比值是20.5%;居第三位的是人际关系和谐,比值为18.6%;工作对身体健康的影响居第五位,比值是11.7%;专业对口为第六位,比值是8.4%。这个调查数字虽不是绝对的,但是值得参考,从中可以看出,吸引人才,不能简单靠一两项措施,而应作为一项系统工程,在整个公共组织造成尊重知识、尊重人才的环境、氛围。不单是领导者和人力资源部门要成为伯乐,全体工作人员都要关心人才的发现与培养,争当伯乐。也就是说,尊重人才、关心人才成长,要成为行政文化的核心。

科学地实现留住人才的目标,还有一个民主管理、改善领导者与被领导者关系的问题,也就是人力资源管理柔性化、扁平化。所谓柔性化,就是在新时代,劳动者文化素质日益提高,领导者与被领导者的知识差距日益缩小,整个劳动市场上双向选择,劳资双方(组织与受聘者)的关系,从"上下关系""职务关系"日渐演变为"同事关系""盟约关系"。原来"金字塔"式的层级管理正在逐步柔性化,就是说,

原来的命令方法越来越难以奏效,权威的维系,越来越难以凭借权力。同时,信息的网络化,大家可以处于一个互动、共享的信息平台上。在这种情况下,管理出现新的特征:内在重于外在,心理重于物理,身教重于言教,肯定重于否定,激励重于控制。

  管理的柔性化,既是由组织结构的扁平化决定的,反过来又进一步促进了组织结构的扁平化。原来领导指令逐级下传,基层反馈逐级上报。高层信息多,下级占有少,信息分配的多少决定权力的大小。但由此建构的多层组织形式在信息高速传递和竞争激烈、社会瞬息万变的情形下,极易造成反应滞后,错失良机。因之,精简中层,使组织扁平化成为一种潮流,如实行矩阵组织结构,在下层建立决策中心等,也是为适应这种变化的有效选择。

(原载《中国行政管理》2004 年第 2 期)

科层制弊端与腐败心理发生机制及对策

党的十八大以来,反腐败斗争得到加强,一系列大案要案的查处,法治政府建设力度的加大,受到了国内外的广泛关注和好评,专家学者对此进行了大量的研究。然而,学术界的成果存在"三多三少"现象,一是从一般性制度分析的角度对腐败产生的原因研究得多,从中国的特殊制度对腐败产生的影响研究得少;二是从宏观上分析行政管理权力与建设廉洁政府关系的多,研究行政管理基本制度建设对反腐倡廉的关系少;三是研究遏制腐败的"硬性"制度的多,研究产生腐败的心理等"软性"机制的少。

本文从科层制的行政管理制度特点契入,引入政治心理学的"圈内化"和"类型化"理论进行研究,分析科层制对官员个性特质和心理状态所形成的影响,提出腐败行为的心理发生机制,探索通过改进科层制,遏制腐败发展路径,提升法治政府效能,实现依法治国方略。

一、科层制与官员"圈内化"

科层制又称理性官僚制或官僚制,是德国社会学家马克斯·韦伯在研究组织社会学基础之上提出的理论,认为政府是由训练有素的专业人员根据固定规则不间断地推行的行政管理体制。按照这种体制设计和诠释,法律对行政机关的权限范围做出详细规定,并严格按等级赋予机关中各个层级的权威,就使整个行政管理组织形成有序并坚固的"金字塔"式层级结构。在这种正式规范的组织结构中,各种活动和组织目标都有着职能上的联系,各种公职与其相对应的等级制地位结合成一个整体,包含了具体明确的规章规定的若干职责和特权,由特权所产生出来的控制权力在本质上从属于公职本身,而非某个担任这一官职的官员个人。各种公职之间的关系相当正规、相当明确,包括占据这些职位的官员之间不同的地位和社会差距,通过复杂的工作手续和程序来保障并巩固这些不同官职逐级排列的次序,官员只需按照组织规定的职责范围进行日常活动。组织通过对官员职务联系的高度限制最大限度地降低其与系统模式所产生的摩擦,这种基于正规性和权力分配的结合模式是科层制组织架构预先设计好的,既保证了他人行为的可靠性,又形成相对稳定的期望值。另外,正规性也加强了公职人员间的相互作用,即便他们各自有着不同的态度,但行为依然要受到组织约束,避免了上级对下级采取专制行为。程序化的方式促进了官员行为的客观性,并且限制"个人冲动迅速变为行为的通道"的发生。①

科层制引入中国后,一方面遵循了科层制的基本要求,如等级制的权力矩阵关系、"金字塔"式的管理层级结构、自上而下的职务权威等,另一方面则凸显出中国文化的特征,其中最为突出的就是政府权力更加集中、法治缺失、制度约束的非刚性和人情关系的纷扰。

具体来说,科层制在中国具有以下组织特征:一是正式权威的等级结构,官员的明确分工、控制与监督,但组织中的党政一把手权限容易过大并缺乏有效监管;二是组织设定有一定的规则体系,但制度不够细化,官员履行职能的人格化倾向明显,公务行为受到感情干扰;三是组织中存在强烈的个人忠诚和个人投入现象,官员遵从上级领导的个人权威和职务权威常常超过法律权威,与政治权力共生的关系网广泛存在;四是公务人员选用提升的依据虽然有专业能力的要求,但更多地以领导意志为核心要素。②

---

① [德]马克斯·韦伯.经济与社会:上卷[M].商务印书馆,1997:242-243.
② 许欢.官员腐败心理与预防控制研究[D].武汉大学博士士论文,2014:68-69.

中国科层制的特征决定了其无法回避的制度狭隘性,即理性精神的不足,导致科层制的技术化难以全面实现,造成行政管理科学化程度较低;人格化倾向明显,导致"一言堂"、血缘关系、裙带关系等各种与权力交织派生的关系网错综复杂,人情伦理替代制度与规则;法理性权威欠缺,导致个人权威、职务权威凌驾于法律法规的权威之上,规章制度的执行力不强,等等。①

科层制在中国出现变异,固然与单一制大国管理经济社会公共事务的复杂性有关,但主要原因还在于国家行政管理体制设计中过度集中权力,过度看重执行效率,过度强调等级权威。这就导致中国的科层制强化了官员追求晋升、权力、名誉等利益因素的动机。与此同时,中国的用人制度又与管理体制分割,官员的业务管理与个人管理分离。在这样的制度模式中,官员不仅要按照上级命令努力工作,更要与上级、上级的上级,以及一切与自己工作有关或无关但与自己升迁有关的人加强感情联系,以高质量的联络沟通关系换取官员自身利益。于是,官员内部极易形成非制度性的团体,这就必然产生"圈内化"现象。②

"圈内化"理论实际上较好地解释了中国科层制的"变异"。这就在一定程度上弱化了西方早期科层制的僵化、刚性的缺陷,即官员被过分控制、有损主动性发挥等问题,而呈现出某种"扁平化"的趋势,有助于调动官员的积极性和创造性,但同时也淡化了科层制的优点,即对官员的严格管控。

二、科层制与官员"类型化"

中国官员之所以会形成"圈内化"的行为特点,除了上面论述的科层制在中国所进一步强化的行政制度和文化因素,还有另一个原

---

① 黄卉,苏立宁.基于科层制理论演变视角论我国公共行政改革[J].辽宁行政学院学报,2009(01):14-16.
② 任浩.警惕新闻"圈内化"[J].中国记者,2004(2):42.

因,那就是科层制引发的"类型化"效应——物以类聚、人以群分、近朱者赤、近墨者黑。事实上,心理因素是"圈内化"行为的基础之一。"任何政治行为体的行为都在一定程度上受着行为体心理因素的促进与引导,就此意义而言,只有了解政治人的心理特点及发展规律,才能理解他的政治行为。"①

根据科层制理论,行政管理官员不同的心理动机一般包括:权力、收入、名声、性、安全和便利这六个个体动机,还有对事业的忠诚、精通工作的自豪感、服务公共利益的愿望、执行特定行动的承诺这四个混合动机。我们可以根据这十个动机,用心理政治学的"类型化"方法,将官员进行归类,分为三类:"偏向利己型""偏向利他型"和"利己利他兼顾型"。

第一类,偏向利己型。这类官员的基本心理动机是"自己的权力自己使用"。他们往往将职业的安全和便利最大化作为行为目标,以较低的努力程度保障自己所拥有的利益。这一类官员在工作行为表现中属于平稳型。他们不希望承担更多的责任,岗位职责需要他们一定要做出相应的决策时,他们往往寻求能够运用灵活的手腕,规避决策风险,比如采取形式主义或照抄照搬上级文件等方式。这一类型的官员较多地存在于组织的中层,如无法获得晋升而到达"天花板"的官员、年纪偏大失去朝气的官员和自我性格保守僵化的官员等。他们对待变革持较为审慎的态度,既强烈反对触及现有利益的变革,也不支持能够获得很多利益的变革,仅仅支持那些风险最小、收益不高的"变革"。他们对权力的占有欲、扩张性不强,在基本人格方面常常表现出谨慎、谦卑、悲观的情绪,对前景的期望值相对较低,行为比较中庸。在遇到具有内在风险的决策时,他们往往会选择回避,因为他们希望稳步从科层层级的较低一级晋升到较高一级的职位,不断增加与本职工作相关的行政资源和服务产品。利己型官员

---

① 蒋云根.政治人的心理世界[M].上海:学林出版社,2002:3.

较多关注自己的事业发展，不十分关心组织目标的实现，不擅长用长远的眼光看待组织的发展。他们的行为对自身而言是理性的，但对于科层组织的组织目标则是非理性的。他们总是希望在改革中得到自己的"好处"，在圈内合作中个人利益翻番。

第二类，偏向利他型。这类官员的基本心理动机是"自己的权力为社会服务"。这一类型的官员通常具有较强的奉献精神，倾向于在其权限内推动各个方面的进步，重视总体工作绩效。这一类官员在工作行为表现中属于狂热型。他们行为的主要因素，往往不是来自对自己的正式职责的履行，而是吸引他们变成"工作狂"的兴奋点。他们对权力的占有欲不强、使用欲极强，在基本人格方面常常表现出大胆、骄傲、乐观的情绪，对前景的期望值相对较高，行为比较强势。他们对待变革持积极的态度，希望获得更多的资源以支持他们的政策，为了推行他们的改革，他们会抨击现状，尝试推进新政策。他们对于科层组织长期效率的保持有着重要作用，他们能够产生和聚集大量能量，帮助组织克服惰性，适应快速变化的环境。他们的行为对自身和组织而言都是理性的，但对于科层组织的组织目标的理性更强些。他们总是希望在改革中得到自己的成就感，对于改革对的"好处"常常放到第二位，在圈内合作中希望通过扩大人脉推动改革，同时适当获得个人利益。

第三类，利己利他兼顾型。这类官员的基本心理动机是"自己的权力自己使用和服务社会结合"。这一类型的官员倾向于投放所有资源和精力来推动自己认同和拥护的政策，对这种政策的负面影响往往出于自己狭隘偏好和旺盛精力给予回避。这一类官员在工作行为表现中属于倡导型。他们的行为主要来自对自己的正式职责履行的理解，他们关注的重点是自我价值的实现与工作目标的一致性点。他们对权力的占有欲不很强，使用欲较强，在基本人格方面常常表现出宽容、平和、自在的情绪，对前景的期望值相对偏低，行事较高调。他们对待变革持既积极进取又审慎稳妥的态度，他们对国家对社会有着极高的责任感和使命感,内心非常公正,对组织精神的保持发挥重要作用。这一类人属于倡导型官员,他们较少从事日常性工作,所在的层级相对较高。如果在某个组织中,这一类型官员比例较大,说明该组织级别较高、活力较大。倡导型官员个性通常比较乐观积极,属外在驱动型,与上级、同级和下级属于强关系。每个科层组织都需要倡导型官员来负责他的主要计划,提高这些计划的利益,并获得关键性优势。而组织首脑的角色通常被认定为倡导型,这种期望会产生更大的激励,让其更具有倡导的特质。他们的行为对自身和组织而言都是理性的,但在组织目标和个人目标发生矛盾时则往往是非理性的。他们总是希望在改革中得到自己的成就感的同时得到应有的"好处",在圈内合作中希望实现推动自己工作的开展与适当获得个人利益双丰收。

官员的个性特质和心理因素决定了其行为类型,也在一定程度上决定了相同心理动机或不同心理动机类型的官员组合成为"圈"之后的"圈内化"的特点,比如一个内向、胆小或冷漠的偏向自我型官员与另一个同样型官员的结合,倾向于变得更加私利;而一个偏向利他型的官员与偏向自我型官员的结合,倾向于成为降低私利性。[①](见下表)

官员类型化视阈下的圈内化特点

类别	偏向利己型	利己利他兼顾型	偏向利他型
偏向利己型	圈内化特点1 私利性最强	圈内化特点2 私利性一般	圈内化特点3 私利性较弱
利己利他兼顾型	圈内化特点2 私利性一般	圈内化特点4 公共性一般	圈内化特点5 公共性较强
偏向利他型	圈内化特点3 私利性较弱	圈内化特点5 公共性较强	圈内化特点6 公共性最强

---

① 王震,孙健敏.领导—成员交换关系质量和差异化对团队的影响[J].管理学报,2013(02):220.

下面进行具体分析官员类型化视阈下的圈内化特点：

圈内化特点1："偏向利己型"与"偏向利己型"结合形成的圈。在这个圈中，他们在个人动机的激励下将公权力进行合并，相互帮助，改变策略，使有些本来比较本分的官员胆量变大，以便在圈内共同获得最大程度的私利，导致公共利益受到侵蚀的可能性大大增加。

圈内化特点2："偏向利己型"与"利己利他兼顾型"结合形成的圈。在这个圈中，他们在动机存在一定冲突的条件下将各自掌握的公权力进行"最大公约化"，注意扬长避短，相互敦促，改变习惯性工作思路，使有些本来比较自私的官员增强公共精神，也使有些本来擅长"公私兼顾"的官员变得偏向自私，以便在圈内形成相互利用关系，在各自获利的前提下维护共同自己的利益，导致公共利益的侵蚀变得比较隐形，较难发现。

圈内化特点3："偏向利己型"与"偏向利他型"结合形成的圈。在这个圈中，他们在动机冲突的条件下将公权力进行分解，注意区分利益与风险、利益大小与风险大小的平衡，相互提醒，改变自身，使有些本来比较疯狂的官员变得谨慎，也使有些本来比较的谨慎官员变得疯狂，成为强烈的自我型官员，以便在圈内形成共识，在共同获利中得到自己的利益，导致公共利益的侵蚀得到一定程度遏制的可能性增加。

圈内化特点4："利己利他兼顾型"与"利己利他兼顾型"官员结合形成的圈。在这个圈中，他们的动机基本一致，共同奉行的"中庸之道"往往大行其事，在履行社会职责时，受到公共利益与个人利益双重驱动，最终服从于本圈内官员们的共同利益，以比较包容的态度管理公共事务，有效地遏制了私欲的膨胀的可能性，在某些特定情况下他们会牺牲个人利益，以获取发展的机会。

圈内化特点5："偏向他我型"与"利己利他兼顾型"结合形成的圈。在这个圈中，圈内化特点与上述的"圈内化特点4"比较接近，只是利他精神很容易受到损止，变得摇摆不定和"大公中私"的动机更多一些，时而将公共利益放在首位，时而将个人和小团体利益摆到前面,对可能牺牲个人利益的事,大家不会支持,但明显违背公共利益的事也会随时得到修正的可能性增加。

圈内化特点 6:"偏向利他型"与"偏向利他型"结合形成的圈。在这个圈中,他们"大公小私"的动机基本一致,将公共利益放在首位,以比较客观公正的态度行使公共权力,追求高价值的职业理想,有效地降低了利我动机的冲动,在某些特殊时刻他们互相勉励,对可能牺牲个人利益的事会取得支持,减少风险。

还有很多官员形成的"圈"居于以上 6 种类型的区间,可以认为是趋向于这 6 种"圈"的过渡形态。根据圈内化对官员公共性和私利性的影响,可得出官员圈内化后在腐败心理方面产生的正激励和负激励情形,进而将各个圈形成的点进行连接,画出一条线。我们把它称作"腐败心理斜线"。这条斜线清晰地表达出"圈内化"造成腐败心理攀升和公共性心理下跌的趋势。(见图 2-4)

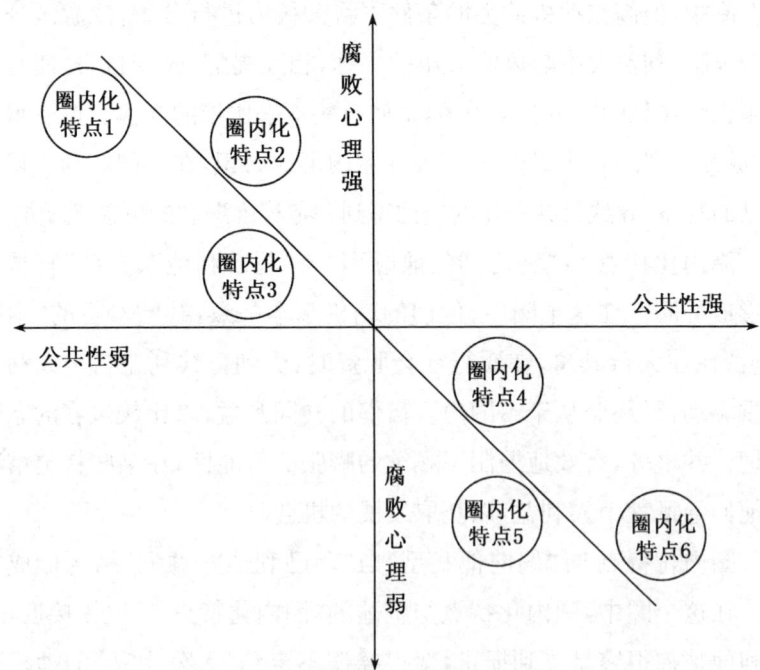

图 2-4 圈内化对官员公共性和腐败心理的影响分析

三、改进科层制与加强廉政建设

科层制是建立在逻辑和理性的基础上的组织形式。其优点和缺点都是多方面的。分析研究科层制背景下产生腐败心理的机制,就是为了扩大科层制的优点,克服科层制的缺点,加强廉政制度建设,努力将科层制关注逻辑性与预见性,重视技术专长,要求"服从非个人的制度",否定主观武断、个人专制和非理性情感,斥责依靠个人关系和投机取巧等机制,有机地融入廉政制度中,解决不当的"圈内化"造成的缺失。[1]

一是要在科层制结构中进一步明确公职责任系统的一体化特征,用正式规定的方式让系统能够有区别地进行控制和批准,使组织中各种角色通过正规化和非人格化的程序进行技术资格的分配。

二是要在科层制结构中进一步确立专业管理、专家管理机制,重视精确性与效率,保证连续性,将个人拥有的自行处理权和最高的投入利润相关联的技术效率保持平衡,使之接近于完全消除人格化的关系和非理性的考虑的结构。

三是要使科层制最大限度地提供公职人员的职业保证,使其有长期任职的希望,包括任期、退休金、逐步增长薪金、系统化的晋升,保证官员不顾沉重的压力忠心耿耿地履行自己的责任。

四是要按照科层制的要求,最大程度约束官员对权力的追逐,继续简政放权,减少行政审批事项,降低自由裁量权的幅度,加强法制建设,建设法治政府,加强对官员队伍的管理,加大制度的刚性约束,使科层制的优势得到放大,遏制腐败的产生。

然而,在改革的时代,科层制在实际运行中又面临着扁平化的诉求。这就要求在"两条战线"同时挺进——既要加强对官员行为的规

---

[1] 樊金山,李晓萍:国家公职人员腐败形态的政治心理演变探析[J].莆田学院学报,2003(06):5-8.

范,又要鼓励官员工作的创新。对于廉政建设而言,既要加强科层制对官员权力的规范和制约,又要改革科层制的僵化结构和"线性晋升"驱动,培育公务员良好的职业精神和心理素质,营造反腐倡廉的行政文化,改造"圈内化",推动行政管理制度创新。

首先,要优化科层制的政治生态,形成有意志和纪律刚性约束的政治氛围。政治意志是执政的前提,政治纪律是从政的基础,意志和纪律是政治素质的基本要求。具备坚定的政治意志,严格遵守政治纪律,是行政的首要责任,是公务员政治品德与能力的集中体现。为了更好地行使公共权力,对于政府官员必须施之以严格的政治规矩,确保公共机构和公务员具有正确的政治方向,担当政治责任。在干部选任上,要重视对公务员人格的把握,以保证合格的人被置于合适的岗位上,而不致发生政治用人上失误或偏差。同时,要建立预警机制,一旦出现权力落入具有易腐人格特质的官员手中,或者发现权力被异化、有产生腐败风险的"圈内化"形成的时候,要有管用的纠错机制和问责、弹劾制度,将腐败心理遏制于萌芽状态。

其次,要强化科层制的管理心态,形成有法制和流程刚性约束的行政氛围。制度的强制约束力能够为官员标识出腐败心理的临界值,将制度约束力引入认知和心理,可以发现,在演变过程中方向会发生改变,就如同外因对内因的作用和影响。如果经济、政治、法律等制度是外因,那么需要、动机等心理过程就是被影响的内因,举例来说,制度规定官员的工资、福利、晋升等影响着官员的心理满足程度。如果制度没有使官员的需要得到满足,或者官员进行社会比较后对制度所提供的现有条件不满意,产生不公感受,认为付出和收获不对等,就会出现心理失衡,甚至认知偏差,随即可能产生通过腐败行为满足需要的意识。当需要和动机逐渐受到强化,并在心理层面形成腐败倾向的认知时,腐败心理就形成了。当然,腐败行为最终的实现除了腐败心理的存在,还需要腐败机会的提供,制度的完善与否,决定了官员是否有实施腐败的机会。当前我国的腐败问题也正是由于科层制中存在的管理缺陷或漏洞造成的。完善制度建设,强化法制环境,让制度成为官员心理指向和行为决策的约束力,最大限度地降低腐败的心理概率是降低诱发腐败的重要因素。成熟的法制社会能够明确公权力运行规则;透明公正地对资源进行合理配置;能够合理地分权、放权,监督权力的运行;限制并阻断权力和财富交换的渠道;增加腐败的预期成本等。可见,加大制度约束力能够有效遏制腐败需求,减少腐败机会,杜绝各种腐败心理的形成。

第三,要再造科层制的文化形态,形成以正确的公共服务动机为内在约束机理的价值氛围。在科层制组织当中,官员的行为所服务的社会目标系统包括社会职责和私人动机,如果仅从组织设计来说,执行社会职责是官员的责任所在,但现实情况是官员往往在执行公务时加入了私人动机,更有甚者将私人动机完全替代了社会责任。社会职责与私人动机不能完全一致,是因为官员除了履行其公职身份外,同时还是一个社会人,需要扮演家庭关系中的一员、同学朋友中的一员、社会交往中的一员等不同角色,这些角色不可避免地带给了官员不同于公职身份的需求、态度和行为。当官员的这些角色需求被放大或被强化,并与公职角色有所冲突时,不同类型的官员会呈现不同的应对策略,其中"偏向自我型"的官员可能选择牺牲公共目标,在强调个人角色的过程中腐败随之而来。个人利益的驱使是导致官员腐败的另一重要原因,官员的社会职责包含着有价值的利他行为,一旦出现利他和自利上的互斥,那么个人利益的主导地位自然就会使官员在执行社会职责时产生偏差。这种偏差如果没有超出职责允许范围,且不损害公共利益,则正常运行,当偏差超出了组织所设定的界限,而官员的类型是倾向于获取个人利益,那么必然损害公共利益。一旦暴露,则会被追责。腐败,便是某些"偏向自我型"和"自我他我兼顾型"的官员将自利原则无限扩大,并借助公职行为牟利的情况。对于掌握公权力的官员,在面对腐败机会时,并不是每一个官员都必然发生腐败行为,关键是其是否具有腐败的动机。对于一位"混合动机"的官员而言,"权为民所用"的理想追求也许能够让他构筑起"拒腐反贪"的心理防线。而对于"偏向自我型"的官员以及他们之间所形成的"圈",可能会践行公共权原则,即使没有腐败机会,也会钻营制度漏洞,追求效用最大化,创造腐败机会,他们是调整制度、约束行为的重点,要堵塞体制漏洞,对他们筑起道德的、心理的、行为的和法律的网,防止腐败行为的发生。因此,优化科层制的文化形态,培育社会主义核心价值观,树立公共服务精神,至关重要。

第四,要转变科层制的评价模态,形成以绩效为评价标准和以心理测评为辅的导向氛围。现代行政的核心管理工具就是绩效评价,对公职人员的公共职责履行情况实施科学的考核,特别要增加外部评价的权重,将行政相对人和服务对象的满意度作为对官员任命、升迁、薪资结合起来的评价体系,必须改造传统的绩效评价模态,将过度看重 GDP 的评价指标进行及时修正,建立科学合理的绩效管理体系。另外,要定期对官员进行心理健康测评,对测评数据出现较大波动的官员加强心理辅导和人文关怀。在正常情况下,大部分人能够及时并有效地进行自我心理的调试和状态的改善,但特殊情况下,需要借助专业的心理咨询帮助其化解某些心理问题、情绪问题甚至认知障碍。从心理健康的角度关心爱护官员,首先,为他们提供有效的心理保健和培训,指导他们了解自己的心理需求变化,掌握解决心理问题的方法和技巧。其次,建立官员的心理咨询系统,通过一对一的个体辅导,为他们提供专业的心理辅导和服务,解开他们的心结,释放他们的压力,强大他们的内心,并植入正确的价值认知和行为认知,能够将官员的腐败心理逐步瓦解并摧毁,回归到正常的心理状态。最后,加强官员心理承受能力的培训,辅之以对官员个性特质和心理状态的研究,探索通过坚持和改进科层制,心理免疫力,保持其积极向上的从政心态,从而遏制腐败心理的产生。

总之,从消除科层制的负面影响入手,建立防止腐败心理发生的有效机制,有助于通过完善制度约束公共权力行使中的错误心理冲动,有助于通过积极的疏导增强官员在腐败诱惑面前的心理抵御能力,有助于通过开辟廉政建设外力和内力双效联动的新路径。

(原载《行政论坛》2016年第1期,作者为许欢、高小平、李和中)

晚清治理体系变革失败的启示

晚清时期,适应传统生产力的治理制度已经相当完备,但这一套治理体系与新生产力已不相适应,各种矛盾非常尖锐,社会问题充分暴露。清政府先后于1860—1890年、1890—1898年和1900—1911年三度进行治理体系变革。但由于每一阶段的变革都存在致命的弱点,于是一次次丧失了时机,最终,变革反而成为革命的导火索。晚清治理体系变革失败给我们的教训值得深入研究。

一、试图唤醒睡狮的"三部曲"

在中国人内心的辞典里,"晚唐""晚明""晚清"等词汇,绝对不只是对某段历史时间上的简单划分,而是深深地寄托了某些无可言状的复杂情感。一个"晚"字,其中静静地安放着敬畏的心理,让人体味着淡淡的反思。近些年来,人们对"晚清"这段历史的兴趣越来越浓,就不仅仅是情感上的含义了,内涵更加丰富。

在近代史上,常常把19世纪中叶至20世纪第一个十年这五六十年,称为晚清。这是一个中国社会由传统向现代转型的开端时期,是发生数千年历史未有之变局的关键时期。在这个时间段,灾难深重的国家同时在两个方面展开了针对旧治理体系的变革运动:一是体制外的颠覆性活动,二是体制内的维新变法。"在那个需要变革也想变革的时代,清廷并没有在变革中渡过危机,反而陷入了王朝的全面崩溃。正是这一点引起了人们持续的关注。这是因为,人类历史上的转折点并不只有那一次,在走向未来的道路上,相信还会遭遇历史性社会转型的问题。"①

晚清时期中国社会呈现出矛盾叠加状态——封建制度与资本主义生产方式的矛盾、中国与西方列强的矛盾、腐败统治者与人民大众的矛盾、满汉民族矛盾、传统文明与现代文明问题的矛盾相互交织。在国家治理体系中,适应传统封建社会生产力的制度已经相当完备,但这一套制度体系与新生产力之间的不相适应已经达到一触即发的境地,社会问题充分暴露,社会矛盾非常尖锐,社会裂痕不断加剧,国家进入了高风险期,各种危机事件多发、频发、大面积爆发。清政府着手进行治理体系变革,以求挽救风雨飘摇中的王朝社会。

清廷在1840年和1860年两次鸦片战争的惨败后,于1860年以来,启动了史无前例的国家治理体系的深刻变革。这场变革持续了半个世纪。依据其触动国家治理体系的深度和广度,大体可以分为三个梯度,依次推进,形成治理体系变革的时空态势。

起步是洋务运动。在西方强权政治和国内呼吁应对西方文明挑战的双重压力下,清统治集团中部分官员总结鸦片战争教训,认为中国与西方的根本差异在于物质器械的落后。恭亲王奕䜣认为,治国之道,在乎自强而审时度势,则自强以练兵为要,练兵又以制器为先。同时,在镇压太平天国运动的过程中,通过"借师助剿",来自地方的一些封疆大吏更亲身感受了"船坚炮利"的妙用,开始接受采西学制洋器的思想,并由此形成一新的政治派别——李鸿章、左宗棠、丁日昌、郭嵩焘、刘铭传,以及后来的张之洞、刘坤一、盛宣怀、张謇、陆润庠等为代表的地方和中央实力派,积极开拓、大胆组织、勇于实践,开展了一场史无前例的工业革命,即洋务运动。这是中国近代化进程中的第一次治理体系重大变革。

在洋务运动中,1861年,曾国藩率先设立安庆军械所;1862—

---

① 张康之.《中国最后的状元相国陆润庠》序——兼论清末社会治理变革的经验与教训[J]. 中国行政管理,2014(10).

1865年,李鸿章先后在上海、苏州设立洋炮局,在上海建立江南制造局,在南京建立金陵机器局;1866年,左宗棠在福建马尾设立福州船政局,崇厚在天津建立天津机器局……各路督抚们在各地纷纷创办了军事和工业企业,西安机器局、山东机器局等如雨后春笋般成立。至19世纪70年代,洋务派所办企业扩及民用工矿交通业,大型的有轮船招商局(1872年)、开平矿务局(1877年)、津沪电报总局(1880年)、上海机器织布局(1880年)、漠河金矿(1887年)、湖北织布官局(1888年)、汉阳铁厂(1889年)等。洋务运动不仅在经济和军事上有所作为,而且在后期还扩大到文教领域,在一定范围内出现了举办西学、选派学生出洋留学等举措。

在1860—1890年这30年中,洋务运动使中国经济快速发展。随着工业革命的深入,希望把局限于经济领域的治理变革拓展到全域的思考和呼声开始出现。有两个事件可以作为划分洋务运动与之后维新变法做区分的节点:一是张之洞提出,改革要惠及民生。1889年,张之洞上奏朝廷,建议修筑一条芦汉铁路,自北京卢沟桥至湖北汉口,以贯通南北。他认为"修路之利,以通土货厚民生为最大,征兵、转饷次之",而芦汉铁路是"干路之枢纽,枝路之始基,而中国大利之萃也"①。这说明统治集团内部开始关注把洋务运动的成效进一步用于改善民生。二是义和团运动爆发。1900年中国北方掀起了封建社会历史上最后一次农民起义——义和团反帝运动,其发展极为迅速,当时民间说"义和团起平原,不到三月遍地传",表达了民怨沸腾的真实场景。这也促使清政府感觉到,仅在重工业和军事领域发展是不够的,还需要政府普惠式的服务,需要发展民间经济,仅在经济领域变革也是不够的,还要拓展到文化、教育、慈善等方面的变革。

在洋务运动进入高潮后,国家治理体系变革的重点转向全面的

---

① 《清史稿》卷437,张之洞传,第12378页。

变法。光绪于1889年亲政,1890年以后逐步获得部分权力。在青年皇帝即将真正接班这样一个大背景下,大批朝廷高官开始追随其政治理想和治理纲领,张之洞、刘坤一、盛宣怀等一批朝廷高官和地方要员开始了新一轮治理变革。尤其是甲午战争,使国人从沉浸于洋务运动成就的"强国梦"中惊醒,清政府和有识之士进行变革的决心和魄力更大了,以至于到1898年6月11日,光绪颁布了"明定国是"诏书,在此后的103天里,国家治理体系变革达到了巅峰。

光绪变法的内容已然不仅局限于在经济领域里,而且涉及了方方面面,是从经济到文化、从政治到社会、从上层到中下层的大变革。政治上,删改则例,裁汰冗员,取消闲散重叠的政府机构,给予社会一定的出版和言论自由;经济上,保护和发展农工商业,设立农工商局,振兴实业,奖励创造发明;文化上,改造科举,建立学校,选派留学等。

这一轮由光绪帝主导、慈禧默许的变法创造出了一定的经济持续增长、新文化要素扩大、政治开明度提升等积极成果,特别是造就了一些新的经济增长点,弥补了巨额财政亏空,延续了统治集团执政的时间。①

以戊戌政变、光绪被剥夺权力和"六君子"遇难为节点,这一波变革浪潮告一段落。历史无情地告诉人们:社会治理体系变革具有阶段性特征,改革的内在必然性规律以个人权力斗争偶然性的形式顽强地表现了出来。

经过两年时间的停顿后,变革运动重新得到开启,但是这时已经不再由年轻皇帝主导,而是由最高执政者慈禧主持,且以"新政"的形态加以彪炳,使改革进入纵深阶段。1900年庚子国变后,国内外的形势使中国意识到,改革是最得人心之举。权力巩固、江山不易的根本在于能否拿出一个能堵住中国人的嘴、使中国在实际上能应对西

---

① 罗群.论晚清改革的制度变迁[J].历史教学,2008(12).

方文明挑战的变革方案来。① 于是,慈禧在弃京西行逃难之际,痛下决心,力主变法,全面实施新政。

慈禧导演的这一出大剧,场面极为宏伟,改革内容涉及的范围十分广泛,从发展工商业到废除科举兴办学校和派留学生,从编练新军到整饬吏治、改定刑律和宪政改革,贯通各个领域。其中,宪政改革是所有新政改革措施中层次最高、规模最大、影响最深的改革运动。② 之所以会提出这一变法方案,一方面是由于统治者希望在传统君主制下通过有效改革强化国家权威的力量来集中分配社会资源,以应付因近代化发展和列强挑战而引起的各种问题;另一方面是由于民族危机的加深和传统专制政体的弊端极大地刺激了社会政治精英的强烈政治参与意识,他们力求进入相关体制,以群策群力来解决民族危机并影响和参与近代化决策。清朝统治者被迫主动进行改革,试图以君主立宪的制度创新来挽救其政治统治,以此取得国内各阶层和西方列强的认可,夺回其统治的合法性。

清末新政成为试图触动封建上层建筑的制度变迁,由此迈出了中国现代政治文明的重要一步。

推进君主立宪制的建立,核心是"改官制",即行政领域的改革。1901年8月,为加强外交,改总理各国事务衙门为外务部;1903年,为发展商业,成立商部,为统筹全国财政,统一币制,设立财政处;为督练新军,统一兵制,设立练兵处;1905年,为维护治安,设立巡警部;为发展现代科技,废除科举,兴办学堂,设立学部;1906年,进行一揽子改革,重新安排各机构,设外务部、吏部、民政部、度支部、礼部、学部、陆海军部、法部、大理院、农工商部、邮传部、理藩部、都察院、资政院、审计院、军咨府等。这些举措,在一定程度上朝着三权分立方向发展,司法权有所独立,行政权的分立有所推进,较之改革以

---

① 周益锋.从社会转型范式看晚清变革的当代意义[J].石油大学学报,2004(3).
② 匡仁春.现代转型中的晚清改革探析[J].南昌高专学报,2009(6).

前行政、司法、立法三权高度混同行使是一个进步。清政府还建立了专司慈善的机构。在中央政府改革的同时，地方官制也进行了一些改革。先是在东三省进行试点。废除原有将军体制，设东三省总督和奉天、吉林、黑龙江三省巡抚，三省各设行省公署，内设承宣和咨议两厅；行政方面设置交涉、旗务、民政、提学、度支、劝业、蒙务七司，另设东三省督练处管三省兵事。各省设提法使管司法行政；省以下设府州县三级，但府不设属县。东三省改制的重大意义不仅在为全国改革做了探索，还在于"将东北一隅的特殊局面取消，而使之纳入全国范围的政治体制"。东三省改制开始后，清廷又于1907年7月颁布了其他各省官制改革章程，确定："一省或数省设总督一员，总理该管地方外交军政，统辖该管地方文武官吏"，"每省设巡抚一员，总理地方行政，统辖文武官吏"，"唯于该省外交军政事宜，应商承本管总督办理，其并无总督兼辖者，既由该省巡抚自行核办"；总督巡抚衙门各设幕职，分科治事，并要求"各省督抚应于本署设会议厅，定期传集司道以下官会议紧要事件"；各省设布政、提学、提法三司和劝业、巡警两道，"受本管督抚节制"[总司核定大臣奕劻等奏续订各直省官制情形折所附清单，载《清末筹备立宪档案史料（上）》，506—510页]。变地方四级政区为三级政区，省之下为府、州县两级，州县设佐治员。还要求各省就地方情况分期设立高等审判厅和地方审判厅；分期设立府州县议事会、董事会。①

　　这一时期的新政，在触及国家治理制度的核心部分——行政管理体制时，发生了裂痕。虽然新政确立了建立君主立宪制的目标，确立了分权和自上而下放权的基本原则和方向，但究竟在皇权与内阁如何分权的问题上产生了剧烈的争论，改革的参与者为了个人和利益集团的利益，相互反对、攻击、倾轧，满族高官与汉族高官的政争更

---

① 王家俭.晚清地方行政现代化的探讨[C].中国近代现代史论集：第16编.台北：商务印书馆，1986：157.

为激烈,清代最后一位"铁帽子王"庆亲王奕劻,以及荣庆、铁良等满人与袁世凯、张百熙、瞿鸿禨、张之洞等汉人围绕内阁方案之斗引发朝野震荡,使预备立宪进程受阻,一度陷入僵局。①

这方面的改革对经济、社会、文化各领域都产生了重要影响。1900年时,华资企业570家,资本6900多万元,到1911年,同类企业增加到2300～2400家,资本3.2亿元,平均每年增加14%～15%。② 1895至1898年中国的民族工业,新设厂投资万元以上者55家,年均13.75家;而1904至1910年清末新政期间,新设厂投资万元以上者276家,年均39.4家,是前者的2.87倍。③ 这种发展还表现在农业上,由于土地面积的增加,促进了农作物产量的增长;特别是先进的农业技术和知识的传入,使中国农业生产也带有了近代的色彩。④

新政改革随着慈禧的逝世基本告终。同时,整个"三部曲"也进入尾声以及另一个新乐章的序曲。

二、步步深入但又各有缺陷的阶段性特征

从19世纪60年代开始的治理体系变革的"三部曲",依其梯次特征,形成三个阶段。1860—1890年为第一阶段,主要是经济和军事领域的变革,形成"单兵独进"的态势;1890—1898年为第二阶段,主要是经济、政治、文化、社会、军事各领域的变革,形成"点线状"的态势;1900—1911年为第三阶段,主要是政治领域的变革,形成以政治牵引经济、文化、社会、军事各领域的"网状"态势。

19世纪80年代末,慈禧之所以决定"归政"于光绪,不仅如以往

---

① 刘志勇.陆润庠视界中的清末新政[J].中国行政管理,2015(9).
② 樊百川.二十世纪初期中国资本主义发展的概况与特点[J].历史研究,1983(4).
③ 汪敬虞.中国近代工业史资料:第2辑下册[C].北京:科学出版社,1957:878-919.
④ 李文治.中国近代农业史资料.第1辑[C].北京:生活读书新知三联书店,1958:868-87.

研究表明的是迫于制度和人言的压力,更多地与洋务运动取得了很大成就,政权比较稳固,有直接关系。慈禧当然希望国家长治久安,当然知道执政者和政策连续性的重要性。1889 年 3 月 4 日(农历二月初三)朝廷举办了极为隆重的皇帝亲政仪式。光绪在亲政仪式上承诺,大清帝国将在过去三十年洋务新政的基础上继续发展,再现昔日辉煌,告慰列祖列宗。

光绪亲政后,尽管有慈禧垂帘听政的钳制,但权力不能说一点没有,甚至应该说在他亲政之前就已经在某些方面有了较大权力,亲政后逐步扩大权力范围、提高决策层次。这一点可以从"事分三等"的规则那里得到证实。为了协助皇帝处理好与太后的权力关系,翁同龢与陆润庠等智囊幕僚为皇帝制定了一个"事分三等"的规则,按照寻常事、稍难事、疑难事三类情况,请光绪把握分寸。寻常事不报告,自己决策;稍难事"打包"报告或先做决策后报告,自己先执行;疑难事必须先报告,请慈禧决策后再执行。作为一个年轻的皇帝,不甘做一个傀儡,要施展自己的政治抱负,因此和慈禧太后之间实际上形成了既矛盾冲突又相互合作的关系。[①] 长期以来,人们说光绪"幼而提携,长而禁制",认为在 1898 年之前权力全部掌握在慈禧手中,这是不准确的。1894 年至 1895 年的甲午战争,就是按照光绪的"主战"的意见进行的,慈禧虽然"主和",但并未占上风,这就可以清楚地看到光绪确实是掌握部分权力的。1895 年甲午战争失败后,光绪的权力重新受到较大约束。但很快又逐步扩大,后来在 1898 年的"百日维新"时期权力达到了顶峰。在维新运动开始之际,光绪帝将翁同龢开缺,以前主流学术观点一直认为是慈禧反对变法的一个重要安排,但根据著名清史专家杨天石的潜心研究,认为这一决定是光绪帝自己做出的。[②] 我比较同意这一观点。因为,对于光绪帝来说,变法需

---

① 高小平.中国最后的状元相国陆润庠[M].江苏:苏州大学出版社,2014:50 - 51.
② 杨天石.晚清史事[M].北京:中国人民大学出版社,2009:76 - 93.

要排除两个方面的干扰,一个方面是慈禧,在"百日维新"前夕,慈禧已经明确表示同意变法,这方面的干扰就减少了,而光绪帝的老师翁同龢,则成为变法的另一方面的干扰,只有摆脱翁同龢的"保姆式"的扶持,才有独立行事的"权力"。光绪帝将翁同龢开缺,除了表达自己已经长大之外,还可以向慈禧表明对之前垂帘体制结束的"感恩",可谓一石双鸟。近年来赞成杨天石意见的学者还有不少,如马勇认为,所谓慈禧与光绪不共戴天、视若仇雠的观点不符合历史的真实情况,是"政治反对派的肆意攻击与诋毁",是"无论如何不能相信"的"谎言"。①

总体而言,光绪亲政后中央政府是光绪和慈禧在他们各自的拥戴者的支持下共同执政、分享权力的格局,在维新方面,光绪占有一定的优先权。因此,1890—1898 年这一阶段的治理变革可以认为是光绪改革。

这一阶段的变革有一个最大的特点是,改变了洋务运动时期的单独在经济领域变革的做法,开展了多层面、多领域的变革。但是,在众多领域中的变革举措没有抓住带有方向性的问题,没有抓住变革的重点,虽然暗含有国家民主化的意蕴,但缺乏具体明确的路径选择。所以,这些举措表现出明显的碎片化特征,使得改革缺乏整体性、系统性考量和顶层设计,使得改革被人为割裂,而且总是只有部分人关心和投身某项具体的变法,使得改革只在上层运作,得不到中下层的广泛支持,使得几乎每一项改革措施都只能使很少人获得利益,而多数人无法享受变革成果,以至于常常出现"政令出不了紫禁城"的现象。

碎片化的问题集中表现在两个方面:一是变革的决心来自上面,而方案来自下面,地方利益左右改革,导致变革方案存在着内在的矛盾性。1895 年 4 月,《马关条约》签订的消息传到了北京,康有为、梁

---

① 马勇.晚清二十年[M].北京:人民文学出版社,2011:262-264.

启超组织在京参加会试的举子1300多人签名，要求拒和、迁都、变法图强。这次"公车上书"是变法维新运动的序幕，显然是自下而上的。在光绪表达了变法的决心，完成了自下而上的过程后，新政的举措大多仍然是下面提出来，上面加以确认，然后发布。始终没有产生将自下而上与自上而下相互结合的过程，始终没有完成凝聚上下左右的意志和智慧的总体性变法方案。

二是变革的主线不清晰，点与线、线与线之间缺乏联系的机制，导致内容庞杂而缺乏主导思想和系统方案。例如，废除八股，怎么与兴办新式学堂相衔接；发展民间商业，与官商的关系如何协调；开通官绅市民上书言事，如何避免只听到一面之词；精简机构，裁减冗员，人员如何安置；取消旗人特权，如何让没有能力的人找到合适的饭碗；开放报禁，准许设立报馆、学会，如何处理与舆论管理的关系；女人不缠足，怎样让她们获得社会工作权利；设立译书局，翻译外国新书，如何引导公众读书……总的来看，变革有简单、零碎复制日本和西方现代化的具体措施之嫌，综合考虑与中国的实际国情相结合、与现存的治理体系相衔接、使各项变革措施产生内在的统一等问题，关注不够。这些举措尽管全部加起来也不过180多项具体条文，但很容易被看成要无区别地摧毁一切现成秩序，致使引发了普遍忧虑和不安气氛，甚至开始造成社会的撕裂。

出现变法碎片化的原因，与任何改革在起步阶段都呈现特殊的艰难性有关，但主要是统治者对当时中国面临的矛盾交织的极端复杂性认识不深刻。另外，光绪权力的大小、完整性程度，也是能不能全面推进改革的重要变量。在以孝治天下的王朝传统中，慈禧处于尊亲的地位，皇帝很难独立行使完整的权力。加之光绪不是如其他皇帝那样从父帝那里继承皇位的，光绪不是同治的儿子，他的合法性来源于慈禧的意愿和权术。在慈禧的保护下长大成人的光绪，不可避免地产生恐惧的心理，即皇太后可能作成他于前，也可能废黜他于后。这种权力非正当性、博弈和畏惧心理导致光绪在变法问题上表现得令人失望,而这种外人的失望(特别是慈禧的失望)又增加了光绪推进改革的难度,于是,权力不足与系统性不足互为因果,恶性循环。

1898年慈禧发动的政变,结束了这个阶段。在变法停滞了两年之后,由于八国联军的入侵,"倒逼机制"使变法被慈禧再次提出。在慈禧主导的第三个阶段的治理体系变革即新政阶段,从政治制度变革入手,有顶层设计,有地方配合,形成一股强大势力。

新政的设计带有网络状态特征,比较系统,取得的成就是多方面的。"裁冗衙""裁吏役""停捐纳",这条主线体现的是政治治理制度革新;"废科举""办学堂""派留学",这条支线支持主线,体现的是人力资源治理制度革新;"开报禁""民办商""不缠足",这条支线支持主线,体现的是社会和文化资源治理制度革新。事实上这些举措都是围绕着为推进三权分置的君主立宪制改革所做的体制准备、人才准备和思想准备。然而,这也为后来的辛亥革命及中国的近代化进程开启了人才培养、开启民智的准备。不管怎么说,其意义不能小觑。

新政改革的局限性主要体现在未能处理好在君权与阁权的博弈关系上。袁世凯代表部分汉族大官僚资本的利益,试图利用做大阁权实现主宰朝政的梦想,被朝廷识破后,改革派与保守派最后亮牌,搞得最高执政者左右为难,决策变得扑朔迷离,先是不当停顿、再则急躁速行,终因君威丧失、民心尽失、社会不稳,导致变革以失败告终。1911年,中华民国宣告诞生。

三、教训的层次性与启示的凝重感

从1861年启动中国近代治理变革进程,到1898年戊戌变法失败,38年持续变革受阻;从1901年开启新政,到1908年停顿,再到1912年清帝退位、结束帝制,这场体制内发动的前后45年的变革最终付诸东流。为什么顺应历史潮流、于国于民有利的改革不能如愿推进?为什么中国向其他国家学习,希望通过制度变迁换取一种新体制的努力不能取得成功？其中的教训值得认真思考。

导致变革失败的原因是多方面、多层次的，我们不妨从四个方面、四个层次来分析。

第一个方面，直接的原因是变革触动了统治集团很多人的切身利益，这些人目光短浅，心胸狭窄，不能顾全大局，不惜以破坏变革为代价来维护既得利益，使得领导者内部的意见产生严重分歧，增加了推进的阻力，产生出反对改革的力量，并逐渐得势。这方面的研究已经很多。

第二个方面，间接的原因是变革方案设计的不合理，行动缺乏连续性，或者单兵独进，或者支离破碎，或者左右摇摆，或者时进时停，为怀疑变革的人找到口实，为反对变革的人提供反扑机会。比如，在三轮变革中每一阶段都存在致命的弱点，第一阶段是仅有经济领域的变革，未有国家的全面变革，虽然在个别领域取得较好效果，但社会整体未有大的变化，单项成果不堪一击；第二阶段虽然在经、政、文、社、军各领域开展，但缺乏整体性设计、系统性考量和中层支持，碎片化的变革使得几乎无人享受变革成果，结果导致失败；第三阶段的探索十分可贵。其中的官制改革虽然流产，但在讨论和起草方案过程中形成的行政体制变革思想是有价值的：一是包含了政治与行政分离的思想，既维系君主（政治）集权又建立内阁（政府）分权体制；二是具有了分权制衡的思想，在建立立宪政体的目标下，提出了将立法、行政、司法三权分开的要求；三是提出了职位分类、职权与职责一致的设想；四是确立了打破满汉身份差别、依资历和能力任用官员的思路；五是考虑了设立相对独立的监察权的问题。这些都可以看出明显的现代性色彩。可以说这次新政从政治制度变革入手，有顶层设计，有一定的系统性，也有官员的支持，但缺乏底层的社会基础，而且变革的最佳时机已经丧失，最终使变革在强大的阻力面前选择了避重就轻，成为基本上流于形式、变了味道的变革，这反而成为革命的导火索。

从这个层面看,晚清治理体系变革三度失败给我们的启示是,治理体系内在矛盾的复杂性需要系统变革。对已然十分完备、但又完全僵化的原有治理体系进行变革,决不能采取零打碎敲的方法,变革要进行科学的顶层设计,全面推进,且一定要抓住机遇,坚定前行。

第三个方面,重要的原因是改革的主导者没有把握好改革的关键——政治与行政的分开。虽然有了君主立宪的基本思路,但没有以坚忍不拔的勇气持续推进和完成"官制改革",也就是说没有处理好行政权如何从君主权中分离出来的问题。历览德日英各实行君主立宪制的国家,都是先将政治权与行政权做适当分开,均衡各政治力量的比重设计出行政权的管辖范围,然后妥善安排君权退出,才能取得成功。而晚清恰恰在这个问题上出现了袁世凯等人的争权,引起皇族的不满,未能很好厘清君阁权力边界。

这方面的启示是极为难得的。任何一次在体制内进行的变革,关键就是要解决好行政体制的问题。这个"扣子"解开了,行政体制改革一马当先,行政权既从君权中分离出来,又得到君权的支持,其他方面的改革就可以万马奔腾;这个"扣子"解不开,行政体制改革一马挡道,行政权就无法从君权中剥离,君权必然继续滥用,行政权和行政改革成为摆设,其他方面的改革就万马齐喑。

第四方面,也是最深层的原因,是这场变革未很好地解决文化和思想的冲突。晚清的历次运动,都与阶级斗争有关、与民族矛盾有关、与列强侵略有关,与决策失误有关,但最核心的是与文化冲突有关,变革失败是中西文化碰撞的必然结果。"体现在国际社会的观念上,就是中国传统的天下观念、华夷观念与欧洲近代的外交观念之间的冲突;体现在经济生活观念中,就是中国传统的重农轻商偏见、怀柔远人及闭关政策,与西方近代重商主义、国际自由贸易之间的冲突;体现在法律观念上,就是中国君主专制体制政体下皇帝谕旨高于法律、官厅命令可成法例及'连坐'等法律习惯,与西方讲法律和命令分开、命令不能高于法律、行为责任只限于当事人的观念之间的冲突。"①这些文化观念冲突如何释怀？只有抓住文化差异的本质——理论，才能解决其根本的矛盾，这就要求中国统治者在变革前和变革中以正确理论为指导，在体制内进行深入的观念更新。而晚清的统治集团没有真切地看清和把握这一点。

晚清重要的思想家，当时被很多人包括慈禧看好，作为君主立宪后堪当大任（总理）的人选，被孙中山称为"没有革命家帽子的真正革命家"的张之洞，在1898年，也就是第二阶段变法失败的那一年，出版了著名的《劝学篇》。这本书可以被认为是晚清治理体系变革的指导理论的纲领性文件，第三阶段的慈禧新政之所以能有一个比较完整的方案框架，就与张之洞的整体改革思想直接有关。《劝学篇》一出来，就受到光绪的重视，慈禧也很欣赏，成为"钦定维新教科书"，"挟朝廷之力以行之，不胫而遍于海内"（梁启超语，《饮冰室合集》自由书），十日之间，三次再版。据在华外国人估计，印数超过二百万册，这在当时和现在都是一个相当大的数字。还先后译成英、法文出版，1900年美国纽约出版的英文本，书名意译为《中国唯一的希望》。该书研究的理论问题，是道、咸、同、光四个皇帝期间一批朝野人士几十年求索问道的思想结晶，并为此后一个长时期提供了继续讨论与此有关的一切宏旨论题的基本出发点，无论是发扬它还是批判它的人们，都离不开《劝学篇》设定的范畴、论题与展开场。

张之洞旁征博引经典，从《周易》《尚书》《礼经》《论语》《礼记》等概括出"变易"与"不易"的二重思想，提出"中学为体，西学为用"的"体—用"观点，并对中国与人类文明的"内—外""本—末""常—变""动—静"进行了深入研究，提出关于文化的民族性保持与世界性获得二者关系的探求。这些都是值得肯定的。其理论范畴的宏大和严谨，在一定意义上体现了系统化变革的追求，对今天的人们也有启

---

① 李剑农.中国近百年政治史[M].北京：商务印书馆，2013：662.

发。但是,他理论的基础部分是有方向性问题的,这就是强调中国传统的治理之"道"不能变。而随着社会生产力的发展,在当时的中国要变的首先、也是关键性问题就是要重新选择发展"道路"。诚如李泽厚所说的,张之洞"他不懂得在他所要维护的'中学'(三纲五常的政治制度和以三纲五常为轴心的封建意识形态)下有根本的东西。他不知道,他要维护的'学'不只是一个'学'的问题,也不仅是政经体制的问题"。这个"学""它包括了物质生产和精神生产",即社会存在,"就中国来说,如果不改变这个社会存在的本体,则一切'学',不管是何等先进的'西学',都有被中国原有的社会存在的'体'——即封建小生产经济基础及其文化心理结构即种种'中学'所吞食掉的可能"①。李泽厚的思想是深刻的。

再从另一个角度探究。张之洞的理论虽然提了出来,姑且认为朝廷上下也基本上把这个理论作为指导思想了,但并没有将其转化为一种理论自信。因此,在变法维新和实施新政过程中,一遇到"维新"与"维稳"发生矛盾时,就毫不犹豫地选择了维护"稳定",而放下、后推变革;一遇到"治"与"乱"发生矛盾时,就选择了"治安"而不是"治理";一遇到反腐败、反满人特权与反朝廷、反满人发生矛盾时,就选择了放弃或"变通",最后出台的君主立宪的"责任内阁"成为"皇族内阁",立宪成为换汤不换药,改革变为泡影。总之,系统性治理变革,最重要的是要有正确理论作为指导,要有在这个理论指导下的方案和行动。理论、方案、行动,构成观察国家治理体系变革的三大要素,而理论是基础,换言之,首先是要思想上搞明白、搞统一,有了正确的认识,才会有正确的方案和行动。在有了理论的情况下还要有理论自信,在理论自信基础上确立道路自信。晚清正是由于缺乏理论自信和道路自信,在错综复杂的制度性纠结面前,于进退之间总是选择后者。

---

① 李泽厚.中国现代思想史论[M].北京:东方出版社,1987:332-333.

或许我们还可以从更加广阔的泛文化层面进行解析。面对西方在军事、政治、经济、文化、社会、宗教的"交响乐",金属之弦音演奏所展示出的强大震撼力,中国晚清王朝眼看礼乐崩溃、观众流失,急起直跑,先是远渡西洋,购回了大量的西洋乐器小提琴、大提琴、贝斯、铜管乐器,与无数的中国二胡、笛子、琵琶一起演奏,既来不及仔细琢磨乐谱,也没有定好调,更没有指挥(中国式演奏从来不需要指挥),各拉各的调,各吹各的号,阵容虽然强大,但无法入耳;后来又跑东洋,抄来了比较接近中西结合的乐谱以及编写乐谱的方法,加入汉唐音符,组成混合乐队,又开始演奏,然而,按照中国传统,没有多声部,没有主旋律与多声部的交融,没有配备指挥,仍然是乱象丛生,噪音喧嚣。观众先是好奇,买票来看,但糟糕的演出,令人无法忍受,曲未终、人就散。殊不知,如果抽掉了西方交响乐中的旋律特别是主旋律,就仅剩下一堆器乐的是"器质"的声音,就像船坚炮利未必就能打胜仗一样,人们听不到在那些铜铁声音之中的人文精神;如果不发扬中国乐器特别接近人的声音的优势,硬要拿二胡与铜铁之器这两种不同类型的乐器进行比较,混淆可比性原则,又怎么能够找到中西音乐的真正的共同点在哪里、差异点在哪里?怎么能演奏出适应这个自己近代化现代化的音乐呢?交响乐与中国音乐的根本不同在于,前者要的是不同声音的组合,要的是在和弦形成的"异"中求"同",是"合奏",而中国音乐历来是一个声音,要的是"同"中求"异",是"齐奏",那么,就无法扬中国音乐之长,即使学了西洋音乐,也只能是"洋泾浜"。真正的中西合璧,应该将"异"中之"同"的"合奏"与"同"中之"异"的"齐奏"结合起来,如聂耳和冼星海那样,将西洋音乐元素编码进入中国民族基调,将西方乐器的铜管之声融入中国民族气派,才能演奏出慷慨激昂的《义勇军进行曲》《黄河大合唱》;如今日很多协奏曲那样,以二胡为主旋律,铺开交响乐的宏大叙事格局,才能演奏出催人泪下的《二泉映月》《梁祝》。这在表面上看,是一个"体用"争论,实质则是要不要、敢不敢、能不能搞现代"治理"之争。

四、题外话:实现社会转型,意味着统治型政府的终结

晚清当局希望通过体制内的变革,更法令、破痼习、议更张,用新政保旧朝,继续维持其统治,并一改无能政府形象,求振作、提精神、壮国胆,但遗憾的是,所有努力尽是徒劳,在历史的强烈光柱照射下,成为一枕黄粱。

关于晚清变革失败最重要的教训和启示,就是不从最为根本的"政府治理形态"觉醒开始,不从传统的统治型政府模式转为现代管理型体系入手,是一定走不出改改停停、周而复始的怪圈的。①

政府体系、社会体系、经济体系是国家治理体系的三大基本组成部分,这三大体系的性质、结构、功能及其相互作用便形成了一定时期的政府形态、社会形态、经济形态,而一定时期的政府形态、社会形态、经济形态的性质、结构、功能及其相互关系决定了这个时期国家治理体系的性质、结构和功能。国家治理体系的变迁、实现现代化的进程,是由一定时期的政府形态、社会形态、经济形态的变迁、发展所导致的。我们在考察国家是如何从一种旧的治理体系向新的治理体系转型的时候,在研究政府形态转变的内在规律和走向的时候,不能离开那个历史时期的经济、政治和社会状况。

十八世纪中叶以后的清帝国已走向衰落,其中一个重要原因是经济上出现了重大的产权变更。自乾隆年间开始,土地兼并在广大的农村疯狂地进行,很多地主一家就拥有三千亩以上的良田,使很多农民失去土地。由于土地集中后,政府面对的纳税人数量减少,征税工作变得相对比较容易实施,这也使得地主及尚有土地的农民承担的实际税负大大增加,于是地主就进一步压低农民的报酬,形成恶性循环,农民生活越来越艰难,多数农家陷入"每岁所入,难敷一年口食,必须买米接济"(《高宗实录》卷311,乾隆十三年三月癸丑)的窘

---

① 雪珥.晚清改革之误(下)[J].新金融观察,2012(10).

困境地,大批农民背井离乡,成为城市流民。当时仅北京一地就经常性地聚集了十万以上乞丐,有一年冬天一天就冻死饿死乞丐八千多人。① 而清政府对此视若无睹,未及时采取有效措施,调整产业结构,解决失地农民就业问题。

18世纪中叶以后的清帝国举办了很多近代企业,在客观上适应了工业革命的发展需要。但反过来看,如果政府大力发展实业,推进工业化和产业结构调整,势必需要加强经济管理部门的力量,这就对政府管理体制产生压力,原来的政府职能驾轻就熟的业务用不上了,尸位素餐的官员无法混日子了,新的管理技能又不愿意去学习,很多官员便消极抵抗、不作为,"但多磕头少说话"(语出自乾隆、嘉庆、道光三朝元老的大学士曹振镛)的官场风气极为盛行。更有很多贪官污吏将办实业作为其建立私人钱袋子的机会,极尽中饱私囊之勾当,使得工业发展的成果被部分消解,也遏制了企业扩大再生产的能力,解决就业的渠道虽然有所拓宽,但效果仍然不明显。

可见,清政府的变革,自始至终受到了来自经济体系、社会体系、治理体系一哄而起的、自发的、必然的抵制。洋务、维新、变法、新政等一系列运动,在改革复杂艰巨性不断展现的现实情况下,还未充分显效,就已经束手无策。政府转型、社会转型、经济转型的任务,在传统的政府治理结构筑成的高门槛面前,还未跨越,已然跌倒。文化启蒙、理论创新、道路选择的利剑,在维护统治高于一切利益的坚固城堡面前,还未举起,就已放下。这种治理模式要终结,没有其他办法,只有政治体制和政府的终结了。

(原载《南京社会科学》2015年第5期)

---

① 李洵.明清史[M].北京:人民出版社,1956:246-247.

> 1977年8月份,胡福明从南京大学南门的邮局向《光明日报》寄了一篇稿子,就是后来的《实践是检验真理的唯一标准》的初稿。
> ——《中国报道》记者 徐豪

运行篇

着眼于制度建设和创新
中国绩效管理的启动与发展
政府机关工作效率标准
创新机制 推进事业单位分类改革
政府绩效管理创新中的"样本点"
我国税务系统绩效管理体系:发展、成效和特色
行政复议制度的动力分析及对策探讨
行政督查的国际经验借鉴
政务公开:行政管理现代化的重要标志

着眼于制度建设和创新

又是一个带着清新浓烈气息的早春。党的十六届二中全会通过了《关于深化行政管理体制和机构改革的意见》，十届人大一次会议通过了《国务院机构改革方案》。新一届中央政府在新世纪开启了新一轮行政管理改革。鸟瞰国际范围的行政改革浪潮，纵观改革开放以来我国四次机构改革历程，我们由衷感到高兴的是，第五次行政管理体制和机构改革，在深度、广度和力度上具有一些与以往不同的鲜明特点。这些特点是：高起点、抓关键、重整合、讲配套、保廉政。

一、集中全党智慧，行政管理体制和机构改革跃上新的起点

这次行政管理体制和机构改革，是在全面建设小康社会的历史性新时期进行的。如何建设一个适应政治文明和社会主义市场经济发展要求的政府，是这次行政管理体制和机构改革面临的首要问题。十六届二中全会和十届人大一次会议全面贯彻十六大精神，认真回顾上届政府行政管理体制和机构改革取得的重要进展，深刻总结改革中积累起来的宝贵经验，经过充分调查研究，集思广益，反复论证，制定了行政管理体制和机构改革的整体方案。这个方案初步确立了"全面建设小康社会条件下政府模式"的框架，科学地回答了我国各级政府怎样在现代化建设过程中发挥应有的作用，如何更好地为政治体制改革和经济体制改革服务等重大的理论和现实问题。党中央

对行政管理体制改革和机构改革高度重视。中央全会就行政管理体制改革和机构改革讨论通过一个"意见",这在我们党和国家的历史上尚属首次。这本身就表明,本次行政管理改革不同寻常。同时也表明,行政管理体制和机构改革方案的拟订,是集中了全党包括行政管理学界聪明才智的结晶。改革开放以来,我们党和我国政府对行政管理体制和机构改革的认知是逐步深入的。起初,和世界上许多国家搞政府改革一样,是出于财政压力,提出精简机构和人员,以减少财政支出。同时,为了提高行政管理效率,也需要对政府的体制和运作方式进行改革。随着我国经济体制改革的深入,向作为政治体制组成部分的行政管理体制提出了改革要求,行政改革明确了适应经济体制改革的命题。再后来,政治文明的理念得到认同,行政管理改革需要与民主政治建设相适应这个重要观点,被提到实践的议事日程。认识与行动、理论与实践,相互转化,不断深化,螺旋上升,才有了在党的全会上形成行政管理改革的共鸣和共识。行政管理改革站在了一个新起点新高地上,这就是在物质文明、精神文明、政治文明建设的同时创建行政文明。

二、紧紧抓住转变政府职能这个关键,把行政管理改革的任务落到实处

经过 10 多年的努力,我国政府职能转变已取得了显著成绩。以间接管理手段为主的宏观调控体系框架基本建立,市场体系建设取得了重大进展;政府管理国有企业方式有了较大改变,针对企业以及建设项目的行政审批大幅度裁减;涉外经济管理逐步向国际惯例靠拢;政府决策民主化科学化程度有了很大提高,政府促进经济和社会协调发展的职能不断加强。然而,根据社会主义市场经济的要求,和世贸组织的规则,各级政府职能转变远远没有到位,还必须要进一步下大力气调整和转变。建设社会主义市场经济的核心是建立市场制度,而政府职能的转变是建立市场制度的关键。所谓职能转变,无异

于政府原有经济活动直接的组织者、决策者、管理者、经营者的身份发生彻底改变,意味着许多政府部门将失去权力和利益,这就使转变政府职能形成巨大的阻力。经过20多年的改革,我国各级政府部门已经逐渐退出了一些生产部门和经济领域,承担起公共事务管理和公共物品的提供的职责,但由于改革的渐进行和过渡性,这种职能转变成为改良和妥协,政府仍然固守一些应当而且可以放松的管制不放,特别是一些拥有"实权"的政府部门从"前脚"迈出了简政放权的"门槛","后脚"又想方设法退回原来自己的"领地",或者"前门"放走了一些管理权限,又以新的形式从"后门"夺回了失去的权力。行政管理体制和机构改革的成败,标志就是看政府职能是否真正转变到经济调节、市场监管、社会管理、公共服务上来了。设任何一个机构、定任何一个编制,都是为了行使法定的职能,不能在法定职能之外增加"附加职能"。因此,必须按照精简、统一、效能的原则,按照决策、执行、监督相协调的要求,科学规范部门职能,合理设置机构,按岗设人,切实解决职能"越位""错位"等问题。这次深化行政管理改革虽然看起来"动作"不大,但是要求高、难度大,要求高就高在以转变职能作为主要任务,难度大也大在转变职能上。5年后我们再来检查这次改革的情况,不是像以往几次机构改革那样看减了多少机构,分流了多少人员,而是看政府职能是不是适应我国政治经济社会发展的需要了。这显然是横起了一根更高的标杆,各级政府要在"瘦身"的基础上"健美",苦练内功,否则就跳不过世贸组织立起的"标杆"。

三、致力于结构与功能的整合,优化政府组织结构

国务委员兼国务院秘书长王忠禹在十届人大一次会议上所做的《关于国务院机构改革方案的说明》报告中,用了三个"整合"。一是把原来分散在几个部门中的对国有企业的指导和领导干部管理职能、国有资产管理职能等整合起来,设立国资委;二是把对金融企业的监管职能从央行分离出来,与中央企业工委的相关职能进行整合,

设立银监会;三是把对国内贸易和国际贸易的管理职能整合起来,组建商务部。对这三个急需强化管理职能的国务院所属正部级机构都使用了"整合"这个词,可见有独特的含义。政府的结构与功能,是行政管理研究的一对基本矛盾。结构不合理,职能必然重叠、交叉,管理功能就不能正常发挥。反过来,管理功能紊乱,又会导致组织结构松散、无序,这是引发机构和人员膨胀的重要原因之一。因此,优化政府组织结构,是行政管理体制和机构改革的一大主题。根据行政管理学原理,优化政府组织结构可以有两个取向的选择,一是纵向放权,走决策、执行适度分离的路子,中央政府主要负责决策,地方政府主要负责执行,在同级政府中也有一个决策与执行分离的问题;二是横向整合,走一事一管、适度集中的路子,在同一层级政府机构中,一件事情交由一个部门管理,防止几个部门管一件事情而引起扯皮、推诿现象。前一个选择,由于我们近20年来的改革都是决策权和执行权捆在一起,要放一起放,要收又一起收,缺少这方面的探索和经验,思维产生了定势,难以改变,暂时还没有被纳入改革方案。而后一个选择,显然已经浓墨绘入了这次改革的蓝图。政府组织结构和功能的整合,必将产生新的行政能力。在不增加机构和编制,精兵简政的条件下,使政府的功能趋于齐全,各项工作做得更好。

四、注重配套,使行政管理改革获得良好的推进环境

这次行政管理体制和机构改革的总体要求是"巩固、完善、探索、深化"。即巩固和完善已经取得的改革成果,积极探索符合实际的改革路径,不断深化行政管理体制和机构改革的理论和实践。这八个字的核心,是强调这次改革既要积极又要稳步推进。稳步前进的重点是要注重配套。要使这次行政管理体制改革的措施与以往的机构改革措施衔接配套,并继续推向前进;要使行政管理体制改革与政治体制改革、经济体制改革配套进行,使各项改革取长补短、相辅相成;

要使行政管理体制改革内部的各项改革措施配套,特别是机构改革与人事制度改革要结合进行,对机构变动部门和单位的干部人事、离退休干部以及资产处置等工作,要制定配套政策。配套改革搞好了,前进的步子就会稳妥而坚定。

五、进一步认识把廉政机制纳入行政管理体制的重要性

对中国特色行政管理体制的认识由来已久。1988年李鹏在七届人大一次会议政府工作报告中提出,逐步建立具有中国特色的"功能齐全、结构合理、运转协调、灵活高效"行政管理体系。1997年江泽民在党的十五大报告中提出,建立"办事高效、运转协调、行为规范"的行政管理体系。2002年江泽民在党的十六大报告中提出,努力形成"行为规范、运转协调、公正透明、廉洁高效"的行政管理体制。十六届二中全会重申了"行为规范、运转协调、公正透明、廉洁高效"的行政管理体制这个提法。这个表述与以往的不同点在于把廉政的要求纳入了其中。也就是说,在行政管理体制总体架构中内置了廉政的机制。这不仅表明提法本身比较完整、科学了,而且也表明对中国特色行政管理体制的内涵认识愈益深刻,定位更加精当了。

以上五大特点,归根结底是一点,这就是党的十六届二中全会公报指出的,行政管理体制和机构改革"是推动我国上层建筑更好地适应经济基础的一项重要的制度建设和创新"。着眼于制度建设和制度创新,是本次深化改革的一个最突出的亮点。以上5个方面都体现了行政管理体制和机构改革,已经走过了机构的简单拆并,人员的数量增减的"算术"运转阶段,而进入了制度建设和制度创新的"几何"发展阶段。当然,闪亮之处,不仅仅局限在上述5个方面,还可以从许多角度进行分析研究。比如,对加强行政管理体制的法制建设,实现机构和编制法定化,提出了新的要求,并把依法行政作为一项改革的重要原则,与政企分开、精简统一效能的原则并列,成为行政管

理体制和机构改革必须遵循的指导思想中的三个原则之一。又如，为加强人口发展战略研究，推动社会可持续发展，将国家计划生育委员会更名为国家人口和计划生育委员会。这一改革举措，对促进我国人口、资源、生态协调发展，具有一定的现实意义。

(原载《中国党政干部论坛》2003年第4期)

中国绩效管理的启动与发展

对绩效的研究,是行政管理和公共管理研究的核心命题之一。近30年来,全世界几乎所有的行政学家都把目光投向了绩效评估。英国、美国、新西兰、澳大利亚等许多国家,把绩效评估作为政府改革的突破口和"利剑"。我国行政管理体制改革也是始终伴随着绩效评估而不断深化的。改革开放以来,70年代末80年代初,政府从企业管理领域引进的目标管理,就含有了绩效管理的意味。这一机制上的创新,与体制的转轨相辅相成,相互促进。80年代中期,提出转变政府职能的要求,直到90年代中后期找到行政审批制度改革这一突破口,政府职能转变才有了实质性的推进,这里就有绩效评估做出的努力。成立于1998年的国务院行政审批制度改革办公室在工作一开始,就引入绩效评估的方法和机制,由部门、专家、群众共同参与,对政府行政审批事项进行定性定量的分析评估,根据评估结果确定哪些审批项目要革除,哪些审批项目要改变管理方式,哪些审批项目可以保留。可见,我国行政改革从操作层面看起点很高,是把行政体制的改革与管理机制的创新紧密结合起来的。这也是与世界行政改革浪潮共振合拍的。

简要回顾历史,追根溯源,研究我国绩效评估和管理的源头,探讨在这个领域里的原始创新、集成创新和再创新的过程和能力,有助于我们深化研究工作。

据我查到的资料,中国关于现代绩效评估的理论研究,其雏形出现在改革开放初期,各行各业都强调加强管理,提倡科学管理,其中一些地方以岗位责任制等方式,施行对干部工作业绩的考评。出现严格意义上的绩效评估,是始于20世纪80年代中期。《中国行政管理》杂志于1984年创刊,从第1期、第2期开始有专门关于行政效率的文章上,刊发了行政效率如何测评、如何提高政府工作效益等文,以及介绍并研究外国公共服务改革的文章。这属于政府绩效研究的起步时期。

20世纪90年代以后,随着政府改革逐步深化,理论研究越来越活跃,既有对中国行政效率评估的研究,也有比较全面地介绍外国绩效评估的情况。这些研究成果为开展绩效评估提供了一定的理论准备。1994年第3期《中国行政管理》刊发左然编译的《如何评估中央政府的工作绩效》,介绍并研究了英国《公共服务管理手册》中的有关内容。同年第11期的杂志,刊发了山西省运城地区行署副秘书长兼办公室主任张建合的文章《探索机关工作运行规律的有益尝试——"新效率工作法"的实践与思考》,这是第一篇由我国地方官员撰写的关于政府绩效评估的带有理论含量的文章。张建合在文章中介绍了该地区1990年以来借鉴外国企业管理做法,实行办公室规范化、制度化管理的情况,并进行理论思考,将这一探索上升到基本工作方法的高度。1995年第2期《中国行政管理》上发表了周志忍的文章《当代西方行政改革总趋势》,在介绍到公共服务改革时,提到"大力引进私营企业的管理方法和技术,如绩效评估"。1997年出版的一套丛书,即彭和平、竹立家主编的《国外公共行政理论精选》(中央党校出版社),比较全面地介绍外国行政管理新动态,其中不乏关于绩效评估的内容。这些研究成果为开展绩效评估提供了一定的理论准备。

我国政府绩效评估的实践,20世纪90年代作为正式开端标志的事,除了山西运城地区行署的"新效率工作法"①,还有一个是山东

---

① 张建合.探索机关工作运行规律的有益尝试——《新效率工作法》的实践与思考[J].中国行政管理,1994(11).

烟台市公共服务部门的"社会服务承诺制"。①

1995年10月18日,由中国行政管理学会、《中国行政管理》杂志社和山西运城地区行政公署联合举办的"办公室'新效率工作法'研讨会"在北京人民大会堂召开,全国人大常委会副委员长程思远、学会常务副会长张文寿、国务院研究室的有关负责同志以及中央国家机关有关部门的办公室负责同志、专家学者60多人参加了会议。同年第12期杂志全文发表了张文寿同志的讲话,他讲到"评估行政效率,应更加注重普遍的社会效益,……评价其对社会主义现代化建设和人民群众物质文化生活不断增长的需要所产生的影响程度。必须充分重视政府工作的质量和效能"②。新效率工作法在我国政府部门产生了很大影响,包括国务院办公厅的有关处室在内的各级政府办公厅、办公室都有到运城考察学习的。运城地区的新效率工作法,一时成为政府枢纽机关提高工作效率的典型示范做法。

1996年,中国行政管理学会和中国行政管理杂志社联合山东省社科院和烟台市人民政府在烟台市召开了"服务承诺制研讨会",对烟台城市建设系统通过借鉴新加坡、中国香港的做法,实行社会服务承诺制,进行了研究和宣传。

在一系列的理论和实践准备的基础上,中国行政管理学会"政府绩效评估"课题组于1998年成立,学会常务副会长龚禄根任组长。课题组分三个阶段推进研究工作。第一阶段是从1998年中国行政管理学会组团考察英国政府改革及开展绩效评估的情况开始的,所形成的考察报告引起了当时国务院领导同志的重视,1999年初,国务委员兼国务院秘书长王忠禹同志在中国行政管理学会呈送的一份考察报告上批示:"建议行政学会与人事部、中编办研究,在适当时候对机关工作效率拟订标准,进行检查,是一件很有意义的事情,也是

---

① 平原. 社会服务承诺制规范化研讨会召开[J]. 中国行政管理,1996(12).
② 张文寿. 在"新效率工作法"研讨会上的讲话[J]. 中国行政管理,1994(12).

为机构改革提供根据。"这就开始了为期四年的调研工作。中国行政管理学会与有关部门成立了联合课题组，课题组组长是学会常务副会长龚禄根，成员由学会和人事部、中编办、北京大学、中国社会科学院、国家信息中心、中国国际工程咨询中心等单位的同志组成。课题组首先学习领会国务院领导同志批示的重大意义和精神实质，然后确定了课题研究的时间安排。课题组认为，王忠禹同志批示的"适当时候"，似应是在政府机构改革、转变职能取得明显进展的时候，提交这个研究成果报告，一方面可以作为检查机构改革和转变职能成效的一个指标参照系，另一方面也可以作为研究深化行政管理体制改革和新一轮机构改革的一个理论和实践依据。基于这样的认识，课题组在 1999 年至 2000 年主要是搜集资料，确定研究的框架；2001 年至 2002 年进行调查，考察了北京、福建、山西、青岛等地绩效管理做法，反复研究和论证国内外政府机关效率评价指标体系，进行多方案比较选择，试图提出适用于我国政府机关的绩效评估基本原则、指标设置标准、指标体系要素要求等。2003 年课题组在经过大量调查研究后完成了《政府机关效率标准研究报告》（周志忍、高小平执笔），得到国务院领导同志批示肯定。报告主要内容在 2003 年第 3 期《中国行政管理》发表后，2003 年第 6 期《新华文摘》全文转载，在学术界和社会上产生积极影响。

第二阶段是从 2003 年新一届国务院组建后，温家宝总理提出"公共服务绩效评估"开始的。国务院在修订《国务院工作规则》时加进了绩效管理制度建设的内容，规定"要强化公共服务职能。建立健全公共产品和服务的监管和绩效评价制度"[①]。2005 年国务委员兼国务院秘书长华建敏同志要求中国行政管理学会"绩效评估可报详细材料"，根据这一指示，课题组分赴福建、江苏、山东、甘肃、广东、黑龙江、四川、山西等地调研，考察了福建省效能办、厦门思明区、南京

---

① 尚虎平.我国政府绩效评估基础问题研究[M].北京：光明日报出版社，2013：1.

市地税局、青岛市督察室、兰州大学中国地方政府绩效评价中心、广东省编办、哈尔滨铁路检察院、四川省政务大厅、山西运城市政府办公室等单位的绩效实践和研究情况。学会在青岛市举办了"政府绩效评估论坛",学会所属的教学研究分会在无锡市召开了"公共部门绩效评估理论与实践创新研讨会"。通过一系列的调查和研讨活动,于2006年3月形成了《政府部门绩效评估研究报告》(张定安执笔)以及福建省和青岛市绩效评估做法的两个附件。国务委员兼国务院秘书长华建敏同志批示"行政管理学会对绩效评估有不少研究",他请有关同志将研究报告分送中央编办、监察部、人事部、法制办、国研室、发改委、财政部、商务部、工商总局、审计署等国务院综合部门,并要求学会派人参加国务院行政管理体制改革部际联席会议办事机构的有关工作。

第三个阶段是从2006年9月政府绩效管理研究会成立,并在兰州召开专题研讨会开始的,是以组织化程度更高的方式进行常态性的研究。

我们高兴地看到,一个探索绩效评估的热潮已经在全国很大范围内展开。有的地方把绩效管理寓于机关日常管理制度中,使传统管理制度焕发了新的生机;有的地方将绩效评估重点在公共服务部门应用,改善政府及行业服务质量,提高公民满意度;有的地方组织专业职能部门开展绩效评估,以效能监察为主要内容进行评估;有的地方运用国际通用的绩效模型开展绩效评估;还有的地方大胆探索绩效评估主体的多元化,引入"第三方"评估机制,或是由专业机构作为评估主体,或是由广大群众作为评估主体,对政府绩效进行评价,等等。各地各部门绩效评估的实践给政府管理创新活动带来了勃勃生机和活力。

我国政府绩效评估走了一条"理论引导,地方先行,科学决策,互动共推"的路子。

"理论引导",是说在20世纪90年代以来全国出现了一批敏锐的先行学者,他们致力于介绍、引进西方的绩效评估经验,研究符合中国国情的绩效管理的性质定位、价值取向、方法技术、指标体系、评估主体、结果的运用等,形成了许多成果,使实践工作者的思想得到了武装。

"地方先行",是说90年代中后期以来,许多地方政府和部门对绩效评估倾注了极大的热情,做出了大量富有首创精神的实践探索,虽然五花八门,水平不一,但意义重大,其中有很多成功的案例。

"科学决策",是说高层决策者贯彻落实科学发展观和正确政绩观,绩效评估被提到了中央政府的议事日程,正在逐步形成一整套政策框架。

"互动共推",是说地方政府的实践探索与理论工作者的理论探索,形成了互动,党和政府决策科学化民主化进程与专家学者、一线实际工作者的深化研究进程,形成了互动,绩效评估理论的应用与评估结果的运用,形成了互动,这三种力量找到了一个非常好的结合点,这就是行政管理理论与实践结合,共同推动绩效评估的开展,共同推动了政府管理科学化、民主化和法制化的进程。

绩效评估的研究与决策之间的关系,是我国行政管理理论与实践关系的缩影。从政府实务界率先探索、学术界研究成果得到国务院领导同志的重视,可以看出政府对绩效评估这项政府管理创新重要内容的鲜明态度,也可以从另一个侧面看到政府科学行政的轨迹。这本身就像是对科学研究的一个评估过程,也如同一个颇有中国特色的行政管理现代化的评估体系。从一定意义上说,绩效评估走出的这条新路子,勾画了我国政府自身现代化的脉络,代表了公共管理发展的方向。

(本文是2006年9月23日在兰州召开的"政府绩效管理研究会成立暨政府绩效评估研讨会"上的发言稿,原载《中国行政管理》2006年第11期,题为《积极推动绩效评估研究为深化行政管理体制改革贡献力量》,入编本书时略作删改)

政府机关工作效率标准

政府机关工作效率标准的拟订和检查，即绩效管理，是一项极为复杂的系统工程。我们反复研究和论证国内外政府机关效率评价指标体系，进行多方案比较选择，试图阐述其意义和做法，提出适用于我国政府机关的绩效评估基本原则、指标设置标准、指标体系要素要求等建议。目前此项研究还是初步的和阶段性的。

一、"政府机关效率标准"的涵义与实践意义

政府机关工作效率标准，是政府管理过程中监测、考察、衡量、评价机关绩效的一种"指示标的""前进方向"。现代政府管理的核心问题是提高绩效。要提高绩效，必须首先了解现有绩效水平，要评估绩效高低就需要建立评估的标准。没有标准就不能测定，不能测定，就无法改善。抓住了标准就是抓住了改善行政管理的"牛鼻子"。

效率标准体系不是孤立的，它是行政管理大系统中的一个组成部分，与绩效评估体系有机联系，是绩效管理制度的核心。效率标准体系是动态的，是随着社会经济政治文化的变化而变化，特别是随着行政管理体制改革的深化而不断变化的，研究机关效率标准必须与时俱进、不断创新。因此，本课题组把"政府机关效率标准"放在行政管理现代化的大视野中进行分析，放在绩效管理的范畴内来研究，且把侧重点放在总结国内外有关经验，提出进一步研究的思路上，而不是也不可能给出一堆没有操作价值的所谓具体评判"指标"。

政府机关效率，是行政管理学 100 多年来研究的老问题。但是，

随着人类社会现代化的推进，近30年来，这方面的研究取得了突破性进展。理论创新的重要成果之一就是确立了"政府绩效"这个范畴。西方国家又称"公共生产力""国家生产力""公共组织绩效""政府业绩""政府作为"等。它是运用科学的方法、标准和程序，对政府机关的业绩、成就和实际工作做出尽可能准确的评价，在此基础上对政府绩效进行改善和提高。政府机关工作效率分为宏观、中观和微观三个层次，其绩效要求是不同的，但有一点在当代国际行政管理实践中是形成共识的，即"三E"标准：经济、效率和效益（这三个词在英语中都是以E开头）。"三E"涉及政府管理活动的四个方面：成本、投入、产出、效果。政府部门从事管理活动耗费的人力、物力、办公设施和设备等投入；获得和维持这些人力、物力、设备所花的资金就是成本；产出既可以是决策活动的产出如出台的法规实施细则和计划，又包括执行活动，如建设项目的审批、违规企业的处罚、新技术的推广等；效益则主要体现为社会经济等方面环境的改善，企业和公民满意程度，人民生活的舒适程度等。

制订政府工作效率标准并以绩效评估为重点进行绩效管理，对提高政府绩效具有重要的作用和意义。

（一）绩效管理为行政管理体制改革提供了技术支持

传统行政模式以政府垄断为基础，权力高度集中、严格的规章制度、重"过程"而轻"结果"取向的管理机制等，是其主要特征。行政管理体制改革的新理念是主张公共服务市场化、社会化，强调权力非集中化，"结果为本"和"服务为本"等。任何新理念都必须有相应的技术支撑才能付诸实践，而绩效管理为许多公共管理的新理念提供了有力的技术支持。

首先，绩效管理以"结果为本"理念作为基础。传统政府管理的特征之一是忽视结果：(1)关注的焦点是投入要素，预算与工作结果没有很好地联系起来；以组织活动的数量和规模为判断工作成绩的标准，忽视这些活动所产生的实际效果。(2)过程取向的控制机制，即上级对下级的控制着眼于过程而不是结果,导致按命令行事的心态。(3)规则为本的服从意识,即评价工作人员的主要标准不是看他们的业绩和对组织目标的贡献,而是看他们能否严格遵守规则。公共管理新理念之一是结果为本的管理。结果为本的管理要求"按效果而不是按投入拨款",而按效果拨款的前提是对结果(即绩效)的科学测定。传统行政管理模式"由于不衡量效果,也就很少取得效果"。反过来说,现代管理要取得效果,就必须对结果进行科学的量度。

其次,绩效管理以市场机制作为依据。传统政府管理模式的基础是对公共服务的垄断,而政府服务中的市场机制则是公共管理主要的新理念之一,是国际盛行的新公共管理模式的核心内容。市场机制主要是竞争机制,即公私组织之间、公共组织之间的充分竞争。绩效管理对政府部门竞争机制的意义主要体现在两个方面:在政府服务机构与公众的关系上,绩效管理通过提供各个公共服务机构绩效方面的信息,引导公众做出正确的选择,从而对政府机构形成压力,迫使它们提高服务质量和效率;在政府部门内部,绩效管理和在此基础上的横向、纵向比较有助于形成一种竞争气氛,同样会起到提高服务质量和效率的效果。

第三,绩效管理以下放权力为取向。传统行政模式权力过分集中和死板的规章制度压抑人的积极性和首创精神,最终导致效率低下。公共管理的新模式要求分权,"从等级制到参与和协作"。是否敢于放权并不完全取决于领导的"开明",它取决于许多要素,其中之一是绩效可以得到测定和展现的程度。如果放权意味着对下级的绩效失去监测和控制,再开明的领导也不敢掉以轻心。作为组织绩效的系统测定和展示,绩效评估为上级提供了充分的信息和控制绩效的手段,从而为分权化改革提供了基础。

(二)绩效管理在行政管理实践中具有重要功能

从国际经验来看,政府机关绩效管理在实践中具有5个重要的作用和功能:(1)绩效管理的计划辅助功能——管理计划和具体目标的确定要参照多方面的信息,其中之一是有关部门前一阶段的绩效状况。绩效管理满足了这方面的信息需求,某一阶段的评估结果为下一阶段计划的科学制定提供了基础。(2)绩效管理的监控支持功能——行政管理工作走出计划而进入实施阶段后,必须时时对执行情况进行严密的监测,如发现背离计划的情况,就要预测它的可能后果并采取相应的控制措施。绩效管理在这里的作用主要表现在,为评估而拟定的绩效标准及据此收集的系统资料,为监控提供了一个重要的、现成的信息来源。(3)绩效管理的促进功能——测量自己工作效果的组织,即使未把拨款或报酬同效果联系起来,也会发觉测量得到的信息会促使自己发生变化。(4)绩效管理的激励功能——美国学者曾引用许多实践案例,对绩效管理的激励功能做了这样的说明:若不测定效果,就不能辨别成功还是失败;看不到成功,就不能给予奖励;不奖励成功,就可能是在鼓励失败,鼓励失败的结果是产生荒谬的刺激,导致组织绩效每况愈下。(5)绩效管理的资源优化功能。在缺乏关于效果的客观资料的情况下,当政治领导人在决定加强某个领域的工作时,往往不知道把新增加的资金的投向何处;当他们在削减预算时,又不知道削减的是"肌肉"还是"脂肪"。绩效管理有助于科学设定目标并根据效果来配置资源。

(三)绩效管理有助于改善政府形象

绩效管理有助于提高政府依法行政的自觉性,形成政府与公民、国家与社会之间的良性互动关系。首先,展示成果能赢得公众的支持和理解。绩效评估是向公众展示工作效果的机会,展示成果能赢得公众对政府的支持。实践表明,如果把绩效与政策紧密挂钩,某些不受欢迎的措施(如增税)也可以得到公众的理解。其次,展示绩效状况能推动公众对政府的监督。许多政府部门的服务处于垄断地位,无法同其他地方或部门比较——公民不能体验其他部门的服务,甚至不能直接体验本地区的服务(如消防、警察等纯公共物品)。绩效评估的实质是一种信息活动,其特点是评估过程的透明和信息的公开。因此,评估和公布绩效状况是公众"体验服务"的一种方式,有助于广大群众了解、监督和参与政府的工作。第三,绩效评估能帮助提高政府的信誉。绩效评估并不只是展示成功,它也暴露不足。暴露不足并不一定损害政府部门的信誉。相反,它有助于提高政府的信誉,因为它让公众看到了政府为提高绩效而做出的不懈努力。

二、政府绩效管理的国际实践

政府绩效评估的大规模实践始于20世纪70年代初期。1973年,尼克松政府颁布了"联邦政府生产率测定方案",力图使政府机构绩效评估系统化、规范化、经常化。有关部门据此设计了3 000多个绩效示标,由劳工统计局收集雇员200人以上的联邦政府机构的产出、劳工投入、劳工成本等方面的信息,1974年,福特总统要求成立一个专门机构,对所有政府部门的主要工作进行成本收益分析。当时遇到的主要问题有:管理者使用绩效评估改进工作的积极性不足;示标体系和评估方法的设计缺乏经验基础和有力的技术支持,科学性不足;对结果方面的测定没有得到充分的重视;特别是由于"水门事件"的影响,绩效评估无法得到持续性的政治支持。直到1993年初,副总统戈尔挂帅的研究组提出了《国家绩效评鉴报告》,成为克林顿政府行政改革的总蓝图。戈尔报告强调对公共服务结果和效果的衡量,提出了相应的行动计划:(1) 所有联邦政府机构应着手发展与运用可测量的目标,并且报告施政成果;(2) 所有联邦政府机构必须澄清联邦计划的目标;(3) 总统应与各部会首长签署绩效协议书;(4) 对服务质量优秀的政府机构,应颁发国家质量奖。1993年7月,美国国会通过了《政府绩效和结果法》,该法的立法要旨为:(1) 全面要求联邦机构对项目的结果负责,以改进美国民众对政府的信心;(2) 推动一系列从目标设定、绩效测量到结果公开的试验计划,以改进项目的绩效;(3) 推动重视成果、服务质量与顾客满意的新焦点,改善项目效果和公共责任。为贯彻落实以上要旨,该法要求所有联邦机构制定五年战略规划,明确各自的使命和长期工作目标;制定年度绩效计划,明确为实现长期目标采取的重大措施和绩效测量标准;提出年度绩效报告,评估各自的绩效状况并向国会和公众公开。为推动政府机构绩效评估,国家绩效评鉴小组下设立了专门的绩效评估研究组,定期发布研究报告,总结绩效评估的情况并提供技术上的指导。布什接任总统后,联邦政府管理改革的标牌不断翻新,但绩效为本的管理原则没有改变。布什明确指出:"政府应该是结果导向的,它不由过程而由绩效引导。"他所确定的政府改革三原则为"以公民为中心,以结果为本,以市场为基础"。针对克林顿改革的进展和局限性,布什政府提出 2003 年预算新格式,强调绩效与预算紧密挂钩,力图从资源配置方面推动部门绩效的提高。美国州和地方政府也是公共组织绩效评估的积极实践者。除仿照联邦政府的绩效与结果法制定长期规划、年度计划和绩效报告外,许多州和地方政府在绩效评估方面有所创新:佛罗里达州成立"政府对民众负责委员会",于 1994 年颁布《政府绩效和责任法》,用三年时间研讨,制订出"佛州绩效标杆报告"。为了让市民了解市政绩效,宾州费城市政府将内部 22 个机构的政策绩效,以精确的量化指标显现出来,形成"政策绩效指标体系"。

20 世纪 80 年代以来,在当代政府改革的浪潮中,特别是在"新公共管理"改革模式的影响下,政府绩效评估受到极大的重视和青睐。英国在这方面起了带头的作用。政府绩效评估始于 1979 年的"雷纳评审"。雷纳是撒切尔上台后任命的效率顾问,雷纳评审是对政府部门工作特定方面的调查、研究、审视和评价活动,评审的重点政府机构的经济和效率水平。后来,政府机关内部的评审又发展到由社会进行评估。评估内容侧重于顾客服务和质量;评估主体突出公民和服务对象;评估结果公开化并直接向公民和服务对象负责。改革的核心是公共服务的非垄断化,通过合同外包、特许经营、市场检验等方式推动公共组织和私营部门之间的竞争,通过客户竞争、内部市场、标杆管理等方式推动公共机构之间的竞争。在所有的竞争安排中,管理和服务提供机构的绩效评估都是不可或缺的构成部分。1986年,英国政府各部门为评估拟出的绩效示标总数为1 220个,1987年这一数字上升到1 810,1989年,绩效示标总数达到2 327,三年翻了一倍。

除英、美之外,政府绩效评估在其他国家得到广泛的应用。比如,荷兰新市政管理法要求对地方当局的工作绩效进行评估,以提高效率和服务质量。澳大利亚的公共组织绩效评估成为政府行政改革的一个重要组成部分,并且与具体的改革计划和措施融为一体,如财务管理改进计划、项目管理和预算改革、国有企业的民营化改革等。设立绩效示标和制定绩效评估方案成为每个政府机构工作计划的一个部分,这些将正式列入各部门的年度预算文件并公开发布,绩效评估的结果对各部与财政部预算谈判中的地位将发生重要的影响。据经济合作与发展组织统计,公共组织绩效评估在丹麦、芬兰、挪威、新西兰、加拿大等国家都得到广泛应用。鉴于各国政府对绩效评估的迷恋,西方学者惊呼"绩效评估国"正在取代"行政国家"。一位英国专栏作家对此感叹道:"我们已经生活在这样一个时代:一个东西若不能测量,那它就不存在。"

从发达国家的实践情况来看,当代政府绩效管理体现出以下主要特点和发展趋势:

(一) 绩效评估的制度化、法制化

首先,绩效评估成为对政府机构的法定要求。美国的《政府绩效和结果法》《以绩效为基础的组织典范法》,荷兰的《市政管理法》等,都以法律的形式要求政府部门进行绩效评估。英国和澳大利亚等国家则主要以管理规范的形式,使组织绩效评估成为重大改革方案的组成部分,凭借最高行政首长的政治支持和主管部门的预算配置权来推进组织绩效评估。其次,制度化还表现为绩效评估机构的建立与完善。除各政府部门根据预先确定的标准和程序进行自我评估外,多数国家还确定了独立机构,一方面对各部门的绩效评估结果进行整合汇总，以便公众比较评价，另一方面有选择地独立对一些部门的绩效进行评估，避免部门自我评估可能产生的"报喜不报忧"和评价失准现象。比如，英国的审计办公室负责中央政府机构的绩效评估，审计委员会负责地方政府的绩效评估。在美国，联邦政府的管理与预算局审批各部的年度绩效计划，总审计署自主选择项目或活动，独立对政府机构进行绩效评估，并向国会和公众公布评估结果。

（二）绩效管理的规范化

规范化首先表现为绩效评估内容规范化。公共组织绩效评估主要围绕上面提到的经济、效率、效益三大"E"展开。鉴于政府部门的公共性质，近年来公正（Equity）问题得到越来越多的关注，它侧重政府部门的工作过程而非结果，评价的是工作程序的合法性和公正性。虽然政府部门的职责和工作性质千差万别，但其经济、效率、效益和公正性都具体化为绩效示标，形成了系统的适合部门工作特点的绩效示标，为公共组织绩效评估确立了规范的内容和标准体系。其次，规范化表现为评估程序规范化。最后，组织绩效评估的规范化还表现在绩效评估结果利用方面。

（三）绩效管理中强调公民导向

政府绩效评估是一种管理工具，更是一种推动公共部门负责任的有效机制，因此，坚持公民导向，就成为发达国家政府绩效管理实践中的重要发展趋势——以公民为中心，以公民满意为政府绩效的终极标准，评估过程有公民广泛参与。

三、我国政府机关绩效管理发展现状

改革开放以来，为建立"办事高效、运转协调、行为规范的行政管理体系"，我国进行了行政管理体制的持续改革，在变革观念、转变职能、调整组织结构、改革行为方式的同时，借鉴和引进国际流行的新的管理机制、管理技术和工具，努力提高政府的效能。政府绩效管理由此走上了实践舞台。

从实践来看,我国的政府绩效管理可以大致划分为三种类型。第一是普适性的政府机关绩效评估。其特征是,绩效评估作为特定管理机制中的一个环节,随着这种管理机制的普及而普遍应用于多种公共组织。实践中的例证包括目标责任制、社会服务承诺制、效能监察、效能建设、行风评议等。第二种是具体行业的组织绩效评估。组织绩效评估应用于某个行业,一般具有自上而下的单向性特征,即由政府主管部门设立评价指标体系,组织对所属企事业单位进行组织绩效的定期评估。实践中的例证包括卫生部为医院设立的绩效评估体系,教育部门为各级各类学校设立的绩效评估体系(如普通中小学教育质量综合评价、成人中等专业学校评估体系、大学本科教育合格评价体系等),财政部、国家经贸委、劳动和社会保障部、国家计委联合推出的企业效绩评价系统等。第三种类型是专项绩效评估,组织绩效评估针对某一专项活动或政府工作的某一方面。如教育部门的普通中小学全面实施素质教育评价,科技部制定的"高新区评价指标体系",北京市的国家机关网站政务公开检查评议,江苏省纪委的"应用指标分析方法对反腐败五年目标实现程度的测评",珠海市的"万人评政府",深圳市的"企业评政府",山西省运城市的"办公室机关工作效率标准"等。目前各地政府绩效管理基本处于探索阶段,还缺乏全国统一的做法和标准,实践的力度和效果也很不平衡。从做法看,各地探索主要集中在以下几方面:

(一) 目标责任制与组织绩效评估

目标责任制在我国始于 80 年代,其最初的主要表现形式是目标管理,具体包括组织目标的确立、组织目标的分解、岗位目标的设定、目标进度的定期检查、目标最后完成情况的考核、新目标的设立等环节。作为机关内部的一种管理技术,目标管理的特点是组织目标的分解并落实到各个工作岗位,目标完成情况考核也相应针对各个工作岗位,这与以组织为单位的目标设定和绩效评估有着明显的不同。

随着行政管理体制的改革和完善,目标管理的思路和原则逐渐得到扩展,发展到面向行政首长的目标责任制。由于行政首长的目标责任与所在政府层级或部门的目标责任基本一致,对行政首长目标完成情况的考核实际上等同于组织绩效的评价与考核。换言之,政府机关绩效评估作为目标责任制的一个环节,随着目标责任制的广泛实施而应用到各个政府层级、政府部门和政府工作的诸多领域。

就目标责任制的内容而言,早期主要是层层经济目标责任制,面对的是地方各级政府的行政首长,关注的核心是经济总产值增长率和其他相关的经济指标。随着政府职能转变和政府经济管理方式的改变,政府机构目标责任的内容逐渐扩展。以青岛市为例,按照2002年开始实行的《青岛市目标责任制管理实施细则》,政府机构目标责任的内容涉及两大类:一是市委、市政府部署的重点工作任务,具体包括经济社会事业发展、党风廉政建设、精神文明建设、维护社会稳定等方面;另一类是有关职能部门的目标和责任,具体包括年度重点工作目标、经济责任、重点建设项目、公务员管理与队伍建设等,还包括部门在履行职能过程中的依法行政、政务公开、工作效率、服务态度和服务质量等方面的要求。从全国情况看,各地都把工作目标和责任进一步分解为详尽程度不等的具体指标体系,并给不同类指标赋以不同的权重。

目标完成情况监测和考核是目标责任制的一个关键环节,也是机关绩效管理在目标责任制中的主要体现方式。青岛市对这一工作采用"监控督查"和"年终考核"两种主要形式,监控督查又分为日常监控、季度调度和半年督查。年终考核由市目标管理委员会统一领导,市目标考核办公室具体实施,参与考核的单位和部门进行了明确的职责分工。考核结果分为优秀、良好、合格、基本合格、不合格五个档次。完成年度工作目标的优秀单位将受到精神和物质奖励,对当年未完成工作目标的单位的主要领导实行诫勉,连续两年未完成工作目标的单位,其主要领导将被降职、免职或责令辞职。为了突出某些工作,考核时实行了一票否决制。

(二) 社会服务承诺制与组织绩效评估

作为国际公共管理领域出现的新生事物,社会服务承诺制度源于1991年英国的"公民宪章"运动。1994年6月,山东省烟台市建委借鉴英国公民宪章运动和香港公共服务承诺制的经验,率先在烟台市建委系统实施社会服务承诺制。1996年7月,在总结烟台市社会服务承诺制度经验的基础上,中宣部和国务院纠风办决定"把宣传和推广社会服务承诺制度,作为今年下半年加强行业作风和职业道德建设,推进社会主义精神文明建设的一项重点工作,建设部、电力部等八个部委将先行一步,推广社会服务承诺制度"。随后,社会服务承诺制度在全国范围和多种行业普遍推开。

社会服务承诺制度的基本内容是:公开办事内容、办事标准和办事程序,确定办事时限,设立监督机构和举报电话,明确赔偿标准,未实现承诺的责任单位和责任人要按规定给当事人以赔偿。作为一种公共服务的质量改进机制,社会服务承诺制实际上包括三个核心内容:顾客协商和顾客真实需求的确认,设立和公开服务标准并根据这些标准评价实际工作结果,在未达标准时承担责任并采取有效的改进措施。显而易见,组织绩效标准设立和绩效评价是服务承诺制度的一个组成部分。但是,社会服务承诺制中的绩效评估属于合格评价,即评价是否达到预先确定的标准,与一般意义上的绩效评估略有不同。

(三) 效能监察与组织绩效评估

效能监察在我国始于1989年。当年12月举行的第二次全国监察工作会议明确提出:行政监察机关的基本职能"既包括效能监察,又包括廉政监察"。就廉政抓廉政,往往抓不住问题,或者问题暴露了才去处理。从效能监察入手,目的在于把监督的关口前移,加强事前、事中监督,做到防范在先,使纪检监察工作紧贴改革和经济建设中心,更好地为经济建设服务。到1999年,全国已有23个省(自治区、直辖市)不同程度地开展了效能监察工作。

所谓效能监察,就是纪检监察机关及其受纪检监察机关委托的组织,在政府的领导下有计划、有目的地针对行政管理的效率、效能以及国有企业生产经营管理的质量、效果、效率、效益等情况开展的监察监督活动。简言之,效能监察的主体是党和政府的纪检和监察部门,监察的对象是党政机关和国有企事业单位,监察的内容是管理和经营中的效率、效果、效益、质量等。

从实践来看,各地的效能监察在内容和侧重点上存在着差别。黑龙江省把管理作为效能监察的重点,围绕管理问题立项是效能监察工作的着眼点;从管理入手查找问题是效能监察的切入点;解决管理上的问题是效能监察工作的着力点;围绕加强管理整章建制是效能监察的落脚点。对行政管理机关的效能监察活动,该省主要围绕三个层次展开:行政决策过程;行政决策执行过程;行政决策实施效果。深圳市坚持"效能监察为经济建设服务"的总方针,侧重点确定在四个方面:(1)围绕政府中心工作开展效能监察,包括政府重大工作部署的专项检查,保证中心工作落到实处;政府重大投资行为的专项检查,保证投资项目廉洁高效;落实政府中心工作中存在的问题的专项检查,保证政令畅通。(2)配合深化改革的重大举措开展效能监察。(3)围绕行政机关廉政勤政问题开展效能监察。(4)紧贴社会和群众关心的热点问题开展效能监察,如建设工程招标、福利房分配等。北京市的效能监察同样围绕改善管理展开,目的在于提高行政效率,保证政令畅通,但效能监察的重点在于遵守法纪。具体包括:各级行政机关制发的规范性文件是否违反法律法规和国家政策的规定;各级行政机关及其公务员具体行政执法行为是否符合法律、法规和规章制度,是否正确履行法定职责;各级行政机关及其公务员的日常管理和决策是否符合有关的法律、法规和国家政策;各级行政机关在落实完成政府重大工作部署、重大任务或重大工程项目中是否采取切实有效的措施,是否按照规定的要求实现目标和完成任务。

效能监察的重点是监督检查和解决四个方面的问题：行政审批中的不规范行为；行政执法中的滥用权力；行政不作为问题；行政机关工作作风方面的突出问题。

作为对行政机关履职和管理活动的效率、效果、质量等的考察和评价，效能监察可以说是组织绩效评估的一种特殊形式。其主要特殊之处在于它的问题导向。这种问题导向既表现在效能监察的侧重点上，又表现在效能监察的工作方式和结果上。就侧重点而言，效能监察虽然涵盖效率、效果、质量等组织绩效的诸多方面，但侧重于查找履职和管理中存在的问题。侧重点上的问题导向，决定了效能监察采取立项检查、立案调查、受理投诉等方式开展工作。从结果利用的角度来看，效能监察体现了纪检监察机关作为行为主体的特征。以山东省为例，1996—1998年间，效能监察提出建议3 037项，立查案件1412起，查处违纪违规金额15.16亿元，处分党员干部1 005人，挽回和避免经济损失11.52亿元。在处理违纪、违规和低效等问题的同时，利用发送《监察建议书》《监察通知书》等形式，帮助监察对象完善规章制度，并监督检查制度和措施的贯彻落实。

作为政府绩效评估的一种特殊形式，效能监察与一般意义上的绩效评估具有几个方面的区别：效能监察以发现组织中存在的违纪、违规行为和浪费、低效、低质量等为着眼点，而组织绩效评估则着眼于组织绩效的客观、准确的评价；由于问题导向，效能监察必然选择中心工作、热点问题和问题比较多的领域和环节立项，覆盖面比较小，而组织绩效评估则是对组织绩效的系统全面的评价。

（四）效能建设与组织绩效评估

效能建设是在拓展效能监察活动基础上形成的新的思路和新的运作机制。它于90年代中期发端于福建省漳州市等地，后来在省委、省政府的指导和推动下，在福建全省乡镇以上各级机关和具有行政管理职能的单位全面展开。

机关效能建设是指在党委、政府统一领导下，强化各级机关的效能意识,以提高工作效率、管理效益和社会效果为目标,以加强思想、作风、制度、业务和廉政建设为内容,科学配置机关管理资源,优化机关管理要素,改善机关运作方式,改进机关工作作风,按照廉洁、勤政、务实、高效的要求,构筑机关效能保障体系的综合性工作。效能建设和效能监察既有联系,又有区别。两者之间的区别在于:从主体上看,效能建设的主体是党委、政府和各单位各部门,也包括纪检监察机关,效能监察的主体仅是各级纪检监察机关;从对象上看,效能建设的对象是党政群机关和有行政管理职能企事业单位、部门,效能监察的对象仅局限在纪检监察机关的监察对象;从运作机制上看,效能建设的特点是在党委统一领导下,党政齐抓共管,纪检监察组织协调,部门各负其责,群众广泛参与,而效能监察基本上是纪检监察机关的"孤军奋战";从着力点方面看,效能建设以增强内约力为主,辅之以外约力,效能监察仅是加强监督检查力度,是一种"外约束力"。

  作为一种综合性的管理机制,效能建设的领域广阔,内容丰富。首先,各单位各部门根据各自的工作职责加强制度建设:以岗位责任制来明确工作职责,以服务承诺制来规范管理和服务要求,以公示制来推行政务公开,以评议制来强化民主监督,以失职追究制来严肃工作纪律。第二,强化内部管理规范,严格依法行政,同时优化管理要素,简化工作程序,提高办事效率。第三,牢固树立服务意识,努力提高服务水平。具体措施包括首问责任制、否定报备制、一次性告知制、限时办结制等。第四,强化监督机制,严肃行政纪律。最后是科学规范绩效考评,并将考评结果与奖惩相结合,与干部使用相联系,增强部门、单位及其工作人员的责任感和紧迫感。

  与效能监察中的组织绩效评估相比,效能建设中的组织绩效评估具有三个特点:组织绩效评估则着眼于组织绩效的客观、准确的评价,而不像效能监察那样以发现组织中存在的违纪、违规行为和浪费、低效、低质量等为着眼点;组织绩效评估的覆盖面比较宽,而不像效能监那样选择中心工作、热点问题和问题比较多的领域和环节立项;组织绩效评估的主体多元化,即"在党委统一领导下,党政齐抓共管,纪检监察组织协调,部门各负其责,群众广泛参与",而不像效能监察那样基本上是由纪检监察机关一家主管。

在我国行政管理现代化过程中,各级政府都在进行管理创新。创新形成的多种新管理机制中,以政府为对象的绩效管理成为一个不可分割的组成部分。除了这种普适性的政府绩效管理外,面向行业的组织绩效评估和专项活动绩效评估也得到长足进展。

四、建立我国政府工作效率标准体系的基本原则

我国政府绩效管理从无到有,从仅关注公务人员的个人业绩考评到以组织为对象的绩效评估,从经验式的主观评判到客观评价体系的建立,从领导者自上而下的评价到政府绩效评估中的公民参与,在内容和重点选择、绩效指标体系设计、绩效评估程序和方法、绩效评估结果利用等方面取得了明显的进展,为建立适应社会主义市场经济体制的有中国特色的行政管理体制做出了一定的贡献。但是,与发达国家的实践相比,我国政府绩效管理存在的最突出问题是规范化程度明显不足。主要表现在,缺乏统一规划和指导,绩效评估分散在多种管理机制中,评估内容和侧重点差别很大,评估程序和方法不一致,在这些问题当中,缺乏制度化的评估标准,是政府绩效评估科学化的主要障碍。绩效评估实践中这一技术层面的问题,在当前政府管理理念更新、职能转变、机制创新的有利条件下,经过自上而下、自下而上、理论与实践的结合的反复研究,是可以逐步建立起来的。为了推动我国政府绩效管理的制度化、规范化和科学化,充分发挥绩效评估在政府管理现代化中的作用,必须从价值、理念、制度和技术等多个层面,对我国政府绩效管理中评估标准进行系统反思和分析。在此基础上,明确我国政府机关绩效管理的原则和目标,拟订出适用全国机关的效率评估标准,然后各地各部门依据这些原则要求,结合实际,制定细化的评估标示。

在制定政府机关工作效率标准时,有以下几条基本原则是应该首先考虑的:

(一)要以"三个代表"重要思想为指导建立效率标准。

政府一切工作都要以先进生产力的发展要求、先进文化的前进方向和广大人民群众的根本利益为出发点和归宿。建立机关工作效率标准必须体现这一要求。

(二)要在政府角色的正确定位的基础上建立效率标准。

政府绩效管理是一种管理技术。它需要建立在政府职能明确、边界清晰的基础上。政府角色的合理定位,是科学的绩效管理的前提。要根据政府的"经济调节、市场监管、社会管理、公共服务"的职能,来设计机关工作效率标准。

(三)要在转变政府管理方式的基础上建立效率标准。

(四)要在政府机构和编制法定化的基础上建立效率标准。

(五)要把外部评价——群众参与度、服务满意度作为评估的"主维度",在建立效率标准体系中得到确立。

(六)要把利用评估结果、改善行政管理纳入评估标准。

五、建立机关工作效率标准的几点设想

为建立"行为规范、运转协调、公正透明、廉洁高效的行政管理体制",提高行政效率,降低行政成本,有必要借鉴国际上卓有成效的管理技术和经验,深入研究建立中国特色政府机关工作效率标准,推动我国政府绩效评估工作,实现绩效管理规范化和科学化。

(一)建立政府机关工作效率分类分层级的指标体系,按照市场经济发展的要求来设计和建立机关效率标准。我国是一个幅员辽阔、民族众多、发展不平衡的国家。政府从中央到地方有五个层级。不可能也不必要建立完全统一的效率标准。应根据管理职能和管辖范围,运用统一的原则和要求,结合各个部门的实际,分别制定具体标准。负责宏观调控的综合决策部门与负责提供公共服务的执行部

门要有不同的标准,中央和省级政府与基层政府要有不同的标准,机关内部各个级别也要有不同标准。

(二)建立机关效率标准需要若干统一的要求。一是单项量的要求。效率标准必须使每一个岗位的每一项工作都做到"可以量化的量化,不能量化的等级化"。如都要建立机关"总开支""人均开支"这一类经济指标,要有"平均个案处理时间""反应速度"这一类时量指标,要有"差错率""失误率"这一类质量指标。二是统计比率的要求。如成本与投入的比率,开支增长或降低的比率,行政管理支出与地方经济发展的比率等。三是满意度目标测定的要求。政府机关工作的好坏,是可以通过管理与服务对象、上级政府、同级党群机构、新闻媒体、本机关内部等各个方面的满意度(包括投诉率),多维度地进行测定的。要把政府部门服务对象作为测定的主体。四是规章制度、工作程序、精神面貌、管理环境等方面的要求。制定机关工作效率标准必须全面整合机关管理各个环节,形成"齐抓共管、综合治理"的格局。五是廉洁和政务公开的要求。许多地方实行的廉政"一票否决制"值得推广,并应当使廉政评价标准更加具体和科学化。政务公开是实现廉洁高效的制度创新,要把政务公开作为机关工作效率的重要指标。

(三)当前建立机关效率标准的重点是,直接面向企业和群众的公共服务部门以及政府机关内部管理系统。推进机关绩效管理可以从两个方面入手,一是实际工作中急需建立效率标准的单位,另一个是比较容易建立效率标准的单位。这两类机关主要集中在公共服务部门。决策部门的机关工作效率比较难以量化,可以先制定绩效的定性指标,待公共服务部门效率量化指标取得经验后,再制定细化、量化的效率标准。

六、推进政府机关绩效管理工作的几点建议

(一)建议组织一个由政府办公厅、监察、人事、编制、统计等部

门和学术界专家组成的咨询性机构,推动政府绩效管理的研究与实践。我国政府绩效管理实践中存在的问题,都与这方面的研究不足有关。目前对政府绩效管理从基本概念、作用机理,到操作原则、实施步骤等都还没有形成共识,很多地方把绩效评估与公务员考绩混为一谈,政府绩效的不同层次没有明确区分,对国外公共组织绩效评估的理念与实践也缺乏系统的介绍和研究。理论支撑不足和统筹协调力度不足,这两点是政府绩效管理发展缓慢,以及实践中出现盲目跟风、过度炒作、一阵风等偏差的重要原因。加强政府绩效管理的理论和实践研究,推动我国政府绩效管理的规范化,是当务之急。建议在加强研究的同时,先试点,后铺开,扎扎实实推动我国政府绩效管理工作。

(二)建议将政府绩效管理与发展电子政务有机结合起来推进。在制定政府机关工作效率标准时,要摆脱单纯利用手工方式获取评估信息的传统手段,充分利用信息网络技术,建立电子化的政府效率管理标准系统和自动监督系统。

(三)建议制定"政府绩效与政策评价法"。依法管理和提高政府绩效,是现代政府改革的一个重要特点。制定法律法规,借助法的力量推动行政管理改革,是近年发达国家的一项措施。建议在修改政府组织法时将"政府绩效与政策评价"内容纳入其中。

(四)建议把政府机关绩效管理作为深化行政管理体制改革的重要内容,纳入下一轮政府改革方案,强化指导,加大实施力度。行政管理体制改革需要配套进行,单兵独进式的机构改革,是难以走出"精简—膨胀—再精简—再膨胀"怪圈的原因之一。国外经验表明,在政府改革中引入绩效管理是一个有效的"助推器",也是巩固政府改革成果,防止机构重复膨胀和人员回增的有力措施。

(原载《中国行政管理》2003年第3期,执笔人为周志忍、高小平,标题有修改。《新华文摘》2003年第6期转载)

创新机制 推进事业单位分类改革

在全国分类推进事业单位改革座谈会上,马凯国务委员指出,"要以科学分类为基础,以深化体制机制改革为核心,推进事业单位改革"。"创新体制机制是事业单位健康发展、公益事业发展壮大的关键,也是改革成功的重要标志"。事业单位的体制机制涉及的面很宽,这里主要讲创新机制的三个问题。

一、事业单位的分类管理机制

事业单位改革以科学分类为基础,只有形成规范化的分类管理机制,才可为持续推进改革创造条件和前提,也才能形成不断将改革成果固化为提供公共服务的制度支撑与框架基础,因而建立健全分类管理的机制成为事业改革的基本战略。事业单位极其复杂,分类难度相当大,它的复杂和难度有几个方面:一是事业单位分类体系和标准是形成于计划经济时期,加上传统的事业体制政、事、企不分,难以体现市场经济条件下社会组织变迁趋势与实际分类状况。二是近30年的改革及实际管理中将部分可以企业化运行的单位和执行行政职能的机构纳入事业单位序列,导致事业单位体系十分庞杂。三是在社会转型、科技进步、组织变迁日益加快的当今,社会需求、组织职能、责权关系常常重叠交叉、漂移迅速,泾渭分明的组织界限已经难以确认,这对传统上同质化相对较高的公共部门冲击尤为明显。四是公益属性认定困难。分类改革的首要工作是通过分类将非公益性服务单位剥离出去,但作为分类核心概念的"公益性"这一概念本身缺乏明确的定义。这也在一定程度上增加了分类的难度。

上述原因对于分类提出了很多的挑战。现在中央的文件已经有了一个明确的方向性、原则性意见。我们从战略角度来分析思考。

第一，明确分类框架。传统上，对事业单位分类主要是按所属行业、隶属关系、行政级别、经费来源等进行。近20年来，探索以社会功能（职能）作为对事业单位分类的重要标准，形成了新的分类思路，并进入改革试点，初步积累了一些经验。我们可以从组织宗旨、服务对象、活动领域三方面对从事公益服务事业单位确定基本分类框架：组织的宗旨不以营利为目的，通过提供服务实现社会公益目标；服务的对象为不特定多数人，即面向社会提供公益服务，而非服务个人或排他性团体。活动领域主要可以分成四类：（1）救助灾害、救济贫困、扶助残疾人等困难的社会群体和个人的活动。（2）教育、科学、文化、卫生、体育事业。（3）环境保护、社会公共设施建设。（4）促进社会发展和进步的其他社会公共和福利事业。

第二，细化组织分类。一是结合《事业单位登记管理暂行条例》关于事业单位的规定（国家为了社会公益目的，由国家机关举办或者其他组织利用国有资产举办的，从事教育、科技、文化、卫生等活动的社会服务组织），从组织宗旨（社会公益）将其与追求利润最大化的企业分开，从举办主体（国家）、产权性质（国有资产）将其与同样提供公益服务的民办非企业单位分开，从活动方式（持续性提供服务）将其与行使权力的政府机关分开。二是立足对现有事业单位范围不同的界定，以社会功能为基础，以公益性为核心，改变按照机构名称、经费来源、人员管理方式等分类方式方法。综合考虑各种因素，形成具体的分类体系。首先是要考虑社会功能和承担的责任，分成承担行政职能的、从事生产经营的、从事公益服务的三大类。现在中央文件就是这么确定的。三是还要结合行业特性、市场供求关系、经费补偿机制等因素，要根据职责任务、服务对象和资源配置方式情况，将公益服务这个占大头的事业单位进一步细分为两类：一类是承担义务教育基础性科研、公共文化、公共卫生及基层的基本医疗服务等基本公益服务,不能或不宜由市场配置资源的,划入公益一类;承担高等教育、非营利性的医疗等公益服务,可部分由市场配置资源的,划入公益二类。

第三,形成分类管理机制。分类不是目标,是手段,关键是对于分类要形成一种科学的机制。该清理的清理,进行"瘦身";该保留的保留,强化其公益服务的属性;该转为行政机关的逐步将其行政职能划归行政机构或转为行政机构;该转企的转企改制,注销事业单位法人,核销事业编制,进行国有资产产权登记和工商登记等将其转为企业。在这样一个分类原则的基础上,构建分类管理机制。经营类事业单位按照政企分开、政资分开的原则与现代企业制度要求,深化内部改革,形成适应市场、企业化的管理和运行机制;对于转为行政机构的单位,结合行政管理体制改革,进行职能剥离、机构调整;改革后,只有公益性单位保留在事业单位序列,同时不再批准设立承担行政职能的事业单位和从事生产经营活动的事业单位。对公益性事业单位形成更细化、具体的管理制度与运行方式。公益一类单位的宗旨、业务范围和服务规范由国家确定并不得从事经营活动;公益二类单位按照国家确定的公益目标和相关标准开展活动,在确保公益目标的前提下,可依据相关法律法规提供与主业相关的服务;同时,以强化公益属性为目标,在机构编制、人事管理、收入分配、职业年金、财政支持、税收政策、国有资产管理等方面进行具体规定,分类规范各类单位改革、管理与运行。

二、事业单位和政府的协调机制

一是要理顺政事关系。政事关系是事业单位管理体制的核心,政事不分是制约事业单位改革发展和健全政府管理体制的主要障碍。但是,这个问题不能简单地看。因为事业单位本身就是政府举办的公益机构,事业单位的职能是政府职能的延伸。所以政事分开与政企分开、政社分开有着很大的区别,决不能用政企分开的方法来搞政事分开。政事分开的重点是理顺公益服务运作中的决策和执行关系、提供公共产品与生产公共产品的关系。政府主要负责决策和提供一部分公共服务的职能。事业单位主要负责执行,是以专业化的运作方式来进行生产公共产品,以及直接提供公共服务。这样就可以通过合理划分功能,协调好公益服务的决策与执行、提供与生产的关系,来界定政事分开的基本概念。

二是要实施管办分离。鉴于事业单位管办关系的复杂性及人们对管办分离具体内涵尚存有不少争议,可以分层次实施管办分离。监管者与监管对象保持直接的联系,就容易使监管者被俘获。要实现有效的监管,必须管办分开。我们可以从政事关系的组织层面来思考针对管办分开的一些做法,可以通过包括出版领域的局社分离、园林环卫的管养分离等政府管单位办的改革来推进。还要从政府职能的角度,实施管办分开,将包括制定政策、行业规则、标准规范和监督指导这些职责与出资人举办事业单位所有者的职能分开。同时要积极探索管办分离的多样化的有效实现方式,结合各地的探索实践,解决好分离出来的职能由谁承接和怎样承接的问题。

三是要整合监管体系。现在管理事业单位有很多机构,按照有的地方探索完全整合到一个机构进行监管,可能也有一定的难度,可以继续进行探索。但是比较可行的是建立一种由主管机关全面负责、全面监管这样一种监管的体制,这可能和现在的状况相比更容易对接,同时可以解决进一步加强监管的问题。

四是要强化社会监督。以形成合作型政社关系为基础,将社会监督作为政府监管的助手和基础,建立政府监管与社会监督良性互动、高效联动机制,形成监管主体多元化、监管内容全方位、监管方式多样化的公益事业监管体系。

三、事业单位的治理与运行机制

一是建立法人治理机制。这是转变政府职能、创新事业单位机制的重要内容和实现管办分离的重要途径,是健全治理体系、落实治理载体的重要内容。严格讲,事业单位并无人格化的所有者代表,这种所有者代表缺位的状态成为以往有的事业单位异化为"内部人控制"的制度原因。因此,形成多元治理机制、发挥多元治理作用对于改善事业单位的治理能力显得更为重要。事业单位多样化及治理模式的选择,要根据不同事业单位的特点与功能来确定。

二是强化激励保障机制。健全和强化激励保障机制是事业单位改革的关键。"改到难处是人员"、"改革就是涨工资",这两种现象是有的试点地方遇到的突出问题。推进事业单位人事制度的改革,必须与建立和完善激励保障机制结合起来。建议尽快出台《事业单位人事管理条例》,明确"事业人"的公职性质。转换用人机制,完善分配制度,构建符合事业单位特点、体现岗位绩效和分级分类管理的收入分配机制。健全社会保障制度,理顺事业单位保障体系与待遇水平与企业同类人员的平衡关系。适时出台公务员养老保险制度改革政策,在全社会形成基础制度统一、公平的取向和预期。

三是建立多元供给机制。在从"总体性社会"向国家、市场、公民社会三元社会结构转型过程中,政府要发挥公共服务的主导作用。这些作用主要表现为明确政策目标、加强宏观调控和强化政府支持。与此同时,要建立多元提供公共服务的机制,鼓励社会力量兴办公益事业。这就需要落实参与提供公共服务的机构的"国民待遇",创造良好公共服务市场环境。要充分发挥市场机制作用,形成公益服务"差序格局",针对不同的公益服务包含的公共性不等的情况,以及不同社会群体服务需求偏好存在差异的情况,设计不同类型的监管机制。政府主要提供基本公共服务,市场机制可以在发展文化娱乐、科技服务、体育休闲和健康保健等公益服务相关产业发挥积极作用。

(原载《行政管理改革》2012年第8期,作者为高小平、赵立波)

政府绩效管理创新中的"样本点"

党的十八大报告指出"创新行政管理方式,提高政府公信力和执行力,推进政府绩效管理"。习近平同志在 2013 年 6 月 28 日的全国组织工作会议上强调:"要改进考核方法手段,既看发展又看基础,既看显绩又看潜绩,把民生改善、社会进步、生态效益等指标和实绩作为重要考核内容,再也不能简单以国内生产总值增长率来论英雄了。"尽管学术界和舆论媒体对此有诸多解读,然而在新形势下究竟如何创新政府绩效管理,仍然是摆在实践者和学术界面前一个待解的重大课题。在此背景下,"克强指数"进入了人们的视野。据新华网等媒体称,"克强指数"(Li Keqiang index)是英国著名政经杂志《经济学人》在 2010 年推出的用于评估中国 GDP 增长量的指标①,源于李克强总理 2007 年任职辽宁省委书记时,喜欢通过耗电量、铁路货运量和贷款发放量三个指标分析当时辽宁省经济状况。该指数是工业用电量新增、铁路货运量新增和银行中长期贷款新增这三种经济指标的结合,自推出后受到众多国际机构认可,认为"克强指数"比中国官方 GDP 数字更真实。"克强指数"是一种较为简化的结构性指数,从特定角度反映了国民经济运行状况,尽管它不能替代 GDP 等宏观经济指标,也存在一定局限性,但可用来评估 GDP 数据的真实性和可靠性。它的最大优点是较为真实、精准和客观,因计算

---

① 见新华视点:《新华每日电讯》2013 年 3 月 20 日。又参见刘庆传:《读懂"克强指数"》,《新华日报》2013 年 4 月 23 日。

简单而统计误差较小,同时所涉及的三项指标均未列入以往的地方政府绩效考核范畴,被人为扭曲数据的可能性很小,因而能够挤掉统计数字的水分。在政府绩效管理已日益成为一门"显学"时,人们对"克强指数"的热议,折射出对其中一个基本问题的反思,即如何提升政府绩效信息的真实性和可靠性?

长期以来,由于地方官员将操纵统计数据作为地方环境治理的一个捷径,"数字出官,官出数字"饱受社会舆论诟病,已经成为严重威胁中国地方政府绩效管理的痼疾。[①] 为了解决这一问题,人们做出了大量努力,譬如采用更复杂的绩效指标体系或采用综合性的评估方法[②],然而从实践效果来看,对政府绩效信息真实性和可靠性的作用依然相当有限。无论是客观统计数据还是主观感知信息,都容易遭到人为的层层修饰和做假而"失真",给决策者带来了很大的信息偏误。例如,国家统计学核算的 GDP 与各省汇总 GDP 数值之差从 1996 年的相差 1.4% 逐年扩大,到 2004 年已经相差 18.9%;经过 2005 年的重新核算与调整,该差距变为 7.51%,但一年后又上涨到 9.6%,信息失真现象始终难以控制。[③] "克强指数"的出现,则令人们意识到解决这一问题可能存在新的突破口。实际上,"克强指数"所选取的三项指标,可以看作衡量政府绩效的三个"样本点",尽管这些"样本点"并非正式的政府绩效指标,却蕴含了关键绩效指标的丰富信息,为更加准确地反映地方政府绩效提供了可能。

一、何谓样本点

所谓"样本点"借用自统计学,是一种形象的说法。在科学研究

---

① 冉冉."压力型体制"下的政治激励与地方环境治理[J].经济社会体制比较,2013(03):111-118.

② 中国行政管理学会课题组.政府部门绩效评估研究报告[J].中国行政管理,2006(05):11-16.

③ 张继良.官方统计数据质量存在的问题及对策思考[J].统计与决策,2009(10):80-82.

中，人们把对各种随机现象的观察或实验称之为随机实验,而把随机实验的一切可能结果的全体称为样本空间(记为 Ω),其中实验的每个结果就称作样本点(Sampling Point),一般用 ω 表示。从这个意义上讲,样本点是抽样的结果,所获得的样本值可用于推断总体的状况。在传统的地方政府管理中,人们经常借用这一术语来描述调研对象,例如一些地方采用抽取样本点的办法广泛征求干部群众对组织工作的满意度,并将其称为"工作联系点、工作调研点、工作观察点、工作监督点、工作意见建议信息反馈点和检验工作成效的晴雨表"[1]。在这种语境下,样本点与"蹲点"这一传统的政府工作方法具有内在的渊源。"蹲点"就是选择典型对象进行调研和试验,实现从特殊到一般、再由一般到特殊的哲学认识过程,是通过认识局部现象把握全局特征的手段,也是深入管理实践、践行"群众路线"的过程。[2] 只不过,这些"点"并非随机选取而是立意抽样的结果。

从现代科学前沿思想看,样本点是能够让决策者看到政府绩效全景的片段,它符合现代全息理论中"部分是整体的缩影"这一思想。在全息理论中,一个系统原则上可以由它的边界上的一些自由度完全描述,或者说任意小的或任意一部分的分形单元可以与整体自相似。这一原理反映出宇宙中最基本的事物之间相互联系的规律,对于社会现象也颇有解释力,正如佛教典籍《华严经》中所言,"于一微尘中,悉见诸世界"。选择恰当的样本点,辩证地看待局部与全体的关系,能够让政府决策者从"唯 GDP 至上"的"一叶障目"转向从关键片段观察地方政府整体绩效的"一叶知秋"。由此来看,检验 GDP 数据等地方政府绩效信息的真实性和可靠性,挤出绩效信息中的水分,并不是无路可循,样本点就提供了一个可能的选择。

---

[1] 卫志良. 河南三门峡市采用样本点调查方法征求群众对组织工作的满意度. 2008 年 08 月 04 日 09:45. 来源:中国共产党新闻网. http://cpc.people.com.cn/GB/117092/117103/7605212.html.

[2] 陈琳. 蹲点的哲学[J]. 学术研究,1964(01):12-19.

由"克强指数"的三项指标来看,耗电量、铁路货运量和贷款发放量正是扮演了这种以小见大的样本点角色。它们更能精确地反映中国的经济绩效,其原理相当简洁:现代工业生产与能源消耗(血液,化验。电力能源是现代工业的血液。列宁说:"电力工业是最能代表最新技术成就,代表 19 世纪末 20 世纪初的资本主义的一个工业部门。")密切相关,故而"耗电量"的多少可以较为准确地反映我国工业生产的活跃度和工厂的开工率;铁路是承担我国货运的最大载体(血管,闭超),故而"铁路货运量"的多少,既能反映经济运行现状,又可反映经济运行效率;对于间接融资占社会融资总量高达 84% 的我国而言(银行贷款又占到我国间接融资的绝对大头),"贷款发放量"(肺活量)的多少既可反映市场对当前经济的信心,又可判断未来经济的风险度。当国家经济绩效变动时,这些指标能够敏感地反映出经济总体变化的趋势,与经济绩效的测算结果保持高度的一致性。例如,2013 年人们对宏观经济形势的感知就与"克强指数"的测算结果非常吻合[1],说明这些指标的确具有"一叶知秋"的功能。

然而,样本点的作用并非局限于此。样本点是管理决策者的参照物,是独立于既有的绩效测量体系之外的非正式指标。在政府绩效管理中,指标可以用来让利益相关者预见到可实现的成果(公共产品或服务),可以驱使政府机构为之而努力,也可以帮助政府树立特定的形象或实现一些无形的目标。[2] 从政府绩效管理的视角,至少可以将样本点的特性归纳为以下几个方面。

第一,样本点可以是政府绩效的试金石。在地方政府提交或发布的各种报告中,对于政府绩效的"成绩单"往往看起来都很漂亮,但

---

[1] 孙韶华,"克强指数"降至年内新低引热议[N]. 经济参考报,2013 年 06 月 20 日,参见 http://business.sohu.com/20130620/n379313844.shtml.

[2] Christopher Hood, Dixon R. The Political Payoff from Performance Target Systems: No-Brainer or No-Gainer? [J]. *Journal of Public Administration Research & Theory*, 2010, 20 (S2): 281–298.

大量冷冰冰的数字很可能是"数字腐败"和共谋导致的虚假结果。① 由于在政府绩效管理中存在着上下级之间的信息不对称,让上级对下级各项绩效指标逐项核查的成本过大且易受干扰,通过抽样调查和多方比较是可能的解决方案之一。② 以真实的、具有说服力的具体证据让利益相关者了解到地方政府的工作努力和成就,比起抽象的、易于人为操纵的统计数据,更能反映出地方政府的真实表现,也降低了其弄虚作假的风险,具有较强的可操作性。从这个角度说,样本点就如同用试金石一样,通过试验性的抽查来检验地方政府绩效水平,是"实践是检验真理的唯一标准"思想的一种体现。

第二,样本点可以是政府绩效的闪光点。尽管政府绩效管理不应只是"荣光或献丑"的工具③,但不可否认,决策者和管理者都希望看到地方政府的绩效亮点(Highlights),一些变革型领导也希望通过绩效测量或评估找到工作中需要改进的方向。在一些成功的绩效管理实践中,在报告组织绩效时有效地呈现绩效亮点能够增强绩效信息的可读性且不损害其可靠性。④ 操纵绩效数据尽管也是为了呈现出高绩效的形象,却与此有着本质的区别,其关键差别在于后者(操纵)是对绩效信息的"污染",而前者只是改变信息呈现的方式和重点,使之更具有代表性和示范性。另一方面,政府绩效的闪光点能够吸引决策者的注意力,使其关注有别于以往绩效指标但又对于整体政府绩效存在关键影响的因素,因而发现"样本点"也是促使组织决策者和管理者识别其绩效影响因素的过程。

---

① 林勇,赵丽,樊宝平.非技术性数据质量问题:基于影子统计的解释[J].统计与决策,2012(04):4-7.

② 魏四新,郭立宏.晋升激励下地方政府虚假绩效信息产生与治理[J].科技管理研究,2011(6):202-205;185.

③ Behn RD. Why Measure Performance? Different Purposes Require Different Measures[J]. *Public Administration Review*, 2003, 63(5):586-606.

④ 阎波,吴建南,马亮.科学基金绩效报告与绩效问责——美国 NSF 的叙事分析[J].科学学研究,2010,28(11):1619-1628.

第三,样本点可以是政府绩效的孵化器。许多地方的主政领导都有这种认识:绩效是干出来的,而不是评出来的,因而绩效管理不应舍本逐末,为评估而评估。但另一方面,绩效评估又相当重要,尤其是组织领导都将绩效评估视为"指挥棒",设置了大量绩效指标,为评估投入大量精力和资源。这二者形成了一对矛盾,在绩效管理中设置样本点则创造了一个相应的解决对策。样本点对应于地方政府工作的具体内容或案例,往往是急、难、险、重且较易于观察的事务,地方政府干部要对其进行操纵的难度和风险远甚于其他各类统计数据,同时它对于整体政府绩效又具有重要的影响。为了在上级领导的持续关注下"攻克"样本点,地方政府干部通常不得不现场办公,这让绩效评估能够真正起到督促政令落实和工作改进的作用。可以说,解决了样本点反映的问题,也就找到了解决类似问题的途径,这就如同科技管理领域的孵化器一样给绩效改进提供了平台。

二、样本点与政府绩效管理

识别政府绩效管理的基本特征对于进一步理解样本点的作用很有必要。政府绩效管理是为提升绩效而实施的管理,是为提高绩效而做的系统化努力[1],较为准确地测量政府绩效则尤为必要。然而,无论是单纯从技术层面看还是考虑非技术因素,政府绩效都是"测不准"的。尽管人们已意识到作为主观价值判断的绩效评估难以准确,却往往认为客观的测量,即只要采用科学的绩效指标和测量方法就能够准确地衡量政府绩效。事实上,"当一些指标没有成为考核指标时,测量该指标,获得的数据其真实程度就高一些",这种"越测量越不准"的悖论现象说明政府绩效管理中同样存在着超出人们常识的规律。在物理世界中,要观测特定对象就必然会对其进行干涉,即所

---

[1] 高小平,盛明科,刘杰.中国绩效管理的实践与理论[J].中国社会科学,2011(6):4-14.

观测对象在观测过程中已经发生改变,即存在"测不准原理"(Uncertainty Principle)。测量行为与被测量物相互作用和干扰同样适用于经济社会系统,对于组织的绩效管理而言同样如此,因而地方政府决策者和管理者有必要反思"测量什么就实现什么"(What Gets Measured Get Done)的决定论思维并重新审视日益复杂化的绩效管理体系,同时对政府绩效的本质产生更清晰的认识。

政府绩效是一个情境依赖的多维构念。在一般情境下,绩效是受特定意图或目的驱动或引导的行为,而政府绩效可表现为特定的行为 x,例如表现出一定水平的竞争力、生产率以及提供某些产品或结果的政府活动。[①] 换言之,政府绩效是政府组织及其成员在特定时空情境下的行为表现,是政府组织行为的函数,可用 $P=f(x)$ 表示。那么对应于不同的情境,政府绩效的形成机理和呈现方式就有所不同。事实上,公共管理的历史上先后出现的效率、效能、公平、经济、回应、质量、透明等概念都是从不同维度对政府绩效的考察。[②]

为了简化政府绩效的概念并对其进行测量,人们习惯采用效率(技术效率和经济效率)、效果和公平性等维度[③],但值得注意的是这些尽管都隶属于政府绩效的范畴,却并不能说这些维度涵盖了政府绩效的全部内容。由这个角度理解,政府绩效指标体系是对真实政府绩效的模拟。作为一种客观存在,理想的政府绩效具有特定维度(记为 n)的结构,并且随着时间 t 的变化而变化。在某个确定的情境条件下,政府绩效 P 就是政府行为 x 从初始到该时刻在各个维度上的连续累积。借用数学中的积分概念,这一过程可以表达为:

---

① [美]赫尔曼·E·戴利. 超越增长:可持续发展的经济学[M]. 上海:上海译文出版社,2001.

② 吴建南,章磊,李贵宁. 地方政府绩效指标设计框架及其核心指标体系构建[J]. 管理评论,2009,21(11):121-127.

③ Rhys Andrews, George A. Boyne, Walker RM. Dimensions of Publicness and Organizational Performance: A Review of the Evidence [J]. *Journal of Public Administration Research & Theory*, 2011, 21 (suppl 3): i301-i319.

$$P = \int_{t=t_0}^{T}\int_{i=1}^{n} x_i(t)$$

测量政府绩效的实质是人们用 $P=f(x)$ 的理论框架来模拟真实的政府绩效,即根据特定价值取向选取刻画政府行为 x 的维度 n,用多个维度的离散观测值 $X_{i\in[1,n]}$,并赋予相应的权重 W_i,进而对其加权求和的过程。显然,用离散观测值对政府绩效的模拟必然存在着误差。在测量学中,无论测量手段如何精确,抽象概念都难以被毫无误差地测量,这首先是因为系统误差 E_{system} 的存在。更重要的,当人们试图去观测真实的政府绩效时,由于"测不准原理"的作用,所采用的离散观测值 X_i 与实际的政府行为 x 之间总是存在偏误 ϵ_i,因而无法绝对准确地对政府绩效 P 进行模拟。况且,人们认知过程中的滞后效应、晕轮效应、首因效应、近因效应、社会刻板印象和基本归因谬误等,也会影响到收集绩效信息并进行模拟的可靠性。这意味着,从连续到离散的模拟始终存在着误差,如下所示。

$$P = \int_{t=t_0}^{T}\int_{i=1}^{n} x_i(t) \approx \sum_{i=1}^{n}(W_i * X_i + \epsilon_i) + E_{system}$$

从本质上讲,这种模拟是一种政治活动,因而政府绩效指标体系是政治的产物。政府绩效来源于利益相关者对公共服务的需求和利益表达,政府组织及其成员需要通过与利益相关者的互动过程满足其利益诉求,并且需要在多元化利益相关者所关注的不同绩效维度之间取得平衡。由于利益相关者对组织的影响力存在差异,理性的政府及其成员在考虑绩效指标时会赋予优先权给那些对于组织生存至关重要的利益相关者。在政府绩效管理盛行的中国,这种利益相关者之间的差异体现得相当明显。各类利益相关者可能具有差异化的价值取向,从而对政府绩效具有显在或潜在的价值标准,导致了对于同一政府行为 x 的评估结果不同,并且也会影响绩效指标体系设计者对每个政府绩效指标 X_i 的权重值 W_i 的分配,而这同样会造成模拟政府绩效时的偏误 ε_i。

如同任何物理系统一样,地方政府绩效测量体系的系统误差 E_{system} 和随机误差 ε_i 恒定存在,政府绩效 P 具备"测不准"的特征。在这种情境下,引入样本点 ω 就具有极为重要的价值。减少评估结果偏误的传统解决思路一般是增强目标分解的科学性,以及改进绩效评估的主体、方法和程序,例如增加评估培训、引入公民参与等,这些方式尽管有效却具有较高的操作成本。实际上,在采用绩效指标模拟政府绩效的同时,总是可以找到一些反映整体绩效信息的样本点,从中提取的信息可用于控制测量结果的偏误。样本点是对政府落实具体工作的现实记录[①],尽管这些 ω_i 未必对应于某个具体的指标,但与政府绩效 P 能够保持一致。如果指标模拟的偏差大到无法解释 ω_i 的程度时,就说明绩效测量体系的准确性与真实性是难以容忍的。在这种情况下,样本点能够为判断政府绩效 P 的测量效度与信度提供佐证。这意味着 ω 可成为测量政府绩效一个必要的约束条件,如下式所示。

$$\begin{cases} P \approx \sum_{i=1}^{n}(W_i * X_i + \varepsilon_i) + E_{system} \\ P \supseteq \omega_i \end{cases}$$

从上式来看,政府绩效 P 也可以看作绩效测量指标和样本点的潜变量(Latent Variable)。在传统的政府绩效测量领域,大量冗余甚至虚假的信息是管理者和决策者非常厌恶但又难以消除的水分,特别是在大数据时代,职能庞杂、规模庞大的政府组织在运作过程中产生了海量信息,水分的控制就愈加困难。样本点的一个优势是它不易"溶于水",解读样本点是从大数据中挤出水分的一个捷径。由于样本点对应的是政务执行过程中具体的关键事件和行为,是动态

---

① 连维良,吴建南,杨宇谦. "四位一体":地方政府绩效管理体系的案例研究[J]. 西安交通大学学报(社会科学版),2012,32(2):47-52.

的活动而非某种静态的属性,可以直接观测,故而难以操纵。而且在政府绩效的形成过程中,总是存在一些非预期或难控制的因素,而高度抽象的统计数据会遗漏这些信息,在关键事件和行为中才能够更准确、直接地观察到这些信息的影响。

总体上讲,样本点 ω 对于测量政府绩效 P 的作用对绩效测量的神话是一个巨大的挑战。"测量什么就实现什么"或"测量什么,什么就能管好"常被"新公共管理"运动的拥护者视为公理,然而这无论是在逻辑上还是实践中都越来越饱受质疑。在理论上,"测量什么就实现什么"忽视了管理的情境条件,而测量指标与被测量的组织行为之间并非存在着决定性的关系;对于理性的官员而言,"测量什么,什么就能管好"只是人们美好的想象而已。更常见的情况是"测量什么就操纵什么""上级要什么就给什么",特别是在"以事为本"的管理思维作用下,这种被称为"做作业"的应对方式相当有效。设置样本点则增加了理性官员的机会成本,由于样本点可以抽取、更换且易于观察,还需要与政府绩效测量指标的模拟值相互印证,造假的代价就难以预计。

另一方面,政府绩效信息的质量会严重影响到政府绩效管理体系的可持续性,因而确保数据的效度与信度至关重要,特别是应及时提供有效的"绩效故事"以佐证政府绩效水平。[①] 决策者和管理者可以在不改变既有绩效测量指标的前提下灵活地选取样本点,持续地检测由代理人报告的绩效数据质量。换言之,衡量样本点一个基本的出发点是确保绩效信息的"三角验证"(Triangulation)。对绩效的多点测量有助于减少测量偏误、提升测量效度,这些指标应当来自不

---

① Kathryn Newcomer, Caudle S. Public Performance Management Systems: Embedding Practices for Improved Success[J]. *Public Performance & Management Review*, 2011, 35(1): 108-132.

同利益相关者且具有异质性。① 也就是说，指标 X_i 和样本点 ω_i 所反映的绩效信息来自不同的渠道，它们所表达的"故事"如果具有相同的含义，绩效测量的信度和效度就有所保障。"克强指数"的三项指标就对传统以 GDP、FDI 和财政收入等政府绩效考核指标体系起到了补充绩效信息和纠偏的效用，基于这些信息就能对政府绩效水平做出更精准的判断。

此外，当地方政府绩效指标因经济和政治因素难以变化时，样本点还可以作为突出执政党价值取向的一个途径。在上式中，i 表示政府绩效的维度，它和权重 W_i 共同反映出政府绩效测量的价值取向——是单纯考虑上级政府的价值需求，还是优先考虑辖区社会公众的需求，或者同时考虑上级政府和社会公众的价值需求？是注重政府行政的短期结果，还是注重行政的长期结果？是体现政府的行政效能，还是体现政府对社会的回应性？在许多情况下，政府绩效指标、标准和权重是利益博弈的结果，即使是在政府绩效管理起步较早的西方国家，政府管理者要单方面改变政府绩效指标体系也并非易事。在转型时期的中国，政府绩效指标更是牵动利益相关者关注的敏感对象。在这种情况下，引入样本点的管理创新（例如将特定的民生治理事项列为样本点）既可弥补传统政府绩效指标体系的不足，又能避免因改变指标体系而引发的负面效应。

由上述分析来看，样本点对于完善政府绩效管理体系具有积极的意义。这一创新的理论价值在于，为本质上具有"测不准"特征的政府绩效设置了可以相互印证虚实真伪的指标，突破了以往一味追求量化和关键统计指标的目标考核模式。从国际政府绩效管理的实践与理论前沿认识看，绩效管理应是一个动态的过程，所设置的政府

---

① Pierre J. Richard, Timothy M. Devinney, George S. Yip, et al. Measuring Organizational Performance: Towards Methodological Best Practice [J]. *Journal of Management*, 2009, 35 (3): 718-804.

绩效指标和标准应根据环境变化而进行动态的调整。① 采用传统的多指标模拟方式便于得出对整体政府绩效的阶段性、综合性认识,而引入样本点能够实现从局部出发"窥一斑见全豹"的信息动态捕捉作用,二者的有机结合既可以提升政府绩效管理的规范性和动态性,也可以增强绩效评估的灵活性和科学性。

三、启示与建议

"克强指数"不仅反映出政府管理者和决策者在提升政府绩效信息真实性和可靠性方面的智慧,也揭示出政府绩效管理的复杂性和执政者对此的深刻认识。长期以来,政府绩效信息的真实性和可靠性一直困扰着绩效管理的研究者与实践者,使政府绩效评估的公信力颇受挑战。原国家统计局局长、中国社科院经济研究所所长孙冶方先生甚至曾发出这样的感叹:"上级抓什么数字,什么数字就不准。"面对这种困境,"克强指数"为创新政府绩效管理提供了启示,即可在传统政府绩效指标体系之外引入样本点,将其作为检验地方政府绩效信息真实性和可靠性的一个参考。它的意义不仅仅在于为批判"唯 GDP 论"提供了现实中的范本,更改变了人们对于政府绩效指标乃至绩效管理的传统认识。

正如前述分析所言,样本点是政府绩效的试金石、闪光点和孵化器,是超越传统政府关键绩效指标的直观载体,能够有效地弥补传统政府绩效指标考核的不足。从实践来看,一些地方政府已经在此方面做出了积极的探索,例如贵州省大方县对乡镇政府的考核、重庆市市政管理委员会对区级政府的考核、江苏省常州市城市长效综合管理考核等都应用了考核样本点的方法,特别是郑州市在"四位一体"绩效考核创新中较为系统地采用了样本点作为衡量政府绩效的一种

---

① Burt S. Barnow, Heinrich CJ. One Standard Fits All? The Pros and Cons of Performance Standard Adjustments[J]. *Public Administration Review*, 2010, 70(1): 60-71.

方式,取得了积极的效果。在这些实践中,政府依据单位职责来选择具有代表性、典型性、示范性且公众关注的关键事项和活动作为样本点,确定政府高质量工作可观察的标准和标杆,避免了片面依赖统计数据来评估政府绩效的偏误。这些实践表明,在政府绩效管理体系中引入样本点兼具必要性和可行性。

综上所述,本研究发现对政府绩效水平的判断不应仅仅依赖于绩效指标的模拟,还应考虑综合反映指标数值真实性的样本点。样本点所包含的抽样思想有助于管理者和决策者深化对政府绩效管理动态属性的理解,能够揭示出指标与信息收集方式的深层次含义,为探索政府绩效管理体系改革的方向提供借鉴。具体来说,本研究能够为改进政府绩效管理研究与实践提供以下建议:

第一,政府绩效信息的收集和处理需要"做加法",通过完善和整合绩效信息管理系统促进政府绩效信息适度公开和透明,提升政务活动的可问责性。引入样本点的一个重要意义在于通过比较和校验多源信息来及时纠正政府绩效测量的偏误,即通过三角验证的方式减少"测不准原理"对绩效测量的影响。由此而论,引入样本点就是增加了绩效信息的来源,为绩效信息真实、可靠增强了保障。而从抽样选取样本点的方式以及样本点是政务运行的关键事项和活动等方面来看,这也是一种在现有体制下增强信息公开和透明程度的巧妙方式。由于样本点相对具体、易于观察且为公众所关注,在其信息收集和处理方面人为造假的机会成本大大增加,政务执行者更难操纵数据和推卸责任。相比于以往目标责任考核中上级部门反复对下级政务活动进行检查的方式,政府和公众更容易通过样本点有效地监督政务执行者,这也是践行"群众路线"的一种体现。

第二,地方政府绩效考核指标体系需要"做减法",配合简政放权的行政体制改革来适度精简指标,从结构上增强政府绩效测量的科学性。由于地方政府一般采用指标模拟的方式进行绩效测量,如果政府越"全能"则采用的绩效指标就越多,考核对象进行数据操纵的空间就越大,而根据本文对政府绩效测量偏误的分析,这会降低绩效测量的真实性和可靠性。在加快经济发展方式转变的过程中,转变政府职能已成为社会共识,相应地减少对微观事务的干预、改善和加强宏观管理、严格事后监管是改善区域治理的客观要求,这就需要对政府绩效指标做出调适。在"条块分割"体制下,考核指标过多、过虚、过滥往往是导致地方政府弄虚作假的一个客观诱因,颇受学术界和实践者诟病,而在适度和逐步精简考核指标的同时,提供公众关心的、看得见且可检验的事实证据来衡量政府干的好坏,能够降低"政绩不够、数字来凑"的可能性。

第三,地方政府绩效管理实践需要"动起来",转变传统政府绩效考核的静态思维,从过度强调控制转向持续改进绩效的动态管理模式。从前文分析来看,政府绩效的产生是一个连续的过程,政府绩效管理是以改进政府绩效为目的的动态管理过程,"重结果、轻过程"的考核与管理模式已越来越难以适应社会对政府绩效的诉求,特别是在防范绩效信息弄虚作假等方面存在漏洞。"测不准"的政府绩效会随着情境因素的改变而变化,要获得持续的绩效改进就需要动态调整政务运行的目标和控制手段,尽可能实时地对绩效信息进行分析和处理以更好地回应社会公众的诉求。从动态的视角理解政府绩效管理体系这一复杂系统,是改变以往地方政府和干部过度重视"硬指标"、忽略"软指标"的一个突破口,样本点的管理创新也正是体现了这种动态思维,通过关键事项和活动来以小见大地反映整体的政府绩效。

第四,政府绩效管理研究需要"沉下去",从探索具体现实问题背后的普适性原理入手,致力于推动政府绩效管理实践的进步。绩效管理是应用性强且基础薄弱的领域,亟须解释和解决实际问题的研究,而当前的理论研究总体上滞后于地方实践,地方政府管理对绩效管理研究的需求日益迫切。中国的政府绩效管理是一种追求创新和创造的"创效式"管理,因而理论研究不仅要有创造力,更要有解释力和指导作用。在全球化、信息化和政府职能转变的背景下,国家和地方治理的环境存在高度的不确定性,决策者不应完全依赖诸如 GDP 等统计数据,而应深入探索经济和社会发展的内在机理,做出科学的决策。相应的,研究者需要将政府绩效管理体系视为复杂性系统,建立科学、管用的政府绩效影响因素图谱,运用科学的科学方法探索现实问题的发生和发展机理,为政府管理实践提供"外脑"。

(原载《中国行政管理》2013 年第 10 期,作者为阎波、高小平)

我国税务系统绩效管理体系：
发展、成效和特色

税收是重要的政府职能。我国税务系统在职干部接近80万人，约占公务员总数的10%。税务系统绩效如何，关乎国计民生。国家税务总局高度重视绩效管理工作，积极探索，大胆实践，目前已初步形成较为成熟的绩效管理体系，大幅度提高了公务员绩效和组织绩效，有力地保障和促进了税务系统的改革和发展，对于推进法治政府、廉洁政府、服务型政府和创新型政府，加快国家治理体系和治理能力现代化，发挥了重要的作用。

一、税务系统绩效管理体系的发展阶段

我国税务系统实施绩效管理经历了四个发展阶段。

（一）1.0版绩效管理体系：初创型

作为一种新的管理模式，绩效考核起源于西方国家的公务员制度，最早起源于英国。美国1887年正式建立了考核制度，强调要以工作考核为依据来确定文官的任用、晋级及加薪，该论功行赏的方式称为"功绩制"。绩效管理是创新政府管理方式的重要举措，推行绩效管理促进了管理的科学化和精细化，该政府管理机制偏重于管理操作和实践创新。

我国从20世纪80年代引入和追踪西方政府绩效管理与评估的理论研究，在借鉴发达国家应用进展的基础上，各地政府相继关注于行政管理效率，借鉴私营部门目标管理的方法，针对公共服务质量较

差的现实,先后以政府目标责任制、政府效能监察、社会服务承诺制及行风评议制度等活动为依托,在政府及公共部门进行了有关政府绩效管理与评估的实践探索。[1]

税务绩效管理是一个组织动态运行完整的各绩效管理环节之间相互依存、相互融合的系统。[2] 包含着不同的环节,首先是计划的制定,即通过管理者和被管理者之间的有效沟通,达成对于工作目标和标准的统一意见,是一个对于组织目标整合的过程,也一个逐步形成绩效契约的过程;其次是目标的实施,通过严格执行预先的计划来完成工作任务,对部门的工作进行真实的优劣评价,根据实际实施过程中出现的新情况及时调整计划,增加计划的可行性及适用性,并针对不同的考核周期组织绩效评估,对于实现绩效计划的程度及时评价;最后是结果的反馈及改进,通过不断改进来提升组织绩效是绩效管理的根本目的,通过管理者与被管理者之间的沟通来寻找工作中的差距,促进个人及组织在今后的工作中提质增效。

面对日益艰巨的税收工作任务,为了更好地做好管理工作、提升整体绩效,我国的税务部门开始推行绩效管理。2014年是税务部门绩效管理的启动之年,从1月起,国家税务总局在总机关及九个省(市)税务机关进行试点,探索绩效管理模式,运行1.0版绩效管理考评指标体系。主要做法是,首先确定一级税务机关的绩效目标,然后依此制定每个干部的绩效目标,并收集与绩效有关的信息,定期对单位和员工的绩效目标完成情况进行评估和反馈,通过改善干部工作绩效来提高单位整体绩效。[3] 税务部门推行的1.0版绩效管理体系是对绩效管理初级阶段的探索,更是一次突破和创新。

---

① 包国宪,文宏,王学军.基于公共价值的政府绩效管理学科体系构建[J].中国行政管理,2012(5):98-104.
② 杨如录.税务绩效管理探讨[J].现代经济信息,2016(4):74.
③ 于魏华.税务机关绩效管理的若干问题探讨[J].中国管理信息化,2015,18(12):159-162.

(二) 2.0 版绩效管理体系:考核型

2014年7月1日起,税务系统开始全面推行绩效管理。各级税务机关按照税务总局推出的 2.0 试行版绩效管理体系,逐级分解落实指标,并结合各自工作重点,编制对本级税务机关和系统考评的指标体系,建立了绩效管理运行机制,并完善了各项工作措施,使各省税务局对省局机关和系统的绩效管理运行覆盖面达 100%。[①] 2.0 版绩效管理体系的推行促进了制度框架和指标体系的初步建立,基本形成了自总局到县局、从上而下、国税地税一体、机关系统同步的逐级联动、五级覆盖的整体运行格局。

绩效管理的全覆盖促进了考核制度进一步完善。从总局机关和对省局的考评看,改革发展类工作和纳入督办的重点工作完成率、办结率和完成质量普遍较高,各单位以绩效管理为抓手、以指标分解定责任落实、以过程管理推工作进度、以绩效分析促问题整改、以日常考评促提质增效,绩效管理推动工作落实、倒逼机制完善等作用日益凸显。[②] 如辽宁省国税局为了让绩效工作更有着力点,实行了"三单"制度,将任务清单、问题清单及结果清单作为管理工作的抓手和衡量指标落实的重要载体,实现了对于全员工作的任务监控和工作记录,将全省国税系统的 16 828 名税务干部中 16 225 人纳入绩效考评,占比达到 96.5%。辽宁省国税局绩效办公室主任赵伟指出:"绩效考核让工作措施更详细具体,考评方式更为方便快捷。"

(三) 3.0 版绩效管理体系:管理型

2015年开始正式实施 3.0 版绩效管理体系,进一步发挥了"指挥棒"的作用。3.0 版绩效管理体系与传统的考评或单纯的目标考

[①] 温彩霞,刘嘉怡,于嘉音等.提"绩"增"效"——7月1日起绩效管理在全国税务系统全面推开[J].中国税务,2014(12):21-22.

[②] 温彩霞.凝聚共识开拓创新积极推进绩效管理工作——访国家税务总局办公厅副主任、绩效管理工作领导小组办公室主任郑江平[J].中国税务,2014(10):10-12.

核不同,其绩效管理更加注重控制过程,关注管理的各个环节。基于3.0版绩效管理体系,全国税务系统特别重视节点管理、日常监控和督查督办,彻底扭转了"年初签订责任状、年底考核发奖状"的做法。① 税务总局专门成立了绩效管理领导小组和办公室,并要求各省税务局参照总局模式建立健全领导体制和工作机制,既要注重整体设计,又要突出重点,分步实施,积极稳妥地推进。② 通过不懈努力,使绩效管理工作从考评这一个环节拓展为管理各个环节全过程的绩效管理。

税务工作具有专业性较强、风险性较高、基层工作繁重及工作成果可量化的特点。针对税务工作的特点,3.0版绩效管理体系能够引导管理者在工作中贯穿绩效管理的理念,用创新的思维去认识问题,用科学的分析方法、工具来分析工作,用管理手段紧抓落实。

(四) 4.0版绩效管理体系:治理型

税务部门业务同质化、管理垂直化、手段信息化,为实施绩效管理提供了有利的现实基础。2016年起,税务系统绩效管理体系平滑升级为4.0版,引入了多元主体参与绩效管理,省、市、县三级税务局分别结合实际,根据上级的绩效指标制订考核下级及机关部门的绩效指标。

4.0版绩效管理体系更为完备和成熟,其有六个主要特点:一是关键指标突出,通过对指标的合理调整,对党中央、国务院重大的决策部署以及税务总局的重点工作任务实现了全面覆盖,尤其是涵盖了《深化国税、地税征管体制改革方案》中需要2016年启动或完成的任务;二是实现了动态调整,将年度中间重要涉税事项纳入考评;三是优化了加分减分项目;四是强化了分档指标;五是提高了机考水

---

① 温彩霞,刘嘉怡,于嘉音等.绩效管理初见成效——税务系统绩效管理工作深入推进[J].中国税务,2015(12):21-22.
② 国家税务总局.国家税务总局关于实施绩效管理的意见[Z].2013-12-10.

平;六是制作了指标模版,合理分解指标。

4.0版绩效管理体系实行司局个性指标考评与领导批示相挂钩,以及司局与省局之间的关联考评。为了进一步加强考评主体的多元性,实行督考合一,将中央及总局组织的督查督办、审计监察等监督中发现的问题纳入减分项目,将督与考相结合。通过实施全面的绩效监控,可以实现各级各部门的自我管理、自我评估、自我针对,达到自我改进和提高的效果。

通过多元主体的引入,4.0版绩效管理体系将税收现代化战略目标路线图、时间表及责任书清晰地呈现在各级税务机关及税务工作人员面前,这有利于引领我国税务系统静心聚力、抓好落实。

二、税务系统绩效管理体系的应用成效

我国税务系统实施绩效管理取得了明显的成效,新华社《瞭望》周刊、《国内动态清样》等重要媒体都做过报道,在第十届国际税收征管论坛上得到了国外同行的积极评价。

税务系统绩效管理体系是部署任务的航标、落实工作的抓手、评价效能的基准,通过组织绩效与个人绩效"双轮驱动"、过程控制与结果运用"动真碰硬",横向到边、纵向到底、任务到岗、责任到人的格局基本形成,为贯彻执行中央决策部署、落实税收改革发展重任提供了有力保障。[①] 税务系统开展的绩效管理工作具有高位推进、上下联动、闭环运行、自我更新的特点,在全国处于领先地位,是中央国家机关推行绩效管理的成功典范。[②]

(一) 促进了税务重大改革和重大政策落实

税务系统绩效管理工作以服务于党和国家工作大局为战略导

[①] 国家税务总局办公厅.持续改进留铁痕踏平坎坷成大道——全国税务系统推行绩效管理纪实[N].2016-09.

[②] 国家行政学院政府绩效评估中心.税务总局绩效管理第三方评估报告[R].2016-08.

向,紧密围绕并深入贯彻党的十八届三中、四中和五中全会精神以及中央经济工作会议精神,认真落实《深化财税体制改革总体方案》《深化国税、地税征管体制改革方案》,坚持将绩效管理的战略目标和重点任务有机结合,促进了税务重大改革决策部署的落实。所以说,税务系统绩效管理既是一次政府管理模式的创新,也是一项具有重要意义的深层次改革。从税务系统1.0到4.0版本绩效管理体系来看,其战略理念、指标体系及评估方法一直在不断地创新和更新,彻底改变了税务系统传统的管理方式。在国家治理体系和治理能力现代化背景和要求下,税务系统通过推行绩效管理积极落实中央简政放权、放管结合、优化服务改革等政策方针,取得了显著的成效。

(二) 提升了税务系统行政效能

税务系统绩效管理保障了日常工作的整体性及互动性,促进了工作目标的落实。通过将目标任务的层层分解,落实到各个部门、基层及具体的岗位,落实到每位税务人员,管理办公室通过对绩效客观公正的评价,能够全面地掌握日常每项工作的运转状况。据统计,在绩效管理刚刚全面推行的阶段,辽宁全省国税税务登记完整率由96%上升到99.83%,差错率由0.22%减少到0.03%,错误数据改正率由不足80%上升至99.91%。[1] 因此,税务部门绩效管理对于基层单位更好地完成上级订立的目标、增强税收管理能力和水平具有促进作用。

税务系统绩效管理加强了各部门间的沟通,促进了决策的科学化和民主化。[2] 在绩效管理指标制定过程中,为了制定合理准确的考核指标,各级绩效办、考核部门与被考核部门需要进行广泛的沟通交流,从而增进了工作联系;在考评过程中也存在有效的沟通反馈机

---

[1] 刘嘉怡,岳倩,姚东.打造能征善战的税收队伍——辽宁省国家税务局绩效管理工作侧记[J].中国税务,2014(10):19-22.

[2] 卢海燕.论政府绩效管理转型[J].中国行政管理,2014(12):25-29.

制,考核部门在信息系统中将考评结果予以公示,将在第一档的单位立为标杆,同时对在最后一档的工作单位提出工作改进建议。良好的沟通极大地推进了日常工作的效率和质量,并使决策更加科学和民主。

税务系统推行绩效管理对于提高税收工作的执行力以及推动工作创新等都具有积极的促进作用,切实提高了日常工作水平和质量,有效提升了税务系统的行政效能。

(三) 推进了税收现代化建设和发展

绩效考核的推进与落实也促进了税收的现代化建设与发展。税收治理现代化是税收治理体系和治理能力现代化的简称,也是国家治理体系和治理能力现代化的重要组成部分。[①] 党的十八届三中全会将财政定位为国家治理的基础及重要支柱,科学的财税体制是优化资源配置、促进社会公平、维护市场统一、实现国家长治久安的制度保障。因此,到2020年前的未来几年是我国进一步全面实现国家治理体系、治理能力现代化的关键时期,财政改革必须要成为重要的载体及战略突破口。

为了建立完备的绩效考核机制、匹配国家的现代化进程,国家税务总局在准备阶段制定了多项制度与规则,其中包括《国家税务总局关于实施绩效考核管理的意见》、3个管理《办法》与4个《细则》,各级税务机关也制定了符合本单位工作实际的制度办法。全系统从基本制度到具体办法、从一般规定到特别规定、从长效机制到年度规则、从组织绩效办法及细则到个人绩效办法及细则、从绩效考评规则到结果运用办法等诸方面、多层次构建起了绩效管理的制度框架。[②] 税务绩效管理体系构筑了"绩效管理有目标、目标执行有监控、执行

---

① 张雷宝.税收治理现代化:从现实到实现[J].税务研究,2015(10):70-74.
② 国家税务总局办公厅.持续改进留铁痕踏平坎坷成大道——全国税务系统推行绩效管理纪实[N].2016-09.

情况有考评、考评结果有反馈、反馈结果有运用"的管理闭环[①],形成了完备的制度体系。为税务机关推行绩效管理提供了科学的制度规范,确保了税务绩效管理和业务工作的融合,促进了税务机关增强法制观念和制度意识,强化了动态管理和协同管理,着实提高了税收管理的现代化水平。

(四)激发了税务部门干部队伍活力

首先,绩效管理能够促使干部改良作风,引导积极的工作方向。绩效管理工作具有较强的导向、激励和约束作用,有效推动了各项税收工作,使全国税务系统上下队伍风貌发生了明显变化,形成了务实奋进、团结协作的工作氛围。[②] 从年初工作的布局开始,领导要将税收工作和绩效管理融合在一起,抓好工作促进落实;在年中工作推进中,要督查督办,整改问题,多层次地推进工作的落实与提升;在年度工作评价中,要注重考评的整体与部分相结合,全面与重点相结合,增强考评结果的公信度。通过考核制度的保障,督促领导干部切实抓工作、抓落实,树立了担当作为的导向。

其次,绩效管理为税务系统带来了奋发进取、积极向上的正能量,为干部提供了展示才华的舞台。对班子考评的强化,将领导的个人绩效与组织绩效全面挂钩,用绩效考核的量化来评价干部表现,然后作用于干部的培养、选拔使用与评先选优,让广大税务人员工作有目标、心里有压力、肩上有责任、思想有动力。通过考核评比及合理的结果运用,增强了干部职工的工作热情,有利于在全系统树立爱岗敬业的模范标杆,激发税务人员奋发向上的进取精神。

再次,绩效考核有利于促进税务部门领导干部队伍的发展提升。随着时代的进步,面对新的环境与发展要求,考核体系及指标不断更

---

① 江虹.对新形势下推动国税绩效管理工作的思考[J].经济研究参考,2015(53):9-10,54.

② 温彩霞,刘嘉怡,于嘉音等.提"绩"增"效"——7月1日起绩效管理在全国税务系统全面推开[J].中国税务,2014(12):21-22.

新完善，对领导干部也提出了新的要求，领导干部需要不断学习来适应新的挑战。通过将工作创新纳入考评，激发了创新管理的活力，职工干部更愿意潜心学习、优化服务、规范管理、奋勇争先。各单位在"互联网＋税务"创新创造、推广"银税互动"、落实支持上海自贸区发展"办税一网通"、推行增值税发票管理系统升级版和落实纳税服务规范、税收征管规范、出口退税规范、国地税合作规范等方面亮点纷呈，触发了创新驱动新引擎，"银税互动"等一些创新举措得到了国务院领导同志的批示肯定。① 因此，税收部门施行绩效管理，对于激发队伍热情、增强工作活力、完善工作方法以及提高工作效率等方面有着重要意义。

（五）树立了税务部门服务型政府形象

党的十八届三中全会通过的《中共中央关于全面深化改革若干重大问题的决定》中明确提出了政府绩效改革的要求，提出了改革的方向，要"严格绩效管理、突出责任落实、确保权责一致"，促进政府由追求经济增长转变为服务型政府。

建设服务性政府，对于政府的行政理念、能力、方式以及水平均提出了更高、更新的要求。服务型政府要求政府将公共服务供给置于政府职能工作的中心，满足公众的公共服务需求，提升公共服务满意度。② 税务系统绩效管理体系的设计与推进落实，促进了税务机关提升站位，落实中央部署的各项工作，积极服务于经济社会发展的大局，树立了税务部门良好的政府形象。如2015年税务部门得到了国务院领导同志的表扬二十余次，同时得到了人民日报及中央电视台的工作亮点报道。

税务部门坚持绩效管理的顾客导向，通过"便民办税春风行动"

---

① 国家税务总局办公厅.持续改进留铁痕踏平坎坷成大道——全国税务系统推行绩效管理纪实[N].2016-09.

② 于文轩，许成委，何文俊.服务型政府建设与公共服务绩效测评体系构建：以X市的纳税服务为例[J].甘肃行政学院学报，2016(1)：4-12，127.

及"简政放权"等工作力度的加强,提供优质便捷的纳税服务,赢得了纳税人的认可和广泛赞誉。如围绕"春风行动"绩效考核的目标及营造良好的服务环境建设目标,将基层税务局打造成为直面纳税人服务的实体。有效地解决了纳税人办税难、办税慢、办税远的问题。在2015年第三方机构开展的纳税人满意度调查中,有91.25%和87.66%的纳税人认为国税、地税部门工作总体水平较2014年有所提高,国税、地税部门满意度专项调查综合得分比上年分别提高3.72分和3.65分。① 大众的认可充分地说明了税务部门绩效考核在提升服务型政府形象中的重要作用。

税务部门绩效考核培育了积极的行政文化,这是塑造服务型政府形象不可或缺的因素。为了更好地推进绩效考核,各级税务机关深刻挖掘绩效管理的核心价值观念,通过多种形式开展绩效培训、宣传宣讲,建立多个文化示范点、文化长廊,开展多种形式的活动如演讲比赛、辩论赛等。多种活动不仅调动了员工的工作积极性,更促进了最大程度的价值认同,提高了团队的凝聚力,营造了良好的讲求绩效的工作氛围,促进了政府部门工作人员增强自身服务意识,更好地为人民服务。税务部门绩效考核服务于党和国家工作大局,对于树立税务部门服务型政府的良好形象有着积极作用。

三、坚持以人民为中心,设计和创新绩效管理制度

设计和创新绩效管理制度,首先要有正确的理念。我国税务系统在建立绩效管理制度的过程中,十分重视在政治上实现高站位,在战略上进行高定位,从系统地创新政府绩效管理理论出发,将国家税务行政管理效能、税收政策精准执行、税制改革深入推进、国税地税征管体制改革、优化税收营商环境等重大战略性任务与有序推进绩

---

① 国家税务总局办公厅.持续改进留铁痕踏平坎坷成大道——全国税务系统推行绩效管理纪实[N].2016-09.

效管理具体制度改进有机结合，并在考核体系中全面树立以人民为中心的指导思想，构建服务于高质量税收的绩效考量维度、评估方法、工作主体、管理流程、绩效问责、绩效改进的基本准绳和标准尺度。集中起来，可以概括为"四个人民"导向的战略绩效管理制度，即把人民拥护不拥护、人民赞成不赞成、人民高兴不高兴、人民答应不答应，具体应用于税务绩效体系，用实实在在的制度将其落实到位。"人民拥护"的实质，就是税务工作质量的提高要以问题为导向，以取得人民群众的支持为前提。"人民赞成"的实质，就是税务工作要以目标为导向，从群众中来，请人民参与决策，使得决策符合民主、科学、法治的要求。"人民高兴"的实质，就是税务管理要以需求为导向，按照供给侧改革的要求，尊重社会需求的变化，做到各项改革由群众"点菜"、政府"端菜"、人民评判。"人民满意"的实质，就是政府税务服务要以人民获得感为导向，涵养税源，不断提高纳税人对税务服务的满意度。

税务机关把"四个人民"作为税务行政管理的根本原则，按照新时代高质量发展的要求，推动战略绩效管理落地生根，进而不断创新和完善税务绩效管理制度的顶层设计，把好实施绩效管理对各项工作的引导方向。

国家税务总局局长王军在2013年税务绩效管理起步阶段就强调指出：要注重机制建设，科学创新管理，做到指标选择切中肯綮，突出重点，抓准那些能"牵一发而动全身"的项目作为考评指标，考出实效，考出优劣，考出干劲。6年多的实践证明，税务绩效管理构建了较为完整的职能指标、共性指标、创新指标、满意度指标及体系，基本实现了"上下支持、科学合理、适应需求、公众满意"考评目的。"职能指标"主要看职责履行是不是自上而下、自下而上形成合力，相向而行，是不是得到领导高度重视，有没有建立健全新发展理念的相关制度措施，有没有在实践中扎实推进，具体考核指标包括了重点工作、主要职责、改革任务、规划约束性指标、年度发展指标等。推行职能性指标,考出了上下协同,做到了人民拥护、干群支持。"共性指标"主要看政府税务能不能落实准确的理念,实施精准科学的管理,有没有拍脑袋决策的现象发生,设计了依法行政、党建、督查、机关管理等指标。通过共性指标,考出了科学决策和行政管理执行力、公信力。"创新指标"主要看税务机关是不是瞄准治理现代化这个全面深化改革的总目标,不断创新工作。通过创新指标,考出了一大批适应形势发展和满足社会需求的先进机关及办事效率高的人员。"满意度指标"主要看能不能通过良好的税务服务,支持国家和地方经济社会建设,保证人民群众在共建、共治、共享中发展。通过满意度指标,考出了公众满意度的提升,赢得了各方面的好评。

四、税务系统绩效管理体系的技术特色

税务系统绩效管理体系在实践中不断发展完善,目前已经形成了一套符合税务部门实际、体现税务行业特点的绩效管理体系,通过不断地改进与创新,可以促进绩效考核更加成熟定型,形成了税务系统绩效管理体系的特色,为我国的行政管理方式创新提供了有益探索。

(一)顶层设计与基层探索相统筹

我国税务系统管理体制垂直化、业务同质化、技术手段信息化和点多、线长、面广、队伍庞大的特点,决定了税务绩效管理必须坚持加强顶层设计与鼓励基层探索相结合。① 鉴于此,在税务绩效管理体系设计和推进落实过程中,一直坚持注重重点突破,整体推进,从全局出发,明确工作重点,正确处理考评单位与被考评单位的管理,明确工作重点及优先顺序。

通过制定税收工作战略目标及按年度计划分解成考评指标,形

---

① 国家税务总局办公厅.持续改进留铁痕踏平坎坷成大道——全国税务系统推行绩效管理纪实[N]. 2016-09.

成了"战略—目标—执行—考评—改进"的完整链条,使落实各项重大目标任务的路线图、时间表、责任书清晰地展现在各级税务机关和广大税务干部面前,更好地引领全国税务系统凝心聚力、持之以恒地抓好落实。① 此举有利于促进税收改革的落地,比如:税务部门2016年承担的重大改革任务是全面推开营改增试点,工作涉及一千多万纳税人,影响大、时间紧且任务重,但通过对该项工作的专项考评,税务机关各级、各部门、各岗位逐级逐项明确具体工作任务,通过不间断地巡回督导与落实,促进税务与纳税人间、国地税与财政部门等机构以及国税与地税内部之间实现精准对接,保障了改革工作的高效率完成。

作为单一制国家,我国行政体制具有高度的一致性,国家的指导性制度政策,促进了试点工作的理念、目标及定位的规范。通过总局顶层设计基本制度,将设立的长期目标与年度任务相结合来设立考评指标,在统一领导的基础上分级管理,促进统分结合、联动协调,同时发挥各级税务机关自主创新的积极性,使绩效考核体系不断完善,形成了上下级良性互动和统筹优化的良好局面。

(二) 持续性制度创新

源自西方制度基本框架内的政府绩效管理有着深刻的社会背景及内置的价值导向,作为政府管理方式创新的一种手段,它贯穿了公共责任与顾客至上的管理理念,强化公共服务的结果导向,在追求经济、效率、效果的基础上,全面回应公民诉求,即凸现所谓"公平性"。② 我国从1993年开始才有相关学术研究成果出版,此后关于政府绩效管理的研究成果数量呈上升趋势,特别是2003年至2012年间的研究成果增势较大,其研究成果总量占1993年以来研究成果

---

① 国家税务总局办公厅.持续改进留铁痕踏平坎坷成大道——全国税务系统推行绩效管理纪实[N].2016-09.

② 郑方辉,廖鹏洲.政府绩效管理:目标、定位与顶层设计[J].中国行政管理,2013(5):15-20.

的98%以上。①

税务系统绩效管理体系不仅是一次伟大的改革实践,也是制度上的持续创新。党的十八届三中全会决定指出,"市场决定资源配置是市场经济的一般规律,健全社会主义市场经济体制必须遵循这条规律"。② 为了推进绩效管理体系的贯彻执行和不断创新,国家税务总局制定了"一年试运行、两年见成效、三年创品牌"的规划。③ 2014年为"绩效启动年",上线运行绩效管理信息系统,建立了绩效管理的制度框架,有利于充分发现问题,有效积累经验,为正式实施绩效管理、考评及结果运用奠定了基础;2015年为"绩效推进年",主要结合各级税务机关岗责体系建设,进一步完善绩效管理制度,优化考评指标体系,升级改进信息系统,全面推进纵向到底、横向到边的各层级绩效管理,总局、省局、市局、县局四级联动,努力做到管理科学、措施完善、手段先进、运行高效;2016年为"绩效提升年",主要促进绩效管理体系更加完备、制度机制运行更加稳健,加强实践创新和理论研究,努力创建富于税务特色、具有示范效应、发挥引领作用的政府绩效管理模式。④

此外,完善的沟通机制促进了税务系统绩效管理体系的持续改进与创新。绩效沟通是绩效管理的灵魂和主线,它贯穿于绩效管理工作始终,渗透于绩效管理各环节,是区别于传统考核的重要标志。⑤ 在税务系统绩效管理体系推行过程中,上下级和同级别之间沟通充分,有利于形成工作共识和价值认同,在确保绩效管理工作良性运转的同时,也促进了绩效管理体系的持续改进和创新。

---

① 蔡立辉,吴旭红,包国宪. 政府绩效管理理论及其实践研究[J]. 学术研究,2013(5):32-40,159.
② 卢海燕. 论政府绩效管理转型[J]. 中国行政管理,2014(12):25-29.
③ 于伟. 绩效管理中目标与实践的差异——税务系统实施绩效管理的难点问题讨论报告[J]. 科技致富向导,2014(14):100.
④ 国家税务总局. 国家税务总局关于实施绩效管理的意见[Z]. 2013-12-10.
⑤ 国家税务总局. 国家税务总局关于实施绩效管理的意见[Z]. 2013-12-10.

税务部门的绩效管理制度,有利于从广度和深度上推进市场化改革,推动资源配置依据市场价格、市场规则、市场竞争实现效率最大化和效益的最大化,这项制度的创新有利于促进我国社会主义市场制度更加完善,更好地服务于市场建设与发展。

(三)管人与治事统一

税务系统绩效管理体系坚持管人与治事的统一,有效解决了干部不作为等问题。税务系统人员承担着依据税收法律法规向纳税人征收税款等职责,其行政执法等效率与质量既影响着国家利益,又会对纳税人的经济运行效率、生产经营环境等产生不可低估的影响。税务系统的工作有一定的特殊性,易产生工作倦怠和发生职务犯罪。[1]

为了更好地促进管人与治事的统一,税务总局提出了要在2020年基本实现税收的现代化目标,建立完备规范的税法体系、成熟定型的税制体系、优质便捷的服务体系、科学严密的征管体系、稳固强大的信息体系和高效清廉的组织体系。[2] 因此,税务机关在制定绩效指标时把此"六大体系"作为主要目标设置成为一级指标,二级指标根据此核心内涵来设置,将战略目标与实际工作任务紧密结合,切实有效解决了干部不作为的问题。绩效管理体系的不断探索创新,促进了税务系统工作作风的进一步改善,增强了干部职工的紧迫感、责任感和使命感。在税务系统,不断缩短与目标的差距、讲求绩效已经成为一种文化自觉,这种组织文化也正不断促进着税收绩效管理体系的持续创新。

(四)结果导向与过程导向统一

绩效考核结果产出是绩效考评的重要部分,是加强管理、改进工

---

[1] 李沙沙,臧义勇,唐志丹.税务系统公务员激励机制的完善[J].辽宁科技大学学报,2010,33(4):401-406.

[2] 国家税务总局办公厅.持续改进留铁痕踏平坎坷成大道——全国税务系统推行绩效管理纪实[N].2016-09.

作的重要依据。全面合理地运用考评结果,是保证绩效管理时效性和权威性的关键。坚持结果导向与过程导向的统一,可以促进绩效管理的导向及激励作用最大化。税务系统绩效管理体系强调绩效的衡量标准要以最终的服务效果和社会效益为导向,同时也注重对组织的创新能力、内部业务流程、行动计划等能力和过程的考核。

在税务系统绩效管理体系中,考评的结果将与评选年度优秀,先进公务员和干部的培养、选拔与任用等紧密挂钩。绩效考核的结果能够呈现出不同被考评者间的差距,避免"干与不干""干多干少""干好干坏"一个样的状况,切实维护了绩效管理的公正性。利用不同的激励方式,将调动税收队伍干部及职工的工作积极性和主观能动性作为出发点和立足点。通过确定岗位目标责任制、搭建绩效评估考核制度平台、税收行政管理责任制等措施,实现了结果导向与过程导向的统一,有效提高了税务机关的工作效率。只有切实将结果导向与过程导向相统一,才能够增强绩效考核对于工作及管理的权威性和影响力。

(五)绩效管理技术方法不断优化

税务系统绩效管理体系的实施也是绩效管理技术方法不断优化提升的过程。一方面,税务系统绩效管理体系注重考核指标的科学设定,以实际问题的解决为导向确立考核目标,做到了考核结果的客观公正和科学合理,同时注重对考核过程的管理,确保了绩效管理工作流程以及运行机制的规范、考评数据及信息的完整准确以及考评方式的合理选用。另一方面,税务系统绩效管理体系注重强化科技支撑,通过现代科技手段的运用,不断促进管理技术方法的优化设计,促进了绩效管理的信息化发展。税务总局开发并运行了绩效管理信息系统,各级各部门均把该系统与税务综合办公信息系统、税收综合征管信息系统等有机衔接,通过实现计算机考评等新技术方法的深度利用,切实增强了绩效管理的公正性及透明性。

纵观全球,其他国家的税务部门也在不断地探索绩效管理的途径，从最初的以节约财政开支为目的，发展为对于政府的全方位考察，而且其考核的内容也在不断扩大，考核工具更是不断完善。如美国国内收入局应用的平衡测评体系、澳大利亚税务局的绩效测评体系，通过实行绩效财政预算，来促进公共行政部门有效使用和管理各种资源。我国税务系统绩效考核体系在借鉴国外先进经验的同时，结合我国国情进行了有针对性的创新，无论在理论还是实践上都取得了长足的进步。

综上所述，从最初的1.0版绩效管理体系到现在的4.0版绩效管理体系，税务系统绩效管理方法不断改进，考核制度不断完善，考评环节不断拓展，参与主体不断丰富，得到了各级税务机关的支持和认可，基于该体系所推行的绩效管理工作成效显著。税务系统绩效管理体系的主要特色在于持续改进和不断创新，使我国税务系统的绩效管理理论和实践得到了不断完善和提升，为政府部门实施绩效管理提供了成熟的方法和路径。税务系统绩效管理体系的设计与实施，为推进国家治理体系和治理能力现代化及服务于经济社会发展做出了积极的贡献。税务系统绩效管理工作在全国处于领先地位，是中央国家机关推行绩效管理的成功典范，对各地各部门开展绩效管理探索具有重要的借鉴意义。

（原载《中国行政管理》2016年第11期《我国税务系统绩效管理体系：发展、成效和特色》，作者为高小平、杜洪涛，以及《中国税务》2019年第12期《创新绩效管理制度打造人们满意的服务型税务机关》，作者为高小平。这里将两篇文章合并）

行政复议制度的动力分析及对策探讨

2013年,全国人大常委会执法检查组对颁布了14年的《行政复议法》实施情况进行了首度检查。在这14年当中,无论是学术界的各种质疑观点,还是近几年全国行政复议的统计数据,都折射出该法的实际执行情况与原有的设计预期之间存在相当差距。检查组指出,在执法检查的1407个县中,2011年和2012年,分别有306个县和277个县没有办理行政复议案件,有的县甚至从1999年行政复议法实施以来还没有办理过1起案件。行政复议的作用远未得到充分发挥。① 按照当初的设计预期,行政复议的功能定位于行政诉讼的过滤网,属于前置性制度安排。正常情况下,行政复议的案件受理量应该为行政诉讼案的2~3倍。应松年指出,"当前申请行政复议的数量还不如提起行政诉讼的人多,更不用和信访的人数相比"。对于行政复议机构而言,不但没有呈现预期的门庭若市景观,反而案件受理数量不断下滑,几乎成为被人遗忘的角落。② 立法意图如此良好的一项制度在实际操作过程中没有发挥其应有作用。作为行政复议过程的重要组成部分,行政相对人既是行政复议的参与者,更是行政复议结果的切身感受者。行政复议制度实效的检验标准必然应该包含行政相对人对行政复议结果的反馈,只有公平、可信、合理的复议结果,才能引发广大行政相对人选择行政复议作为维权手段的动力。

---

① 彭波,毛磊.有的县14年没办一起复议案件[N].人民日报,2013-12-24.
② 周汉华.行政复议制度司法化改革及其作用[J].国家行政学院学报.2005(2).

因此,从行政相对人的视角出发,分析其参与行政复议的动力所在,探索能调动行政相对人复议积极性且具有现实可行性的做法,无疑是摆脱行政复议制度"发力不足"的可行性研究方向。

一、推进行政复议制度建设的现实意义

党的十八届三中全会通过的《关于全面深化改革若干重大问题的决定》把行政复议作为创新社会治理体制、维护群众利益、有效预防和化解社会矛盾的重要途径,明确提出"改革行政复议体制,健全行政复议案件审理机制,纠正违法或不当行政行为"。探究广大人民群众对行政复议动力匮乏的背后原因,具有强烈的现实意义。

1. 推进行政复议制度建设,有助于推动政府转变职能

政府职能转变之于当前我国的经济、社会发展的重要性不言而喻。政府职能转变到位与否,既需要体制内自上而下的顶层设计,也需要体制外自下而上的倒逼力源。行政复议制度对于行政执法部门而言,具有行政机关内部上级对下级的层级监督功能;而对于广大行政相对人而言,则能发挥权利救济功能。推进行政复议制度建设,有助于树立起广大民众的法制意识,引导群众知法、守法、依法办事,通过制度化渠道维护自身权益,推进政府与社会的关系往良性方向发展。进而在一定程度上推进政府转变职能,提升公共服务水平,优化社会管理能力。

2. 推进行政复议制度建设,有助于促进政府部门作为

《中华人民共和国行政复议法》第一条明确规定,制定本法的目的在于防止和纠正违法的或者不当的具体行政行为,保护公民、法人和其他组织的合法权益,保障和监督行政机关依法行使职权。行政复议是行政相对人维护自身可能被行政机关侵害的权益的过程,这是一个正向的维权申诉过程。同时,通过行政相对人的行政复议,能敦促政府部门改善工作作风、改进执法方式、提升服务质量、提高管理效率,这是一个逆向的行政监督过程。加强行政复议制度建设,使

公权力置于更广泛的监督之下,能有效减少政府不作为,推动政府必须作为。

3. 推进行政复议制度建设,有助于法治政府的建成

自党的十五大提出依法治国的方略,直至以"依法治国"为主题召开的十八届四中全会,法治政府一直是法治国家建设中的最核心环节。法治政府内涵里包括执法严明、公开公正等基本要素。行政复议法的过程,一方面是维护行政相对人受侵犯权益的过程,与此同时,也是匡正行政执法部门错误、不当执法的过程。行政复议这一匡正的过程,正是政府依法行政的体现,表明政府敢于正视自身错误、严格在宪法范围内执法的决心。有序推进行政复议制度建设,使政府行为纳入广大群众的监督之下,能促使政府公正文明执法,依法履行政府职能,最终促成法治政府的建立。

4. 推进行政复议制度建设,有助于优化我国权利救济制度

行政诉讼、信访、行政复议是当前我国发挥行政救济功能的"三驾马车"。在这三者当中,信访大致可以归类为制度外权利救济渠道,而行政复议和行政诉讼则是制度化权利救济渠道,其中行政诉讼还是唯一的司法渠道。信访是近年来民众最为追捧的权利救济渠道,但因其表现形式颇为极端,有时甚至对公共秩序构成挑战,不应成为主流维权渠道。行政诉讼属司法性救济渠道,对行政相对人而言,维权成本高、反馈时间长。同时,过多的行政诉讼也造成了司法成本的浪费。而行政复议相对行政诉讼和信访而言,具有受理范围广、经济成本低、相对便捷等优势。在全党、全国大力推进法治建设的大背景下,推进行政复议制度建设,有助于优化我国当前的权利救济制度。

二、行政相对人复议动力匮乏的原因分析

据有关调查,截至2013年底,全国每年行政复议案件平均不到10万件,近几年还呈下降趋势。全国人大常委会委员韩晓武举例

说,2010 至 2013 近三年,某自治区政府共受理行政复议案件 300 多件,而同期受理的因行政争议引发的信访案件则高达 5 万余件,有些县级政府几年来甚至未受理过一起行政复议案件。行政相对人对行政复议的参与率低。作为一项匡正行政部门错误行政行为的制度,离开了行政相对人的参与,行政复议制度的救济功能发挥将难以为继。行政相对人对行政复议的动力匮乏背后原因是什么?

1. 行政相对人对行政复议审查方式的公开性信心不足

《行政复议法》第 22 条规定:行政复议原则上采取书面审查的办法,但是申请人提出要求或者行政机关负责法制工作的机构认为有必要时可以向有关组织和人员调查情况,听取申请人、被申请人和第三人的意见。可以看出,书面审查是原则,非书面审查是例外。书面审查主要是审查申请书及所附证据、法律依据的书面材料,答复书及所附的当初做出具体行政行为的证据、依据和其他有关书面材料,第三人提供的有关书面意见及书面材料等。复议机构根据对这些书面材料的审查,做出行政复议决定。[①] 解决纠纷,维护当事人的合法权益的重要前提是基于客观事实做出裁断。如是,则需行政复议人员从争讼双方入手,获取充分信息,最终做出公正的裁决。而在现行的审查方式下,行政复议人员面对摆在面前的错综复杂、充满矛盾、相互对立,甚至证据残缺的材料时已经疲于应付,加之体制因素的影响(行政复议机关或多或少与被复议机关有一定联系),行政相对人要想获得公正对待只能寄希望于自身的社会关系或是行政复议执行者的道德操守。在缺乏约束机制的情况下,复议工作公正性难以保证。过于强调书面审查,在行政程序法尚不完善以及行政机关程序意识不强的情况下,很难避免错案的发生。此外,在复议审查的整个过程中,行政相对人除了在忐忑中静默等待之外,似乎什么也做不了,对

---

① 陈菲.全国人大常委会组成人员建议适时修改行政复议法[N].新华每日电讯,2013-12-27.

于行政复议缺乏热情便很好理解。

2. 行政相对人对"官官相护"的担忧

某直辖市法制办主任这样表述,"体制内的封闭审理,再公正也有可能被质疑"。人们不愿首选行政复议解决行政争议的根源,就在于对其公正性心存疑虑,认为行政机关自我审查、封闭办案,总有"官官相护"的嫌疑。① 现行的行政复议制度中的裁判者或为被申请人的上一级主管部门,或为同级人民政府法制办,无论行政相对人向哪个部门申请行政复议,裁判者虽名为第三者,但都属体制内机构,与当事者关系暧昧,申请人对此有着天然的心理障碍,对结果的公平难以寄予过多期望。即使复议机关能够跳出地方保护、部门保护的狭隘圈子,完全从客观、公正的角度出发并正确地依据法律来解决行政纠纷,那也难以完全打消行政相对人的疑虑并树立起通过行政复议来维护自己合法权益的信心。② 笔者亲身经历,曾经因交通行政处罚纠纷找被申请单位的上一级主管部门申请行政复议,其工作人员甚至私底下直接告知,推翻下级部门处罚决定几乎不太可能。

3. 行政相对人对不当行政执法的问责力度不满

《行政复议法》未对被申请人不当执法进行问责做出规定。行政复议机关作为仲裁者,《行政复议法》第 36、37 条虽然做出了对被申请人拖延、阻挠行政复议的处罚意见,但总体上对被申请人的制衡力极小,仅限于对所涉及的行政复议实例。倘若被申请人略微使用一些软对抗措施,如在复议期限内尽量拖延、部分提供复议材料等,负责行政复议的机构对此一般没有太多办法。审理阶段,行政复议机构对于受理的案件,除了责成被申请人递交材料、做出说明外,没有针对被申请人更多的约束手段。而结案阶段,以交通行政复议为例,申请人若复议成功,复议机关除了责成被申请单位撤销执法人员因

---

① 王海燕. 行政复议,如何避免官官相护[N]. 解放日报,2013-12-16.
② 宋雅芳. 行政复议法通论[M]. 北京:法律出版社,1999. 225.

不当行为所做出的行政决定之外,无法给其形成更多的制衡压力。试举一极端例子,在交警现场执法过程中,倘使没有对执法的问责,交警大可行使无限开单权,行政相对人如有意见,交警只需给出同样的答复:有疑问可以申请行政复议。这样的做法如若不进行问责处理,不仅激起民愤,复议机关也会因不受制裁的行政权滥用而疲于奔命。在感受到对于执法人员的问责力度如此之小的情形后,试问还有谁有充足的信心、时间和精力来忙于复议之事?

4. 行政相对人对复议过程所产生的时间及经济成本的畏惧

《行政复议法》第29条指出,申请人在申请行政复议时,可以一并提出行政赔偿请求,行政复议机关对符合国家赔偿法的有关规定应当给予赔偿的,在决定撤销、变更具体行政行为或者确认具体行政行为违法时,应当同时决定被申请人依法给予补偿。同时还指出了三种情形下,行政复议机关履行主动赔偿决定。可是,条文多属框架性的规定,晦涩、可操作性不佳,从中不难看出,有赔偿需求的申请人必须至少同时精通《行政复议法》《中华人民共和国国家赔偿法》两部法律才有可能挽回在行政复议过程中所产生的成本。现实中的行政相对人精通法学或是法学专业毕业的人数应该是少之又少,法制观念淡薄是普遍性现象,对于大多数申请人来说《国家赔偿法》又是一部束之高阁的律法,不甚了解。除非对于当事人利益损失巨大,一般而言,行政相对人对于行政复议能帮助其达到撤销政府执法不当的决定便已满足不已;在不明赔偿与否的情况下,一般国民心理都是尽可能不与政府发生纠葛,宁可吃上些许小亏而息事宁人。且我国的国家赔偿标准基本采取的是抚慰性标准,赔偿动力不足。基于成本—收益的分析,假如一次有争议的行政处罚只需行政相对人支出100元,而行政复议过程所产生的时间、成本等费用却远超这个数值,哪怕最终复议成功而减免了100元的处罚,对于大多数申请人而言,选择忍气吞声被动接受处罚而放弃行政复议,无疑符合当事人的心理状况。

三、提升行政相对人行政复议动力的建议

1. 规范审查程序,建立复议决定书网上公开制度

书面审查方式在行政复议过程中是一把双刃剑,简单易操作是其优点,公开性不足是其不足之处。"对簿公堂"式的审查方式,自然能更好地体现公开,呈现公平,但由此产生的多重成本也是相当可观的,现实中操作范围不宜太广。现行实际操作中,部分地区试行的行政复议委员会也只是针对重大、复杂、疑难行政复议案召开案件审理会。因此,从行政复议工作的实际出发,书面审查方式应成为行政复议的主要工作方式,如此方能保证行政复议的进入门槛低,而不至于让广大群众望而却步。为打消申请人疑虑,充分保障书面审查的公开性有助于更好发挥书面审查的操作优势,上海市首创的网上公开行政复议决定书的形式,值得推广。2013年,上海市政府在全国省级政府率先实现,除涉及国家秘密、商业秘密和个人隐私外,所做出的行政复议决定书原则上都在网上公开。[①] 网上公开复议决定书,并在决定书格式上要求体现论证和说理的内容,不容藏私,以公开、透明的方式使行政复议权力在阳光下运行,无疑会增强行政相对人的复议信心。根据国内实情,县级以上各级行政复议机构基本具备了网上公开复议决定书的技术层面条件,因为各部门都有专属网页,只需在本单位网页添加一单独的行政复议书公开窗口即可实现。这一做法能形成对行政复议机构、被申请人的倒逼机制,还能有效提高行政复议的办案质量,扩大行政复议的宣传影响力。

2. 建立行政复议委员会

古罗马法律早就规定,人不能成为自己的法官。要想打消行政相对人对"官官相护"的担忧,适度独立、引入"外脑"参与的行政复议委员会无疑是一个符合当下国情的选择。如前所分析,由于成本因

---

① 刘金鹏.发挥行政复议法的"双向保护"作用[N].上海人大月刊,2013(11).

素的考虑,行政复议委员会审议不应成为行政复议的主要形式。但是,制度设计上,行政复议委员会这一机构却有必要设立,使之在行政复议领域里成为保障行政相对人权益的最后一道保障。在一定意义上,过程公平等同于实质公平。将这一机构定位于普通行政复议案件与行政诉讼案件之间的一道过滤网,尽管法律依据尚不明朗,但可操作性很强。首先,案件受理方面。针对重大、复杂、疑难行政复议案召开案件审理会,作为复议委员会的主要工作方法。其次,人员的构成。除法制办成员担任常任委员外,可参照政府建立智库的方式,将高校及研究机构的学者、律师、人民团体和相关实务部门专家吸收进来,担任非常任委员。第三,工作程序方面。行政复议委员会每次都根据具体案情,从智库中挑选合适的专家组成案审会,参加案审会的委员人数为5至9人的单数,其中非常任专家委员人数要求在半数以上,从制度上为票决的公正性提供保障。并且,在审议表决时,非常任委员和常任委员具有同等的表决权。根据国内实情及相关研究,在县级以上各级人民政府设立统一的行政复议委员会,将现有的各行政机关所拥有的行政复议职能分离出来,统一由行政复议委员会行使,是可供实践推广的做法。①

3. 启动行政复议问责机制

问责是对执法者最好的约束。权力一直到有边界的地方才会停止,有权必应问责。问责自然也应遵循问责的规律,在行政复议的领域里,问责缺失无疑是有问题的,但过度问责也是不可取的。行政复议领域的问责应定位于对被申请人不当执法的问责,这一方向不能偏离。通过问责机制的引入,形成行政复议机构对政府部门执法的制衡,督促政府依法执法,保护人民群众合法权益,激发人民群众以制度化渠道维护自身权益的热情,这是具有强烈现实可行性的一条

---

① 石佑启,王成明.论我国行政复议管辖体制的缺陷及其重构[J].环球法律评论,2004年春季号.

对策。鉴于一线执法的难度与复杂程度,对于行政复议领域的问责应考虑实行弹性问责机制。所谓的弹性问责机制指的是,根据执法人员的实际工作状况,按合理比例折算,在某一固定时间周期内,允许一线执法人员在一定执法失误率内不被问责,以此确保执法人员的合理执法权益。考虑到回避原则,问责的主体单位不应由执法单位的上级部门来执行,可探索问责权统一收归至各级政府法制办的做法,充实各级法制办的工作内容之余增强问责实效。

4. 完善行政复议赔偿制度

现行《行政复议法》规定,申请人在申请行政复议时,可以一并提出行政赔偿请求,这反映了请求国家赔偿的"国家被动提供救济"的特点。《国家赔偿法》规定国家在赔偿相对人损失后,可以向有故意或重大过失的公务人员行使追偿权。法律条款本身立意良好,但是操作性不佳。仅就目前强政府、弱社会的中国现状而言,想要人民群众保有对行政复议的热情与决心并不现实。因此,在赔偿制度设计上,自上而下的发力更符合民情现状。首先,还原申请人的原始不受损状态是国家赔偿的应有之义。我国国家赔偿以金钱赔偿为主要方式,以返还财产、恢复原状为补充,给申请人提供赔偿,有明确法律依据。其次,复议机关应担负赔偿告知的主动责任。在接受行政复议案例时,复议工作人员有义务告知行政相对人获取赔偿的权利,且为了达到激发群众制度化维权热情的目的,赔偿款到位的时限也应基于行政相对人简便易行的角度出发进行设计。群众间的奔走相告,其宣传效应非常明显。另外,赔偿便捷的考虑。我国国家赔偿法在确定赔偿义务机关时,采用的是谁致害,谁负责的原则。但是,对于赔偿金支付的细节是最应注意的细节,因为赔偿金领取若困难重重,势必会给行政相对人造成阻碍。本着便民的考虑,还应对赔偿金的支付方式和支付时限予以明确。

(原载《中国行政管理》2015年第3期,作者为肖轲、高小平、谢谷萍)

行政督查的国际经验借鉴

督查是督促、检查的简称,现在已逐步成为独立名词。行政督查又称政务督查、政府督查,是为保证预定目标的实现,通过监督、督促、检查等行政手段,对决策、工作部署等的贯彻执行情况进行检验、督导和促进的一种行为,是为决策、执行服务的实践活动。

国外政府行政督查是怎么做的,有什么值得借鉴的经验,这个题目在我国行政管理学界研究得很少。

一、行政督查的概念和特点

(一) 行政督查的概念

《百度百科词典》中有"政务督查"的词条,解释是"推动决策落实、改进工作作风、提高办事效率、确保政令畅通的重要途径和手段,也是政府办公厅(室)的一项基本职能"。

行政督查,作为行政管理内容,是行政决策的后续工作,是行政执行的组成部分。作为决策的后续工作,是指上级行政机关决策后,检查所属部门或下级机关的落实情况,对尚未执行或落实不到位、效率不高的,督促其全面、准确、迅速地执行,以推动决策目标的实现,并检验决策正确与否;作为执行的组成部分,是指通过督查,提高行政管理效能,增强部门和下级政府及公务员的执行力。

1999年2月,中共中央办公厅下发的《关于进一步加强督促检查工作的意见》中明确指出,"开展督促检查是一个重要的领导环节和领导方法"。2008年10月,国务院办公厅下发的《关于进一步加强督促检查切实抓好工作落实的意见》中指出:"加强督促检查工作是推动政府系统全面落实党和政府重大决策部署的关键环节,是促进依法行政和提高政府执行力的有力手段,也是推动作风转变、保证政令畅通的必然要求。"

督查工作做得好不好,直接关系到政府决策能不能有效实施,关系到行政效率、工作质量的高低。

(二) 行政督查的特点

1. 权威性

督查工作是法定的政府职能,是体现领导机关和领导者意图,是对执行部门的有效约束,具有很强的权威性。督查的权威性既是客观存在,也是进行有效工作的需要。

2. 内生性

行政督查是政府内部运行的一项业务,与司法监督、社会监督、舆论监督、行政监察不同。司法监督、社会监督和舆论监督是行政系统以外的司法系统、社会组织、公民和媒体对行政权的监督活动。行政监察虽然也是政府系统内部的监督活动,但它是立足于行政业务之外实施的职能,而行政督查则是政府本身的一项职能,是行政业务工作的组成部分。这一属性确定了督查的定位。

3. 综合性

督查工作覆盖面大,内容广泛,涉及的单位和部门多,有时一项重大决策涉及一个地区经济的、政治的、文化的、社会的方方面面,有的甚至涉及所有地区和所有部门。督查工作既有一套自己的工作程序、工作方法,又有其他工作的手段,如一项大的督查任务,需要与有关职能部门联合进行。

4. 实效性

督查工作的出发点和落脚点就是为了保证中央、国务院和各级党委、政府的重大决策、重要工作部署得到贯彻落实,促进实际问题的解决。

5. 时效性

对决策落实情况和领导批办事项落实的督促检查,有明确的时限要求。

6. 目的性

督查是根据决策总目标的要求对执行的情况进行比较检验,发现问题,提出纠偏建议,确保总目标的最终实现的过程。①

二、国外政府行政督查的做法和特点

虽然"效率""执行力"等概念是行政管理研究的核心问题,行政督查伴之而客观存在,但是,真正要研究国外的行政督查,还是一件比较困难的事。原因在于:一是我们和各国使用的概念不统一,国外几乎找不到和我们讲的督查完全相同的概念。二是督查工作是政府内部运作的事务,信息基本不公开,外界知道很少,美国白宫负责督查的行政管理与预算局(OMB)前任局长保罗·奥尼尔说过:"我们这个局对圈内的每个人来说都是难以理解的,对圈外的人更是一头雾水,总是被人误解。"②三是这一领域国际上很少交流,我们能查阅到和参加过的国际会议,还没有这样的题目,出国考察也从未以此为题。

因此,本文试图通过对几个国家政府部门的法定职责、运行机制的具体层面作以介绍性研究,管窥国外行政督查,以期对我国各级政府开展行政督查提供参考。

(一)美国

美国是联邦制国家,联邦政府和州政府在法律上没有上下隶属关系,联邦和州都有自己的宪法。督查主要是对本级政府部门贯彻

---

① 向嘉. 督查工作与党政执行力研究[D]. 重庆:重庆大学公共管理专业硕士论文,2008.

② 雪莉·琳内·汤姆金. 透视美国管理与预算局——总统预算局内的政治与过程[M]. 苟燕楠,译. 上海:上海财经大学出版社,2009:1.

落实政府首脑确定的工作的检查和监督。

美国联邦政府设有总统办事机构,又叫总统府,或白宫直属机构。总统办事机构成立于1939年,是罗斯福做出的行政管理上的创造。罗斯福委任多位政治学和行政学专家组成一个小组,向国会建议设立直接由总统领导、为总统个人服务、人员由总统任命、工作不受国会监督和约束的行政办公机构,得到国会批准。这个机构分两部分:一是总统的幕僚,即白宫办公厅,是中枢机构;另一是包括行政管理、军事、情报、外交、经济、环境、国家安全、科技、贸易、毒品管理、药品政策和政府采购等在内的13个办公室、局和委员会。在白宫办公厅中没有专门承担督查职责的机构,但在实际工作中常常有人负责督促有关部门落实总统指示,特别是办公厅主任经常要做这方面的工作。在13个直属机构中建有"行政管理与预算局",是承担督查职能的机构。该局是仅次于白宫办公厅的最有权力的机构,工作人员518名,其中有170名左右的"计划审查员"(都享受司处级待遇,相当于我们的办文秘书),80名左右的专家,其余是协助计划审查员工作的低级公务员以及内部人事财务等综合管理人员,行政经费每年5 600万美元,人数和经费都超过白宫办公厅(400名公务员,4 000万行政经费)。2006年,因伊拉克战争陷入泥潭,布什总统支持率直线下跌,导致白宫办公厅主任卡德辞职,其职务就是由行政管理与预算局局长博尔滕接任。

行政管理与预算局职责:第一,"通过考察行政分支的组织结构和管理程序,帮助总统促进和保持政府的有效运作,促成预定政策目标的实现";第二,"帮助制定有效的合作机制以更好地完成政府的各项工作,扩展政府各部门间的良好协作关系";第三,"帮助总统对政府项目的目标、绩效进行评估"。这些都与督查有关。行政管理与预算局在20世纪五六十年代下设"管理与组织办公室",编制40人,职责是"遵循行政管理流程,跟踪行政管理行为,对联邦政府部门执行总统指示的情况进行数据分析和考察度量",每个月向总统递交一份各部门工作的《月度进程报告》。70年代,为了把管理和预算两个功能联系、打通,撤销了这个办公室,不再单设督查式管理机构,而是分设了五个"资源管理办公室",将督查寓于日常办文的审查工作中,渗透到从各项政策的制定到执行的全过程。《月度进程报告》即由该局负责了。1989年,美国行政管理学会对此进行专题研究,向总统提交了一份题为《任期内如何提高执行力》的研究报告,在评价行政管理与预算局几年来工作绩效的基础上,指出该局撤销"管理与组织办公室"、缩减公务员人数后,职能过于向预算转移,政府督促检查管理工作放松了。该学会提出了三点建议:一是增加一名由国会任命的副局长,以便加强政府与国会的沟通,同时提出增加公务员编制,从部门有经验和有"行政管理天赋"的人员中选调;二是修订目标管理制度,把该局与部门的沟通情况纳入目标管理范围;三是把计划的督促落实与预算有机整合起来,提高工作的有效性。这些意见都得到了采纳。

美国的州政府和地方政府的督查大体效仿联邦政府的做法,只是规模和力度小些。一般都是州长办公厅、市长县长办公室内设有负责检查工作的机构或人员,管重大事项的督查,其他事项的督查则交由行政管理办公室负责。

美国行政督查的特点是强力、得力、分级。

"强力",是指权威性强。行政管理与预算局一手握着预算的盘子来督促检查工作,一手又举着总统的牌子来发号施令,行政管理与预算局局长可随时直接见总统,下面中层干部也大都是总统的亲信,骨干公务员个个才智过人、说一不二,和部门打交道时常常不离口的是总统如何如何,工作力度大,联邦部门对行政管理与预算局用总统权威让他们干这干那的"空降式"督查"又怕又恨"。

"得力",一是指效率高。白宫办公厅、行政管理与预算局的人员工作十分卖力,核心层团队每天工作12小时以上,办公厅主任和局长基本上是早晨4点半工作到晚上11点,每日事,每日毕。二是该局有一套严格的督查管理制度,涵盖了对总统的忠诚、"体制性记忆"、公正性、保持与部长间良好的沟通等。有人概括为"大声地说,保密地做,高屋建瓴,坚决执行"四句格言。

"分级",是指联邦政府、州政府、市(县)政府、镇政府的督查工作基本上限定是对本级政府部门的检查,很少到下级政府去督查。但也有例外,特别是对应急管理工作,就常常有上级对下级的检查。

美国联邦行政管理与预算局加强督查工作的具体做法。

1. 提高审查员的判断力

审查员是美国行政管理与预算局工作的基础,判断力是审查员的基本功。提高判断力,一般从三个方面入手:首先是提高审查员的综合判断能力。在决策"泡沫化"的情况下,审查员面临的问题一方面来自上面的信息少,工作依据不足,另一方面来自下面的信息太多,干扰了正常的想法,这时审查员的综合判断能力显得极为重要。该局一位副局长说:审查员就像一个"步兵",前面的司令部乘小车的是总统,发完了无数的指令后走得无影无踪,部门和相关机构像"装甲车",前前后后地催啊催,但又要依靠他们,而最终取得战役的胜利还得靠步兵。这位副局长还说,审查员常常问他,这件事情怎么做?他回答总是一句话:"如果我知道怎么做,还要你干吗?你要克服困难,与联邦部门很好沟通,然后形成想法,再来和我说。"其次是提高审查员的独立判断能力。设立行政管理与预算局和审查员的目的之一就是充当总统的"耳目",所以审查员在工作中经常要提出和部门不同的意见。一位审查员说:"我们的确没有去攻击总统备受推崇的项目的意思,但是必须这样做,因为部门在执行中实在是不能令人满意,我们提出了质疑,甚至面对部长的都要做,很难堪,但是屡屡成功,连我们自己事后都感到惊讶!"据研究机构问卷调查,审查员在工作中表达的意见有88%是属于反对部门的,部门接受率为70%(部门认为85%是接受的)。而最后真正采纳的大约占60%。再次是提高审查员的制度判断能力。一位审查员说:"我们的法定权力不大,但总统授权大,不过是授权给了副部长级官员,我们审查员的职务级别权力并不大,权力主要源于制度判断力,即我们的体制性记忆强、政策内涵的把握度高。"制度判断能力包括五个度量标准:监督的规定,收集信息和处理信息的自觉性,对数据的过滤,对立法宗旨的遵循,降低行政成本的追求。

2. 控制通往总统的信息流

行政管理与预算局要做好总统的助手,就需要对每一份报送总统的政策性文件把关,并掌握总统的政务信息来源,一般情况下,行政管理与预算局局长会经常与白宫办公厅主任保持沟通,哪些信息给总统,是有严格审查程序的,他们称为总统的"挡热板"。对部门有多个备选方案的,他们要反复比较,择其善者送总统,看起来送去的是几份方案,但是倾向性很明显。部门有时隐瞒信息,该局就通过与部门建立联合项目组的方式,形成团队办事、信息共享、合作双赢的机制。

3. 必要时强调政治性

虽然美国行政系统强调中立,不允许有明显的政治立场,但是,他们在做实际工作时却体会到政治倾向的重要性。根据问卷调查,审查员在督查工作中不带政治因素的建议,被部门接受的比例是61%,而加入政治评论的建议就提高到了77%。一位副局长说:"在对付那些牛得像'圣牛'(意为不理会、不在乎或反对势力。也是美国的一型战斗机)一样的部门首长时,你一个劲地说这件事情如何重要,分析得头头是道,讲出一百条理由,也不一定有用,还不如拿政治说话——不是这样就是那样,往往作用大些。"因此他说:"不会运用政治武器的审查员是事务主义者,是不称职的审查员。"

4. 加强学习,保持良好的权威形象

由于督查工作涉及面很广,这个局很注重培训,规定每人一年中要有一周离岗学习,平时经常举行交流会,有时利用上班时间,更多的是"自带午餐会"。培训内容包括两方面,一是知识性的学习,不同业务人员之间互相交流信息,研究工作,他们叫"异花授粉",获得"杂交优势",提高自身素质;二是技能性的学习,他们往往采用具体案例来讲与部门打交道的技巧,解剖督查达不到预期目标的人和事,从主观上分析他们与部门沟通不好的原因,如,有的部门说行政管理与预算局的人"全是关在象牙塔中的书生",有的说他们"不近人情,是一群'和尚'"。他们进行对照检查,探讨说"不"的方法,研究"亲密"的边界,消除自身的僵化和傲慢。

(二) 法国

法国是单一制(中央集权制)国家,宪法具有唯一性,中央权力高于地方权力。督查既针对同级政府的部门,又针对下级政府,实际运行中的做法可概括为总统、总理、各部和各大区四条"线"。

第一条督查的"线"是总统和他的办事机构。法国总统职权很大,不仅有人事任免权、立法权、司法权和军事权,还有行政权,内阁会议由总统主持,他是唯一不是政府组成人员却又参加内阁会议的人。总统办事机构有500多公务员,设有总秘书处、办公厅(负责总统府内部机关管理)、总统私人秘书处、军事参谋部、礼仪司、通信司、档案和公文司、计算机司和总统信件司。总秘书处的负责人是秘书长,他是总统领导和监督内阁各部门和各级地方政府的最重要的助手,他和下属对政府各方面工作都可以提出意见,每一个岗位都和下面的相关系统上下相连,权力纵横渗透,有时甚至到基层。被誉为"法国隐蔽的政府"。

第二条督查的"线"就是总理和他的办事机构。总理的权力主要是辅佐总统行使行政权,一是对总统不感兴趣和无暇顾及又比较重要的事情进行决策和管理,二是对总统决定了的事情负责落实。总理办事机构有三个:办公厅、总秘书处和军事办公室。督查工作由办公厅负责,但只管对中央政府各部门的监督检查,不对下级政府,这和法国总统的办事机构不同。

第三条督查的"线"就是内阁各部。几乎所有的部都在办公厅

(有的叫部长办公室、部总秘书处、部总办公室、行政总司)设有专门负责检查该部管理的工作在全国各地方执行情况的机构和人员。有的部在办公厅或其他二级机构中设有绩效评估办公室,负责对地方政府该领域法律政策实施情况的检查、评价、督促改进。最重要的一个部是"内政和国土资源部",他们讲的"国土资源"是广义的,包括法国政府的形象、政策的实施、公共机关间的关系,以及地方政府政策落实情况、行政能力等。内政和国土资源部负责监督地方政府政策落实情况、分权后各地政府行政能力建设等。该部的部长办公室下设"省长政绩评估办公室""省长评估委员"(相当于我国的"巡视组")。与部长办公室平级的还有个总秘书处,下设四个司,其中一个叫"绩效评估、财政事务和不动产事务处",负责对全国各级政府的行政绩效、财政绩效和资产绩效进行评估。

第四条督查的"线"就是大区长和省长。法国的行政区划分为大区、省和市镇三级。有26个大区,100个省,36 000多个市镇。中央政府在大区和省设有大区长、省长(又统称为"共和国专员"),作为国家代表,他们不担任地方行政首脑,只在履行国家职能时发挥领导和监督作用。属于地方自治的事务由大区议会(议行合一机构)议长负责,专员一般不干预。大区长由大区所在地的省长担任。大区长、省长列席大区、省的议会,可以受总统和总理委托对所在地方涉及全国行政管理的法律、政策和公共事务发表意见,进行监督检查。大区长、省长都设有工作部门,其中总秘书处就负有协助首长监督检查工作的责任。

再往下面的市镇则实行"议行合一"体制,督促检查的工作主要由议员来做。

法国督查的特点:中央重视、多管齐下、与自治结合。来自总统及办事机构的督查作用明显,四条督查"线"确保工作落实,基层依靠议员和公民对政府工作监督比较有力。

（三）日本

日本中央政府为加强与部门和地方政府的联系和对他们的监督，在总务省设有行政管理局和行政管理评价局。行政管理局有对全国行政系统运行情况的督查职责，侧重在健全和创新行政管理的角度，提出督查和改进建议。行政管理评价局主要是对中央政府的部门、独立公共机构工作进行调查、检查、政策评价和行政管理绩效评估，把督查内容列入绩效评估打分，并定期公布各省厅绩效排名。评价局下设地方行政管理评价局，在全国建立了调查网络。

日本行政决策的作用很大，国会通过的法案绝大多数是由政府提交的，获准通过率高，议员的提案很少，通过率低，这和其他很多西方国家的情况不同，而且政府自己颁布行政法令和决定也很多。在行政决策的制定和落实中，他们注意发挥督查的作用，抓三个环节。一是通过法令对地方政府工作进行监督。日本是有限自治的国家，地方有一定的自治权，但地方制定法令必须经过中央政府法制局审查通过后才能提交讨论。二是日常工作中上级政府对下级政府实施严密的督促。总理大臣认为地方执行中央决定不力、处理不当或行政开支不合理的，可以要求地方纠正，方式由总理大臣自己或内阁府给地方行政机关和首长提出劝告、助言，在特定条件下可以直接干预地方行政事务，甚至代行地方行政权，防止地方尾大不掉。内阁府有37 162人（2004年公布的数字），比京都的全部公务员人数还多。三是财政控制。地方政府财政预算必须按照中央政府制定的比例盘子来做，并要接受内阁分管自治的大臣的监督。地方政府发行建设公债需要报内阁分管自治的大臣，对公债发行、数量和回收方式进行审查，取得行政许可后方可发行。地方政府如果出现"有令不行、有禁不止"的，中央政府在拟订地方财政比例上，或在地方要发行公债时，就可以给"穿小鞋"。

（四）荷兰

荷兰虽然名义上是联邦国家（因还存在两个殖民地，欧陆荷兰和殖民地之间是联邦关系），但实行的是单一制，也叫分权型单一制。荷兰国家的行政权在政府，实行首相负责制。中央政府只有12个部门，第一部是内务部，就是办公厅，负责对各部督促检查工作。中央政府对地方政府的督查机制有三种形式：预防性督查、纠正性督查和疏漏性督查。预防性督查是运用严格的法规审批制度控制省和市镇，地方政府的决定都需要用法规的方式做出，而下级制定的法规必须经过上级政府的批准，才有法律效力。纠正性督查是上级政府可以撤销下级政府的法规。疏漏性督查是指一级政府没有正确履行其职责，上级政府可以取代下级政府行使职权，代表下级政府来发布命令。

（五）阿根廷

阿根廷和美国类似，实行总统制，总统领导内阁，行使行政权，总统办事机构叫总统府，首长叫国务秘书长，内阁第一大部叫内阁首席部长部，其首长叫内阁首席部长，这两个单位力量都很强。总统府和内阁首席部长部均有督查职能，总统府是代表总统搜集决策有用的信息，向各部部长传达命令，督促检查总统布置工作的落实情况；内阁首席部长部建有公共管理副国务秘书局，为总统和总统府督查工作服务，通过听取汇报、阅读简报、调查等方法，了解各部门贯彻总统府指示的情况，还通过开展全国"公共服务奖"评选活动，激励各级政府提高效能。①

综观各国行政督查，有四个共同的比较突出的特点：

一是在核心机构中设立负有督查职能的强力机构。职责明确，有"尚方宝剑"。

二是依法行政为主，人为干预为辅。督查的方式主要是法制手段。

三是抓住重点工作进行督查，注意以点带面。

---

① 中央编办事业发展中心.世界各国政府机构概览[K].北京：北京出版社，2006.

四是督查与思想教育、绩效管理、预算管理、信息公开有机结合。

三、研究督查理论,指导督查实践

(一) 综合运用多学科理论研究督查,进一步明确督查工作的定性和定位

督查理论研究的水平关系到督查工作的水平和效力,只有加强理论研究才能从根本上推动督查工作水平的提高。督查理论研究必须突破就事论事的局限,要从一般性的督查工作中提炼升华出具有普遍性的、规律性的东西,探索深层的、本质性的问题。

当前,督查理论研究的重点,一是督查工作基础理论的研究,如督查规律、督查方式、督查意识、督查角色定位、督查的交叉学科定位等。二是进一步思考督查机构的定性和定位,理清领导督查与机构督查的关系,寻找两者力量组合的最佳方法,形成更大的合力。三是督查机构权力的配置和约束问题。督查工作的开展意味着督查权力的产生,督查权力的配置也成为影响督查效果的重要因素之一。督查权力过小,督查机构就可能成为摆设,权力过大,又易引致权力滥用。

行政督查的性质和定位,是督查理论的关键。从管理学和行政学的角度看,督查工作是领导机关、领导者对下级机关实施的一种控制活动。从性质看,督查属于更正性控制,当某项工作在执行中出现了偏差或未执行,上级督查机构介入进行调查、核实、分析,并提出建议。现代管理学对控制的研究有两个新动向,一是强调控制对决策的反馈,在督促检查中发现问题,向决策者反映,以便及时对决策进行修正。二是强调控制关口要"前移",督查需要加强预防性控制,从决策后的分解任务就开始介入,通过目标管理、任务跟踪和责任落实入手,防止执行误差的发生。

从公共政策学和决策学的角度看,督查是公共政策过程的一个环节。公共政策过程主要包括政策制定、政策执行、政策评估、政策终结和政策督查五个方面,广义的督查也包括政策评估。而在政策制定、执行中同样需要督查的配合。因此,督查成为贯穿政策决策和实施全过程的"链中之线",缺少了这条线,各个环节就容易断开。从这个意义上说,督查是决策的"另一半"。美国政策学者艾利森说:"在政府工作中,为了实现政府决策的目标,方案确定只占10%,而其余的90%取决于有效的执行。"公共政策学把反馈机制看作本质上是核心的东西,重大决策前之所以要经过试点,就是要取得反馈,试点也成为决策的一部分。

从领导科学的角度看,督查是一种重要的领导机制和领导方法。管理学意义上的督查,是个治事问题,领导学意义上的督查,是个管人问题。管理解决的是做正确的事,领导解决的是正确地做事。所以现在流行一句话就是"流程管事,领导管人"。领导做督查,一是要通过这项工作了解人,以事见人,以事见心,了解干部的德、能、勤、绩、廉,做到知人善任;二是要通过这项工作把握行政管理规律,由表及里,推事及理,举一反三,提高领导水平;三是要通过这项工作调动下属和下级政府的积极性、主动性,美国几任总统都给白宫的公务员发《把信送给加西亚》这本书,就是强调员工要有主动精神,要有很强的执行力;四是要通过这项工作创新行政管理,现代领导科学提出"领导就是服务"的新理念,督查体现了服务,把督查这一管制型职能转变为服务性功能,即实现管理和服务的统一,寓督查于信息服务之中,转变工作方式,是建设服务型政府的重要内容。

(二) 综合运用行政管理创新方法,探索督查工作科学化的路径

我国正处于深化行政管理体制改革、建设服务型政府的关键时期,各级政府在推进政府职能的转变、管理体制和运行机制的完善、工作方法和作风的改进等方面做了大量工作,形成了强大的创新动力。督查工作要在行政管理改革和创新的总体战略格局中找方向、谋发展,这就要把督查工作与各项行政管理创新举措有机结合起来。督查工作与行政管理体制改革的结合,就要求按照精简、统一、效能和决策执行监督三权相互制约又相互协调的原则,建立层次高、有权威、精干高效的督查工作机构,在职权配置、责任确立、人员配备、作用发挥上进一步明确,真正实现督查机构参与决策和实施监督的功能。督查工作与依法行政的结合,就是要在行政法制建设中,把督查嵌入行政程序,建立流程优化的行政管理机制,变现在的项目型、运动式督查为法制型、程序型督查,变现在的主要督查领导批示落实情况为主要督查法律法规执行情况,实现督查工作的法治化和程序化。督查工作与绩效管理的结合,就是要探索建立能衡量落实情况、执行能力和督查力度的政府绩效评估体系和公务员绩效考核体系,使督查的"软任务"变为"硬指标",并逐步试行绩效预算管理,使行政干预和预算管理成为督查工作的两个武器。督查工作与行政问责制的结合,就是要建立督查问责制度,依法、依规对不落实、不作为、乱作为的行政行为实行强有力的问责。督查工作与政务公开的结合,就是要加强政府信息公开工作,把督查的内部运转与外部监督有机结合起来。

(三) 深化、延伸、拓展督查职能

决策是一个由浅入深、逐步逼近目标、随时修正决策的不间断的实践过程,督查工作也有一个深化、延伸、拓展的问题。如,督查工作既是常规工作,又可以发挥在非常规管理中的作用,把应急管理纳入督查工作范围,在风险排查、应急决策、实施救援、灾后重建中发挥督查的作用,解决政府应急管理中存在的部门协同不够等问题。又如,把为决策提供信息、典型案例和改进建议,作为督查工作的内容,更好地为领导服务,领导就会更加重视督查工作。而要提出真知灼见,必须扎扎实实、深入细致、一抓到底、深入思考,不能满足于发发文件、听听汇报,要扑下身子,沉到一线,去了解真实情况,掌握实际进度,发现规律性问题,找到解决办法,这样才能奏效。督查工作还要与加强和改进思想教育结合起来,发挥传统政治优势,使行政督查业务建设与道德、文化建设比翼齐飞。

(原载《行政论坛》2010 年第 4 期)

政务公开:行政管理现代化的重要标志

随着近年来的行政改革的全球化趋势,对行政管理现代化问题的研究多起来了。但主要集中在转变政府职能,精简行政机构,实现政府信息化、办公自动化等方面[①],很少从政务公开的理论与实践方面观察行政管理现代化的特点和趋势。只有在研究廉政建设时从政权建设、维护稳定的角度,对政务公开进行探索,又往往未与行政管理现代化联系起来考虑。[②] 事实上,这两者之间是密不可分的。如果说行政的封闭是导致以往行政管理阻碍社会发展的主要原因之一的话,那么以推动社会进步为己任的行政管理现代化就应该把政务公开作为重要的目标和显著标志之一;同时,全球化和我国加入世界贸易组织对中国的政务公开和提高政府能力提出了更高的要求。本文从全球化背景下的廉政建设与政务公开、行政民主与行政管理现代化之间的关系入手,研究政务公开对于政府改进行政管理,提升行政能力的作用和意义。

一、廉洁政府是行政管理迈向现代化的出发点,政务公开是廉政建设的基础

党的十一届三中全会以来,我国进入了社会主义建设的新时期,

---

① 本书编写组. 现代化进程中的政治与行政[A]. 北京:北京大学出版社,1998.
② 许耀桐. 变革时期的公共行政:改革与发展[J]. 政治学研究,1998. 马敬仁. 行政改革述论[M]. 北京:西苑出版社,1998. 书中提到行政管理现代化有三大任务,即政府形象、管理制度和全员品质,其中政府形象的目标是精干、负责、廉洁、高效。但对廉洁与现代化之间的关系未展开。

党和政府坚持以经济建设为中心,全力发展生产力,加强物质文明和精神文明建设,向四个现代化迈进。随着改革开放,中国也开始了全球化的步伐,并且随着中国加入世界贸易组织,这种步伐加快了,进入了一个新阶段。全球化的本质是经济全球化,经济全球化的主要特征是市场经济化,即生产要素在全球范围内广泛流通、资源在全球市场上得到优化配置,这日益成为当代世界的基本特征,因此,在这种情况下,为市场经济服务,推动生产力迅速发展,已经成为中国行政管理的主要和首要任务,也成为行政管理现代化的基本标准。离开了经济标准,行政管理现代化就成了无本之木、无源之水,行政管理现代化进程就失去了根本的依据和正确的方向。而政府是否廉洁直接关系到上层建筑是否适应经济基础,生产关系是否适应生产力,同时也关系到我们的行政改革能不能适应经济改革和经济全球化的要求。能不能坚定不移地开展廉政建设和反腐败斗争,力度大不大,效果好不好,直接反作用于经济基础和生产力。这是因为,廉政建设的根本目的是推动社会进步,这与生产力发展的指向是完全一致的。

廉政建设的基本内容是通过调整上层建筑中某些不适应经济基础的消极因素,实现上层建筑领域的自我完善,进而保护和促进生产力的发展。廉政建设的具体手段是坚持正面教育和制度建设,惩治腐败分子,治理腐败现象,纠正不正之风,这有助于克服破坏市场经济等价交换、公平竞争原则的现象,使包括管理者在内的劳动者、劳动资料、劳动对象等生产力诸要素的配置更加科学合理,调动产业劳动者的生产积极性,从而进一步解放生产力。廉政建设的直接效果是提高工职人员的素质,保护国有资产的安全,保障人民群众的物质利益不被腐败分子侵占,是对"剥夺者"的剥夺。因此,廉政建设在本质上与经济建设具有统一性和共生性,是生产力发展的内在要求,在一定意义上说(指社会主义社会公共权力掌管者也是劳动者而言),

廉政本身就是生产力。① 因此,廉政建设是行政管理迈向现代化的出发点,是适应和加快全球化步伐的需要。

维护政治和社会的稳定,是中国现代化建设的前提。亨廷顿认为,现代性孕育着稳定,而现代化过程却滋生着动乱。② 这一方面是由于社会流动性加速、经济利益多元化和人们政治要求提高造成的,另一方面也是由于社会转型期容易产生腐败现象,引起人民的不满和反抗。为了确保稳定,发展中国家往往选择扩充国家机器,提高集权程度,强化思想压制,但这样做无异于饮鸩止渴,既增加了行政管理的成本,又不利于市场经济的发展。加强廉政建设,铲除不稳定的祸根,有助于行政管理从大政府向小政府转变,从全能政府向有限政府的转变,从传统的以管制为主向以服务为主转变,实现行政管理的现代化;加强廉政建设也有助于我们的政府在行政系统、政府职能、管理方法上更加遵循国际现有的规则。

廉政建设对于现代政府制度创新和发展的重大意义,已逐渐为人们认识,与此同时,如何实现廉政建设的创新和发展,人们的认识也在不断深化。某地级市在反腐败的工作上一直是比较得力的,对领导干部廉洁自律的教育、查处大案要案方面抓得紧,经过上级党委检查,得到肯定。该市纪律检查委员会为了查找薄弱环节,向市属有关部门和基层单位印发了1000份问卷调查表,出乎意料的是,有66%的群众认为反腐败任务之第一条领导干部廉洁自律工作"成效不大"。许多人在问卷调查表上直言:由于政务不公开,群众无从监督,廉洁自律难以收到应有效果,其他各项廉政规定,如"收入申报""礼品登记""重大事项报告"等都没有真正落到实处。同时,领导干部民主生活会也开得极不严肃,常常是围着一般问题转圈圈,要害问题不沾边,或者只谈共性,不谈个性,只谈别人,不谈自己,或者开成

---

① 韩义德.反腐败是发展生产力的重要手段[N].光明日报,1999-02-12.
② 亨廷顿.变革社会中的政治秩序[M].北京:三联书店,1989:38.

业务会、学习会、汇报会,甚至闲聊会。① 这个例子很有代表性,说明不搞政务公开,廉政建设难以深入。

80年代对政府官员的经济犯罪主要是依靠教育和惩治。80年代中期,基层行政管理机关创造了"两公开一监督"形式,即公开办事制度,公开办事结果,监督行政机关及其办事人员。但当时只是在一些地方做了试点,未全面推行。90年代以来反腐败工作从治标转向治本,着力对产生腐败的源头进行治理。1996年1月中共中央纪律检查委员会第十五届六次全会确定,要"实行政务公开制度。县(市)、乡镇及行政村、基层站所,要实行政务公开制度,凡是可以公开的办事内容、办事程序和结果,特别是与群众利益直接相关的财务等事项都应公开,以便群众监督"。1997年1月中纪委七次全会要求"要继续推行政务公开制度,地方各级政府特别是乡(镇)、基层站所及'窗口'行业,办理与群众利益密切相关的事项,属于国家保密的事项以外,都应当采取适当方式向群众和社会公开,以接受群众监督"。中共中央总书记江泽民在1997年中共十五大的报告中指出:"城乡基层政权和基层群众性组织,都要健全民主选举制度,实行政务和财务公开,让群众参与讨论和决定基层公共事务和公益事业,对干部实行民主监督。"要"坚持公平、公正、公开的原则,凡涉及群众切身利益的部门要实行公开的办事制度"。1998年中共中央办公厅发出《关于在农村普遍实行村务公开和民主管理制度的通知》。以此为开端,中央政府有关部门陆续出台了一些与政务公开相关的规定。在1999年召开的中央纪委第三次全会上,中央领导同志在工作报告中把抓好从源头上、机制上、制度上预防和治理腐败,即"治本"的工作,概括为五点,其中带有最普遍意义的就是"推行政务公开"。报告中指出:"要在城乡基层政权机关推行政务公开制度,凡属于涉及群众切身利益的事项,除属于国家规定保密的之外,都要向群众公布,接

---

① 李栋.抚顺市在领导干部中开展廉政测评纪事[N].工人日报,1999-05-26.

受群众监督。"2000年朱镕基总理在《政府工作报告》中指出:"要积极推行政务公开,鼓励人民群众依法对政府及其工作人员进行监督,并发挥舆论监督的作用。"政务公开作为反腐倡廉的一项基本建设已在全国基层政权普遍施行。

二、行政民主是社会主义的重要原则,政务公开是实现管理民主化的立足点

马克思、恩格斯和列宁认为,社会主义民主的基本特征是政治上和经济上"完全的,普遍的"民主,其重要原则就是把民主与"行政职能结合起来"。① 这一思想的深刻性在于把以往认为只能是单向的、自上而下、集权式、命令式的行政管理与实现双向的、自下而上、分权式、合作式的行政管理统一了起来。这一原则在现代国家的行政管理实践中事实上已或多或少地得到运用。民主体现于参政权,参政先要议政,议政权源于知情权,没有政务公开就没有人民的知情权。人民参与国家行政管理,一个基本立足点就是政务必须公开。旧中国几千年来,统治者信奉孔子的"民可使由之,不可使知之"的愚民思想,对宫闱之内的决策与纷争历来讳莫如深,只有后人才能略知前朝"秘史"之一二。人民毫无知情权可言。

中国共产党是用在西方民主传统沃土上生长起来的马克思主义理论武装的政党,党的联系实际、联系群众的优良作风是民主化的具体生动表现。邓小平对管理民主化问题十分重视。他说:"这些年来搞改革的一条经验,就是首先调动农民的积极性,把生产经营的自主权下放给农民。农村改革是权力下放,城市经济体制改革也要权力下放,下放给企业,下放给基层,同时广泛调动工人和知识分子的积极性,让他们参与管理,实现管理的民主化。各方面都要解决这个问

---

① 列宁全集:第31卷[M].北京:人民出版社,1985:204.

题。"①我国20年来行政改革的基本取向就是行政管理民主化。这包括下放行政权力,转变政府职能,政企分开(政府职能与企业职能分开)、政事分开(政府职能与事业单位职能分开)、政社分开(政府职能与社会中介组织职能分开),实现行政权力的民主化;也包括推行行政公示制、行政听政制、社会服务承诺制、政府集中采购制等体现行政管理民主化的先进管理办法和加强信访、调研、蹲点、挂职等工作制度。

作为廉政建设深入发展产生的政务公开制度,是一项具有综合性、全局性、根本性的政治——行政体制改革内容。政务公开使行政民主由原则变为现实,变为可操纵性的行政程序和行为规则。这一制度与配套的民主评议政府工作、民主测评干部等活动,其一出现就引起各地和中央政府的高度重视,在很多地方得到普遍应用,取得明显效果。苏州市在邮政、电信、卫生、税务等与群众利益密切相关的政府部门中广泛进行民主评议工作,把提高群众的满意率作为政府工作的基本目标。该市税务系统1995年群众满意率仅为36%,通过实行征管员与纳税人分离、人控向机控转变、办公方式公开透明,以及稽查中选案人不查案、查案人不定案、定案人不执行、执行人不复核的相互制约机制,使群众的满意率上升到90%以上。② 抚顺市纪检委用三年时间,对全市各级领导干部进行了一次群众测评活动。他们把测评内容设计为包括领导干部的政治、经济、生活等方面17种不廉洁现象,由群众采取无记名方式,填写"廉洁、基本廉洁、不廉洁"的综合评价,由市纪委汇总。这样,廉政建设就有了定量分析的基础。对廉洁率在85%以上的班子给予通报表扬;对廉洁率在60%以下的班子给予黄牌警告,连续三年被警告的,主要领导人要自动辞职;对问题较集中的领导干部下达《廉洁自律自查建议书》,由市纪委

---

① 邓小平文选:第三卷[M].北京:人民出版社,1993:180.
② 本刊记者.加强监督创新机制重在治本——访苏州市纪委书记沈荣法[J].中国行政管理,1999(7).

找其谈话,指定其在班子民主生活会上做检查。最近,抚顺市公布了廉政测评结果:市局县区和国有大型企业232个单位1200多名领导干部中有14个单位的领导班子廉洁率低于60%,44名领导干部因群众对其不廉洁行为反映强烈而被下达《廉洁自律自查建议书》,并向群众检查;有5个单位的班子被调整和改组,有的主要领导干部被免去职务。①

政务公开、群众测评是行政管理民主化之树上结出的又一朵奇葩。随着政务公开各项举措纳入政府工作范畴,行政管理现代化的基础更牢固了。政务公开成为行政管理现代化的立足点。

三、高效政府是现代国家的普遍要求,政务公开是行政管理高效化的切入点

行政管理在决策和执行两个阶段,其引入公开机制后对于效率的作用是不完全相同的。一般而言,在决策中采取公开的方式,从时空成本上看,比封闭的方式要浪费一些,但质量和成功率比较高。因此,政务公开在决策阶段的运用要区分目标层次,重大决策追求长远和全局利益,应当在一定范围内实行公开程序,以提高决策科学化水平;非重大决策追求即时利益,当需要效率时,公开的程度应服从于决策的时间成本。在行政管理的执行阶段,政务公开与行政效率是正比例关系。这是因为,影响行政管理效率的因素有:服务垄断性,行政机关提供的是没有竞争的公共服务;目标多元性,行政管理的对象是社会的某一领域,而不是某一个人;结果的弹性,许多服务性产出没有什么硬性的、看得见的指标;缺乏公众的监督,行政机关是否高效,外人不易了解。② 所有这些因素都可以靠实行政务公开加以克服或缓解。垄断是行政效率的最大障碍,引入竞争机制,打破垄

---

① 李栋.抚顺市在领导干部中开展廉政测评纪事[N].工人日报,1999-05-26(5).
② 周志忍.公共性与行政效率研究[J].中国行政管理,2000(4).

断,给公众以选择的自由,固然是最好的办法,但具有管制性质的政务是必须有政府行使的职能,实现非垄断化的途径限制行政权以及行政权的自由裁量度,而行政权的公开是个前提。行政管理对象的多元性是限制效率提高的另一因素,在封闭的行政系统内由于公众对行政规定和程序的无知导致重复劳动、无效劳动,加剧了低效率的现象。政务公开可以减少公众办事的盲目性,增强政府服务的针对性,进而提高行政效率。最直接能有助于行政高效化的因素是政务公开实现了对行政的监督。在受到监督的条件下,行政程序是否繁杂,办事是否公道,公众是否满意,都成为行政机关及其工作人员必须考虑和引起重视的内容。沈阳市建设委员会实行办事程序公开、集中办公、流水作业的改革后,平均审批一个建设项目由原来需要200多个工作日减少到50个工作日,要盖的公章由120个减少到19个。群众对政府开设公开服务大厅高兴地说:以前办一个证要跑十几趟,甚至几十趟,现在一次就办完了。

四、可持续发展是跨世纪政府的战略任务,政务公开是建立行政管理新秩序的着眼点

可持续发展的理论和战略,被广泛运用于各个领域,行政学界也有不少学者提出要把这一思想引入行政管理,认为只有这样,行政管理现代化才符合时代理念。[①]

所谓行政管理可持续发展,是指行政系统为了实现环境、生态、人口、资源的可持续发展,促进社会进步,不断适时地进行自我改造,增强调控能力,从而使自身的生存和发展得以持续。影响行政管理可持续发展的因素很多,很复杂,归纳起来看有行政环境的污染和行政秩序的紊乱。行贿受贿、设租寻租、买官卖官、走私庇私,败坏了党风和政风,使社会规制遭到破坏,这是行政管理环境的污染;制定政

---

① 乔耀章.应当把可持续发展思想引入行政管理[J].中国行政管理,1998(4).

策时以个人或部门集团利益左右权力,执行政策时"有令不行,有禁不止",利大大干、利小小干、无利不干,导致政令不畅,行政连续性中断,甚至出现局部政治上的失衡,这是行政秩序紊乱。行政管理要实现可持续发展,就要努力治理行政生态环境,提高行政人员素质,建立适应社会主义市场经济的行政管理新秩序。

1969年由世界著名物理学家普里高津创立的耗散结构理论,在近30年内被广泛应用于管理领域,对我们理解政务公开有帮助。热力学第二定律揭示了系统自发地从有序变为无序的规律,即"熵增长原理"。这一规律在封闭、孤立的社会系统中也完全适用。普里高津告诉我们,打破这一规律的唯一办法就是开放,只有开放才能吸收负熵流,抵消系统自生的正熵,减少总熵量。开放是形成耗散结构的首要条件。开放越大,系统与外界的物质、能量、信息交流越多,系统活力就越大。行政也是这样,在一个封闭的体系内必然出现"熵现象",产生混乱和无序,滋生腐败和不正之风。政务公开就是行政管理开放的基本形式。政府主动地将政策依据、办事程序、经办人员、时限规定、质量标准、是否收费(如收费要公布法定标准)以及办理结果,据实向群众公开,做出承诺,接受监督,并及时反馈群众的意见,不断改进工作,这就使行政系统实现了对外界的开放,实现了社会的监督和信息的交流,这样才能克服无序,铲除滋生腐败的土壤,纠正不正之风,建立有序、高效、可持续发展的行政管理系统。因此,行政管理要面向新世纪、面向全球化、迈向现代化,为建设有中国特色社会主义事业服务,就必须着眼于政务公开。

回顾我国过去25年的改革的历程和政务公开的实践和探索,我们可以得出这样一个结论,我国的行政改革是以适应经济全球化为导向,以实现行政管理现代化为导向的。尽管我们的改革取得较大的成就,但是现代行政管理仍需要随着形势的发展而不断改革,改革是行政组织内在的动力;现代行政管理需要顺应时代潮流而继续开放,开放是行政组织保持生命力的前提。中国改革开放的总设计师邓小平先生说:我们的各项改革,"其基本内容和基本经验都是开放"。[①] 政务公开的意义将更加深广地展示出来。

(原载《中国行政管理》2000 年第 7 期)

---

① 邓小平文选:第三卷[M].北京:人民出版社,1993:82.

> 管理的背后一定有我们所不知道的神秘力量在起作用,这种比高压更高效的,是赋能。
> ——彼得·德鲁克

赋能篇

以社会主义核心价值观为统领构建行政价值观

行政体制改革的深层思考

监督、民主、法治:政风建设的制度创新

深入研究行政问责制 切实提高政府执行力

行政法治视角下的行政监察探析

智能化:现代行政管理的方向

借助大数据科技力量寻求国家治理变革创新

构建常态与应急结合的治理体系

关键环节:突发事件应急处置的重要视角

突发公共卫生事件应急管理的功能与模式

危机管理方法论初探

英国公共危机管理考察

以社会主义核心价值观为统领构建行政价值观

我们的时代需要核心价值观,以展现个人、群体乃至整个社会生活和活动所具有的积极意义。行政体制改革和创新需要从价值观的层面进行检视,政府自身建设、公务员队伍建设需要加强行政价值观建设。社会主义核心价值观是凝聚各种价值观的旗帜。当前,急需以社会主义核心价值观为统领,构建行政价值观。

一

价值,是对好坏、善恶、美丑、利弊、得失等以功能、功用为标尺进行衡量的理性形态。在哲学上,价值是关于客观世界满足主观需要的意义关系的范畴。价值观,是人们对价值的总看法、总观点。社会核心价值,是社会成员基于自己的价值观在面对或处理各种矛盾、冲突、关系时所持的基本价值立场、价值态度以及所表现出来的基本价值倾向。社会核心价值观,是社会成员对最重要价值的基本一致的总看法、总观点。

很多哲学家对价值进行过研究,其中黑格尔的思想对马克思影响最大。黑格尔对经济、法律、道德、审美等各个领域的价值问题都做过研究,并提出了独特的人生价值、公共舆论价值、公开性价值等思想。他的价值理论的深刻性,体现在从经济关系入手规定价值概念。他认为,物一旦进入人的实践,那么它就是在质和量上被规定了的、成为与人的特定需要有关的东西。在黑格尔看来,价值是个量的概念。当我们考察价值概念时,是把质暂时排除了的。也就是说,在价值里,质在量中消失,这样才能对不同的人或物进行比较,才能在比较中规定其价值,才能对各种各样不同的人或事的内在共通性进行测量和判断。量的规定性当然不能离开质的规定性,质是量的载体,而量是质的所值。黑格尔说,这种由质的规定性产生的量的规定性,便是价值。我们的思维就从质进到量,从定性到定量,实现了认识的飞跃,从感性上升到了理性。当我们考察物的价值时,我们就把物看作量,看作符号(如货币、GDP),看作"物有所值"。从市场交换的经济关系来看,一旦交换双方订立了契约,那么当事人双方就放弃了各自的所有权,而保持着他们同一的所有权,也就是放弃了不同一的东西,而保持着同一的东西。在这种关系中,这个同一的东西就是价值。因此,价值不仅是物的内在普遍性,而且是物在比较中的通约性。这些思想显然不仅直接影响了马克思经济学关于价值概念的形成,而且间接影响了马克思主义以人的解放为中心的社会价值理论。我们还可以从这里看到研究价值概念的方法论意义——探讨价值就是探讨本质的实现,而本质的实现方式需要从质和量两个方面去考察,尤其要通过量去观察质。

19世纪后期以来,随着价值的研究被引入历史观和社会观,特别是当人们开始在文化的意义上去认识价值时,发现价值的概念包含着更为深刻也更为复杂的内涵。其中,一定的社会,一定的历史阶段以及一定的共同体,都拥有着独特的价值,而且,这些独特的价值对于社会生活的健全有着基础性的影响。就此而言,社会主义作为人类历史上的一个特定的阶段,必然有着自身独特的价值,这种价值也必然会贯穿到政治生活之中,也必然会反映到政府的行为和过程中来,会影响到政府模式的建构,特别是对政府工作人员的一举一动,都会发生无处不在的影响,甚至可以说是决定性的影响。当然,在人类还处在一个自然历史进程中,价值也是在历史演进中自然形成的，对于社会主义建设而言，价值以及整个价值体系的建构都应当是一个自觉的过程。其中，自觉地确立起社会主义核心价值观就是我们建构社会主义价值体系的根本途径。

二

党的十六届六中全会提出了建设社会主义核心价值观的战略任务，党的十七大进一步明确了社会主义核心价值体系的内涵，就是马克思主义的指导思想、中国特色社会主义的共同理想、以爱国主义为核心的民族精神和以改革创新为核心的时代精神、社会主义荣辱观。党的十八大提出，"要深入开展社会主义核心价值体系学习教育，用社会主义核心价值体系引领社会思潮、凝聚社会共识"。"积极培育和践行社会主义核心价值观。"社会主义核心价值观是社会主义制度的生命之魂，它反映了我们全体国民的精神境界，决定着国家的发展模式、制度体征和目标任务，也标示出整个社会的文化制高点，在所有社会价值目标中处于统摄和支配地位。没有社会主义核心价值观的引领，国家、民族、社会就会迷失方向，就缺乏前进的动力。

研究价值理论对确立行政价值取向、构建行政价值观起到重要支撑作用。社会主义核心价值观及与这个价值观相适应的行政价值观，是指导行政管理改革、创新和一切活动的最高理念。

第一，社会主义核心价值观是在总结人类社会发展规律，特别是安民兴邦、治国理政规律的基础上提炼出来的精髓，掌握这个精髓对于我们研究和确立行政价值观具有极强的指导意义。 任何一个社会都存在多种多样的价值观念和价值取向，要把全社会的意志和力量凝聚起来，必须有一套与经济基础、政治制度和文化体系相适应的核心价值体系。而要形成什么样的核心价值体系、如何形成这个核心价值体系，历史给出过各种各样、千差万别的答案。社会主义核心价值观是在博采历史上优秀价值思想的基础上推陈出新而形成的。社会主义核心价值体系中所包含的理论、理想、精神、道德四个层面的内容对于加强党的建设、政府建设、公务员队伍建设具有重要的指导意义。正如胡锦涛同志指出的：马克思主义为我们提供了正确的世界观和方法论，理想信念是一个政党治国理政的旗帜，民族精神和改革创新精神是时代的最强音，"八荣八耻"为实施依法治国与以德治国提供了社会主义基本道德规范。行政管理者的核心价值观之于整个社会处于"定盘星"的地位。政府工作人员特别是领导干部如果不能树立社会主义核心价值观，就不可能确立正确的行政价值观，那不仅会使行政管理工作丧失正确的目标，导致机关涣散、管理混乱、服务低效，而且会对社会造成很坏的影响。以社会主义核心价值观为指导，继承优秀传统行政价值观，整合市场经济条件下多元行政价值取向，构建和实践核心行政价值观，是深化对行政管理规律的认识的必然，也是促进行政系统科学高效运转的必需。

第二，社会主义核心价值观从根本出发点意义上规定了我国改革开放的方向，沿着这个方向前进才能明确行政体制改革的目标。拥有社会主义核心价值观是我们制度优越性的集中体现；坚持社会主义核心价值观，才能确保政治体制改革和行政体制改革的方向始终正确、目标始终明确。当前，行政体制改革处于关键时期，它上与发展民主政治的难点相连，下与完善市场经济的要害相接，中间与创新社会管理的举措相交。问题的关键在于，我们要明确改革的基本逻辑，并使各项改革在基本逻辑层面一致起来。在经济上，按照政府调节市场，市场引导企业的路子进行改革，重点是政府职能转变；在政治上，按照党的领导，通过依法治国，实现人民当家作主的路子进行改革，重点是发挥人民群众在法治框架内管理国家事务的作用；在社会管理上，按照党和政府领导、负责，通过社会组织的协同管理，实现公民自治的思路进行改革，重点是培育、监管和服务社会组织，逐步使社会组织管理社会成员。这三个维度的改革都与行政体制改革息息相关，都需要行政体制改革的积极推进，而根本问题就在行政体制改革的方向要符合和服务于政治改革、经济改革、社会改革的目标、路径及方法，说到底就是按照人民群众的期待和社会主义核心价值观的要求深化改革，建设服务型政府。

第三，社会主义核心价值观是改革和创新的思想动力，有了这个动力才能加快行政体制改革的步伐。任何一项改革必须有人民的觉醒、人民的支持、人民的积极性和创造精神。这些年来，行政体制改革和创新之所以在很多领域取得了很大的进展，就是因为广大党员干部带头履行使命、心齐气顺地推进改革；行政体制改革和创新之所以在某些领域进展艰难，很大程度上就在于共识尚未形成，动力机制不健全。因此，形成加快改革的共识与合力，增强改革的动力，十分重要。社会主义核心价值观对行政体制改革创新具有无可替代的助推器功能，有助于统一思想、提高认识、凝聚共识，搁置一些不必要的争论和一些暂时难以弥合的意见分歧，增强改革和创新的思想动力。

第四，社会主义核心价值观是行政文化的基础，强化这一基础才能弘扬先进行政精神，唾弃腐朽行政文化。先进的行政文化和公务员道德体系是行政软环境的组成部分，是建设服务政府、责任政府、法治政府和廉洁政府的强大精神力量。当前出现的腐败现象都与腐朽思想文化和不良生活方式有关，而落后的价值观念是一个总根子。如果我们对封建文化丧失警惕，缺乏强有力的应对措施，势必使国家行政管理体系的主流文化失落，精神支柱崩塌。当前我国部分官员存在的诚信缺失、贪污腐败、心浮气躁、急功近利等现象，无不与价值观有关。只有建立以社会主义核心价值观为内核的先进意识形态，才能形成共同思想基础和舆论氛围，才能筑起中国特色社会主义行政管理事业坚不可摧的思想文化长城。

三

在行政管理领域构建社会主义核心价值观，关键是要确立核心行政价值观，并在此基础上构建"新行政观"。行政管理区别于其他管理的基本点在于其公共性。"新行政观"区别于传统行政观的基本点就在于坚持以社会主义核心价值观为统领，建设充分体现公共性基本属性的服务型政府。也就是要把行政的公共性本质要求体现到政府职能，体现到公务员，体现到一切行政活动中。把社会主义核心价值观贯彻到行政价值观，应做全方位理解。

一是以公共性作为价值导向。行政公共性原则是由宪法确定的。我国宪法规定："一切国家机关和国家工作人员必须依靠人民的支持，经常保持同人民的密切联系，倾听人民的意见和建议，接受人民的监督，努力为人民服务。"这个法理基础是社会主义核心价值观的集中体现。以公共性作为行政价值的根本导向，就是要始终秉持公共性的价值追求和目标理念，将全心全意为人民服务真正确立为行政本位，改造行政观念，抛弃有悖于社会主义核心价值观的"官本位""权力本位""部门本位""地方本位"等行政观念，建设有利于实现公共性的行政思维和行政能力。

二是以公共性塑造机关精神。城市有城市精神，企业有企业精神，机关要有机关精神。机关精神，就是一个机关为谋求高效率和高凝聚力，在长期的工作过程中逐步形成并为该机关多数人员所认同的一种积极、健康、向上的群体意识。它是通过机关人员的思想作风、言行举止、精神面貌等表现出来的该机关的价值标准、行为规范、优良传统、文化氛围、道德倾向、理想信念。行政机关具有共性的精神就是公共性。科学总结、高度提炼、准确概括、大力宣扬和扎实践行机关精神，其实质就是以社会主义核心价值观为依据，将体现人民公仆本质和灵魂的公共性揭示出来，激励人们齐心协力为实现机关工作的目标而共同奋斗。

三是以公共性奠定职能基础。转变政府职能是行政体制改革的关键。建设服务型政府,加强公共服务职能,这些都需要加快转变政府职能,解决政府"该干什么干什么"的问题。但如果仅仅明确了要转变哪些职能,而不了解为什么要转变这些政府职能,还会在改革进程中被各种各样的认识问题干扰,这就需要解决"为什么该干这个而不该干那个"的问题。从政府服务和管理职能的意义上提出公共性,有助于从深层次上领会政府职能转变的历史意义和社会价值,有助于将转变政府职能的工作引向深入。

四是以公共性优化组织结构。治理性质决定治理结构。以公共性这个基本属性配置治理结构,必然要求管理主体在权力配置、权力运行、权力制衡和权力监督等方面合乎公共性原则,建立决策权、执行权、监督权既相互制约又相互协调的权力结构。按照这个要求,需要维护国务院即中央政府的高度权威,建立统一的政府行政管理体系;需要对行政组织的规模、结构等进行相应的调整和重构,使公共组织各要素之间合理搭配、科学组合;需要在政府各部门、中央和地方、各级政府间建立分权型权力结构和多元化服务体系。公共性原则还要求拓展行政管理民主,实现政府行政管理与社会组织、基层社区自治的良性有序互动,使政治民主、经济民主、社会民主统一于社会主义核心价值观。

五是以公共性建构制度规范。行政是机构、人员、职责、行为、流程的总合,在探寻改革路径时,我国从行政体制到运行机制这两层面的改革已经进行了多年,也多多少少涉及了有关制度的改革,如教育制度、医疗卫生制度、社会保障制度、住房制度、就业制度、物价调控制度、金融制度、事业单位管理制度、突发事件管理制度等,都在不同程度上实现着制度运行的程序化安排任务,但是,触及深层次行政管理制度的改革,还比较少。2013年以来,以行政审批制度改革为龙头的制度改革实实在在地推进了综合性制度改革,正在成为建构新的改革路径的大胆探索,并将使我国政府变革进入新阶段。从1978年到2002年,以改革为引领,即按照经济体制改革的要求推动行政管理体制改革,在破除计划经济下形成的行政管理体制的弊端中实现新的行政价值的变革,是质的改变,这是第一阶段;2002年党的十六届二中全会通过的《关于深化行政管理体制和机构改革的意见》,出现了以前对政府改革的定位未曾有过的提法——行政管理体制改革"是推动我国上层建筑更好地适应经济基础的一项重要的制度建设和创新"。这标志着我国行政管理体制进入到一个新阶段,是在前一阶段质变的基础上进行新的量的积累,也就是改革和创新并举、以创新引领行政价值升华这样一个新的阶段,"质在量中发展",政府结构和功能这些质的变革在服务型政府建设的大框架内实现量的变革中前进,即在增加政府公共服务量的基础上再造政府新的结构和功能。

在行政改革实践价值目标确立和发展的同时,研究行政价值理论的意义凸现出来。行政价值成为行政学研究的热点议题之一。近十年来,行政价值问题的研究不断深化,对行政管理体制改革、公共管理绩效提升、社会治理结构改善产生了积极影响。我们这次研讨会,就是要围绕行政价值问题,从社会主义核心价值观的高度,深入研究行政管理体制改革和创新的价值目标,深入研究行政管理中各领域的价值追求,深入研究公务员形成核心行政价值观的理论路径。

(本文是参加中国政治学会2013年年会暨"社会主义核心价值体系与中国特色社会主义政治建设"研讨会的入选论文)

行政体制改革的深层思考

我国正处于全面建成小康社会的决定性阶段。国家政治经济社会生活中存在着各种风险和挑战,国际经济复苏乏力对我国的影响正在加深,国内经济运行中深层次问题尚未解决,政府改善民生的任务艰巨繁重,党的执政能力和政府行政能力还有待提高,改革发展进入了深水区。在这样的背景下,十二届全国人大一次会议审议通过了《国务院机构改革和职能转变方案》,对深化行政体制改革做出重大决策,新的行政体制改革已经开启。这是形势所然,也是政府主动把握机遇、迎接挑战、找准焦点的主动选择。

一、按照经济基础决定上层建筑的规律

深化行政体制改革生产力决定生产关系、经济基础决定上层建筑是社会发展的基本规律。这一规律透过政府、市场、社会这三个基本要素不同的结构与关系表现出来。我国的全面改革之所以从经济改革开始,就是因为经济体制最集中地体现了生产力和生产关系、经济基础和上层建筑的关系,是经济基础的核心,只有摸到了经济体制改革的规律,才能找准政治体制改革和社会管理体制改革的脉搏,使各方面的改革与经济体制改革相互适应、相互促进。行政体制改革作为经济体制改革、政治体制改革和社会管理体制改革的结合部,它的规律与经济、政治和社会改革规律有着密不可分的关系,存在于其内、表现于其外、贯穿于其中。在经济方面,按照政府调节市场,市场引导企业的路子改革行政体制,就是要通过培育市场、规范市场、监

管市场、调控市场,建立和完善市场经济体制,引导经济主体在市场竞争中发展,政府按照市场经济规律履行好宏观调节的职能,克服市场的局限性,防止"市场失灵"。在政治方面,按照党的领导,通过依法治国和依法行政,实现人民当家作主的路子改革行政体制,政府就是要发扬政治民主,还权于民、问计于民、服从于民。在社会方面,按照党和政府领导、负责社会建设的改革路子,政府就是要发扬社会民主,通过社会组织的协同管理,实现公民自治,就是要政社分开,充分发挥社会组织、社区等各类自治组织在社会管理中的枢纽作用,加强社会服务。行政体制改革按照这些内在的客观逻辑积极推进,才能体现上层建筑适应经济基础的要求,才能服务于政治改革、经济改革、社会改革的目标、路径及方法。

二、按照"五位一体"总体布局

深化行政体制改革经济社会生活中很多制约科学发展的问题,特别是一些深层次问题是相互交织的,这就需要更加关注改革的系统性、整体性和关联性。行政体制改革,上与政治体制改革相承接,下与经济体制改革相联结,中间与文化体制、社会体制、生态体制改革相交织,在各项改革中处于枢纽地位。深化行政体制改革对于推进经济建设、政治建设、文化建设、社会建设和生态文明建设具有关键性影响。完善社会主义市场经济体制,要求政府进一步转变职能,推动经济体制改革。加强社会主义民主政治建设,需要进一步确立人民群众管理国家事务和公共事务的主人翁地位,推进行政民主体制的创新,建立制度化的征求意见机制、专家咨询机制、听证机制、公众评价机制,以行政民主化推动政治文明建设。构建社会主义和谐社会,要求加强和创新社会管理,释放社会活力,实现社会成员自我管理,推动改革发展成果共享机制的形成。繁荣社会主义文化,要求转变政府文化职能,整合管理要素,发挥市场作用,做大文化产业,扶持文化事业,提供更多文化服务。建设生态文明,要求政府加强环境保护职责,引导企业发展循环经济和绿色产业,培育非营利社会组织,引导公众积极有序参与生态文明建设。全面建成小康社会和各方面的改革发展,都迫切期待着行政体制按照"五位一体"的总体布局战略深化改革,真正通过转变职能,把不该管的事交出去,把该管的管起来,使政府有能力担负起社会主义现代化建设的重任。经济、政治、文化、社会、生态"五位一体"建设的战略布局对行政体制而言,在理论上科学地解决了政府、生产、社会的关系,在实践上是建立大部门制的基本依据和现实要求。

三、按照服务型政府的方向深化行政体制改革

行政体制改革要解决改什么、怎么改的问题,先要解决往哪儿改的问题,即改革的方向问题。这是政治层面的问题。改革开放以来我国经济发展比较快,但公共服务没有跟上,建设以公共服务为导向的政府,即服务型政府就成为题中应有之义。十六大把建设服务型政府作为行政管理体制改革的方向。十七大和十八大进一步明确提出"深化行政管理体制改革,建设服务型政府","建设职能科学、结构优化、廉洁高效、人民满意的服务型政府"。服务型政府对行政体制有着新的要求,需要政府在管理体制、工作制度和业务流程等方面深化改革。政府的经济调节、市场监管、社会管理和公共服务四项基本职能要向"创造良好发展环境、提供优质公共服务、维护社会公平正义"转变。这要求政府职能转变要加大力度,不断创新,将政府一般职能和特殊职能、原有职能与新的职能结合起来统筹考虑,将政府管理职能与服务职能贯通起来,将"廉价政府"与"廉洁政府"结合起来。在政府履职方式上,要创新调控方式、监管方式、服务方式和执法方式。改善经济调节方式。政府要善于更多地运用经济手段、法律手段管理和调节经济活动,增强宏观调控的科学性、预见性和有效性。改进市场监管方式。要积极推进公平准入,规范市场执法,加大对涉及人民生命财产安全领域的监管力度。开展相对集中行政处罚权工

作，探索相对集中行政许可权，推进综合执法试点。减少行政执法层次，下移执法重心，与群众日常生产、生活直接相关的行政执法活动，主要由市、县两级行政执法机关实施。创新社会管理方式。要强化政府促进就业和调节收入分配和履职手段，以城市低保和新农合等制度形式完善社会保障体系，健全基层社会管理机制，推动政府行政管理与社区互动。创新处置突发事件的方式方法，维护社会稳定。改革公共服务方式。着力改进教育、卫生、文化等社会事业领域的服务方式，不断强化服务意识，简化服务程序，逐步建立现代公共服务提供方式和多元供给渠道，探索基本公共服务均等化推进模式。加强政府管理创新的协同性，完善"一站式"政务服务体系，建立政府绩效管理体制和行政问责制，夯实廉政建设和转变作风的制度基础，提高行政效能，提升政府公信力和执行力。

四、按照建立比较完善的中国特色行政体制目标深化行政体制改革

改革开放以来，我国行政管理体制改革遵循着"实践是检验真理的唯一标准"和"摸着石头过河"的原则，积极探索，不断提出阶段性任务，一步步迈向新目标。20 世纪 80 年代初，根据国家启动经济体制改革的需要，适时提出了政府机构改革的任务。随着经济改革和社会发展，在 20 世纪 80 年代末 90 年代初明确提出了转变政府职能的要求。进入新世纪，按照社会主义经济市场体制基本形成的实际情况和大力发展政治民主的要求，把促进社会主义市场经济完善和推进行政民主作为改革的重要内容。党的十七届二中全会提出了建立比较完善的中国特色社会主义行政体制的目标，十八大明确了这个目标的行政体制特征是政企分开、政资分开、政事分开、政社分开，简政放权，优化行政层级和行政区划设置，有条件的地方可探索省直接管理县(市)改革，创新行政管理方式。按照建立中国特色行政体制目标深化行政体制改革，就要求政府在职能、功能、机构、机制、方

略等方面进一步深化改革,为经济持续健康发展和社会和谐稳定提供有力的载体和制度保障。

在政府基本职能上,进一步向创造良好发展环境、提供优质公共服务、维护社会公平正义转变。在政府主要功能上,更多地提供公共产品,大力推进基本公共服务均等化,更有效地解决求学、就业、看病、养老、居住、社会保障、公共安全等突出问题。在政府组织体系上,稳步推进大部门制改革,解决机构设置过细、层级过多、职能交叉、权责脱节等问题,逐步形成经济调节、市场监管、社会管理和公共服务各项职能分工合理的"大部门制"的机构体系。在治国理政的基本方略上,要加快建设法治政府,用法律法规调整政府与市场、企业、社会的关系。做到政府职权法授、程序法定、行为法限、责任法究。在政府权力结构上,要按照决策权、执行权、监督权相互制约、相互协调的要求,完善权力结构,把权力关进"笼子"里。按照建立比较完善的中国特色社会主义行政体制目标深化改革,还有一个更深的含义,就是社会主义是一个长期的历史进程,需要几代人、甚至几十代人的不懈努力,同样,行政体制改革也是一个长期的过程,不可能毕其功于一役,即使到了2020年建立起一个比较完善的行政体制,还需要进一步发展,服务型政府建成的时间可能要比建立起一个比较完善的行政体制难度更大、时间更长、任务更艰巨。因此,深化行政体制改革要做好长期奋斗的准备。

"一步实际行动比一打纲领更重要。"十二届全国人大一次会议讨论通过了《国务院机构改革和职能转变方案》,对深化行政体制改革做出重大决策,新的行政体制改革航程已经开启。这次改革行动将紧紧抓住转变政府职能这个"牛鼻子",实质性地推进简政放权,进一步推进大部门制改革,为各方面的改革发展开路引航,把实际工作的推进与深层次问题的理清结合起来,为全面建成小康社会、实现长治久安奠定更加坚实的国家行政管理制度。

(原载《中国机构改革与管理》2013年第5期,标题略有改动)

监督、民主、法治：政风建设的制度创新

加强和改善政府作风和建设，是新时期党执政合法性原则的内在要求。中国共产党的执政地位，是在中国现代历史和当代历史中形成的，具有无可辩驳的客观必然性和主观合理性。但是，当前政府作风存在着一些问题，特别是以权谋私、贪污腐化，严重影响到党和政府的威信，削弱了党和政府的号召力、凝聚力和战斗力。已经到了非整饬不可的地步。

党的十五届六中全会通过的《中共中央关于加强和改进党的作风建设的决定》指出，加强和改进党的作风建设的指导思想和总体要求之一是"推进制度建设"。作风是制度的外在形态和表象，制度比作风更接近本质。政府的作风建设必须以管理制度的改革为基础。我们党在新世纪要全面完成三大任务，就必须贯彻江泽民同志"三个代表"重要思想，坚持管理制度创新，促进政风建设。

监督、民主和法治，是制度创新的基本准则。这些准则是党执政合法性的基础，也是政风建设的基础。以监督获得廉政，赢得民心，取得执政合法性的制度可能和技术支持。以民主获得民治，实现公共管理合法性的现实形态和政治支持。法治是民主和监督的根本保障。以法治为治国的基本方略，政府的活动和公共管理在宪法和法律范围内"行其政事"，实现国家的长治久安。

一、监督是廉洁作风的制度创新

廉洁是政府及其工作人员必须做到的起码要求，既是检验管

人员具不具备党和人民所要求的素质的一个基本方面,也是衡量领导干部领导能力和执政水平的首要标志。从总体上、主流上看,一个政府如果腐败了,其合法性基础也就不存在了。著名德国学者、欧洲新马克思主义主要代表人物尤尔根·哈贝马斯认为,"合法性是指一种政治秩序被认可的价值"①。政府机关加强内部自身管理,是有效实施对各项事业之管理的前提。从严治政必先从严治吏,首先就是要加强廉政建设。

然而腐败是与公共权力共生的现象,其能否清除,在于有没有一套严格的制度和有效的措施,而抑制乃至消除腐败现象,关键就在于能否对权力实现有效的监督。

监督之于廉洁,有四层意义和作用:教育防范;发现问题;制止违法;控制权力。所谓教育防范功能,是指在建立了有效的监督体系和制度的情况下,对公共管理者有一种无形的威慑和警示作用,这是无声的教育。所谓发现问题功能和制止违法的功能,是指一旦出现腐败现象,监督体系和制度就会立即启动,追查其问题的性质、程度和后果,纠正违法违纪问题。控制权力的功能是从总体上说的,监督体系和制度具有把公权控制在法律允许的范围内的功能。

治理腐败有三条路径:一是严格按照法律和纪律的规定,纠正违法违纪用权,特别是追查和惩处腐败分子。二是严格制约行政权力,减少公共权力的管辖范围和管辖力度,把应该属于社会、企业和公民的管理权限,从政府职能中剥离出去。三是严格实行对公共权力的监督,控制公权力产生、运作和消失的全过程。

减少和制约公共权力,建立必要的法律和制度,这是从滋生腐败的源头上进行反腐败斗争,相对于单纯的查处惩治而言,这是治本之策。但是,相对于监督,它又只是治标之策。因为减少公共权力并不能使腐败完全失去土壤。只有实现了反腐败斗争从侧重查处惩治向

---

① 哈贝马斯,著;张博树,译.交往与社会进化[M].重庆:重庆出版社,1989:184.

制约权力的转变后,再向依靠监督的第二次转变,这样才能使腐败真的无处藏身。

中国共产党历来十分重视监督。早在土地革命时期,党就在中央苏区建立了专门的监督机构——工农监察委员会。在抗日战争时期,注意发挥由社会各界人士组成的参议会的监督职能,规定参议会有权监督和弹劾边区政府、司法机关的公务人员。新中国成立之初,不仅专门设立了负责监察的机构,而且充分发挥民主党派对中共和政府的"相互监督"作用;不仅在党内和政府工作中注意倾听不同意见,开展批评与自我批评,而且部分沿袭了解放区的做法,在政府中起用了相当数量的原国民政府的工作人员。时任中共中央总书记的邓小平就曾经引用"毛主席说,要唱对台戏,唱对台戏比单干好"来说明监督的重要性。邓小平说:"我们党是执政的党,威信很高。我们大量的干部居于领导地位……如果我们不受监督,不注意扩大党和国家的民主生活,就一定要脱离群众,犯大错误。"①

邓小平设计的监督架构分为三重。他说:"所谓监督来自三个方面。第一,是党的监督。"②"党必须认真地有系统地研究国家机关工作的情况和问题,以便对于国家工作提出正确的、切实的和具体的主张或者根据实践及时地修正自己的主张,并且对于国家机关工作进行经常的监督。"③"第二,是群众的监督。要扩大群众对党的监督,对党员的监督。""第三,是民主党派和无党派民主人士的监督。"④

实行改革开放以来,邓小平对监督问题又有了新的认知,更加强来自人民群众的监督。他说:"要有群众监督制度,让群众和党员监督干部,特别是领导干部。凡是搞特权、特殊化,经过批评教育而不改的,人民就有权依法进行检举、控告、弹劾、撤换、罢免……对各级

---

① 邓小平文选:第 1 卷[M].北京:人民出版社,1994:270.
② 邓小平文选:第 1 卷[M].北京:人民出版社,1994:270.
③ 邓小平文选:第 1 卷[M].北京:人民出版社,1994:237.
④ 邓小平文选:第 1 卷[M].北京:人民出版社,1994:270-271.

干部的职权范围和政治、生活待遇,要有专门的机构进行铁面无私的监督检查。"①

中国实行改革开放的 20 年,也是同腐败现象斗争,不断取得经验,逐步健全机制的 20 年。20 世纪 80 年代,反对腐败斗争主要是打击经济领域里各级领导干部的违法犯罪活动,把着力点放在查处案件、惩治违纪违法上。党的十四大(1992 年)以来,中央一方面继续加大查处案件、惩治腐败分子的力度,保持打击腐败分子的声势,同时开始重视从腐败产生的源头上进行治理,即从一般的查处案件深入铲除滋生腐败的制度性温床。如党政机关、军队与所办经济实体脱钩,执法机关实行财务收支两条线,加强财务审计监督,严厉打击走私,改革行政审批制度、清理和压缩行政审批事项等重大决策,切断权力与利益的纽带,腐败现象蔓延的势头有所遏制,反腐败工作取得了一定的成绩。深入开展反腐败的工作,一方面要继续研究从制度上铲除腐败滋生的土壤,另一方面要制定有效措施,加强对权力部门及其要员的监督。为什么运动员在球场上不敢轻易犯规,犯规后能较快发现,一是有专职裁判,二是有一套"盯人"办法。政府工作人员也可以引进类似的监督措施。行政领导、各单位廉政建设第一责任人,要紧紧盯住所管辖范围内的干部,特别是直接管理的下一级官员。对每一个有实权的人,都要有专人"盯住"。有效的廉政管理措施和严密的监督制度,是反腐败的两个拳头,缺一不可。

二、民主是良好治理作风的制度创新

当前,公共行政改革的一个越来越明显趋势,就是行政管理体制正在发生结构性转换。即适应于工业文明的科层制组织结构,正在向后科层制结构转变,并逐步向一种新的管理模式过渡。这种新管理模式的组织结构不是"金字塔型"的,而是"扁平型"的,甚至是趋向

---

① 邓小平文选:第 2 卷[M].北京:人民出版社,1994:332.

于"平面型"的。其特征是权力的重心下移、公民自治、管理民主化等。传统意义上政府的领导权威、对下统御、集中管理、规制完备等概念,正在让位于自我管理、对下服务、分散决策、反馈灵敏等概念。这就是最近十多年以来许多学者提出的"良好的治理"的理念。治理理论的实质和核心,就是追求高效率高质量地服务民众。而管理民主化,是实现良好治理的根本。没有民主,就没有现代意义上的治理。

有的同志认为,政治民主化是我们的目标,行政管理民主化却未必有理论根据。其实,行政管理是政治的延伸,两者既有区别更有联系,政治民主化必然要求行政管理民主化。

邓小平指出,政治体制改革的"第三个目标是调动基层和工人、农民、知识分子的积极性……实现管理的民主化。各方面都要解决这个问题"①。这里的"各方面"当然包括行政管理。

从另一个角度看,我们的经济体制改革是按照市场化的取向实施的。市场经济就是价值规律起主导作用的经济。价值规律的核心是平等竞争,等价交换。这也就是经济生活里的民主。马克思主义的基本原理告诉我们,市场经济是天生的平等派。这种经济领域中的要求,必然反映到上层建筑里来。在行政管理中,要贯彻以经济建设为中心,就必须适应社会主义市场经济的发展要求,积极建设政府民主管理新体制。因此,行政管理民主化是政治民主化和经济民主化双向作用、双重推动的结果,反过来,行政管理民主化也对建设民主政治和规范的市场经济秩序有着积极的影响。

邓小平关于民主化的思想,有着极其深刻而丰富的内涵,我们应当进一步挖掘和理解。首先,他是从战略的高度出发的。他说:"民主集中制是党和国家的最根本的制度,也是我们传统的制度。坚持这个传统制度,并且使它更加完善起来,是十分重要的事情,是关系

---

① 邓小平文选:第3卷[M].北京:人民出版社,1994:180.

我们党和国家命运的事情。"①其次,邓小平对于管理民主化的认识,是从制度的基点定位的。他坚持要使民主制度化、法制化。要从制度上保证党和国家政治生活的民主化、经济管理的民主化、整个社会生活的民主化。第三,邓小平对于管理民主化的认识,是从整体的意义上展开的。他设计了民主化的领导体制,民主化的决策体制,民主化的执行体制和民主化的思想作风,这里任何部分都是不可或缺的,而所有部分相加又大于它们之和。第四,邓小平对于管理民主化的认识,是从操作的层面提出的。仅仅在《党和国家领导制度的改革》一文中,他就针对当时管理体制中存在的缺乏民主、法制、效率等问题,提出了33项具体的改革措施(据笔者不完全统计)②,这些措施都具有较强的可操作性,只要我们抓住、抓紧、抓实,就能够使我们的民主化进程不断得到推进。回过头来看,20多年来,邓小平提出的这些改革措施已经转化为党和国家的政策法律,在全国范围内较全面地、经常化制度化地得到落实的有19项,部分落实的有11项。尚未转化为党和国家的政策、法律,或只是作为试点的还有3项。这3项是:干部正常的淘汰制度,弹劾制度和罢免制度。

民主管理涉及多方面的制度,其中最重要的是民主集中制。民主集中制的基础是民主,集中是在广泛而扎实的民主之上的结果。把民主集中制原则贯彻到政府管理之中。是中国共产党把政党建设的历史经验运用于公共管理的创举。政府工作坚持民主集中制,首先是领导班子建设、重大问题决策中必须实行民主集中制,形成一把手与班子其他成员和谐健康的工作氛围,与遇事商量、集思广益的组织机制;第二是上下级之间、领导与被领导之间必须实行民主集中制,上级领导要经常听取下级和群众的意见,下级必须服从上级,各级人民政府服从中央政府,要坚决纠正有令不行、有禁不止、推一推

---

① 邓小平文选:第1卷[M].北京:人民出版社,1994:312.
② 邓小平文选:第2卷[M].北京:人民出版社,1994:320-343.

动一动、不推不动甚至推了也不动等现象;第三是具体管理工作也要实行民主集中制,政府及其部门与行政相对人之间的关系同样适用民主集中制,即发扬行政民主,实现严格管理,建立社会主义市场经济条件下的公共管理秩序。近年来许多地方和部门实行的政务公开制、行政公示制、行政听证制、服务承诺制、行政合同制、政府集中采购制、工程监理制、专家咨询制等现代公共行政制度,其实质都是公共管理民主集中制,这有利于实现行政决策和行政管理的科学化、民主化。

特别值得一提的是正在从基层向高层逐步推行的政务公开,这是一项更具有治本意义的制度,是各项廉政措施、管理制度的基础,是行政管理现代化的重要标志。列宁曾经指出,只有当群众知道一切,能够判断一切,并自觉地从事一切的时候,国家才有力量。他在论述苏维埃政权体系时说,这个政权对大家都是公开,它当着群众的面办理一切事情,群众很容易接近它。

行政管理愈是公开,广泛接受群众监督,吸引公民参与管理,就愈有利于集中各种意见,形成符合广大人民群众的根本利益的正确决策,并有利于这种正确决策的有效实施,使我们少走弯路。正如世界银行首席经济学家斯蒂格利茨所言,公开性和参与性最大的优势就是能够抵消潜在的成本。可见民主集中制也是最符合经济规律的制度,行政管理民主化是政府组织结构功能合理化的必然选择,也是有中国特色的社会主义行政管理需要"讲政治"的重要内容。

在现代发达国家的行政管理实践中,事实上也或多或少地实行着行政管理民主化,使这些国家的政局比以往稳定,经济增长期得到延长。美国著名行政学家文森特·奥斯特罗姆在《美国公共行政的思想危机》一书中提出,近几十年来,行政管理出现许多危机,其制度原因就是传统的官僚制度要向民主行政制度转变。奥斯特罗姆指出这一转变是公共管理领域的"哥白尼式"的革命,是行政学理论"范式"的转换。奥斯特罗姆是这样论述实行民主制行政的必要性的:

(一) 民主行政通过权力的分散和有效的监督而达到遏制腐败的目的;(二) 民主行政是民主政治的延伸;(三) 提供公共服务的机构,不限于政府一家,行政民主有利于这些提供公共服务和公共物品的机构通过互利性的协议、适当引入竞争机制等手段,更好地为公众服务;(四) 在行政机构内部,传统的单中心决策体制会造成公务员只对上负责,而对公众要求的漠视,对社会回应性能力降低;(五) 行政民主制可以提高行政效率,使得办同样的事花费最少的时间、精力和资源;(六) 政府权力的多元化可以使权益受侵犯的人群有机会行使否决权,这对于在变化迅速的条件下,维护社会稳定,十分必要。①

行政管理民主化已经成为世界的潮流。国外盛行的新公共管理理论是行政管理学的新发展。新公共管理是把历史上优良的民主传统与现代公共管理理念有机结合起来,其核心问题就是民主化。这一理论对于我们建设有中国特色的行政管理有一定的借鉴意义。实行行政管理民主化也是社会主义运动在进入信息社会后的一次历史机遇。

三、法治是效率和公平作风的制度创新

政府决策与行政管理,追求效率和公平的统一。实现法治化,可以有效地促进管理的效率和公平。这主要是通过法制所固有的优良品格体现出来的。这些品格包括:

——依据性。管理必须有章可循,不可凭长官意志行事。实现行政管理的法治化就克服了人为因素的不确定性和主观随意性。

——程序性。程序是法的精髓。行政管理在法律法规的范围内活动,就是按照程序办事,这就克服了决策和管理的随机性,提高了决策和管理成功的概率。

---

① Vincent Ostrom. *The Intellectual Crisis in American Public Administration*. The University of Alabama Press, Tuscaloosa and London. 1989.

——规范性。公权在通常情况下必然呈现无限扩张的特性。只有靠法的规范才能限制权力的扩张性,克服滥用职权、以权谋私等现象。

——可控制性。法具有公共性、公认性、强制性等特点,利用这些优势,可以对管理行为进行有效控制,防止管理者的失控,克服公共组织内部的"无政府状态"和"内部人控制"等现象。

——可重复性。管理活动是常态与非常态交替出现的过程。在常态情况下,管理的规律性凸显出来。管理者掌握了法律法规,就是掌握了对可重复事件的处理方法。这样可以避免重复犯错误,降低管理成本。

——可持续性。可持续发展是现代社会发展的最高境界。行政管理也应该与其他社会发展战略同步,按照法律的精神,树立全局意识、环保意识、未来意识,克服急功近利的短期行为。

依法施政,实现行政管理法治化,不仅是针对管理行为的,也是针对管理制度的,而且应该包括监督措施和民主管理的相关制度。符合现代管理要求的制度,能用法律形式固定下来的都要尽量纳入法制管理的范围。这既是强化管理、巩固管理和改革成果的内在要求和重要内容,也是依法治国的客观需要。

我国的行政管理法治化道路任重道远,不可能一蹴而就。但应当抓住政府机构改革、转变职能、政企分开、政社分开(政府职能与社会团体、社会中介组织职能分开)这个契机,大力推进行政管理法治化进程。当前急需的是在监督、机构编制、行政许可和行政程序等方面的立法。《廉政法》《监督法》作为基本的法律要尽快出台,如条件尚不成熟,可先搞单项法规,与其仓促通过一个失之较粗的法律,不如一个一个制定可操作性强的具体规定。《国务院组织法》需要修改完善。对国务院组成部门和其他机构的设置也要法定化。地方政府组织的立法要从地方国家机关组织法中独立出来,以便突出其自身特点。编制立法过去搞过一个比较原则的《国务院行政机构编制管理条例》，要在此基础上，加以细化，并上升为法律。《公务员暂行条例》也应当经过修改完善，上升为法律。行政程序、行政审批，是立法中的薄弱环节。要配合整顿和治理市场经济秩序的工作，加快清理行政审批事项，制定有关法律法规，如《行政许可法》，规范政府审批权限的设置、审批程序和审批行为。

要在单项立法的基础上，积累经验，形成有中国特色的行政法典。没有比较完备的与行政组织、行政活动、行政人员相关的一整套法律体系，就没有与社会主义市场经济发展要求相适应的行政管理体制。而没有廉洁、高效、协调、规范的行政管理体制，社会主义市场经济体制也是不完善的。

（原载《中国行政管理》2001年第11期，作者为郭济、高小平）

深入研究行政问责制
切实提高政府执行力

围绕建设服务政府、法治政府、责任政府和效能政府,探讨行政问责制的理论和实践,对于推进和完善行政问责制,深化行政管理体制改革,具有十分重要的意义。

一、统一思想,提高认识,以高度的责任感和紧迫感,积极推进行政问责制的研究

"执行力是政府工作的生命力。"改革开放 29 年来,我国经济社会发展取得了举世瞩目的成就,这是跟党和国家路线方针、政策措施的有效贯彻执行,政府执行力的不断提升分不开的。而提高政府执行力的关键在于加强对权力运行过程和结果的监督与问责。2004年,国务院颁布的《全面推进依法行政实施纲要》明确规定:"行政机关违法或者不当行使职权,应当依法承担法律责任,实现权力与责任的统一。依法做到执法有保障、有权必有责、用权受监督、违法受追究、侵权要赔偿。"温家宝总理多次强调:"权力就是责任,有权必须尽责。各级政府及其部门要认真履行各自的职责,违法和不当行使权力,或者行政不作为,都要依法承担相应的责任。""要加快推进行政管理体制改革,进一步转变政府职能。建立健全行政问责制,提高政府执行力和公信力。"

目前,我国已进入发展的关键时期,科学发展、和谐发展、和平发展成为时代的主旋律。经济体制深化改革,社会结构深层变动,利益

格局深度调整,思想观念深刻变化。在这样的大背景下,有些政府机关及工作人员的执行力显现出严重的不适应。传统经济增长方式的顽固存在,政府管理方式的落后,能源消耗、环境保护、安全生产、民生等多方面与科学发展观、构建和谐社会的要求不相符合的问题,往往都与政府执行力欠缺有关。一些干部滥用权力,"上有政策,下有对策"的现象屡禁不止,更是执行力的扭曲。

提高政府执行力,需要综合治理。而解决权责脱节问题,是重要的环节,建立强有力的监督和约束机制是提升政府执行力的制度性创新。问责制度,就是以刚性的责任追究措施,确保领导干部和公务人员依法办事,监督和约束政府执行权力的制度保障。

作为民主制度的组成部分,行政问责制是指特定的问责主体针对各级政府及其公务员承担的职责和义务的履行情况而实施的并要求其承担否定性后果的一种责任追究制度。其本质在于对公共权力进行监督和责任追究的一整套制度安排。我国目前行政问责制的实践尚处于摸索和试点阶段,在一些部门和地方政府的工作中已经发挥了良好的效果。现在正在朝着制度的完善和配套实施的目标前进。因此,认真研究建立、健全和完善行政问责制,进一步加强对政府执行的有效监督和约束,从根本上防止权力滥用和行政不作为,切实提升政府执行力,是一个十分重要和迫切的任务。

二、深化认知,拓宽领域,不断增强行政问责理论对现实的回应力

近年来,理论界不断加强对责任型政府和行政问责制度构建的研究和探索,取得了大批研究成果。目前,我国行政问责制的研究总体呈现以下特点:

从总体来看,对建设责任政府的重要性,行政问责在建设责任政府中的作用和价值意义,基本形成了共识;对当前以官员问责为主要内容的行政问责中存在的问题做了较为系统的学理分析;对进一步

完善行政问责制提出了很多有价值的对策和建议,为我国建立健全行政问责制提供了必要的理论依据和智力支持。

从行政问责制研究的广度和深度来看,已有成果对基本概念和等级问责、政治问责内容研究较多,对行政问责体系的整体构成及特点研究较少;对官员问责重要性和存在的问题研究较多,对官员问责实践的总体特点和基本规律研究较少;对问责效果的研究,笼统的多,从舆论角度分析的多,对问责制与改进政府绩效的影响作用研究较少;对国内问责个案研究较多,对国外的案例研究较少。这种理论研究滞后性,直接制约着问责实践的效果。

当前和今后一个时期,我们研究行政问责制要以邓小平理论和"三个代表"重要思想为指导,全面落实科学发展观,认真贯彻党的十六届六中全会精神,在我国行政问责制研究的阶段性成果基础上,拓展新的研究领域,加强责任政府建设的研究力度;突出对推行行政问责制建设重点难点和一般规律性的研究;加快对行政问责制实践经验的总结和升华;推动行政问责与政府执行力、行政问责与依法行政、政务公开、绩效评估、行政监察与审计等相结合的研究;密切关注当今世界行政问责理论发展的新情况。同时,要借鉴国外行政问责中重视法律和制度建设,重视监督机制建设,实行政务公开、发挥公众和传媒监督作用等的经验和做法;加强对国外行政问责典型案例的分析。

三、总结经验,突出重点,以理论创新的成果推进我国行政问责制建设的步伐

2003年以来,我国加快了推进行政问责制的步伐。重庆、深圳、成都、长沙、南京、济南等地政府出台并全面启动了行政问责制。我国行政问责制的实践呈现出三个特点:

一是党和政府高度重视。党和政府从治党、治国、治政的高度,大力推行问责制的建立,态度鲜明,措施有力,出台了一系列有关问

责的法规、纪律规定,各级行政首长亲自抓问责制的建立和运行,显示出我国政府依法行政的坚定信念和坚强决心。

二是问责制度体系框架初步形成轮廓。着重从行政管理机制创新的层面开展问责,并经常得到运用,官员责任意识和公众监督意识显著增强,有的媒体称之为"问责风暴",说明问责制已经在一定程度上发挥了好的作用,引起了社会的广泛关注和好评。

三是行政问责制要解决的问题针对性强。围绕政府中心工作进行问责,以上一级党政组织作为主要问责主体,以下一级行政官员为问责对象,以突发公共事件引发的失职责任为主要问责内容,促进了和谐社会的构建。

当前和今后一个时期,要更加充分地发挥行政问责制的作用,使之有效、实效、高效、长效,走上正常化、规范化和法制化的轨道,就必须按照"有权必有责、权责相统一"的原则,进一步转变政府职能,规范和明确行政问责的主体、对象、范围和方式,增强问责程序的透明度,提高问责制的权威性和震慑力。从理论的角度,需要深入研究问责制的逻辑关系和技术路径。

第一,要明确政府职能和责任,解决问责制的逻辑起点问题。

权责明确是完善行政问责制、提高政府执行力的前提。而政府职能定位,是考量政府责任的逻辑起点。只有建立起权责明确的行政架构,才能进一步规范问责客体和问责范围,才能具体保障行政问责制的有效实施。目前的行政体制仍然存在着政府职能"缺位、越位、错位"的现象,必须要加以梳理、明确,明晰权责边界。要明确中央和地方各级政府在经济调节、市场监管、社会管理、公共服务方面各自承担的职责;要理顺并进一步明确政府各部门的职责分工,明确政府和各部门行政首长及相关人员的政治责任、行政责任和法律责任,形成完整的政府责任链条。同时,要建立健全岗位责任制,使每一项职能、任务、每一项工作真正落到实处。

第二,要健全行政问责体系,探究问责制的内在规律。

行政问责是一项系统工程。问责制不可能孤立存在,而是与政治观念、法律体系、行政机制和公民社会等因素交叉重叠且又互为因果的一个完整的体系。因此,加强行政问责制,就需要进一步增强领导干部和公务员的责任意识;要以立法形式对有关规定加以"整合",形成包括问责标准、问责程序、问责范围、问责主体、问责救济在内的、全国统一、结合实际的问责法律法规;要实现政府信息公开和透明,保证公民了解政府行为的多种可行性方案,以及政府执行过程中的行为及效果,使行政问责有所依托;要建立和完善政府绩效评估制度,特别是通过评估公共政策的执行标准、执行程序、执行时效,为行政问责提供可依据的科学标准;要完善行政监察、审计制度,把行政问责与行政监察、审计结合起来,有责必问,有错必究;要加强保障机制建设,建立被问责干部的政治经济待遇等保障机制,并建立跟踪机制,形成领导干部能上能下、能下能上的制度。

第三,要规范行政问责的规则和程序,增强问责制的可操作性和实效。

目前在实践中,问责的主体主要是政府自身,即自上而下的问责制。从长远发展的意义上说,要使问责的主体多元化,才能使操作力度不断增强。就政府自身而言,既要有行政首长的问责,也要有公务员的"自查自纠",将问责机制纳入公务员工作总结、述职中,逐步加以规范,建立常规的述职问责机制。要发挥党组织、人大、司法机关、检察机关、政府监察机关,以及新闻媒体、社会组织、公民在行政问责中的作用,并建立多元化问责主体之间的工作协调机制。

一般而言,行政领导和广大公务员都属于被问责的对象。不能认为问责的对象仅仅是行政领导,具体工作人员同样需要按照法律和规定承担相应的责任。开展行政问责制要进一步明确问责的范围和边界,克服"一两个人吃药、其他人病自然好"的现象。

要重视对问责结果的应用。问责的结果,不仅要体现在责任追究方面,发挥问责制在事后惩戒中的作用,还要发挥问责制在事前预防、事中监督中的作用,发挥其教育警示和舆论导向功能;不仅要通过问责制建立政府的责任体系,还要通过问责制促进服务型政府和廉洁政府的建设。

建立健全行政问责制,是推进行政管理体制改革,进一步转变政府职能,提高政府执行力的关键和重要环节。中国行政管理学会作为全国最大的研究行政管理的学术团体,真诚地希望与广大行政管理理论工作者和实际工作者一道,共同总结研究我国行政问责制的成功经验和存在不足,探讨提升政府执行力的良策,为推进行政管理体制改革、构建和谐社会做出我们的贡献,以实际行动迎接党的十七大胜利召开。

(原载《中国行政管理》2007 年第 8 期)

行政法治视角下的行政监察探析

行政监察在行政体系乃至整个政治体系中具有十分重要的地位和作用。实践证明,在人类历史的任何阶段,在任何政治体制中的国家,如果行政监察得力,行政权力就能规范运行,政治文明就会向前发展;反之,如果行政监察软弱无力,行政权力就会逐步失控,最终导致政治腐败。正因为此,新中国成立以来,特别是改革开放以来,党和国家非常重视行政监察工作,从国家兴衰存亡的高度,不断加强和改进行政监察工作。以胡锦涛为总书记的新的中央领导集体高瞻远瞩,从加强党的执政能力建设、落实科学发展观、推进依法治国、建设社会主义和谐社会等各种不同角度,反复强调行政监察的重要性和紧迫性,全面推进行政监察工作。前不久召开的中央纪委第六次全会和国务院第四次廉政工作会议都要求,进一步加强和改进行政监察。从行政法治的视角进行审视,在新的历史时期,党和国家为什么要重视行政监察工作,怎样进一步加强和改进行政监察工作,对于深化行政监察的认识,加强行政监察工作,有着重要意义。

一、行政监察:走向行政法治的必由之路

早在两千多年前,孟德斯鸠就告诫人们:"一切有权力的人都容易滥用权力,这是万古不易的一条经验。有权力的人们使用权力一直到遇有界限的地方才休止。"[①]为了防止权力的滥用,必须合理划

---

① 孟德斯鸠.论法的精神:上册[M].张雁深,译.北京:商务印书馆,1997:154.

分权力的边界,并且实现以权力制约权力。和立法权、司法权相比,行政权是整个权力体系中最活跃、最难以制约的权力。在经济和社会飞速发展的时代,必须赋予行政机关足够的权力,使其充分发挥自身应有的职能,有效地规范、协调和指导社会各项事业的发展。然而,正如伯恩斯指出的:"赋予治理国家的人以巨大的权力是必要的,但是也是危险的。它是如此危险,致使我们不愿只靠投票箱来防止官吏腐败。"①

制约行政权力最根本的措施,就是实现行政法治,建设法治国家。"法治"的精义体现在,"已经成立的法律获得普遍的服从","大家所服从的法律又应该本身是制订得良好的法律"②。实现行政法治,就是要通过良法的治理,使行政权力得到限制和规范,公民权利得到维护和保障,防止行政权力侵犯公民的权利和自由。

为此,必须建立和健全包括立法监督、司法监督、行政机关内部监督和社会监督等在内的行政法治监督系统以及公民权利保障体系。立法机关的监督,主要体现在对法律法规的审查、政府预算的审批、重大事项的质询、政府领导人的弹劾和罢免等。我国人民代表大会制度建立以来,人民代表大会对各级政府的监督不断加强,但是力度仍然显得不够。发展和完善人民代表大会制度特别是人大对政府的监督制度是一项紧迫而长期任务。

司法机关的监督,主要是通过对行政诉讼案件的审判监督政府依法行政。法院是维护公民权利的坚强后盾,行政机关由于拥有行政强制权力,公众和政府之间很难实现力量的对等和平衡,当行政强制权力肆意侵蚀、剥夺公民权利时,法院采取另一种强制权力制约行政权力,从而保障公民权利的实现。但是,司法救济是一种费用较高、程序复杂的救济手段,并非所有的公众都能够承受昂贵的诉讼费

---

① 詹姆斯·M. 伯恩斯. 美国式民主[M]. 谭君久,等译. 北京:中国社会科学出版社,1993:189.

② 亚里士多德. 政治学[M]. 吴寿彭,译. 北京:商务印书馆,1997:199.

用和忍受因案件积压造成的长时间的等待，也并非所有的公众都具有请求司法救济的习惯、意识和能力。特别是当自己受到政府部门或政府官员的不公正待遇，但又觉得这种不公正并没有涉及严重的违法行政行为或者担心遭到被告的报复时，选择向法院救济的更少。此外，法院遵循"不告不理"的原则，如果当事人或公诉人没有向法院起诉，法院不会主动介入对案件的调查和审理。

在行政机关内部救济行为中，作为裁决者的行政机关本身就是行政决定的做出者或者行政活动的参与者，始终难以摆脱管理者身份以及相应的行政权力的影响。因此，它们审理行政复议时或许更多考虑的是促进行政权力的有效行使，甚或维护行政机关本身的狭隘利益与价值取向，从而对相对方的权益造成或多或少、或明或暗的损害。即使那些具有相对独立性的行政机关内部的专门复议机构，也因和直接进行行政管理活动的行政机关具有千丝万缕的联系，其公正性同样受到行政相对方的质疑。

因此，为了促进行政机关依法行政，建设社会主义法治国家，一方面，我们必须健全和完善人民代表大会对政府的监督制度、司法机关对政府的监督制度以及行政复议制度、大众媒介对政府的监督制度，等等；另一方面，必须充分认识到行政监察在行政法治建设中的不可替代的地位和作用，不断进行行政监察的体制改革和制度创新，使行政监察制度与其他监督制度相互补充和相互配合，共同构筑防止行政权力滥用的坚强壁垒。

和其他监督方式相比，行政监察的优势体现在：首先，行政监察机关是专门负责监督监察行政机关各项活动的机关。它拥有经验丰富的监察队伍，熟悉行政机关的内部情况，能够根据有关线索，迅速并有效地开展监察工作。和行政机关内部的层级监督相比，行政机关具有相对的独立性和更强的权威性，有关的政府官员和政府部门必须配合和支持。其次，与法院"不告不理"原则不同，行政监察机关既可以根据公民的投诉展开监察，又可以主动进行监察，是一种将主动监督和被动监督有机结合的监督方式。这种主动和被动监督的有机结合,使行政监察机关对政府的监督更为广泛、更为全面。再次,立法机关、司法机关对行政机关的监督,往往侧重于对重大事项、重大违法案件的监督,政府行政自由裁量权的监督则鞭长莫及。行政监察机关将合法性监察与合理性监察相结合,督促行政机关正确行使行政自由裁量权,全面贯彻法治精神。

其实,行政法治不仅要求行政权力依照法律规范行使,而且要求行政权力的行使必须符合法律原则和法律精神,或者说行政权力的行使不仅要符合合法性原则,而且要符合合理性原则。然而在实践中,合法性原则容易得到重视和遵从,而蕴涵在法治精神中的合理性原则并没有得到同等程度的贯彻。法治精神内在地包含合理行政,合理行政是法治精神的必然要求。也只有兼顾合法性原则和合理性原则,法治精神才能得到完整而充分的实现。贯彻合理行政原则,关键在于对行政自由裁量权进行有效监督。目前,我国各级政府存在广泛的行政自由裁量权。如果不对行政自由裁量权加以合理性控制,或者说对行政自由裁量权加以放纵,必将使行政自由裁量权如同一匹脱缰的野马,随时都有逾越边界的危险。哈耶克将行政自由裁量权的失控看作法治中的"微小的漏洞",并且告诫人们:"就是那个'微小的漏洞',如若处理不当,它将使'每个人的自由都迟早会丧失'。"[1]

因此,无论是为了弥补其他监督机制的不足还是为了全面贯彻法治精神,都必须充分树立行政监察机关的权威,进一步加强和改进行政监察工作。只有行政监察真正落到实处并和其他监督机制有机配合,才能加快行政法治的进程,建设社会主义法治国家。

---

[1] 弗里德利希·冯·哈耶克.自由秩序原理[M].邓正来,译.北京:生活·读书·新知三联书店,1997:269.

二、机遇与挑战:我国行政监察的形势分析

改革开放以来,我国的政治、经济和社会发展取得了举世瞩目的成绩,整个行政生态环境发生了翻天覆地的变化。在这样一种特殊的生态环境之中,行政监察工作出现了前所未有的发展机遇,也面临着一系列的不可忽视的挑战。这些机遇体现在:

第一,党和政府重视行政法治和行政监察工作。以胡锦涛为总书记的新的中央领导集体在总结党和国家历代领导人治党治国经验的基础上,提出了加强党的执政能力建设的战略构想和行动方案。在我国现阶段,政府部门和政府官员依法行政能力是党的执政能力的重要体现,因此,党和国家领导人不遗余力地推进行政法治建设,并且通过加强和改进行政监察工作推动行政法治的具体落实。经过不懈的努力,党的执政能力建设、行政法治建设均取得了阶段性成果,为行政监察工作的开展奠定了良好的基础。

第二,市场经济正在飞速发展,社会主义市场经济体制正在逐步完善。市场经济本身是一种法治经济,市场经济越是向前发展,越是推动政府部门依法行政水平的提高。在市场经济条件下,政府、市场和企业均在法律框架下确定自身的行动边界,超越边界的行为均会受到法律的处罚。同时,市场经济的发展也促使市场主体更加重视自身权益的维护,通过权利的伸张抵制政府的违法或不当行政。随着社会主义市场经济体制的逐步完善,政府权力将逐步退出市场自我调节的领域,市场运行更为规范,权力的交易行为也会逐步减少。所有这些,都在很大程度上减轻行政监察的压力。

第三,国际环境为行政监察的深入发展创造了有利条件。在当今世界上,腐败现象猖獗,已成为许多国家共同关注的一种国际公害。腐败犯罪越来越呈现出有组织、跨国化的趋势。腐败分子犯罪后潜逃出境,或将赃款转移出境,已成为各国有效惩治腐败犯罪的一大障碍。《联合国反腐败公约》的建立,将有效地克服这种障碍。《公

约》在坚持有关引渡的基本法律原则、司法惯例的同时,针对腐败犯罪的特点和预防、打击腐败犯罪的实际需要,在引渡的适用、合作方面做了一定的改进和强化,规定在不违背本国法律的情况下,不应考虑将《公约》规定的犯罪视为政治犯罪。这就大大提高了境外追逃的效能,将对腐败分子产生极大的震慑作用。① 这种威慑作用,必将对我国的行政监察工作产生广泛而深刻的影响。

在看到以上机遇的同时,我们必须清醒地认识到,与人民群众的需求和法治国家的要求相比,我国的行政监察工作仍然有许多不足之处,面临不少挑战。这些挑战主要包括:

第一,行政监察体制有待进一步理顺。国家行政监察机关与党的纪律检查机关合署办公是我国现行行政监察体制的重要特色。这种合署办公体制在党纪监督和行政监察工作中发挥了重要作用,主要体现在:其一,中国共产党是我国各项事业的领导核心,各级党委在各级政权中享有崇高的地位和威望。党的纪律检查机关与行政监察机关合署办公,有利于加强党对纪检监察工作的统一领导,有利于充分发挥党的威望开展纪检监察工作,推动党风廉政建设和反腐败工作持续深入开展,为保持党的先进性和纯洁性,为改革开放和经济建设的顺利进行提供有力保障。其二,在我国各级政府中,党员占有相当的比例。推行党纪监督与行政监察合署办公的体制,有利于减少职能重叠和工作重复的现象,节省财力、人力和物力资源,提高监督监察的整体效率与效益。其三,党委统一领导、党政齐抓共管、纪委组织协调、部门各负其责、依靠群众的支持和参与的纪检监察领导体制和工作机制,是加强党的领导、发挥党的政治优势、形成纪检监察整体合力的组织保证。

但是,合署办公的体制,也存在一些需要引起注意的问题。这就是在纪委的地位不断得到强化的情况下,行政监察的作用有所削弱。

---

① 参阅《联合国反腐败公约》签约,全球合作反腐败[N],人民日报,2003-12-17.

由于有了纪委的统一领导,监察机关首长负责制难以得到落实。在实践中,纪委和监察部门二者职责不明,权限含混,在有的地方实际工作中出现以党代政、党纪政纪处分不分,甚至以党纪处分代替行政处分,行政监察越来越形式化、边缘化。在职责范围方面,由于反腐倡廉的任务依然艰巨,各级纪检监察部门将相当的精力放在对腐败案件特别是大案要案的查处上,而对行政机关的效能监察、行政领导的一般违法乱纪行为的监察、政府决策失误和用人失察的监察、行政行为侵犯和损害公民合法权益的监察等本来属于行政监察范围之内的事务,没有足够的重视和投入足够的精力。这就使得领导干部早期的、轻微的违法乱纪行为没有得到及时的监督和制止,增强了他们的侥幸心理和特权意识,使他们在错误的道路上越走越远。等到纪检监察部门对其严重违法犯罪行为进行查处时,已经造成了难以挽回的损失。这样就形成了一种恶性循环,即纪检监察部门只会也只能查处重大案件;越将主要精力花在查处重大案件,日常行政监察越会受到忽略,重大案件发生的概率越高。可见,合署办公的体制,表面上看起来降低了纪检监察的成本,但从长远来看,它大大增加了制度运行的成本,使我们的纪检监察工作始终处于被动的、低效率的运行状态。党纪监督与行政监察有许多共同性,甚至在职责范围、监督对象上都有许多重合之处。但二者毕竟性质不完全相同,且面临许多不同的任务,若是完全合二为一,负面效果在所难免。

我国行政监察体制的第二个特点是双重领导体制。监察机关的双重领导体制,虽然有利于监察机关随时了解和掌握所在行政区域或部门的各种情况,及时收集信息和开展监察工作,但也严重制约了监察机关应有的独立性和权威性。行政监察机关是政府内部的专门监察机关,其职能的充分行使和发挥,有赖于监察机关的相对独立性。在双重领导体制下,监察机关能否以及怎样行使监察职能,在很大程度上取决于上级领导和所在地人民政府的支持和配合。如果领导对某些情况或案件持宽容或包庇态度,监察机关的工作则会受到阻碍；在有些情况下，领导本身就是案件的参与者或利益获得者，更加会对监察工作设置各种障碍。尽管监察法明文规定监察业务的领导以上级监察机关为主，但由于监察机关的人事、编制、经费、物资、福利等都主要归地方或所在部门管理，在实际工作中，地方政府或所在部门对监察机关与部门的制约性很强。加上上级监察机关在人事任免方面通常尊重各级地方政府或政府部门的自主权，监察机关更加不能摆脱所在政府或政府部门的影响与控制。因此，双重领导体制实际上已经演变成所在政府或政府部门单方面领导的体制，只是发生了大案要案的情况下，才会有上级监察机关的介入，双重领导体制才会向另一方倾斜。这种体制最根本的困境在于，一方面，我们希望行政监察机关能够对各级政府以及政府部门进行有效监督；另一方面，又将监察机关的人事安排和经费划拨权交给各级政府和政府部门，期待他们支持和配合监察机关的工作。这样，我们就在期待各级政府和政府部门使用善于监督自己的人，并且通过增加经费和物资设备等增强监察机关的实力以便更好地监督自己。显然，这是现有行政监察体制中的一个严重的悖论，在这一悖论中，我们在期待过去没有将来也不会有的事情。如果不改变行政监察机关的这种条块管理的格局，不从实质上增强行政监察机关的独立性，则行政监察的职能始终难以得到应有的发挥。

第二，配套的法律法规、行政规章等有待进一步完善。行政监察是一项系统工程，必须在行政法治的视野之下，加强基础性、配套性工程建设。如果基础性、配套性工程不到位，孤立地理解和发展行政监察，行政监察工作始终难以有实质性的进展。近几年来，行政监察的法律法规相继建立并不断完善，但相关的、配套的制度建设并没有跟上步伐，直接影响行政监察的深入发展。邓小平同志反复告诫我们，制度才具有根本性、全局性、稳定性和长期性。建立系统而完善的规章制度，改善行政监察的制度环境，事关行政监察的成败，不能不引起我们的高度重视。

第三,行政监察的任务依然非常艰巨,形势不容乐观。国家公职人员玩忽职守、滥用职权现象时有发生。根据最高人民检察院向全国人民代表大会所作的工作报告,2000年,全国各级检察机关共立案侦查渎职、"侵权"犯罪案件7 930件,比上年增加45％,其中属于刑法新立罪名的徇私舞弊不征少征税款罪、放纵走私罪、放纵制售伪劣商品罪等案件3 360件,国家机关工作人员利用职权实施的侵犯公民人身权利、民主权利犯罪案件1 793件;2001年,共立案侦查滥用职权、玩忽职守等渎职犯罪案件8 819件,立案侦查涉嫌非法拘禁、刑讯逼供、暴力取证、报复陷害等犯罪的国家机关工作人员1 983人;2002年,查办国家机关工作人员滥用职权、玩忽职守等渎职犯罪案件27 416件,利用职权侵犯公民人身权利、民主权利的犯罪案件7 760件。在严打整治斗争中,查办充当黑恶势力后台和"保护伞"、涉嫌职务犯罪的国家工作人员554人;2003年,立案侦查涉嫌利用职权非法拘禁、刑讯逼供、破坏选举等侵犯公民人身权利、民主权利犯罪的国家机关工作人员1 408人,涉嫌玩忽职守、滥用职权,导致重大安全事故,给国家和人民利益造成严重损失的国家机关工作人员7 160人。[①] 这些表明,我国的行政监察工作和行政法治建设任重道远,我们既不能危言耸听,也不可盲目乐观。

三、行政法治视角下的行政监察:改进与完善

从行政法治的视角对行政监察进行审视,一方面,必须站在行政法治化的高度看待行政监察,将行政监察作为推动行政法治化的重要手段;另一方面,也必须实现行政监察的法治化,通过法治化的行政监察推动整个行政法治建设。为此,必须抓好体制改革、制度建设、公民参与与经验借鉴等工作。

---

① 资料来源:《最高人民检察院向全国人民代表大会所作的工作报告(2001、2002、2003、2004)》。

在体制改革方面,主要是将国家行政监察机关与党的纪律检察机关合署办公的体制以及行政监察机关的双重领导体制进行适当调整。行政监察机关以自身名义独立行使监察权,使政府部门和政府官员时刻都能意识到监察机关的存在,从而增强监察机关的威信和影响力。党的纪律检察机关与国家行政监察机关职能分工:前者主要抓好党的纪律监督,后者主要负责对行政机关的效能监察、行政领导的一般违法乱纪行为的监察、政府决策失误和用人失察的监察、行政行为侵犯和损害公民合法权益的监察等;前者以大案要案的查处为主,后者以日常监察为主;前者的重点是对党的高级干部的监督,后者的重点是对一般工作人员的监察。二者在分工的基础上密切合作,形成防惩结合、疏而不漏的监督监察网络。改革行政监察机关的双重领导体制,行政监察机关在省级以下实现直属,通过人事、编制、经费、物资、福利等的政策调整,从根本上克服监察机关受制于同级政府的倾向。

在制度建设方面,要有计划、有步骤、有重点地建立健全一系列的配套制度,使这些制度相互补充,相互促进。深化行政审批制度改革,按照法治政府的要求,进一步清理、取消和规范行政审批事项,完善审批方式。完善行政执法责任制和评议考核制,制定行政效能投诉、行政过错责任追究办法。研究制定行政收费、行政强制和行政程序等方面的法律法规。完善国有资产管理体制和监管方式,健全法律法规和工作制度。推进垄断行业的改革,引入竞争机制,完善监管制度。深化财政、金融和投资体制改革。进一步深化收支两条线管理改革,完善转移支付制度,全面推行部门预算、国库集中收付制度,完善预算法律,加快建立财政资金绩效评价体系,形成财政资金规范、安全、有效运行的机制。加快银行、证券、保险业的改革,建立健全现代金融企业制度、金融监管制度,确保资金运营安全。建立健全金融账户实名制、现金交易限制及反洗钱制度、诚信管理制度。建立对大额资金外流有效监控的预警机制和金融信息共享制度。加强投资领域法规制度建设,建立和完善投资监管体系,改进并加强对政府投资的管理。①

在公民参与方面,主要是充分调动人民群众参与监督的主动性和积极性,减少行政监察机关的监察成本,提高监察效益。在缺乏人民群众有效参与的情况下,行政监察机关即使规模宏大,也无法对所有的政府部门、所有的政府官员进行全面而深入的监察。因此,必须赋予公民更多的知情权和监督权,全面公开政府信息,让行政活动的各个环节、各个方面尽可能透明化并处在人民群众的监督之下。这样,行政民主化、法治化程度不断提高,从根本上减轻了行政监察的压力。

在经验借鉴方面,主要是将本国国情与他国经验相结合,探索新模式,解决新问题。随着行政权力在现实政治生活中的不断拓展和扩张,其他国家也在不断探讨深化行政监察的新的途径和方式,行政监察专员制度就是这种探索过程中的重要成果之一。按照国际监察专员协会的解释,行政监察专员是"由宪法规定的独立监督行政权力的运行并且不受任何党派政治影响的公共官员。监察专员负责处理公众对政府部门违法行政和不当行政的申诉,享有调查、报告以及对个案处理和行政程序规范的建议权,其权威和影响来自他(她)是由国家主要的机构,通常是议会或者政府首脑任命并直接向这些机构汇报工作"②。行政监察专员制度之所以能够在世界范围内产生如此广泛的影响,主要是因为它在政治体制和政治生活中具有特殊的地位和作用。这种特殊性体现在:它是议会中的一个特殊机构,代表议会对政府部门进行监督,并且享有较高的独立性,议会、政府和法院不得干预行政监察专员独立行使职权;行政监察专员拥有强制性

---

① 参见中共中央纪律检查委员会:《建立健全教育、制度、监督并重的惩治和预防腐败体系实施纲要》。

② Gerald E · Caiden. *International Handbook of the Ombudsman: Evolution and Present Function*. London: Greenwood Press, 1983, p. 13.

的调查权力，可以进入政府的任何部门、任何工作场所调查取证，对政府部门造成强大的威慑力；行政监察专员以监察不当行政为重点，有效地限制了行政自由裁量权的行使，弥补了其他监督救济机制的不足，推动了法治精神的完整实现。行政监察专员制度在世界范围内的蓬勃发展表明，这一制度在不同的体制下具有较好的适应性和较强的生命力，时机成熟时，我们也可以在结合本国国情和他国经验的基础上，创立有中国特色的行政监察专员制度。

（本文是参加中国行政管理学会与江苏省苏州市政府联合举办的"行政效能监察与政务公开"研讨会入选论文）

智能化：现代行政管理的方向

世纪之交，信息技术迅猛发展，由此引发的生产和组织方式的变革、全球市场的融合与重构，带动起一场与工业革命深度相当的信息革命，它改变着整个社会的根基，把人类带入一个"后工业社会""知识经济社会"或"信息社会"。这个社会与以往的社会形态有着截然不同的特点。

行政管理组织结构和管理方式是随着生产方式的变革而变革的。农业经济时代政府适应自然经济的需要，实行家长制、家族式管理，特征是"权威行政"。工业经济时代政府适应大机器生产的需要，实行规制化管理，组织结构是金字塔式的科层制，行政管理主要依靠技术官僚的专业知识，官员个人的写作、沟通、协调技巧和政府机关执行公务的效能是重要的资源，这属于"技能行政"。正如工业革命导致权威行政向技能行政全方位转变一样，随着知识经济时代的到来，当前行政管理正面临着从技能行政到智能行政的深刻转变。在信息社会、知识经济的浪潮下，作为上层建筑的政府行政不可避免地受到全方位的冲击和深层次的震荡。一方面，为了回应经济社会的变革，行政范式被动地发生变迁；另一方面，社会结构、管理模式、价值观念的嬗变和科学技术的进步又为政府行政提供了发展的手段和契机。"智能行政"就是这场革新中行政发展的趋势。它的提出是相对于工业社会的技能行政而言的。国内学者也有"网络行政"等提法。①

智能行政的主要特征比较

比较项	权威行政	技能行政	智能行政
经济基础	农业经济	工业经济	知识经济
组织结构	家族式	金字塔式的科层制	扁平化
管理方式	家长制	行政主导化	民主化
管理手段	依靠皇权至高无上的权威	依靠专司管理的技术官僚的高度分工	信息技术知识管理

一、智能行政"智能"何在？

在新城市发展理论中,有学者提出智能社区的概念(Smart Community),并指出智能社区必须要智能(SMART),分解开来是:S 代表学习与策略(studying and strategizing),如何将远程通信和信息技术用于自己的区域;M 代表城市与区域对信息技术和经济、居民需求的趋势与变化的快速反应(monitoring);A 代表城市和区域的主体对如何利用信息技术改善区域达成共识(arriving);R 代表城市与周边区域的合作与协调(reaching out);T(trotting)代表快速行动。②

可以把这个思路引申到智能行政的表述上来。对行政而言"智能"表现在:S,学习和策略的能力,解决如何将远程通信和信息技术用于行政领域;M,行政机关对信息技术和经济、社会各界需求的趋势与变化的快速反应的能力;A,行政机关内部、政府与社会各界之间对如何应用信息技术来改善行政现状达成共识的程度;R,行政机关与外界的合作与协调的能力;T,能够在瞬息变化的文化中快速决

---

① 顾丽梅. 网络行政新探[J]. 云南行政学院学报(昆明),2000;6.
② Elizabeth K Kellar; Smart communities of the future, PM. Public Management; Washington; Sep 1998.

策和实施。由此可见，智能行政是行政管理整个系统的智能化，应当包括行政管理体制、流程、方式、人员的动态和开放式的智能化，以及行政文化，特别是行政伦理、行政观念、行政制度与行政智能化的有机融合。目前，智能行政主要以电子政务的形式在一些发达国家得到部分体现。但是不能把现代行政简单地归结为电子政务。

二、智能行政主要载体是知识管理和电子政务

智能行政是以现代知识管理和电子政务为载体，以学习型复合型创新型管理人才为主体，主动适应知识经济生产方式的一种人本主义行政管理。如同生产方式的识别标志是生产工具一样，智能行政的识别标志也是现代行政管理赖以施行的"工具"——知识管理和电子政务。

（一）知识管理是适应行政管理内部组织结构、功能发生变化以后产生的一种新的管理理念和管理工具。

知识经济是知识管理之母。1996年，经济合作与发展组织（OECD）发表《以知识为基础的经济》为题的报告，首次将"知识经济"明确定义为："以知识为基础的经济"，"知识经济是指建立在知识和信息的生产、分配和使用之上的经济"。这一定义表明，知识可以像资本、劳动力、原材料一样，作为一种生产要素投入生产，以提高投资的回报率。"知识经济"的概念正式地浮出水面。这种经济形态有两大公认的特点：(1) 知识作为一种智力投入，成为新经济中的主要生产要素。知识性生产要素具有非磨损性（即不在使用中消耗自身）、可重复使用性、可共享性、可增殖性等特点，与传统生产要素迥然不同。(2) 经济规律发生深刻变化。传统经济在物质财富的创造过程中，由于存在资源的稀缺性，所以受收益递减和成本递增规律支配，而在知识经济中，在知识或者技术的创造过程中，知识要素在其使用过程中非但不会消耗自身，反而能在使用交流中扩展自身，增大

自身效用,体现出收益递增、成本递减的趋势。① 从这个意义上来说,知识经济是可持续发展的经济。时至今日,尽管对知识经济的具体特征的理解存在差异,但在知识经济是一个与以往任何经济形态性质迥异的新的经济形态这一基本内涵上,各国已形成共识。

在知识经济时代,知识管理这一全新的管理理念和管理方式应运而生。"它的理论基础是学习和知识的理论,实质是通过知识的转化和联合来提升能力。"② 也可以说,知识管理是用知识管理知识。这样,这一管理就与经验管理区别开来:经验管理是用经验管理知识。同样,也与技术管理区别开来:技术管理是用技能管理知识。对企业而言,知识管理有助于提升核心竞争力;对政府而言,知识管理有助于提升应对新经济浪潮进行行政改革的创新能力。

知识管理与信息管理不同,它强调知识交流,强调创新能力,强调合作的重要性。③ 知识管理不仅包含信息管理,更是在信息管理的基础之上,将信息与信息、信息与人、信息与过程联系起来,使显性知识和隐性知识通过一定途径,变成为可共享的知识资源,在集体交流中,引导新技术、新概念、新理论等创新性知识的产生。传统的技能行政不适应知识管理,只有智能行政的开放性、网络化才能有效地将信息、人、过程联系起来,从而运用知识管理的方法来扩展行政服务与管理的范围和效能。

与经验管理和技能管理相比,知识管理进一步加强行政管理的交互关系。因此,它对行政管理的影响更加深入:行政组织必须运用知识管理的理念和方法来进行自身的内部改造,提高效率和效能以适应知识经济的要求;另一方面,行政管理必须以知识管理所需要的

---

① 张晓霞.知识管理——企业管理新方向[J].兰州大学学报(社会科学版),1999:27.

② 芮明杰,樊圣军."造山":以知识和学习为基础的企业的新逻辑[J].管理科学学报,2001:6.

③ Michael Barzelay with Babak J. Armajani: Breaking through Bureaucracy, 公共行政学经典文选(英文版)竺乾威、马国泉编[M].复旦大学出版社,2000.

理念和方式为创造有利于知识管理发展的环境而服务。这个努力的方向就是智能行政。

美国生产力与质量研究中心(APQC)对在实施知识管理方面名列前茅的11家公司和组织进行调查,提出6种模式和实施方法。其战略模式为:(1)将知识管理作为企业经营战略,是一种综合性战略计划。(2)知识转移和最优实践活动,是最普遍采用的知识管理战略计划。(3)以客户为重点的知识管理,旨在通过获取、开发和转移客户需求、偏好和业务情况等知识,提高企业竞争能力。要求对客户问题实施知识管理。(4)建立员工对知识的责任感,并努力建立有利于知识管理活动的企业文化。(5)无形资产管理战略,充分发挥专利、商标、经营管理经验、客户关系等无形资产作用,重点是无形资产的更新、组织、评估、保护和增值以及市场交易。(6)技术创新和知识创造战略。要不断地发现和创造知识,明确技术创新对经济增长的重要意义。

实施知识管理战略的方法:(1)构建支持知识管理的组织体系。要有领导人、专门小组和基础设施如信息技术平台、数据库和图书馆等。(2)加大对知识管理的资金投入。(3)创造有利于知识管理的企业文化,包括职业道德、企业荣誉感和团队精神等。(4)开发支撑知识管理的信息技术。因特网和内联网技术是知识管理活动的催化剂,要开发数据库系统和其他信息技术。(5)建立知识管理评估系统。研究建立无形资产评估体系。[①]

从以上五点不难看到,知识管理强调的知识转移、对客户实施知识管理、专利、商标、基础建设等,多涉及政府行为尤其是与政策、法规、法律有关。知识更新的主要方法是建立国家创新体系,培养适应知识管理的优秀人才需要发展新型教育事业,对高新技术含量较高的基础设施进行巨额投资需要全方位进行激励和协调,这些只有国

---

① 参阅孙涛,编著.知识管理[M].北京:中华工商联合出版社,1999:5.

家能够做到,也要求国家必须做到,否则提升竞争能力无从谈起。而要将这些只有在知识经济时代才能产生的问题科学合理有效率有效能地解决,靠传统的技能行政是难以做到的。另一方面,知识管理与行政管理的结合处更多,比如都强调人的作用、强调精神文化等非物质的一面、强调宏观性和整体性,这就意味着知识管理容易为行政管理所兼容,从技能行政到智能行政的转变也就具有现实性和易操作性。

(二)电子政务是适应虚拟化、全球化、多样化经济社会需求发展起来的行政管理工具。

关于电子政务的内涵,国内外的学者有着不同的理解。有的国内学者认为:"电子政务最重要的内涵,是运用信息以及通信技术打破行政机关的组织界限,构建一个电子化的虚拟机关,使公众摆脱传统的层层关卡以及书面审核的作业方式;而政府机关之间以及政府与社会各界之间也是经由各种电子渠道进行沟通,并依据人们的需求、人们可以获得的形式、人们要求的时间及地点等向人们提供不同的服务选择,从应用、服务及网络通道等三个层面进行电子化政府基本架构的规划。"[①]而有些西方学者指出:"所谓电子政府,实质上就是把工业化模型的大政府转变为新型的管理体系,即电子政务,以适应虚拟的、全球性的、以知识为基础的数字经济,同时也适应社会的根本转变。政府必须考虑重新确立自身的职能。"[②]应该说,前者着眼于微观和具体操作层面,阐释了电子政务要承担的任务;后者着重从宏观上把握电子政务的划时代意义。两个不同角度的认识都是合理的,但后者更明确地指出了电子政务的独立特征,强调了政府必须有迅速转变的反应,否则将落后于迅猛发展的知识经济的事实,从而更有利于人们把握电子政务的实质,认识到它的重要性和发展的不

---

① 刘列励.信息时代的电子政务与电子政府[J].瞭望新闻周刊,2001:14.
② 刘列励.信息时代的电子政务与电子政府[J].瞭望新闻周刊,2001:14.

可阻挡性。

关于电子政务的设想,包括热衷于建立"数字神经系统"的盖茨在内的一些未来学家和科学家提出了一些远景规划,概括起来主要有电子商务、电子化政府采购及招标、网上福利支付、电子邮递、电子资料库、电子化公文系统、网上报税、网上身份认证等应用形式。这些内容都可以包含在一个单一的处理一切行政业务的系统中,如爱尔兰政府使用的 ANPOST 系统,ANPOST 信息亭能处理公用事业费的交款、颁发车辆执照、颁发护照、支付津贴费、提供存款和投资计划等,每一个信息亭都是一个微型市政厅,能承接六七个部门的工作;用于辨别身份的智能卡和其他商务系统的结合使用,使诈骗和双重申请很难得逞。①

在电子政务发展最为迅速的美国,不仅白宫、国务院以及联邦政府一级机构已经全部上网,并拥有功能强大的网站,所有的州级政府也全部实现上网,而且几乎所有县市政府部门也已经建立起自己的网站,不过内容和功能方面有所差别。根据《政府纸张消除法案》,美国将尽可能在 2003 年 10 月以前实现政府办公的无纸化作业,以使美国公民与其政府的互动关系实现电子化。在新加坡,面向公众的"电子公民中心"提供医疗保健、商务、法律法规、交通、就业等 200 项以上的政府服务。在英国,2001 年 1 月已经启动政府的网关,把公民网站、商业和部门网站与政府的办公室系统等安全地连接在一起,提供每年 365 天和每天 24 小时的"无缝"服务。此外,德国、日本、法国等在这方面也走在前列。

电子政务与知识管理作为现代政府管理的两个工具,在智能行政体系中发挥的作用,既有共同点,又有不同点。其共同点在于都是知识经济的产物,都是由计算机和因特网支撑的全新管理手段,都是构筑智能行政大厦的基础。其不同点在于知识管理侧重解决的是行

---

① 唐钧.西方公共行政的新视野[J].新视野,2000:5.

政机关内部管理问题，电子政务侧重解决的则是行政机关与社会、公民的关系问题。电子政务离不开知识管理，知识管理也离不开电子政务，两者统一于运用这些管理手段的行政管理人员。

三、智能行政的根本目标是实现由传统政府的管理职能向现代政府的管理服务职能转变

从技能行政到智能行政，行政的范式发生着深刻的变迁，从而促使政府转换结构、更新观念、调整功能。

1. 智能行政带来的组织结构扁平化有助于政府加快行政组织结构改革的步伐

传统的自上而下的科层制组织结构形式几乎成了政府行政管理的唯一组织形式。这种适应工业经济的形式在复杂化多样化的信息社会、知识经济面前充分暴露出呆板、僵化和迟钝的弱点。智能行政所依托的信息技术将扩大管理的幅度，取消金字塔结构的中间层次，压平立体化的组织结构。由于智能行政选择知识管理，强调信息共享，重视管理组织中的横向交流，支持目标管理、自我管理和互动管理，一些传统的技能性工作将不复存在，一些中间管理机构将被撤除，从而大大加快政府机构改革的步伐，走出政府机构改革"精简—膨胀—再精简—再膨胀"的恶性循环。而政府在精简机构的同时，将需要大量新型行政管理人才。这些人应该具备年轻化、知识化、世界化的特点，具有强烈的创新意识和良好的合作精神，是学习型、复合型、智能型人才，而不是单一型、技能型人才。他们能适应知识管理的要求，有终身学习的能力和参与学习型组织的能力。这样的人才能为行政管理体制创新做出有益的努力。

2. 智能行政带来的行政权力分散化有助于实现政治民主化

行政改革是政治改革的操作先导和后续保证。政治体制改革的焦点在于民主，而行政管理民主是政治民主的重要组成部分。大力加强和有效推进行政改革，还可能找到政治改革的切入点和突破口。

因为政治民主在许多方面要靠行政民主来落实。有了行政民主,政治民主才有可靠的依托和基础,政治民主进程才有可能加快。在工业经济社会,政府行政一般采用控制型的权力模式,从而使高税收、低效率、贪污和浪费成为政府的通病。智能行政采取分散化的权力结构,行政权力的分散和下移,决策权与执行权、咨询权分离,有利于应付复杂多变的行政环境和行政需求。行政决策权减少后,政府工作人员主要负责提供咨询、维护信息交换系统和整理信息资料等服务性工作,有利于行政管理科学化。智能行政可以切实做到政务公开,任何超越职责范围的行为或专制行为将有迹可寻,并在开放的实时交换的系统中及时暴露,无处躲藏,有利于廉政建设。一个互动的开放的行政管理体系,与公众及其他社会体系处于一种平等的地位进行信息交换,任何个人、团体或组织都可以进入政府网站查询政策或发表意见、参与反馈、表达意愿,满足公民的知情权、参与权,尤其是关于立法、决策的民意调查和信息反馈可以广泛地征求公众的意见。因《大趋势:改变我们生活的十个新方向》一书闻名于世的约翰·奈斯比特就认为:在全新的信息时代悄然来临时,美国社会的变化趋势中很重要的一点就是代议民主制向共同参与民主制(participatory democracy)的转变。它的指导原则是"凡生活受到某项决策影响的人就应该参与那些决策的制订过程"①。所有这些都是对行政职能的重新定位和对权力结构重构。

3. 智能行政带来的决策科学化、透明化有助于建立多重规则以规范政府行为

技能行政中的决策活动往往采取垂直式方式,或者干脆就是"拍脑袋"决策,因为信息不能及时传达或者收集第一手信息有一定困难,基层实际情况往往有借口忽视,从而造成政策与实际情况脱节和

---

① 约翰·奈斯比特.大趋势:改变我们生活的十个新方向[M].中国社会科学出版社,1984.

"上有政策、下有对策"的现象,政策不具有可操作性,因而在实施中走了样变了形。而决策过程本身也成了无法解读的"黑匣子",公众与决策层之间还由于信息不对称,存在着严重的"数字鸿沟"。为防止权力滥用,人们早期普遍诉求于道德来规制政府,近现代则普遍采用民主与法律等制度性手段规制政府。无论道德规制还是制度规制,都难以对政府行为尤其是政策行为进行科学的规范。智能行政采用网络手段搜索相关信息,收集公众上网直接发表的意见甚至表决,形成第一手信息,采用信息决策系统分析数据,归纳处理数据,然后做出决策方案供决策层选择或者供公众表决,整个过程有着科学化、客观性、定量化的特点,形成政府行为必须遵守的第三个规则技术规则,它弥补了道德规制和制度规制的弱点,有利于进一步规范政府行为。①

四、智能行政是真正意义上的人本主义行政

如果说,权威行政的主体是"朝廷"和"衙门",强化的是"皇权本位""官本位"文化;技能行政的主体是"行政首长"和"技术官僚",强化的是"部门本位""利益本位"文化;那么,智能行政的主体是公民,强化的是"服务本位""人本位"文化。因为,计算机和因特网给政府、公务员与公民、社会提供了行政管理的全新平台。原先由政府单方面实施的行政管理,现在变成可以由管理的主体、客体双方同时参与、联合操作、同步运行、互动双赢的过程。在这个过程中,人的因素变得更加重要,人的智慧和价值观变得更加重要,尤其是,管理者的思想和道德变得更加重要。

现在研究行政管理现代化,实施电子政务工程,比较注重信息技术应用和行政管理改革。② 这是完全必要的,但是,与此同样重要的

---

① 梁木生.略论"数字政府"运行的技术规则[J].中国行政管理,2001:6.
② 阿尔温·托夫勒.权力变移[M].四川人民出版社,1991.

是电子政务中的伦理问题。① 电子政务实践中的文化建设,好比计算机的软件,与硬件有着同样的重要性。再好的机器和网络,如果没有高素质专业化的国家工作人员来操作,同样出不来规范、高效、务实的行政管理,甚至照样可以用它来搞腐败。加强电子政务伦理建设,是对以德行政理念的具体化,是对行政管理优良传统文化积淀的激活,是物质文明和精神文明"两手抓"的现实需要。

我国还是一个发展中国家,行政管理既要积极与国际先进管理体制和管理方式接轨,更须立足国情。我们在推进行政管理现代化时,要清醒客观地分析现有管理水平和现实的管理对象。切不可超越发展阶段,盲目照搬发达国家经验。要发挥技能行政和智能行政各自的优势,促进我国现代经济和社会跨越式发展。

(原载《中国行政管理》2002年第11期,作者为高小平、王欣)

---

① 汤姆·弗列斯特.高技术社会——漫话信息技术革命[M].中国社会科学出版社,1990.

借助大数据科技力量
寻求国家治理变革创新

改革之所以艰难，在于"习惯成自然"，现有的制度、利益格局束缚了社会创新的动力，而新兴科技力量成为打破这一桎梏的潜在突破口。今年是《实践是检验真理的唯一标准》一文的作者胡福明教授80华诞。37年前，我在南京大学读书，是胡福明老师的学生。记得有一次，胡老师讲历史变迁规律的时候，提到一个现象——但凡一个国家在某个历史阶段停留得比较长，那么在下一个历史阶段就会比较短，因为它在进入下一个阶段的初期一定会遇到无比大的阻力。课间，我与同学严强交流，聊到如何理解胡老师的观点，如何破解这个现象。严强大我八岁，理论水平是全班最高的之一，我们"小字辈"不敢当面去请教胡老师，常常把童星、宋林飞、严强他们当作小老师。严强认为，我国的改革，将来很可能需要借助科技的力量来寻求突破。

严强有个前些年毕业的博士生陈潭，现任广州大学公共管理学院院长，最近，陈潭送给我一本新书《大数据时代的国家治理》（陈潭等著，中国社会科学出版社2015年版），这是首部将大数据科技与国家治理契合研究的著作。捧读该书，让我感到新生代学者传承了师长的思想体系，又开拓了新的研究领域，他们对改革创新时代脉搏的把握是如此的敏锐和精准，真是令人敬佩和欣慰。

大数据已经在很多领域得到广泛应用。学术界通常用4V来描述大数据的特征，即大量化、快速化、多样化和高价值。据德国《世界报》2015年6月18日报道,麦肯锡咨询公司的一份研究报告指出,大数据的使用将成为未来提高竞争力、生产力、创新能力以及创造消费盈余的关键因素,欧盟如果将大数据科技与教育培训、建立统一的服务贸易和数字经济市场、提高公共部门效率、实行更多自由贸易、根据就业市场需要制定移民政策以及延长工作年限等结合起来,预计每年会给欧盟新增4.5万亿欧元的国内生产总值和2 000万个工作岗位。大数据运用的益处是多方面的,不仅可以使政府效能、管理决策、市场监管、公共服务、城市设施、社会治安方面得到优化,而且可以为经济、教育、文化、卫生、外交等所有领域带来不菲的收益。《大数据时代的国家治理》认为,在德治传统浓厚的中国,大数据的运用能为这个古老国度的治理者带来一种崭新的治国方式。如果国家治理者和政策制定者没有对大数据及其所蕴含的重要资源有较为全面的了解,就难以应对新时期各种复杂多变的挑战和风险,国家治理体系和治理能力的现代化也将无从实现。该书不仅试图描述大数据的运用如何改变传统的国家治理模式以及提升国家和社会诸多方面的治理水平,还提供了国家治理者面对大数据时代下法律、政治和行政体制的挑战以及国家间的竞争的应对战略。

一、大数据科技引发智能化行政改革

新兴的通信技术、计算机技术和网络技术的融合与发展,改变了知识的获取、传承、积累和创造方式,并推动着生活方式、工作方式、组织方式与社会形态的深刻变革,行政管理的形态也相应地发生转变。陈潭等作者由介绍韩国政府提出的政府3.0计划入手对行政改革做出相关研究。韩国政府所提出的政府3.0侧重于政府主动公开和共享信息,保障国民的主动参与,政府公共行政也相应地从"政府提供"模式转变为"以每个人为中心"的个性化定制模式。虽然政府3.0的概念在不断的发展过程中,但是大数据运用下的各种公共行政变革已经进入了各界的讨论范围。

行政管理这一学科诞生于威尔逊尚未出任美国总统时，1887年他在《行政的研究》(The study of Administration)一文中提出"行政专业化"的概念，认为行政研究的目的有两个：一是政府适合做哪些事情；二是政府如何以最大的效率和最小的成本来完成这些适合做的事情。在威尔逊的年代，美国政治和行政并不相互区分，行政缺乏效率，他主张政治与行政"二分"，行政管理专注于提高"管理技能"，追求效率的提升。逐渐的，以马克斯·韦伯的科层制、弗雷德里克·泰勒的科学管理原则和亨利·法约尔的行政管理原则为基础的管理主义路线(managerialism)影响着行政的发展。20世纪70年代以来，以科层制为基础的传统行政模式遭遇到运行中的缺陷，新公共管理运动席卷各国，其特征是：一方面政治与行政出现了某种程度回归式融合，行政从重视"效率"转而重视服务质量和公众满意度，另一方面行政的管理主义却继续进行分化——由于在处理纷繁复杂的公共事务的过程中需要运用一些更有针对性、更精细化、得心应手的管理方法和手段，于是，专门用于提高服务效率的新型管理工具的重要性凸显出来，绩效评估、政策分析、风险治理、危机管理等新式管理工具纷纷应运而生。这就使得"管理工具"本身从威尔逊立论的"管理技能"中剥离出来，即以往作为行政管理主要支撑资源和研究对象的笼统的"管理技能"被再次二分为"管理工具"和"掌握工具的技能"。发展公共政治、改革公共行政，需要一种新型的工具，以便改善和创新"管理工具"本身，这就是公共管理。比如，政府流程再造就是一个十分有效的公共管理工具。传统行政管理模式是按照专业分工的原则，以科层制组织形态提供服务，部门之间按照专业分工来划分治理领域，一个完整的公共管理和服务链条被切割成若干的环节，部门之间形成职能边界，职能管理的信息之间形成壁垒。在民众对于服务质量和满意度要求更高的年代，政府需要进行相应的变革：一是公共部门内部业务处理流程再造；二是跨部门业务流程再造；三是社会服务流程再造。这一新的"二分法"(或者说新管理主义)在偶遇了大数据科技的发展后,更加如鱼得水,大展宏图。书中列举了行政审批的例子,如经过一系列的整合,大数据平台条件下的跨部门业务协同和政务信息资源共享,便能完成从过去分散式到"一楼集中式"的物理式转变,再到"一站式"的化学式转变。要实现真正的"一站式"化学转变,必须建立统一共享的数据平台,这是大数据发展的重要前提,也是实现政府变革的关键举措。

事实上,在大数据时代,交换和利用信息的频率逐渐加快,面对海量的信息,公共部门需要探索如何提高对信息资源的利用方式和频率,以公众的具体需求为导向,设立更高的目标。大数据是一种科学技术革命,但对于行政管理而言,大数据的科技手段不仅提供了技术层面的支持,还通过公共部门的管理创新,客观上有助于增强政府的服务意识,进而推动政府职能转变。我国行政职能转变之所以艰难,一个重要原因在于政务数据的碎片化,信息资源共享程度低,部门中的公务员在办事、监管、服务的每一环节都需要亲力亲为,否则就很容易产生"放羊",这是导致一放就乱、一乱就收、一收就死、一死再放的恶性循环的主要原因。要解决这个困局,必须在信息化基础建设的前提下,运用大数据的储存方式,建立基础数据库、专业数据库和应用数据库,依靠整合统一的平台,为管理和服务提供支持。

大数据科技的运用使得行政管理精准化程度得到提升。该书展示了大数据在我国城市管理诸多领域的广泛运用。数字化城市管理就是运用信息化手段,收集和分析城市的各种信息数据,来实现城市的现代化和信息化管理。在我国的社区治理中,网格化管理就是一个成功的范例。通过数字化管理的模式,建立以"人、地、物、事、情、组织和房"为核心的 7 大类、32 小类、170 项信息和 2 043 项的基础信息数据库,加上网格员对社区的 24 小时的动态全方位管理,使得反馈及时精准,事件处理快捷高效。这个模式改变了过往运动式和突击式的社区管理手段,从被动管理的模式转变为前馈式管理模式,务求"小事调解不出网格,大事化解不出社区、街道"的目标。

预测和决策是行政管理的核心要件。大数据作为新型的数据处理技术,有效地统合政治、经济、文化、社会、生态等各个方面的信息资源,为国家治理提供重要的数据基础和决策支持。传统的治理方式,需要对治理问题进行定性和定量的研究,但相关的研究方法都是对研究对象的局部进行"现实"的分析,通过少部分人的需求推断出大多数人的现实需求并确立治理的思路。大数据的运用却打破了这种传统的方式。正如书中所说,大数据分析的魅力在于"通过交叉复现,直抵事实的真相"。大数据所蕴含的"交叉复现"为传统治理带来新的思路——可以克服传统科层内部由信息不对称所产生的各种治理困境,信息传递更趋扁平化,对问题的了解更为准确和全面,从而提升科学决策的水平和精准度。

大数据还有助于建立"纠错"机制。在传统的组织架构中,决策的信息来源通常需要经过漫长的信息传递,外国有位教授称之为"牛鞭效应",即信息链条越长,信息传递过程中的层次越多,信息被人为修改处理的机率就越大,信息的失真即离原始的信息偏差也就越大。传统的臃肿重叠的科层体制和单类型结构化的数据,成为科学决策的障碍。决策者还受限于传统的信息技术,所掌握的决策数据往往较少,真实性和准确性都难以保障,因此决策中不得不取决于决策者的经验和直觉。大数据时代,高效的信息集成技术和数据分析技术能够为更加科学的公共政策制定提供坚实的基础。大数据所提供的"交叉复现"和"数据混搭"提供了科学化决策的可行方案,同时还改变了公共行政的决策思维、范式和方法。在传统的决策流程中,信息的"获取—传递—处理—分发"为主要内容和运行轨迹;而在大数据时代,通过数据的处理应用和统一优化的管理,实现了"采集—传递—分析—应用—反馈"的数据流程转变。相关的变革已经应用至公共服务领域,书中详细阐述了交通运输、环境监测、疾病预防、医疗卫生服务、治安防控、公共厕所布局、垃圾分类和处理等多个领域的变革,且其深度和广度也不断地增加。

进入21世纪以来,由于信息化、智能化的进步速度非常迅速,愈来愈多的国家强调并施行协同治理,从过去一个主体管理转向一个主体引导的多个主体管理,从过去单向的自上而下管理转向各个方向的协同治理。在大数据时代,政府的基础数据结构可以形成综合的服务平台和公共信息数据库,通过创新的信息采集方式,把政府、企业、社会组织和公众都纳入治理体系中,提高政府公共服务在社会治理领域的有效性。各国"智慧政府""智慧城市"的建设计划就是其中的标本式实践。大数据科技通过信息平台,广泛搜集个体对于公共服务的享受频率、偏好和评价,有助于政府更好掌握公众的需求,为在复杂多变的条件下进行公共决策提供支持,提高决策的科学性及与民主意愿的契合度,同时,利用跨部门、跨区域和跨行业的数据以及新媒体数据,最大限度地开发、整合和挖掘区域和城市管理数据,从而实现不同区域和城市子系统要素的数据融合和业务协同,促进决策的执行和决策的后评估。陈潭等作者还认为,社会组织和民间机构通过其灵活多样的工作方式、民众基础和志愿者队伍以及现代化的技术手段来满足公众的信息需要和构建公众与政府的交流平台,在危机管理、公共安全处理和环境治理方面尤为明显。书中介绍和分析了2009年莫拉克台湾救灾、云南鲁甸的地震救灾、马军的水污染和空气污染"地图"、2013年美国波士顿马拉松迅速破案等研究案例,表明单靠政府自身力量难以掌握所有的数据资源,也难以完成所有的数据整合和处理任务,必须让更多的社会力量和更广泛的人群参与到相关的管理和决策中,社会组织、民间机构甚至新媒体的数据资源都可以成为协同治理的重要资源。因此,我在2002年提出的"全能行政—技能行政—智能行政"的历史理论模型正在日益得到验证。[1]

---

[1] 高小平,王欣. 智能化:现代行政管理的方向[J]. 中国行政管理,2002(11).

二、数据民主与透明政府建设

互联网的普及和大数据科技的出现,为网络时代的民主法治建设奠定了物质和技术的基础。陈潭等作者借用卡尔·科恩(Carl Cohen)《论民主》的观点,认为民主其实是人类生产、生活组织集体活动的一种决策方式,判断民主的关键要素,在于人民参与或影响公共利益的决策。涂子沛在《大数据:正在到来的数据革命》一书中也阐述了数据的公开是公众参与和民主制度的重要组成部分。而陈潭等作者经过深入挖掘后认为,公众在这个网络无背景交流、便捷和平等的表达,为信息传递、民主参与和民主管理带来诸多的变化,进一步证明了大数据时代依托网络平台的开放性、平等性、互动性,将实现新型的民主形式——"网络民主"。

首先,数据的开放性将分析和使用数据的权力给予民众,使"数据民主"成为可能。2009 年开始,各国陆续建立政府数据门户网站,将从前专用的公共数据开放给公众,掀起一股"数据民主化"的浪潮。公众可以查阅议员的投票表决数据、候选人的得票数据、法律和公共政策的议程表决、通过交叉结合的各种基础性和专门性数据,逐渐揭开过去决策的"黑箱",并在各种平台上表达政治利益和诉求。陈潭等认为,数据民主化可以促进公民积极介入政治过程,促使更多感兴趣的人参与到公共政策制定过程中,为公众直接参与或虚拟参与国家和地方治理提供了广阔的平台。

其次,数据的透明化将公开、民主的要素内置于决策制度中,确保多数公众的利益不受损害,使"数据制衡"成为可能。民主的妥协须借助于协商民主和契约文明观念的广泛传播,大数据科技实现了权力机构的信息公开透明化,权力主体各方可以轻易获得客观事实的真相,以事实的数据支撑更具有说服力的决策。在大数据时代,每一个个体都成为一个数据终端,公众可以任意使用社交平台上的各种资源,表达自己对公共事务的认识以及利益诉求。公众的利益表达越来越不易被忽视,政府在决策过程中或多或少地都开始注意公众的意愿或建议,而无法停留在政府部门单一决策的传统模式中。

最后,大数据进一步推动了自媒体的发展,使"数据反腐"成为可能。在过去的信息和通信技术条件下,个体参与社会活动往往需要付出较高成本,而获得的效率和效益较低,现在的情况完全不同了,在大数据时代,数据的公开性、可得性、可发性,使得公众不仅自己可以成为信息发布者,且通过联网的数据,可以使自己发出的声音增大,成为大数据的一部分,快速传播,被其他用户和终端获取,形成回路。公众通过对有价值的信息片段进行组合,建立了广泛的网络传播,构成了对公权力有威慑力的监督,实现了政府监督形式的创新。在公众有效参与的前提下,政府则由于获得信息的充分和反馈的便捷,有可能变得更具有问责性和回应性。书中大量举的中国网民网络反腐的例子说明,大数据为反腐倡廉提供了新路径,巨大且门槛低的"民间纪委"应运而生。

陈潭等作者同时指出,互联网的普及和大数据的出现不仅为民主政治和透明政府的建立奠定了基础,还打破了原有的公权力对信息传播流向和内容的独占,极大地丰富了民众和社会对信息的认知,拓宽了信息来源,提高了公众的"社会能见度",民众不再被淹没在权力的"压制"之下,底层社会的发声更为可能。事实上,在大数据时代,政府与社会的边界会出现调整。2010 年英国首相推出的"大社会"(big society)项目,赋予社区和普通人更多参与社会的权力,其核心理念就是分权。大数据时代,信息趋于自由、迅速流动,数据趋于开放和共享,这也意味着知识和权力的开放和流动,知识将从专家学者分散到每个学习者,权力将从政府更为分散到社会每个组织和个人。

三、大数据战略下国家治理能力的构建

前面我提到了大数据在公共安全危机预警中的作用,这里则试图进一步说明其在国家治理能力的高端层面的价值。其实,在反恐

和国家安全预警上，大数据科技的运用显得更为重要。美国伊利诺伊大学的数据专家们通过收集上百万篇的新闻报道分析，从情绪和地点两个视角出发估计国民情绪变化，有助于预测利比亚和埃及发生的"革命"。在国际政治的研判上，大数据带来新的预警系统变革，通过技术手段预测国外将要发生的可能性事件，为外交策略的制定提供更为立体的研判结果。

在全球新一轮科技革命和产业变革中，大数据与各领域的融合发展具有广阔前景和无限潜力，已成为不可阻挡的时代潮流，正对各国经济社会发展产生着战略性和全局性的影响。"数据即战略资源"成了各国的共识，国家竞争的焦点从传统的资本、土地、劳动力、能源的争夺转向大数据搜集、处理和运用能力的争夺。大数据的出现，颠覆了传统国家间竞争的模式和资源配置的方式。由于大数据是数字化生存时代的新型战略资源，对国家治理和社会发展所起的作用巨大，各国已经开始制定相关的大数据战略计划，确保在国家间竞争中保持优势。作者认为，美国最早将大数据作为网络安全战略的技术核心保障，从奥巴马政府签署《透明和开放的政府》总统备忘录开始，就组建一系列措施实施以大数据为核心，以观念塑造、积极防御、攻击性打击为主旨的网络安全新战略。美国相继投入多个计划，将大数据技术革命所带来的机遇和挑战提升为国家战略层面，并且引领一系列大数据研究的热潮。2012年3月，美国公布了"大数据研发计划"。该计划旨在提高和改进人们从海量和复杂的数据中获取知识的能力，进而加速美国科学与工程领域发明的步伐，增强国家安全。根据该计划，美国国家科学基金会（NSF）、国立卫生研究院（NIH）、国防部（DOD）、能源部（DOE）、国防部高级研究计划局（DARPA）、地质勘探局（USGS）等6个联邦部门和机构共同提高收集、储存、保留、管理、分析和共享海量数据所需的核心技术，扩大大数据技术开发和应用所需人才的供给。作者指出，美国已经成为掌握大数据资源最多的国家，世界上最大的几家大数据公司几乎都在美国,如果大数据的控制权将决定国际政治中的权力分配格局,那么至少目前美国已经占有很大的优势。

大洋彼岸的欧洲也不甘落后,2011年英国政府发布对公开数据进行研究的政策。2013年英国商业、创新和技能部宣布,将注资6亿英镑发展8类高新技术,其中1.89亿英镑用来发展大数据技术,同年该机构还发布《英国数据能力发展战略规划》,旨在从人力资本、研发能力和数据资产方面规划英国未来的发展重点。英国政府2015年前开放有关交通运输、天气和健康方面的核心数据库,并且投资1 000万英镑建立世界上首个"开放数据研究所"。欧盟也建立"欧盟开放数据战略",将重点加大在数据处理技术、数据门户网站和科研数据基础设施三方面的投入,建立成员国和欧洲机构数据的"泛欧门户"。对大数据的研究与应用已引起各国政府的高度重视,并已成为重要的战略布局方向,美国的决策者甚至指出,大数据是"未来的新石油",足以表明大数据在未来国际竞争的重要地位。谁能更好地整合数据,谁能更好地从大数据中挖掘有用的信息,谁能利用信息进行精确的研判并作出科学决策,谁就能在国际社会占尽先机,作者认为"谁掌控大数据,谁将主导国际政治"。因此,对于中国而言,必须强化对大数据的主权,以迎接未来的国际竞争。

中国国内互联网企业在大数据搜集、管理和应用方面走得不慢,国内的三巨头(百度、阿里、腾讯)已经通过诸多大数据的产品,获得了营业利润增长。党的十八大以来,各级政府顺应大数据时代的潮流,制定相关的战略和制度。党的十八届三中全会提出全面深化科技体制改革,"整合科技规划和资源,完善政府对基础性、战略性、前沿性科学研究和共性技术研究的支持机制"。在《"十二五"国家战略性新兴产业发展规划》中提出"支持海量数据储存、处理技术的研发和产业化"发展战略,《物联网"十二五"发展规划》将信息处理技术列为四项关键技术创新工程之一。上海和广东等地方政府分别建立大数据管理局,制定大数据战略、规划和政策措施,组织制定大数据搜集、管理、开放、应用等标准规范,通过大数据挖掘更好地发挥公共部门的管理职能。2015年6月24日国务院办公厅发布《关于运用大数据加强对市场主体服务和监管的若干意见》,提出"充分运用大数据先进理念、技术和资源","推进简政放权和政府职能转变,提高政府治理能力"。2015年7月1日国务院在《关于积极推进"互联网+"行动的指导意见》中提出,"研究出台国家大数据战略,显著提升国家大数据掌控能力。建立国家政府信息开放统一平台和基础数据资源库,开展公共数据开放利用改革试点,出台政府机构数据开放管理规定。按照重要性和敏感程度分级分类,推进政府和公共信息资源开放共享,支持公众和小微企业充分挖掘信息资源的商业价值,促进互联网应用创新","把互联网的创新成果与经济社会各领域深度融合,推动技术进步、效率提升和组织变革,提升实体经济创新力和生产力"。2015年8月31日国务院印发《促进大数据发展行动纲要》,提出建立"用数据说话、用数据决策、用数据管理、用数据创新"的管理机制,实现基于数据的科学决策,将推动政府管理理念和社会治理模式进步,加快建设与社会主义市场经济体制和中国特色社会主义事业发展相适应的法治政府、创新政府、廉洁政府和服务型政府。一系列政策相继出台,标志着我国国家治理战略正在发生着深刻的变革。积极发挥我国大数据科技的比较优势,把握机遇,加快推进大数据战略的实施,必将重塑国家创新体系、激发创新活力、培育新兴业态和创新公共服务模式,对打造大众创业、万众创新和增加公共产品、公共服务"双引擎",适应和引领经济发展新常态,形成经济发展新动能,实现中国经济提质增效升级、社会培育自治活力,具有重要意义。

此外,还需要注意,大数据背后所蕴含的技术是普通民众无法轻易获得的,其知识门槛相当高。因此,即便数据开放和公开,但背后的数据采集方法、数据的算法依然存在很大的操作空间,这导致民众无法获取稳定且可比的测量数据。事实上,对于大数据的质疑更多来自数据属性本身,主要是因为大数据的测量面临严重的效度问题。

传统的样本统计分析讲求的是减少误差,保证样本的数据质量,然而大数据对粗糙冗余的信息容忍度更高。在这种数据测量方法下,大数据可以做的只是相关关系。正如舍恩伯格等著《大数据时代:生活、工作与思维的大变革》一书中指出的,大数据时代相关关系优于因果关系,让我们在分析某些现象的时候不用了解其内部运作机制即可预测未来。然而,这种预测存在不可忽视的误差。戴维·雷泽尔等人在《科学》杂志撰文指出,以谷歌流感趋势为代表的大数据预测技术尽管有其价值,但仍然存在预测误差。这种"大数据分析的陷阱"的最大挑战是数据信息缺乏效度和信度。大数据的运用放弃原始数据的精确性,强调数据量的多和杂;放弃因果关系的判断,强调相关关系;放弃知其所以然(为什么),强调只需知其然(是什么)。这些都在很大程度上挑战我们人类先前的许多思维成果和固有思想方法。这样究竟对不对、行不行、好不好,能不能将大数据思维与传统思维有机结合起来,抑或可否考虑引入零点研究咨询集团董事长袁岳博士提出的"中数据"理论①,都是需要深入研究的问题。总之,既要有敢抓机遇的胆识,也要持审慎严谨的态度,还要存防"被忽悠"的心念,战略上高度重视,战术上步步为营,以健康有效地发展大数据科技和大数据治理。

期待有更多的人研究和关注相关的议题,让中国真正站到时代的潮头,不断推进国家治理体系和治理能力的创新。

(原载《中国行政管理》2015年第10期)

---

① 2013年袁岳提出"中数据"的概念。他认为,大数据的本质就是公共与共享的数据,它需要两个前提,一是政务数据的开放,二是更多的商务数据源的开放,由于我国这两个基本上都还不具备,因此,目前有实际开发利用价值的是中数据。他认为,小数据是单一库,在单一来源的基础上做好数据库的贯通、整合和挖掘就形成中数据,只有建立起中数据后再多元共享才能走向大数据。他还认为,在中国,每100个企业里只有不到一个企业会做市场研究,也就是不到百分之一的企业有小数据,在这百分之一有小数据的企业里有不到百分之一的企业有真正的数据库,而有数据库并需要打通的,可能也不到百分之一。所以,中数据仍然是一个很高的目标。(参见袁岳的博客:圆圆的月亮在地上)

构建常态与应急结合的治理体系

新冠疫情的防控进入常态化阶段,怎么样建立一个常态管理和应急管理相结合的治理体系,已经成为我们现在需要研究的一个重大命题,这也是国家治理现代化、城市治理现代化的一个战略性、前瞻性、长期性的任务。

一、如何认识风险是建立常态与应急结合治理体系的关键

常态与应急是两种不同的社会状态。如同人体在受到外部物刺激后会引起应激性反应,出现神经兴奋、血压上升、心率加快、呼吸加速和力量剧增等征候一样,社会为了应对突然降临的危险也会产生应激性反应,其中不自觉的应激反应有恐慌、抢购、逃离、暴动等,而自觉的反应就是我们所说的应急管理。当外部危险结束后,人体会恢复到常态,社会在应急状态结束后也要回到正轨上来。这是人类从远古以来在与各种自然灾害斗争、适应、规避的不断循环往复中早已习以为常的过程。

然而,在高度工业化、信息化、城市化、经济全球化以及交通运输体系快速发展的今天,情况有了很大的改变——人类已进入了一个新的历史时期,这就是风险社会的来临。一个"微波荡漾"的社会正在被"风险浪急"的社会所取代。现代性所带来的"附赠品"正在逐渐从"午后茶"便成了"正餐"——风险无处不在,危机随时爆发,后果非同小可。此次新冠肺炎疫情的大爆发,印证了风险社会真的成为无

法回避的现实这一残酷判断,无可争辩地被认为是正确的。

现在的问题是,在风险社会中,作为公共管理者如何来界定自己的工作?这里有两个极端的选项:一是采取"鸵鸟"政策,对风险视而不见,盲目乐观,心怀侥幸,不求作为,兵来将挡,水来土掩;二是追求"绝对安全"境界,寄希望于回到先前那种经过努力还可能得到的纯而又纯的安全,"万万无一失"。如果这两个极端选择都是错的,那么正确的抉择是什么?如何在常态的太平盛世与非常态的风险危机这两者合成的通向未来的"平衡木"上行稳致远呢?

美国安全工程师海因里希曾经提出一个"海因里希法则"。他通过对55万件机械事故中死亡、重伤事故1 666件,轻伤48 334件,其余为无伤害事故的研究,提炼出一组数据:伤亡(重伤或死亡)、轻伤、不安全行为这三者的比例为1∶29∶300。国际上把这一法则叫事故法则。我们如果把这个比例移植到"风险—危机"演进的系统分析中,可以得到风险(不安全行为)导致危机(人员重伤或死亡)的概率是0.303‰。这说明,从总体上看,由风险产生危机的概率是很低的。换言之,在风险社会条件下,常态中绝对的"安全"(危险系数为0)是不存在的,人们只能生存于"风险"(危险系数为0.303‰)中,而要避免的就是危机的爆发(从0.303‰发展到100%,即危险系数为1,危机出现)。

因此,公共管理者的正确态度是:第一,高度重视风险。坚持预防为主,未雨绸缪,打有准备之仗,绝不等闲视之,麻痹大意,掉以轻心。第二,坦然面对风险。"谈险色变"是由于没有掌握风险演化的客观规律。认真研究风险社会不确定性的发生机理,关注跟踪风险走向,就可以科学识别和研判风险,有秩序地做好监测、预测、预报,以及预警信息发布工作。第三,善于应对危机。第一时间介入风险到危机的临界点,危机一旦发生立即果断启动应急预案,发布准确信息,全力开展响应,高效处置突发事件。第四,灾后尽快恢复。"恋战"是"过度应急"的翻版,也是能力不足的表现。人体在"应激"后要尽快恢复正常生活,否则长时间处于应激状态,就会出现持久性应激反应现象,就是病态,临床表现为妄想、虚幻,产生被监视、被牵连的惶恐,失去对他人的信任感等。社会也是这样,要做到有能力快速进入应急状态,也要做到有能力快速退出应急状态,否则社会就失去了生机活力。

一个是危机前对临界点的预判能力,一个是危机后的应急恢复能力,这两点是最能考验公共管理者对风险和危机管理水平的"得分点",也是社会能不能在常态与应急之间实现有效转换的关键点。

常态与应急结合的治理体系,不是常规管理与非常规管理的简单物理式相加,而应该你中有我、我中有你的化学式融合,这种融合就是现代化的国家治理体系和治理能力。打通常态与应急的壁垒,让各种资源在两者状态之间自由流动、互利互补,常态中的优势向应急中延伸,应急中暴露的问题和失误在常态中修正,增添社会进步的动力。要学会常态管理和应急管理两个本领,始终坚持发展和应急"两手抓""两手硬"。对于风险,要采取源头防控、消除隐患;对风险演化为突发事件,要采取有力措施进行应急处置;危机结束后迅速开展恢复重建;平时则注重加强忧患意识、风险意识的教育,定期进行应急预案的编制、修订和演练,做好应急物资保障和人员培训等工作。

二、构建常态和应急管理相结合的系统需要哪些制度

制度是反映国家治理中本质规定性的社会规范。制度具有根本性、全局性、稳定性和长期性等特点,这些特点决定了其本身就具有一种常态和应急兼容的特点。

习近平总书记指出,要牢固树立安全发展理念,坚持系统性思维,充分把握安全风险的规律特点,以大概率思维应对小概率事件,全面落实安全责任制。这是建设常态与应急结合治理体系的关键。而建立领导责任、部门责任、企业责任和社会责任有机整合的制度体

系,是抓好公共安全的"牛鼻子"。

　　为了建立常态和应急管理相结合治理体系,我们应该建立健全这样一些制度:第一,集中力量办大事的制度。这一制度在应急状态下就可以转化为集中力量办急事的机制。第二,党的领导、政府主导的国家行政管理制度。这一制度在常态与应急中具有统一性,都需要很好地贯彻执行,把巩固党的执政地位与增强制度执行力、公信力统一起来。第三,改革总揽全局的制度。以改革总揽全局是改革开放以来的经验和法宝,在应急当中也要坚持改革总揽应急工作。总揽就是把改革力量注入各项工作。我们看到这次疫情中发挥了政府的作用、市场的作用,这两个主体的积极性都发挥得比较好。第四,借鉴国际经验的制度。坚持立足国情,借鉴各国成功经验,行政管理与国际管理惯例接轨,是常态工作的基本要求,在应急工作中也要学习借鉴国际经验,加强与国际组织、国际社会的广泛合作,实现制度接轨。第五,政策创新的制度。公共政策体系是制度运行的工具。政策制定与执行中始终兼顾常态与应急,创新制定风险防控、危机管理、应急产业政策,加强应急管理政策建设与执行,是应对突发事件的有力杠杆。第六,政企合作的制度。在常态当中强调政企分开多一些,应急当中要适度增强政企的合作,建立优势互补、风险分担、权责利统一的政企合作机制,实现政企良性互动。第七,"口"管理的制度。"口"管理即归口管理和对口支援,是在统一管理的前提下,打破常规管理中的部门、地区、层级界限,合理安排业务相近的机构和职能衔接的部门的权责关系,重构部门关系、层级关系和区域关系,实现资源优化配置,提高应急中的部门同步性、层级联动性、府际协同性。这方面的作用在应急中特别明显,2008年的汶川地震和这次疫情应对都采取了有效的对口支援,这是中国式管理创新。第八,干部队伍专业化制度。干部"四化",其中专业化在科学应急中具有很强的针对性,应对危机的专业能力、专业方法、专业精神,是提高应急管理效能的关键。第九,社区治理制度。社区是解决城市风险的最后关口。随着社会治理重心向下移,社区作为群众工作的第一现场和前沿阵地,在传统的治安功能基础上发展为"问题联治、工作联动、平安联创"机制。第十,基层组织保障制度。党组织和党员的作用,是我国一项综合性制度。把这项制度坚持好、发挥好,就有了根本的、基础性的组织保障。这十个方面的制度,在常态和应急中有不同的存在状态、执行方式和表现形式,我们如果能运用到位,就能够建立新的有效治理体系。

三、增强常态和应急管理相结合的治理能力

第一,政府全面履职的能力。2018年机构改革中在各级政府体系设立了应急管理行政部门,表明政府应急管理职能和能力进一步增强,在探索应急与常态结合的治理体系方面推进了一大步。但同时也降低了政府主导应急管理的直接性。"政府应急"变成了"部门应急"。建议在各级政府枢纽机构中建立常设的"应急管理协同机制",发挥直接在首长身边协助指挥和管理的优势,需要的时候可以参与应急协同工作。

第二,政府依法行政、社会依法管理的能力。以法治的确定性应对突发事件的不确定性,以法治的权威性、强制力、规范力提高应对突发事件必须依靠科学决策的"刚性"。

第三,运用科技的能力。大力发展军民融合、平战结合的尖端科技、专业科技、基础科技、灾害科技、管理科技,向科技要安全。

第四,实际运行操作的能力。强化安全工作"党政同责、一岗双责、失职追责"的总体要求,每个领导干部都必须掌握两个技能,熟悉两种场景,学会两个本领,既要抓好本人分管的具体工作,又要以同等的注意力和责任心抓好所处或分管部门的应急管理,做到同研究、同规划、同布置、同检查、同考核、同问责。坚持问题导向、目标导向、结果导向,完善各级安全责任主体和岗位责任清单,运用社会舆论加强安全制度监督,对违法违规人和行为坚决处理,切实推动安全责任

部署落实落地落细。

四、拟定常态和应急相融合的治理评估标准和绩效体系

关于治理的评估，上海交通大学中国城市治理研究院常务副院长吴建南教授领衔的团队建立了一套"五大发展理念"的评估体系，收到很好的效果。我觉得这"创新、协调、绿色、开放、共享五大理念"的评估本身就体现了很好的常态和应急相融合的基本观念。如绿色发展的理念，现在应急中的健康码就是"绿码"，就是安全发展。又如协调、开放、共享的理念，就是要使得常态管理和应急管理协调起来，相互开放，成效共享。建立常态和应急相融合的治理评估体系需要从经济风险、社会风险、政治风险、文化风险、生态风险这些方面去研究，探索绩效管理体系中新的概括、新的方法、新的指标。美国有一个城市把平衡积分卡延伸应用到政府的安全治理与社会事业平衡的绩效评估里，值得借鉴。

五、掌握常态管理和应急管理结合治理的方法

第一，要把国家治理体系和国家的制度优势和应急管理的实践紧密结合起来，进一步深刻认识十九届四中全会提出的中国特色制度优势，它所具有的普遍性、必然性，这种普遍性、必然性包含在应急当中的应用，是整体上、全局性、综合性的一种制度优势，我们一定要发挥好这种制度优势在风险应对和突发事件应对当中的强大威力。

第二，处理好常态中制度优势和应急中制度优势的关系。应该坚持发展是硬道理，在发展中求安全，处理好发展大局和风险管控的关系，长治与久安的辩证关系，要强调安全性发展，明确不能再搞"一白遮百丑"，不能用发展取代稳定，更不能把两者对立起来。

第三，把"短兵器"和"远射炮"结合起来。短的是指在现实当中要做好常态和应急的结合，远的就是做好规划。一些发达国家在几十年前就开始建立常态和应急相结合的国家应急规划。要强化国家

应急体系建设规划的引领作用,按照"扬制度优势、补制度短板、强制度弱项"的要求,完成"十三五"规划,编制好"十四五"规划,谋划应急体系建设规划与管理体系特别是责任制度之间的衔接,切实建立健全超前部署、未雨绸缪的体系。

第三,公共部门和社会公众行动要结合起来。强调共同责任,在常态和应急需要转换的时候,政府和社会公众一起行动,大家来共同参与预判公共安全风险转化为危机的临界点,大家来分析,民主集中决策。在危机即将结束的时候,果断行使"恢复"的功能,使危机造成的影响缩小到最小的范围。这里的关键在于政府要始终做到信息公开,有了信息,政府也好、社会也好、预案也好、响应也好,都比较容易自动进入"开启"的状态,万一出现"误开"纠正也比较快。

第四,地上管理和地下管理相结合。城市地下存在着严重的脆弱性,随着城市化发展,地下空间开发利用加速,问题日益严重。统筹城市地上和地下安全性和城市防灾空间体系建设,迫在眉睫。

第五,中国经验和国际经验要很好地结合,做到强强联合。

三国时期蜀汉名将张翼德有一个特点,睡觉的时候总是睁着眼睛的。据现代医学研究,这可能是甲亢导致眼睛凸出,所以闭不上。虽然他的这个特点曾经救了他一命,但他最终还是被人在睡梦中杀了。这告诉我们,睡着的时候要睁着点眼睛,但是不能真的睁眼,整天"狼来了",也不行。要的是时刻保持警觉的那种状态。

(本文是将原载《国家治理》2020年5月第2期的《构建常态与应急结合治理体系应把握哪些重点》一文与在2020年5月30日上海交通大学中国城市治理研究院在线上召开的"中国城市治理"工作坊之"城市治理现代化"专题研讨会上发言合并而成)

关键环节：突发事件应急处置的重要视角

突发事件的最大危害，往往产生于对关键环节的应急管理失当。纵观各类突发事件，虽然发生机理、事件性质和所造成的影响各自有别，应急处置的决策水平和处置绩效亦有差异，但是如果对这些处置过程进行分解剖析，可以发现都有一两个环节对于整个处置工作有着实质性、决定性的影响，在整个应急处置中居于关键地位。由于突发事件的多变性、复杂性、偶然性往往大于常规管理和应急预案所确定的预期，因此，这些关键的环节可能成为应急管理的"薄弱点"，成为放大突发事件危害性，或引发次生、衍生危机的一个"拐点""临界点"。突发事件应急处置中关键环节的识别和管理，应该成为应急管理研究的领域。

一、突发事件关键环节应急决策和处置失败的教训

美国"9·11"恐怖事件，双星摩天世贸大楼先后被两架不同时间从不同方向飞来的客机撞击，造成楼塌数千人伤亡，并次生美国布什政府借"反恐"而发动旷日持久的阿富汗和伊拉克战争。从危机的情节看，第一架撞机与第二架撞机的"间隔"时间是一个关键环节。可否设想，当在这个"间隔"期内能够快速做出应急反应，阻止第二架、第三架飞机的袭击，就可以将危机控制在较小的范围内。

印度洋周边国家沿海岸地区，在没有任何预知、预警和预防的情况下遭受海啸袭击，人员财产损失惨重。而就在这场海啸中，一个英

国小学生及时发现,结果她和她的父母带领周围的游客迅速转移,避免了一百多人的灾难。同样可以假设,如果当时有一个哪怕是最简单的预警,也完全可以使更多的人免于遇难。

吉化"双苯"厂爆炸事故,消防污水流入松花江,造成松花江严重水污染事件。当时对污染物处理是放水冲还是用净化的方法,是一个关键环节;还有,当水体污染被检测出来的资信是否告知公众,也是一个关键环节。无论哪个环节能做出正确的应急反应,后续的事件都可能得到阻止。

虽然这些突发事件有不同的背景,但有共同之处。一是事件发生的起因简明而结果复杂;二是事件发生过程中的关键环节没有得到正确处置,引发了严重的次生灾难;三是关键环节与后续危机之间有明显的因果关系。

我们从中不难找到具有的价值的教训。第一、对事件发生的内在客观规律缺少认识,事件发生的关键细节被忽视。第二、应急管理的程序不严谨,关键环节决策不够科学。第三、应急管理的反应、处置职责不明确,延迟战机,扩大了事故损失。这些教训虽然大都有人做了总结,而对其中的关键环节,还缺乏深入的研究。

与这些血的教训形成鲜明对照的是,有的事件由于对关键环节判断准确,有效地避免了次生灾难。今年5月8日,江西省新干县淦辉医药化工有限公司缩合车间发生爆炸并引发火灾。事故发生后,市、县立即启动了应急预案,分别成立了事故抢险救援指挥部,实施统一指挥,消防、安监、环保等部门各司其职,密切配合,高效有序投入应急处置。省安监局组织专家认真察看现场,精心研究制定科学的现场清理方案,认真处置事故现场废墟当中50多个经爆炸燃烧后尚残存化工原料和混合物的储罐及反应釜,还有4个装有金属钠、甲醇钠等易燃易爆原料的储罐,防止再次爆炸和有害物质流入赣江。

二、"关键环节"概念的科学意义

"关键环节"作为突发事件应急处置中的一个概念,我们是在科学意义上使用的。辩证唯物主义认为,任何事物的发生发展都存在着诸多矛盾,其中有一两个矛盾是主要矛盾,它的性质决定着其他矛盾的属性,解决了这个矛盾,其他矛盾就可能迎刃而解。① 由于这一分析在事物发展中具有普遍性,目前的应急管理实践已经运用了这一思想。例如,将突发事件进行分类,就是依据主要矛盾的思想,将突发事件的横断面切开,找到某些事件的共同的主要矛盾,以此为线索,把千差万别的突发事件划分为便于研究和掌控的几个类别。如果把这一思想延伸到对突发事件发生的纵向来研究,可以看出在突发事件的发展过程中,也存在着某些关键性的环节,该环节对整个事件的发生机理、发展趋势产生着至关重要的影响,必须及时识别,妥善应对。

"拐点"理论和"突变"理论。"拐点"是一个数学概念,是指当平面曲线经历从上凸至下凹或从下凹至上凸的分界点,此点便称为"拐点"。现在有一些分析经济现象的文章常常用"拐点"表示上升或下降过程的结束,这是不完全准确的。"拐点"并不意味着或者由上升转为下降、由下降转为上升,而是标志着上升或下降的趋势发生了变化。

在研究突发事件发生、发展、演化中,我们可以应用这一工具来分析。我们可以将事件的时间作为横坐标,将事件的危害程度作为纵坐标,完整地描述出一条曲线(见图 4-1)。

这个图 4-1 中有四个发展趋势发生转折的"拐点",其中第二个是引发后来大的危机的关键性环节。因为在这一点上,已经决定了到第二个极点后即将转为新的攀升趋势。这说明我们需要对这四个

---

① 毛泽东.矛盾论[M]//毛泽东选集.北京:人民出版社,1964:295.

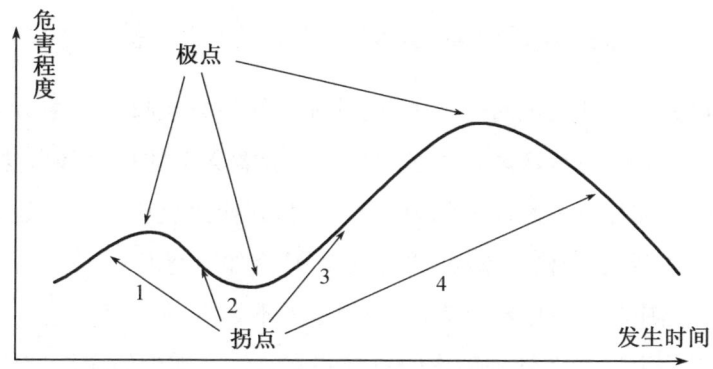

图 4-1 "拐点"在突发事件处置中的应用

拐点特别是第二个拐点及早识别,及早应对,控制其放大危害的趋势——拐点的意义即在于此。

"突变理论"认为,任何事物的突变都是系统从稳定态突破临界点进入非稳定态的发展状态。[①] 突发事件就是从常态突破临界点进入非常状态,在对其进行分析处置时,就必须对这些"临界点"进行识别和处理。如果不能有效识别那些类似于"临界点"的关键性要素,就很难把握突发事件,更谈不上有效应对。

可见,无论是突发事件还是非突发事件,都存在着类似于主要矛盾、拐点和临界点等要素。对非突发事件,我们可能有较充分的时间,研究和识别关键性的影响因素;但对于突发事件,我们难以有足够的时间,必须在较短时间内研究、识别最关键的影响因素,从而采取特定的措施。我们认为在突发事件应急处置中必须认真研究这些要素,这是提高应急处置绩效和应急管理水平的重要思维方法和技术手段。但是这些要素又不能简单地命名为主要矛盾、拐点或者临界点,基于此,我们提出关键环节的概念:在突发事件自身发生、发展过程中,在内部规律和外部条件支配下,出现一个或几个对整个事件和应对工作起到决定性影响、必须在短时间内做出判断进行决策的要素。

---

① [苏]阿诺尔德,著;陈军,译. 突变理论[M]. 北京:商务印书馆,1992.

三、应急决策和处置"关键环节"的特征分析

在突发事件发生的过程中,关键环节往往只在瞬间,"细节决定成败"。因此,应急管理除了必须遵循一般意义上的理念和做法外,实践中应加强对关键环节的识别和应对,在应急反应、决策、处置和评估中,需要引起格外重视。"关键环节"有如下情形。

一是应急预案中没有规定,或规定得不具体、不明确。应急预案是对以往突发事件管理工作的总结和应急管理理论的应用,对同类同质事件的应急管理起到指导作用。但是,突发事件的关键环节具有偶然性和特殊性,这些特殊的关键环节很容易成为应急管理的盲点。应急反应速度的快与慢、准确度的高与低和对事件认知的判断正确与否,都会直接影响到应对紧急事件的效果。所以,关注突发事件的关键环节,完善应急预案,显得十分重要。

二是应急管理部门职责分工不明确。我国应急管理职能过度分散,容易政出多门,各自为政,环节多、程序长,还可能夹带地方和部门利益,很容易延误战机。因而,进一步明确部门分工和协调,是解决管理漏洞的重要一环。

三是决策的因果不明朗。由于突发事件关键环节决策的不确定性,处置过程必然会遇到许多预料不到而又错综复杂的新情况、新问题,而且还常常受到外部因素的干扰和影响,很容易造成决策不当,事与愿违。因此,对决策的因果要有一个明确程序、职责的界定。

突发事件中的"关键环节"既是理论演绎和逻辑分析的结果,同时也是客观存在,对其准确识别和及时反应是妥善处置的重要前提。例如 2007 年 7 月,河南陕县支建煤矿巷道被淹,事故发生后,相关部门共同研究确定了"一堵、二排、三送氧气"的抢险救援方案,组织协

调抢险救援工作,最终取得了救援成功。① 在此次处置过程中,救援决策抓准了"堵"这个关键环节是一个决定性因素。通过抓住渗水源头这个主要矛盾,再配合其他措施,从而使此次突发事件的处置比较成功。

在理论上和实践上,突发事件应急处置中的关键环节具有普遍性,但对于具体的突发事件及其处置而言,往往只能通过事后总结发现这些环节,要在事前把握是有困难的。每一次应急处置都会由于预防措施、排查风险源、应急决策、应急响应、救援善后等不到位,而产生各种不同的关键环节表现形式,在很多情况下还会发生变异。因此,"关键环节"出现的点位和结构,并不总在某些我们确切知道的环节上发生,而且呈现极大的随机性。从应急管理和应急处置的一般规律而言,最大可能地分析、判断关键环节是成功处置的重要前提。为了更好地把握"关键环节"在突发事件发生发展中的规律性,我们首先需要从总体上分析其特征。

关键环节的共性特征。关键环节的共性特征是指一般性的共有的特征,主要是基础性、枢纽性和全局性三个方面。基础性特征是指关键环节在突发事件发生发展过程中往往是处于最深层次、影响最为深远的要素,该要素对事件的发生发展起着根本性的制约作用。比如在一个突发环境污染事件中,污染源的确认和控制就是一个具有基础性特征的关键环节。枢纽性特征是指关键环节往往处于前因后果交汇的位置,对整个事件的走向起着影响中枢的作用。该环节处置不当,就会影响处置工作的大局。例如高校中的一些突发事件,事件本身并不难解决,但是由于环境的特殊性,如果不能将社会政治影响作为关键环节对待,往往会使处置工作处于被动状态。全局性特征是指关键环节的存在往往贯穿着事件发生发展的全过程,而且

---

① 商登莹.76小时的救援——河南省陕县支建煤矿透水事故抢险救援日记[J].劳动保护,2007(9).

影响涉及各个方面,即在空间上和时间上都贯穿始终,这样的要素往往构成关键环节。比如在突发社会事件中,各方利益问题一般总是矛盾的焦点,利益关系往往是分析和解决问题的关键所在。就关键环节作为事物发展要素而言,有时未必同时具有基础性、枢纽性和全局性这三方面属性,但只要具有其中一个,该要素就应该重点对待。

关键环节的个性特征。关键环节的共性特征是任何事物发展中关键性要素的一般特征。但在突发事件中,关键环节有其个性特征,一般表现为不确定性、不稳定性、不对称性。

不确定性主要从时间维度而言,关键环节在突发事件发展过程中总是很难有一个确定的节点,突发事件任一发展阶段中都有可能产生关键环节,按时间序列排列的任何要素都不能忽视,都有可能成为关键环节。不稳定性主要从空间维度而言,关键环节往往处于动态之中。从事件发生开始,各种因素交错影响,在前一个阶段没有得到妥善处置的一般要素可能会在下一个阶段凸现成为关键环节,某个一般要素可能由于环境的变化而凸现成为关键环节,预案中的常规环节非正常中断也会成为关键环节,等等。有时这种不稳定性甚至还以回环往复的现象表现出来。不对称性主要从思维角度而言,突发事件发生时对关键环节的分析和判断往往和实际情况呈现出一定的背离。这种不对称性主要体现在:现场信息和决策者接收信息的不对称,传导时差而产生的信息不对称,信息稀缺或冗余而导致的不对称等。这种信息不对称直接导致了决策环节和实际情况的背离,真实的关键要素可能被遮蔽,从而使对关键环节的识别、判断很大程度上失去价值。

相对于关键环节的一般特征而言,不确定、不稳定、不对称这三个特性是其更本质的属性,突发事件中我们更多的是需要把握这三个特性。从这三个特征出发,我们必须承认关键环节概念的意义其实在于向无限不可能的一种可能性接近,但是作为对突发事件一般规律和内在属性的新分析,这种方法值得探索。

对关键环节的判断识别可以从很多角度进行研究,从其属性和机理出发,探讨关键环节的识别应该注意以下几个方面。

1. 根据关键环节的共性特征识别根据关键环节的基础性、枢纽性和全局性的特征,要求我们在识别关键环节时,应注意从宏观角度总结突发事件中具有规律性色彩的一些环节和要素。首先应从突发事件的发生机理上来识别关键环节。就发生机理而言,突发事件总是发生于一些具有基础性、枢纽性和全局性的节点或切面,这些节点或切面就是该突发事件的关键环节。例如,自然灾害类突发事件,关键环节一般是预报和预警工作;事故灾难类突发事件,关键环节一般是关键部门和岗位的安全生产相关制度的落实;公共卫生事件类突发事件,关键环节一般是预防和信息发布;社会安全事件类突发事件,关键环节一般是要协调好不同群体的利益关系,处理好人民内部矛盾。这是由每一类突发事件的内在逻辑规律决定的,而且这些环节的分布具有较显著的规律性,对具体处置工作能发挥一般性指导作用。其次,通过应急预案来识别关键环节。预案特别是专项预案对应急处置的流程进行了较为详细的规定,在具体的处置中有时可以根据预案来判断关键环节的位置。在根据预案识别关键环节时,应特别注意这样一种情况,当在应急处置中遇到预案中没有规定,或规定得不具体、不明确的环节,该环节极有可能成为关键环节。因为在这个环节,需要启动新的应急预案,以弥补原有预案的盲区,否则可能出现重大失误。例如2005年松花江水体污染事件,主要问题就是预案存在漏洞,没有严格的工作程序和明确各方责任,特别是没有明确对企业在发生应急事故时的要求和处理报告程序。因此,全面的信息,是能不能做出正确识别的关键。这一点,在整个应急管理中具有普遍性意义。

2. 根据关键环节的个性特征识别

(1)根据不确定性进行识别。突发事件任一发展阶段中都有可能产生关键环节,按时间序列排列的任何要素都有可能成为关键环节。即便如此,不同环节成为关键环节的概率差异仍然是很大的,在不确定性的前提下,就应当着重识别概率较高的环节。例如,当突发事件在应急处置中遇到从确定性较高转向不确定性最大化,因果关系不明朗的情况,就有可能出现关键环节。

(2)根据不稳定性进行识别。关键环节往往处于动态之中,要在变动中寻找关键环节产生的带有规律性的节点。当直接的突发事件已经有了阶段性发展,具体针对突发事件的应急处置已经实施并见到初步效果,而新的情况仍然可能发生的时候,即有可能成为关键环节。突发事件在应急处置一个阶段结束后,容易出现一种现象掩盖另一种现象的问题,新的事件将超出原来进行现场指挥和决策者及专家的掌控能力和知识范围,此时,极易产生厌倦、麻痹心理,产生"多一事不如少一事"的想法,不再深究,从而给危机发展获得了喘息机会,进而演变成为新的更大危机。这个薄弱就成了关键环节。从突发事件的处置过程来识别。从应急管理过程看,在一般意义上说,危机在应急处置初步完成阶段往往成为新的衍生危机的一个"关键环节"。当突发事件在应急处置中公共事件应急处置的各项环节中,决策始终是一个"关键环节"。而在决策这个环节中,信息又是"关键中的关键"。决策者能不能获得及时、准确、足够、对称的信息,就成为关键。

对应急管理部门出现职责分工不明确、重叠交叉或有管理真空的环节,特别需要放置出现差错。例如,城市地铁发生爆炸事件后,患病人情形是有很大区别的,有的是窒息,有的是外伤,当时最需要的是医务人员进行一个简单的"分诊",没有这个关键环节,医务人员到达现场后马上对窒息人就地实施人工呼吸,就会阻挡通道,出现混乱,伤病与逃生的人会拥挤成一团,极易造成踩踏等二次灾难。这就是职责不明确、重叠交叉引发了应急管理的真空。这个"现场分诊"就成为关键环节。显然,关键环节是需要根据实际情况的变化来把握的。

（3）根据不对称性进行识别。突发事件发生时往往出现两种情况：信息高度稀缺或者高度冗余，无论是信息荒漠抑或信息海洋，都需要克服这种不对称性，及时甄别关键信息和关键要素，使决策符合实际。克服这种不对称性的关键在于信息，应急处置中必须注意搜集潜在紧急事件的信息，分析紧急事件爆发的可能性并做出及时识别，特别要注意以下几点：对显而易见的重要信号的忽视；政府工作人员故意阻碍危机信息的传递；政府中缺乏专门机构监视处理危机信息，或专门的机构工作不得力；最先获得紧急事件信息者是应急处置中最无权的人员。要对以上这些问题保持足够警觉，从而提前认识"潜在事件"向"第一事实"转化的可能性，果断地做出针对关键环节的决策，实现成功处置。

3. 探索"关键环节"的识别模型 上述两种识别方法主要是基于定性分析，带有很多经验甚至感性成分。对如何识别突发事件应急处置中的"关键环节"，还需要结合多种方法，探索建立"关键环节"的识别模型，可以从以下几个方面来尝试。第一，倒逼识别，即通过对某一可预测的结果的分析，从多个结果中评估"关键环节"发生的可能性。第二，弱点识别，通过对应急预案、应急管理体制、机制和法制中存在的缺失、漏洞的分析，评估可能产生的"关键环节"。第三，运用模拟方法和信息库识别。利用复杂系统理论以及详细的信息库建立模拟模型，有助于根据主要信号判断关键环节，从而提高预测大规模事件的能力。第四，概率识别，通过参数概率配给、波动幅度评定、内生变量的测量、敏感性分析程序等，反映参数对某一评估值的把握度，从而运用评估结果辅助把握"关键环节"。

四、加强应急决策和处置中"关键环节"管理的几点建议

（一）树立和强化关键环节的意识

无论是通过事物发展逻辑的演绎，还是通过应急案例实践的总结，我们认为，关键环节是对突发事件进行科学分析和正确处置的有

力工具。对很多应急处置工作而言,千头万绪,千变万化,需要分析判断和紧急决策的对象很多,在这种情况下,尤其需要决策中牢牢树立"关键环节"的概念,在错综复杂的各种要素面前能敏锐确认关键环节,并实现及时处置。树立关键环节的意识,有利于在实践中抓主要矛盾,发现拐点,控制临界点。树立关键环节的意识,要注意突发事件中关键环节带有规律性的产生节点。同时,更要保持清醒,提高警惕,高度重视关键环节的个别特征,提高处置工作的确定性、稳定性和准确性。

(二)创新应急管理决策

应急管理是个复杂的系统工程,决策的正确与否,对应急管理的效果影响最为直接。因此,应急管理的决策必须科学有序、敢于创新。应急决策光靠专家是不够的,但也不能搞"谁官大谁说了算"。决策过程必须坚持部门各司其职、各负其责的原则。要有各方面的社会公共管理人员参加,做到民主、科学决策。应急管理的行政首长负责制,主要是负责组织、协调和权衡,做好应急管理的保障。建议研究、总结、编写重大应急管理案例,关注公共事件关键环节的决策经验与教训,供大家学习借鉴。

(三)完善应急预案

目前,全国应急预案框架体系初步建立。随着对应急管理规律的认识深入,对这些预案进行适当修正成为必要,尤其是需要从关键环节的角度重新审视。很多预案虽然明确了处置的重点,但对关键环节没有给予足够的重视,容易导致在实际操作中对预案规定的各个工作内容均匀用力,不利于及时识别和处置关键环节,从而影响处置工作的成效。专项应急预案中应当对可能发生的关键环节有一个概率性的估计,并对可能的应对途径做出适当布置,降低因为关键环节的突发性而导致的损失。可以将关键环节分为四种模式:蔓延式发展模式、周期性发展模式、爆炸性发展模式和跳跃性发展模式。对蔓延式发展的关键环节,要把握其蔓延的趋势和破坏程度,划出适当的隔离区域以阻止危机的蔓延发展;对周期性发展的关键环节,要积极化解危机峰值所可能产生的破坏效应;对爆炸性发展的关键环节,要采取适当的危机公关沟通措施,恰当地处理好与相关媒体和危机利益相关者的关系;对跳跃性发展的关键环节,要迅速隔离危机跳跃发展传播的途径,对危机发生源和危机传播途径进行监测和控制,根据其发展模式提前控制关键环节,降低其不确定性。

(四)进一步明确分级响应机制和属地管理体制

分级响应和属地管理是基础性制度。首先要加强基层工作,从突发公共事件应急处置主体的纵向层级看,基层的应急响应是"关键环节"。突发事件的第一知情者是基层,处置突发事件的第一现场也在基层。抓好基层基础工作,对于最大限度地降低突发事件造成的损失,具有决定性意义。其次,更加重视信息机制建设。突发事件的相关信息应该有整体的收集、报送、整理、分析、共享的机制,以确保在事件发生之时有着更为充分的信息,这是加强应急处置的基础性工作。再次,要重视资源和预案的配备协调,实践证明,资源和预案不匹配问题极易成为应急处置中的关键环节。要协调人力、物资、财力、技术和信息的准备和使用,要加强部门应急预案之间、专项预案之间、部门应急预案和专项预案之间的协调,特别是要加强各种资源的综合协调和衔接。处理任何公共危机、应急管理的任何一个环节的条块结合、以块为主的问题,在地方的中央企事业单位发生公共危机,应该建立以地方政府为主负责应急管理处置、中央部门予以支持、援助的组织协调体制。

(五)建立健全应急管理联动协同机制

提高政府应对危机能力,不仅要建立总体性应急管理组织协调体制,而且应当建立健全应急管理联动协同机制。通过制定应急管理法律和预案,明确主管部门、协助部门的应急管理职责、任务、程序和义务,为建立统一指挥、分工协作、资源共享的应急管理体制提供法律和制度保障。要加强各部门、各地区应急管理体系建设的统筹规划、资源整合和整体协同,可以共用的资源和力量要通过协调互相支援配合,尽可能地利用已有的应急管理力量和资源,这样既避免了重复建设、资源闲置,又有利于发挥专业机构在应急管理关键环节中的主导作用。

(六)建立相对独立的信息报告和披露机制

各级政府和各种社会组织要确定专门机构或专门人员(包括兼职人员)负责信息报告工作,接受同级政府(单位)和上级部门的双重领导,独立履行信息专项职能,不受任何行政与外来权力的干扰。有关方面要定期对他们进行培训,使他们熟悉公共危机方面需要报告信息的内容、标准、渠道、程序、时限和责任,特别是要训练他们善于识别突发事件的"关键环节"。建立各级政府公共危机新闻发布制度,进一步完善信息沟通体制。建立突发公共事件应急处置工作责任追究制。对突发公共事件应急管理工作中做出突出贡献的先进集体和个人要给予表彰和奖励;对迟报、谎报、瞒报和漏报突发公共事件重要情况或者应急管理工作中有其他失职、渎职行为的,依法对有关责任人给予行政处分;构成犯罪的,依法追究刑事责任。

(原载《中国应急管理》2008年第2期,作者为高小平、陈茂生、刘杰,入编本书时使用了投稿的文稿,内容比发表稿有较多增加)

突发公共卫生事件应急管理的功能与模式

一、落实科学发展观，全面提升应急管理水平，促进经济社会协调发展

当前，我国现代化建设进入新的阶段，改革和发展处于关键时期，影响公共安全的因素增多，各类突发公共事件时有发生。加强突发公共事件应急管理，是关系我国经济社会发展全局和人民群众生命财产安全的大事，是全面落实科学发展观、构建社会主义和谐社会的重要内容，是各级政府坚持以人为本、执政为民、全面履行政府职能的重要体现。

党中央、国务院十分重视突发公共事件应急管理，反复强调要居安思危，增强忧患意识、危机意识，并在建立和完善应急管理机制和应急管理法制建设等方面取得了很大进展，应急管理体制逐步健全，一个功能完备、反应灵敏、高效运行、保障有力的政府应急管理体系正在形成。国务院于2005年和2006年连续两次召开全国应急管理工作会议。在2005年7月国务院召开的全国应急管理工作会议上，温家宝总理指出，加强全国应急体系建设和应急管理工作，必须做到健全体制，明确责任；居安思危，预防为主；强化法治，依靠科技；协同应对，快速反应；加强基层，全民参与。进一步加强应急管理工作，建立健全应急管理法制、体制和机制，成为摆在各级政府及其部门面前一项极为重要的任务。

对各种突发公共事件实施应急管理,是各国政府的一项重要职能和责任。如何提高政府应急管理能力,是现代各国政府和社会普遍关注的问题。国外在突发公共事件应急管理方面的经验集中表现在两个方面:一是建立应急管理组织体系。包括建立协调有效的应急组织管理体制和机制,拥有一支专业化的应急救援队伍,及时、准确、透明的新闻发布机制,广泛参与的社会化自救互救形式。二是加强应急管理制度建设与应急文化建设。包括构建完善的法律体系,政府和学术界高度重视危机管理研究,不断提高公众的危机意识。

2003年爆发的非典型肺炎[我国医学用名,简称非典。国际卫生组织 WHO 使用严重急性呼吸综合征(severe acute respiratory syndrome)一词,简称 SARS]疫情,是新中国成立以来遭遇的最大的突发公共卫生事件。在抗击非典的过程中,各级政府在应急管理方面进行了许多成功探索,为全面加强应急管理积累了宝贵的经验。同时,也暴露出了很多亟待解决的问题。近年来,我国全面加强突发公共卫生事件应急管理,取得了长足的进展。国家重视卫生应急法规建设,初步建立了突发公共卫生事件应急预案体系,基本完成了疾病预防控制体系和应急医疗救治体系建设,积极推进突发公共卫生事件监测报告和预警、指挥决策系统建设,不断完善部门间信息沟通与措施联动机制,建立卫生应急队伍,进行卫生应急培训、演练,加强卫生应急资源配置和卫生应急物资储备,强化指导各地规范、有序地开展卫生应急处置工作。与此同时,广泛参与国际交流与协作,应对突发公共卫生事件的能力得到了明显的提高。

但是,我国突发公共卫生事件应急管理还存在一些薄弱环节。主要表现在法律保障体系不健全,应急指挥决策体系和协调管理机制有待完善,监测报告网络系统不健全,预测预警能力不强,应急处置能力和设施相对滞后,应急体系运行经费没有保障,应急物资储备体系尚不完善,公众宣传和健康教育力度不够,公众普遍缺乏应对突发公共事件的常识、自我防护意识和自救互救能力,等等。

身体健康和生命安全是人民群众的最基本需求,保护人民群众身体健康和生命安全是我们党和政府第一位的责任。发展卫生事业,特别是建立健全包括突发公共卫生事件应急管理在内的公共卫生体系是政府的重要职责,对于保护人民群众身体健康和生命安全具有重要意义。改革开放以来,中国经济持续快速发展,卫生事业发展的经济环境、体制环境、社会环境都发生了深刻变化,对卫生工作提出了新的更高要求。当前,卫生改革与发展相对滞后,卫生医疗服务现状与人民群众日益增长的服务需求不相适应,疾病流行模式日趋复杂,现行卫生服务体系与疾病预防控制要求不相适应,突发公共卫生事件应急管理仍然比较薄弱,现行卫生管理体制与经济社会体制不相适应。这就需要我们进一步实践"三个代表"重要思想,贯彻落实科学发展观,健全公共卫生体制,加强公共卫生建设,加强突发公共卫生事件应急管理,保障广大人民群众共享改革发展成果和公共利益。

二、加强中国特色的突发公共卫生事件应急管理的研究,建立健全突发公共卫生事件应急管理体系

公共卫生是卫生事业和公共管理的重要组成部分,是政府通过公共政策和保障措施,保护和增进广大人民群众健康的一项基本的社会经济制度。随着经济全球化进程的加快,重大公共卫生事件已不是单纯的医疗卫生问题,如果处理不好,还可能跨越国界,成为影响政治、经济、外交和国家安全的重大问题。当前,重大突发公共卫生事件时有发生,不仅给人们的身心健康造成严重危害,而且影响社会的稳定,阻碍社会经济的发展。因此,突发公共卫生事件应急管理理论愈来愈引起各国广泛关注。

突发公共卫生事件应急管理是一门科学。突发公共卫生事件应急管理理论具有综合性、应用性和边缘性等特点,是一门多重交叉学科。突发公共卫生事件应急管理理论研究要运用管理学、医学、法

学、行政学、心理学等原理,吸收其他各个学科营养,立足实践,总结经验,提炼反思,才能形成自己的理论框架和逻辑体系。从宏观讲,突发公共卫生事件应急管理理论要研究突发公共卫生事件的发生、发展、消亡的演变规律,研究应急管理体系和过程;从微观讲,突发公共卫生事件应急管理理论要研究突发公共卫生事件应急管理中的各个要素以及要素之间的关系,应急管理方法与模型等。从纵向讲,突发公共卫生事件应急管理理论要研究人类历史上遭遇到的各种突发公共卫生事件,研究当时情形下所采取的应急管理手段及所产生的应急管理思想,做到"古为今用"。从横向说,突发公共卫生事件应急管理理论要研究各国和各个地区突发公共卫生事件应急管理,实现"洋为中用"。

近年来,我国突发公共卫生事件应急管理研究取得了很大成就。一是突发公共卫生事件应急管理法制研究不断加强,有力地推动了法制建设。国家在专家支持下,整理和修改了大量有关公共安全和突发公共卫生事件应急处置的法规,并研究和制定了《突发事件与紧急状态处置法(草案)》。二是突发公共卫生事件应急管理预案研究力度加大,促进了各类、各级突发公共卫生事件应急预案的制定和完善,提高了应急预案的质量,增强了预案的可操作性与预见性。三是将防范风险和应急管理规划的研究提上议事日程,改变了传统的制定经济社会发展规划以常态为依据的思维方式,把非常态管理纳入国家和地区发展计划,增加国家投入。国家在编制"十一五"经济社会发展规划时,把应对突发公共卫生事件纳入国民经济宏观管理中,国家发展和改革委员会、财政部等国家部委增加了这方面应急管理的预算。四是促进政府能力建设和人才培养。从 2004 年起,中共中央组织部、国务院应急管理办公室、国家行政学院、卫生部等组织对各级干部进行有关应急管理能力的培训。五是开展应急管理评估研究,把应急管理能力作为政府绩效评估和干部人事考核的重要内容,有关城市积极研究开发各种政府应急能力评估指标体系。

三、进一步明确政府在突发公共卫生事件应急管理中的主导地位

温家宝总理强调,加强应急管理工作,是维护国家安全、社会稳定和人民群众利益的重要保障,是履行政府社会管理和公共服务职能的重要内容。各级政府要从实践"三个代表"重要思想,从坚持立党为公、执政为民、构建社会主义和谐社会和提高政府行政能力的高度,切实增强责任感、紧迫感,把这项安国利民的大事做好,为全面建设小康社会、加快现代化建设提供一个稳定、安全的社会环境。

建立健全社会预警体系,加强应急管理工作,就是要提高国家保障公共安全和处置突发公共事件的能力,预防和减少自然灾害、事故灾难、公共卫生和社会安全事件及其造成的损失,保障国家安全、保障人民群众生命财产安全、维护社会稳定。加强全国应急体系建设和应急管理工作,必须做好健全组织体系、运行机制、保障制度等工作。在突发公共卫生事件应急管理中,政府部门必须发挥其主导地位。

第一,健全体制,明确责任。各地区卫生行政部门要在党中央、国务院统一领导下,在卫生部的具体指导下,协助当地党和政府建立健全分级负责、条块结合、属地管理为主的突发公共卫生事件应急管理体制,形成统一指挥、功能齐全、反应灵敏、运转高效的应急机制。各级政府要把加强突发公共卫生事件应急管理摆上重要位置,把人力、财力、物力等公共资源更多地用于公共卫生服务和应急管理。

第二,居安思危,预防为主。要健全突发公共卫生事件应急管理机制,健全监测、预测、预报、预警和快速反应系统,加强专业救灾抢险队伍建设,健全救灾物资储备制度,搞好培训和预案演练,全面提高国家和全社会的突发公共卫生事件应急管理能力。不断完善各级各类应急预案,并认真抓好落实。

第三,强化法治,依靠科技。要加快突发公共卫生事件应急管理

的法制建设，形成有中国特色的应急管理法制体系，把突发公共卫生事件应急管理工作纳入规范化、制度化、法制化轨道。高度重视运用科技提高应对突发公共卫生事件的能力，加强应急管理科学研究，提高应急装备和技术水平，加快应急管理信息平台建设，形成国家公共安全和应急管理的科技支撑体系。

第四，协同应对，快速反应。各地区各部门要树立大局意识和责任意识，不仅要加强本地区本部门的突发公共卫生事件应急管理，落实好自己负责的专项预案，还要按照应急预案的要求，做好纵向和横向的协同配合工作。健全突发公共卫生事件应急管理的组织体系，明确各方面职责，确保一旦有事，能够有效组织，快速反应，高效运转，临事不乱。

第五，加强基层，全民参与。要特别重视城乡基层和各项基础工作，做好社区、农村、学校、医院、企事业等基层单位突发公共卫生事件应急管理工作，提高基层应对突发公共卫生事件的处置能力。广泛宣传和普及公共卫生知识、应急管理知识和自救知识，提高群众参与应急管理能力和自救能力。

我们的政府是人民政府，根本宗旨就是为人民服务、对人民负责，保障人民群众的利益不受侵害、减少损失。各级政府必须强化责任意识，把保障人民群众利益和生命财产安全作为突发公共卫生事件应急管理的首要任务，居安思危，常抓不懈，努力提高我国突发公共卫生事件应急管理能力和工作水平。

四、创建中国特色的突发公共卫生事件应急管理模式

中国特色的突发公共卫生事件应急管理模式，应该建立在总结历史经验和教训，研究理论，借鉴外国先进做法，立足于国情的基础之上。重点应强调以下内容：

（一）建立领导指挥、信息沟通和预防救治网络

第一，国务院和地方政府成立突发公共卫生事件应急管理协调

常设机构，负责制定和启动应急预案，明确各级政府以及职能部门的任务和职责，以法律法规及地方规章为支撑。同时，进一步完善应对公共卫生突发事件的法律法规，以立法的形式授予应急管理机构相应的权力。第二，建立现代化的全国疾病监测报告系统、都市症状监测系统，收集国内外最新疫情、灾害等综合资料，将分析处理结果及时反馈给指挥系统，为政府根据疫情变化做出相应级别的应急警示提供科学依据。同时，要建立应对体系的计划系统，如各种危机战略方案等，加强对危机的预见性。加强教育、训练，提供知识储备。第三，建立严密的预防、救治网络。防治网络由指挥部、疾病预防控制机构、医疗机构、卫生监督机构、专家委员会、科技攻关协作组等组成。建立技术先进的应急医疗救治网，深化医疗卫生体制改革，特别要建立和完善农村新型合作医疗制度，加强农村医疗卫生设施建设。

（二）完善突发公共卫生事件监测信息网络，建立预警制度

突发公共卫生事件监测信息网络主要包括国家疾病监测报告系统、国家突发公共卫生事件监测报告系统、医疗救治信息系统、卫生执法监督信息系统和应急指挥信息系统。完善突发公共卫生事件监测信息网络，按照统一规划、分步实施、突出重点、信息共享、强化职责、依法管理的原则进行。在强化检测的基础上，建立及时准确的预警制度。

（三）推进突发公共卫生事件应急决策和协调机制建设

在全国形成应对突发公共卫生事件应急协调指挥体系，保证突发公共卫生事件应急处置指挥有力、协调良好、控制有效。要建立健全部门间和地区间协调机制，各地要尽快与公安、消防、农林、交通、铁路、质检、民航、安监、检验检疫等部门和单位建立起沟通协调机制，努力形成突发事件联防联控机制。

（四）坚持预防为主方针，积极有序开展突发公共卫生事件风险隐患排查工作

要重视公众应急健康教育工作，落实中央关于卫生应急要"进社区、进学校、进企业"的要求，全面普及卫生应急知识。各地都要编制卫生应急健康教育方案，深入社区、学校、企业组织开展卫生应急知识宣传教育，提高公众发现、防范、报告意识和自救、互救能力。

（五）加强培训、演练，依法、科学、规范、有序、高效地处置各类突发公共卫生事件

要针对当地可能出现的重点传染病疫情等突发公共卫生事件，组织开展卫生应急演练。培训和演练要重能力、重实效。卫生应急工作要坚持"预防为主，平战结合"的原则，加强卫生应急人员的技术培训，加强各级管理和专业人员的培训和知识更新。组建卫生应急队伍，选择具有临床经验的医务人员和现场处置经验的疾病预防控制专业人员，平时进行应急知识、技能培训，配备必要的医疗救治和现场处置装备，在遇有突发事件时，能够迅速组织，及时赶赴现场，有效开展医疗救治和流行病学调查处理。卫生部组织全国性和区域性的突发公共卫生事件应急处理演练，以检验、改善和强化国家或区域应急准备，提高应急能力；同时，对演练结果进行总结和评估，进一步完善应急预案。地方各级人民政府卫生行政部门根据实际情况和工作需要，结合应急预案，按照"统一规划、分类实施、分级负责、突出重点、适应需求"的原则，采取定期和不定期相结合的形式，组织开展突发公共卫生事件的应急演练。

（六）完善法律法规和卫生应急预案体系

2003年，国务院颁布了《突发公共卫生事件应急条例》。为适应当前传染病防治的新形势和工作需要，我国修订了《中华人民共和国传染病防治法》，2004年12月1日起施行。根据国务院统一部署，卫生部组织制定了《国家突发公共卫生事件应急预案》和《国家突发公共事件医疗卫生救援应急预案》。这些法律、法规和预案，针对突发公共事件的严重程度和危害明确了各级政府、各有关部门在突发公共卫生事件应急工作和医疗卫生救援应急中的工作职责，要求卫生应急工作统一协调、分级响应、保障有力,以确保科学、及时、有效地应对各类突发公共事件。上述法律、法规和规范性文件的出台和修订,促进了突发公共卫生事件应急处置工作规范化、制度化和法制化的进程,使卫生应急工作有法可依、有规可循。

(七) 建立应急物资、储备、征用机制

卫生应急物资储备是一项复杂、动态的系统工作,涉及发展改革委、财政部、卫生部等多部门,部门之间的协调配合十分重要。卫生应急物资储备以地方储备为主,国家储备作为必要的补充。各级卫生行政部门结合本地区实际情况和应急工作需要,充分考虑利用现有人力、财力和技术,根据不同突发公共卫生事件特点,分类提出应急物资储备目录,由财政部门保证储备资金,发展改革部门具体组织落实储备到位。发生突发公共卫生事件时,发展改革部门根据本级政府的指令和卫生部门的建议,按照有关规定调用应急储备物资,并根据需要及时予以补充。

(八) 广泛动员社会力量,加强应急公众沟通

卫生应急工作中的社会动员对有效处置突发公共卫生事件十分重要。城市社区、农村基层和社会各界力量全面参与重大传染病疫情和救灾防病等其他突发公共事件的卫生应急,是全面落实各项防治措施,有效控制突发事件的重要条件。各级卫生部门和新闻宣传部门要密切配合,采取多种形式和渠道广泛开展突发公共卫生事件应急知识的宣传和健康教育,加强突发事件应急处理的宣传报道和危机干预,正面引导舆论,稳定社会情感。

五、政府在突发公共卫生事件应急管理的责任

我国突发公共卫生事件应急管理在理论与实践上的初步探索,为国际社会、公共卫生界和学术界广泛关注。我国突发公共卫生事件应急管理理论与实践的探索集中体现在"一案三制",即卫生应急

预案体系和机制、体制、法制建设,这是提高应对突发公共卫生事件的能力的关键。

1. 牢固树立危机意识,不断完善应急预案

我国正处于改革和发展的关键时期,也是各种危机的凸显期,各类突发公共卫生事件难以完全避免。全面加强公共卫生应急管理工作,是关系国家经济社会发展全局和人民群众生命财产安全的大事;是全面落实科学发展观、构建社会主义和谐社会的重要内容;是各级政府坚持以人为本、执政为民、全面履行政府职能的重要体现。建立健全突发公共卫生事件应急预案,是有效开展卫生应急工作的重要组成部分,是国家整个卫生工作的重要内容。要牢固树立危机意识、责任意识,充分认识做好卫生应急预案工作的重要性和艰巨性,在各级政府的领导下,对已经编制的应急预案定期进行更新、补充和完善,对还没有建立的预案,要按照"横向到边,纵向到底"的要求,抓紧制定,不断健全。

开展早期预警是应对突发公共卫生危机事件的重要环节。所谓预警,是将收集一切警告信息和事先确定的预警阈值,分门别类进行整理并加以综合分析,通过信息处理系统,及时、准确上报和接收决策部门的反馈,及早采取有效的应急措施,达到及早控制危机事件或防止危机事件扩散的目的。专业的危机预警强调组织管理,即通过政府权力、责任、行动的紧密结合把预警和应急机制纳入国民经济和社会发展计划,从而达到减轻灾害的目标,以及建立预警及应急处理机制的网络信息平台。早期预警及科学的应急机制还要求加强公共卫生事件对社会影响的对策研究,如开展非典疫情发生全过程的民众社会心理行为变化规律的持续性研究,并使预警研究成果直接为战胜非典的舆论导向和领导决策提供心理科学的依据和管理对策,同时,逐渐地把这项研究延伸到正常的社会情境中,充分利用这种特殊的社会背景的变化过程展开持续性研究,为具有长远意义的国家灾难事件及重大事件社会心理预警系统的建立打下基础。

2. 建立中国特色的突发公共卫生事件应急管理体制

第一,建立统一的指挥系统。国务院和省级人民政府是突发公共卫生事件应急管理的责任主体,担负统一领导、统一指挥的职责。国务院卫生行政管理部门、地方各级人民政府卫生行政管理部门是履行突发公共卫生事件法定职责的主管机关,建立严格的突发事件防范和应急处理责任制,按照统一领导、分级负责、反应及时、措施果断、依靠科学、加强合作的原则,尽职尽责地做好工作。第二,建立畅通的信息网络。国务院卫生行政主管部门建立健全重大、紧急疫情信息报告系统,各地要建立健全从省到村的疫情信息网络。第三,建立和完善疾病预防控制和应急救治体系。从中央到省、地、县建立疾病预防控制中心,改善疾病监控设施和手段,开展疾病科学研究,完善监测和预警机制,全面提高预防监控水平。县级以上配备相应的医疗救治药物、技术、设备和人员,提高医疗卫生机构应对突发事件的救治能力。省市(地)两级应设置传染病专科医院,或指定具备传染病防治条件和能力的医疗机构承担传染病防治任务。第四,建立应急医疗卫生队伍。各省、自治区、直辖市建立随时能够处置突发疫情的机动应急医疗卫生队伍,作为应对各类突发公共卫生事件的重要力量。对医疗卫生人员开展突发公共卫生事件应急处理相关知识、技能的培训。

3. 建立行之有效的突发公共卫生事件应急机制

应急机制是与应急体制相配套的管理要素。建立应急机制,是一项系统工程,需要政府的重视,政策、物资上的保证,相关单位的协作,公众对公共卫生事业的理解、参与,等等,缺一不可。第一,建立科学的疾病预防控制机制。预防是避免突发公共卫生事件的第一原则。各级政府和有关部门要严格按照条例的要求,加强建设,完善疾病预防控制机制。要建立完善的疾病控制中心、建立完备的储备保障制度、建立应急医疗卫生队伍。第二,建立科学的信息畅通机制。处置突发公共卫生事件既要求政府及时、充分、准确地掌握疫情及其相关信息,也要求政府让灾民及时、充分、真实地了解疫情及其相关信息。各级政府要按照《突发公共卫生事件应急条例》的规定,不断完善突发公共卫生事件应急报告制度、国家举报制度、突发公共卫生事件的信息发布制度。第三,建立科学的应急处理机制。要建立完善的应急预案制度、快速的反应网络机制、完备的应急防护制度。

4. 制定应急管理相关的法律法规

据初步统计,2003年10月前,我国已出台涉及突发事件应急的法律、行政法规70余部,国务院有关部门制定了50多件规章。此外,还出台了中央、国务院及部门文件100多件。2003年后,我国进一步加强突发事件应急法制建设,相继制定、修订了20余部法律、行政法规,使自然灾害、事故灾难、公共卫生事件和社会安全事件等各种突发事件的应对基本做到了有法可依。为了进一步增强政府应急管理水平,规范政府应对各类突发事件的共同行为,国家在认真总结我国应对突发事件经验教训、借鉴其他国家成功做法的基础上,制定了《突发事件应对法》。该法主要规定了五项制度:一是建立统一领导、分级负责、综合协调的突发事件管理体制,明确各级政府应对突发事件的职责;二是建立健全突发事件预防和应急准备制度,明确各级政府和政府有关部门、基层群众自治组织、有关单位在突发事件预防和应急准备方面的责任和义务;三是建立健全突发事件的监测和预警机制,规定统一的突发事件信息报告制度和技术标准体系、预警制度和预警期内应当采取的措施;四是建立健全突发事件应急处置与救援制度,针对不同种类突发事件规定了政府应急处置和救援的必要措施;五是建立事后恢复与重建制度,明确事后恢复和重建的措施、任务。

改革开放以来,我国逐渐建立起以《中华人民共和国传染病防治法》为基本法的较为系统的公共卫生应急管理法律制度,但我国公共卫生危机管理法律制度远远缺乏有效地抵御危机、阻止危机扩散的功能,主要表现在公共卫生应急法律制度中执法机制存在着重大障碍,部分政府官员法治观念淡薄,未能依法履行其领导和组织职能,致使相关的法律制度失去法律的权威性和实践指导性。现行公共卫生应急法律制度包括许多法律法规,它们制定的时间先后不一,有的制定多年而未做适时的修改,因而相互之间存在着不少矛盾之处,有些规定已经过时或适用性不强,有的缺乏预见性,在新传染病发生并带来新问题时,往往找不到援引的依据,呈现"无法可依"的状况。

六、从战略和全局的高度,重视突发公共卫生事件应急管理体系建设

党的十六届三中全会提出,要建立与社会主义市场经济体制相适应的卫生医疗体系,提高公共卫生服务水平和突发性公共卫生事件应急能力。突发公共卫生应急管理的目标是通过规范突发公共事件及其突发公共卫生事件应急准备和应急处置,减少突发事件造成的人员伤亡,减轻突发事件损失,维护社会稳定,为保障人民群众的身体健康和生命安全、促进经济社会协调发展、努力构建和谐社会做出贡献。做好卫生应急工作,是卫生部门义不容辞的职责,是卫生工作的重要组成部分。各级卫生行政部门和医疗卫生机构要充分认识卫生应急工作的重要性、紧迫性,不断加强卫生应急工作体制、机制和法制建设,在组织领导、办事机构、应急体系、应急准备、应急处置等方面统筹规划、加强建设、科学安排,全面提升卫生应急工作水平。要加强研究和交流,要围绕突发事件应对策略和技术,加强应用研究,紧跟国内和国际卫生应急管理和处置的发展趋势。要认真做好《国际卫生条例》实施准备工作,采取走出去、请进来相结合的办法,加强与国际社会的交流与合作。要加强卫生应急能力评估工作,突发事件发生前,要对应急准备工作进行评估,不断提高卫生应急能力。突发事件发生后,要对卫生应急处置效果进行评估,及时总结完善,并协助当地政府开展恢复重建工作,指导当地卫生部门做好医疗卫生保障能力恢复工作。

第一,增强危机意识和应急观念,克服麻痹松懈情绪和侥幸心理。把提高应对危机能力作为政府和公共组织履行社会管理和公共服务职能的重要任务,进一步加强对突发公共卫生事件的监测、预防和控制,做到有备无患,从容应对。

第二,全面实施应急管理体系建设规划,提高应对突发公共卫生事件能力。要按照国家批准的各项建设规划要求,加快医疗救治体系、疾病预防控制体系的建设进度,争取早日完成,尽快发挥效益。同时,要进一步完善疾病预防控制机构和卫生执法监督机构的职能定位、职责分工和工作要求,改革人事制度,加强队伍建设,实行定编定员,招聘竞争上岗,优化队伍结构,提高工作水平。

我国农村和城市社区公共卫生设施简陋,技术力量薄弱,是应对突发公共卫生事件最薄弱的环节。国家要加快制订农村医疗卫生服务体系建设规划,加强乡(镇)卫生院预防保健、急诊急救、传染病救治和基本医疗服务能力建设,改善农村卫生机构服务能力和条件。

第三,进一步加强卫生法制建设。严格执行《中华人民共和国传染病防治法》《中华人民共和国食品卫生法》《中华人民共和国职业病防治法》和《突发公共卫生事件应急条例》等相关法律法规和规定,切实履行职责,落实责任制。对工作不力,措施失当,造成损失的,依法追究有关当事人的责任。加强传染病防治工作的执法监督,依法强化对医疗机构、疾病预防控制机构有关服务行为的监督检查。全面推行食品安全行动计划,完善食品污染物监测网络和预警措施,大力推行食品卫生监督量化分级管理制度,严格对食品生产经营单位的卫生监管和卫生许可证发放。加强职业卫生监督,做好乡镇企业、农村个体工商户职业病危害专项整治,推进职业病防治法的贯彻实施,督促企业落实职业病防治措施,强化职业病危害申报管理,查处大案要案。

第四,加强应对突发公共卫生事件的宣传教育。利用多种形式对社会公众广泛开展突发公共卫生事件应急知识的宣传,指导群众以科学的态度对待突发公共卫生事件,消除恐慌心理,提高遵守有关法律法规的意识和自我防范的能力,以利于组织和动员社会公众广泛参与有效应对突发公共卫生事件。

第五,加强人员、技术储备和物资、经费保证,保障应急体系的有效运行。加强应急医疗卫生救治队伍和培训基地建设,不断提高应急救治能力。国家将制订严格的应急医疗卫生救治管理规范,加强技术培训和应急演练,培养医护人员全心全意为患者服务的理念。国务院有关部门将充分有效利用各种卫生资源,整合科研力量,实行联合科技攻关,加强对突发公共卫生事件的发生规律、监测预警、预防控制等方面的研究,为突发公共卫生事件应急处理提供技术支持。充足的应急物资储备和经费安排是应对突发公共卫生事件的基本保障。国务院有关部门已经建立了应对突发公共卫生事件的生产能力和物资储备制度,包括药品、疫苗、医疗器材、卫生防护用品和应急设施等物资储备。各级发展改革部门将努力保障突发公共卫生事件基础设施项目建设。各级财政部门将合理安排预防控制突发公共卫生事件的日常工作经费和突发公共卫生事件的应急处理经费。国家对边远贫困地区突发公共卫生事件应急工作给予财政支持。

(本文是卫生部组织编写的《突发公共卫生事件应急管理——理论与实践》一书的部分内容,该书由王陇德主编,人民卫生出版社2008年出版,这里选取的是书中由高小平执笔的部分,标题为后加)

危机管理方法论初探

探讨危机管理方法论,意在从高端抓住危机管理问题的症结,促进危机管理科学化。本文初步探究了危机管理方法论的若干内容,并试图运用危机管理方法论,研究加强我国的危机管理体系建设的举措,提高政府应对公共危机的能力。

一、危机管理方法论研究的意义

随着科学技术革命的深入,人类认识世界和改造世界的方法日益成为一门专门的理论,即方法论。方法论"是一切科学技术的根本理论基础,是一切科学技术、一切实践活动的动力学,是一切发明创造的工具和'杠杆',是理想通往现实的'桥梁'"[①]。研究和掌握管理方法论,不仅有助于运用正确的方法解决管理中出现的各种问题,取得事半功倍的效果,而且可以帮助我们从新的角度抓住问题的症结,促使管理科学化。

1. 目前危机管理研究现状迫切要求危机管理方法论的研究

目前,我国对危机管理的研究十分匮乏,总体还处于起步阶段。存在的问题有。

(1) 危机管理概念不统一。

基本概念不能形成共识是理论不成熟的表现。在危机管理研究中,人们从不同角度对危机进行界定和透视,形成了多种危机管理的

---

① 引自《世界名人论科学技术》,第一辑。

概念。归纳起来,对危机管理的概念界定有以下几种视角。

其一,从危机特点的研究视角来看,危机又称"突发事件""风险"①,是指突发性的、可能对社会造成较大危害的事件,可能是"天灾",也可能是"人祸"②。美国学者奥兰·杨认为,危机是由一组迅速展开的事件组成,它使破坏稳定的力量在总的系统或其中任何子系统中的影响作用大大超过了正常水平,并增加在系统中爆发暴力的危险③。

其二,从危机的决策环境视角而言,危机对策研究的先驱赫尔曼的经典定义是:"危机是威胁到决策集团优先目标的一种形势,在这种形势下,决策集团做出反应的时间非常有限,且形势常常向令决策集团惊奇的方向发展。"④我国学者薛澜把危机界定为对一个社会系统的基本价值和行为准则产生严重威胁,并且在时间压力和不确定性极高的情况下,必须对其做出关键决策的事件。他指出,危机事件的决策环境相对于政府的常规性决策环境往往是一种非常态的社会情境,是各种不利情况、严重威胁、不确定性的高度积聚。⑤ 因此,从危机管理的角度来看,危机可以被认为是一种决策形势,在此情势下国家的利益受到威胁,严重的对抗可能因失控而导致暴力冲突,而管理者做出决策和反应的时间相当有限。

其三,从政府行为的角度而言,危机管理就是指政府调动各种可利用的资源,采取各种可能的或可行的方法和方式,限制乃至于消弭危机的行为,从而使现存的危机得以解决,使危机造成的损失最

---

① 丁辉. 论突发事件和应急机制[J]. 安全,2003年增刊.
② 侯少文. 提高处置危机的能力[J]. 瞭望新闻周刊,2003(19).
③ 许文惠,张成福. 危机状态下的政府管理[M]. 北京:中国人民大学出版社,1998.
④ 麦克纳马拉:《今后的战略可能不复存在,取而代之的将是危机管理》. 见中评网2003年第6期:http://www.chinareview.com/everyday/everyday-36.htm.
⑤ 薛澜,张强,钟开斌. 危机管理:转型期中国面临的挑战[J]. 中国软科学,2003(4).

小化。①

其四,从组织过程的角度说,所谓危机管理,指的是组织为应付各种危机情境所进行的信息收集、信息分析、问题决策、计划制订、措施制定、划界处理、动态调整、经验总结和自我诊断的全过程。

相应于对危机管理概念含义的不同阐释,对危机管理的名称也不统一,如"危机管理""应急管理""风险事件管理"等。如何统一概念与名称,整合危机管理理论的研究视角,促进危机管理理论的成熟,迫切需要科学的危机管理方法论的指导。

(2)理论基础薄弱。

危机管理的研究没有形成比较完善的理论体系。目前所取得的进展,一是人们已经认识到了危机管理对于每一个组织的必要性和重要性,认识到危机管理的研究需要各级政府和学术科研部门进行通力合作。二是提出了危机管理体系建构的框架,大致包括:加强危机管理法制建设;建立预警和快速反应机制;设立危机管理专门机构;按照危机的生命周期制定应对措施等。三是运用社会学中的社会冲突理论、心理学中的认知失调理论、经济学中的发展经济学和制度经济学理论、管理学中的决策理论等,做进一步的分析,力图为完善危机管理体系提供理论指导。但是,这三个方面的进展都仅是初步的,危机管理理论框架是粗线条的,跨学科的研究也停留在"应然"层面的探讨上,缺乏能指导实践的可操作性的研究成果。

(3)研究方法单一。

在危机管理理论研究方法上,显现出单一的特征,多用描述、归纳的方法。不可否认,描述、归纳方法是管理学理论基本的研究方法,它是通过对大量类似事件的特征进行描述,以总结规律、寻找问题普遍性的方法。然而,危机管理面对的是带有不确定性、突发性和偶然性的事件,属于非程序化的决策范畴,以往的危机事件描述与经

---

① 周志田. 从 SARS 谈中国危机管理的机制建设[J]. 科学对社会的影响,2003(2).

验总结的方法在复杂的危机面前终显乏力,难以取得成效。因此,对危机管理的方法论体系的科学研究变得尤为紧迫与必要。

2. 危机管理实践呼唤危机管理科学化,危机管理的科学化要求危机管理学科化,即建立危机管理学

当前,我国已进入了一个危机频发期,社会转型中的诸多矛盾,"大城市病",纷繁复杂的国际形势,都不断放大着各种危机,加剧了政府应对危机的复杂性和艰巨性。改革开放以来,我国政府已成功地处理过不少危机事件,如1998年长江中下游的特大洪水,2003年的"非典"等,逐步建立起了一定规模的危机管理体系。但我国现有的危机管理体系主要依赖于各级政府原有行政资源,存在着体系不完善、激励机制和惩罚机制错位、绩效考核体系不健全等问题。由于缺乏科学的理论指导,决策和管理成本较高。危机虽然战胜了,付出的代价是惨重的,发人深思。

西方发达国家对突发事件管理的研究已经由定性研究进入了定量研究的阶段,建立了多种以数学计量为基础的危机处理模型和仿真系统,危机管理已经走向科学化。虽然人类认识世界的有限性总是绝对的,非线性理论暗示,科学提供的最好的预测也不能做到拉普拉斯意义上的确定性预测。这就是说,科学不是万能的,但没有科学是万万不能的。越是在科学的"盲区",就越是要运用科学的方法论,才有可能以最小的代价应对危机。依靠科学,依靠科学方法论,是加强危机管理的唯一选择。危机管理科学化要求危机管理以学科的形式发展与建设,促进危机管理学科化。这种学科化运动,又会反过来推动危机管理科学化的进程。

3. 危机管理学是一门工具性学科,尤其需要方法论支撑

危机管理学是关于危机管理规律的科学。它研究危机的过程和系统,研究危机管理的成本和效益,研究危机的"防"与"治",研究危机管理队伍的专门化和普及化建设,研究和总结国外和中国的经验。危机管理学作为一门学科,必须有自身的学科体系和学科特点、有系

统的理论和研究方法。危机管理学作为一门减少组织风险和处理实际发生的意外事故的科学,隶属于管理学范畴,是一门工具性学科。所谓的工具性,即强调危机管理理论在危机管理实践中的应用性、可操作性,也就是强调方法与手段的重要性。方法论流变的谱系,在相当大的程度上,直接成为管理学理论变革的历史架构[①]。我们在危机管理方法论研究中要坚持以马克思主义哲学为指导,确立其在科学研究中的地位和作用,同时,必须重视危机管理学具体方法的研究,建立起本学科的研究方法体系。

二、探究管理哲学意义上的危机管理方法

危机管理学在方法论上,在对旧方法进行补充、完善的同时,引进、移植相关学科领域的方法,"不仅是为了解决某种具体活动的方法选用问题,而且也是新方法论、新学科的生机所在"[②]。危机管理各种方法的综合应用,形成一套完整的方法论体系。

1. 从危机管理哲学的层面看危机管理方法论

(1) 危机管理哲学原理与方法论的统一性

危机管理学是以各种危机管理工作普遍适用的原理和方法为研究对象的一门学科或科学。危机管理哲学原理在某种程度上是运用哲学的观点和方法对危机管理学的抽象研究,它旨在揭示危机管理学的基本范畴、基本关系及其运动规律,为管理实践者提供正确的世界观和方法论指导。危机管理方法即危机管理学所研究的危机管理工作普遍适用的基本方法,在危机管理学中被抽象为管理原理,揭示管理工作的实质及其基本规律,是对管理工作的科学分析与总结,是对各项管理制度和管理方法的高度综合与概括,是一切管理活动具有普遍指导意义的基本方法。危机管理哲学原理与方法论是统

[①] 尹卫东.方法论谱系中的管理学:一种哲学话语研究[J].江苏社会科学,2003(5).

[②] 李志才.方法论全书Ⅲ[M].南京:南京大学出版社.

一的。

（2）危机管理方法论与常态管理方法论比较

从政府这一管理主体的视角出发，政府在解决确定性和不确定性问题时，通常采用常规决策与非常规决策。涉及解决确定性问题的常规决策而言，属于常态管理范畴；而非常规决策问题面对的往往是突发性的、不确定性的问题，属于危机管理问题。危机管理与常态管理同属于政府管理范畴，其方法论也必然具有相同之处。

其一，都离不开哲学指导。方法论一般分为两大层次：哲学层次上的方法论和科学方法论。[①] 无论是常规管理方法论，还是危机管理方法论，都必须在哲学意义上理解和指导，才能形成科学正确的方法论。

其二，形成了方法论体系。单一的管理方法不能解决管理中纷繁复杂的问题，必须形成多种管理方法的综合体系，才能有效管理。

其三，肯定科学，依靠科学，追求理性。除哲学的指导之外，在方法论上，都必须吸取科学的方法论，如系统方法、组织行为分析法，案例法等，形成一套完整的方法论体系。

另一方面，在哲学的意义上，危机管理是常态管理的终结，是连续性的中断。危机管理必然存在着不同于常态管理的方法论。

其一，方法论的稳定与创新性。常态管理的连续性决定了其方法论的相对稳定性。解决同一类问题的方法已经证明其有效，即可反复使用。在方法论上比较倾向于稳定。相对而言，危机管理为管理连续性的中断，面对新的问题，以往的解决方法已经不能见效，必须打破传统方法，力求创新。

其二，在组织结构上，常态管理大多采用等级分明的组织结构模式，讲求垂直领导、层级节制，不可越级指挥。而面临重大的危机时，

---

① 尹卫东.方法论谱系中的管理学：一种哲学话语研究[J].江苏社会科学，2003(5).

往往需要越级请示、越级领导，高层领导靠前指挥，甚至国家领导人接管等，危机管理层次越少越好，组织结构扁平化。

其三，追求理性、科学与直觉、灵感的差别。官僚制本身是工具理性的产物，科学手段、理性思维解决常规管理问题；而危机管理方法论上由于面临偶然性、突发性、不可测性，危机中信息的不完全性和失真，虽然危机的解决离不开科学的体制设计，但在方法论上直觉、灵感参与往往见效。

其四，不同的管理思维决定不同的方法论。常规管理重点在"治理"，而危机管理侧重点在"预防"。管理思维方式迥异决定管理手段与管理方法的不同。

因此，从哲学层面看，危机管理方法论研究必须遵循一般管理原理，同时还必须创新，形成特色体系。

2. *危机管理过程（生命周期）方法：一种按照危机发生、发展、结束的过程纵向管理的方法*

从动态的角度来看，危机的发生有着一定的演变过程，一般分为危机前兆、发生、发展和结束等阶段。这些阶段是相互依存、相互衔接的循环过程。危机管理也正是基于这些阶段建立和完善其相关的机制和运行体系。因此，在方法论上，可以以时间序列作为建立现代危机管理体系的分析框架。这种按照时间序列的纵向的管理过程研究方法，我们称为危机管理过程（生命周期）方法。

按照危机管理过程方法，危机管理也就是要求在危机发生、发展的每一阶段制定出相应的战略，包括危机预案、预警、接警、处置及恢复等过程环节。制定应对危机的预案，是危机管理的第一道防线。它关系到在不可避免的危机爆发阶段，能否根据已有的危机管理计划，启动紧急应对系统，在最短时间内对危机做出反应，形成社会联动方案，将事态控制住，把危机损失减小到最低。危机预警是要求政府在危机的前兆中及时察觉、发现和识别潜在的危机因素，以降低和减少危机发生的突然性和意外性，增强决策者应对危机的主动性。

危机接警是在危机发生后能迅速传递信息，以最快速度将尽量准确和充足的信息资源送达决策和指挥中枢，并做出响应。恢复是在危机结束后，一方面妥善处理有关政治影响、经济损失等恢复性问题，一方面认真系统地总结经验教训，以修正和完善包括危机预案在内的整个危机管理系统。通过研究危机管理过程方法，有助于建立完整和危机管理流程。

3. 危机管理系统（模型）方法：一种按照系统理论构建的危机管理研究方法

"系统方法论是为了解决系统问题而提供的一套关于选择具体方法的思想、原则和步骤的知识体系。"[①]它既不是哲学，也不是具体方法的结论；它强调的是分析问题、解决问题的思想和逻辑。它是用系统的概念和系统规律去认识事物和解决各种问题的一套方法论体系。[②] 由于系统的本质是"过程的复合体"，因此，系统论通常把研究的对象视为一个完整的、有机的系统，主张从整体的结构和功能上研究问题。系统方法也就是指导人们从整体上、宏观上研究问题的方法。

从控制论的观点看，一个系统是多元函数，按一定的规律有序运动，若突然有一个外来干扰，系统就会不稳定。管理的使命就是维持系统的平衡状态。危机正是这种外来的不确定的干扰因素。危机管理就是对危机的一系列控制活动。从系统论的观点看，危机管理体系是一个系统，而且其系统内部构造和子系统之间相互作用的机制要比一般管理系统复杂得多。危机管理系统外部环境、内部结构变化需要政府管理引入系统方法。

危机管理系统论就是按照系统理论构建的危机管理的方法，也就是按照危机管理本身的系统性把管理对象放在管理系统的运行过

---

① 李习彬. 一般系统方法论研究[J]. 系统工程理论与实践，1996(3).
② 侯耀东，孟庆海. 公共管理引入系统方法的可行性和必要性[J]. 人才瞭望，2003(4).

程中来加以考察的一种方法。危机管理活动不仅涉及组织系统内部的管理(控制)活动,也需要社会支持系统的配合。危机管理系统是一个复杂的适应系统。因此,危机管理系统模型的建构要能够进行系统思考和分析,从而看清复杂系统的结构形态。突发事件作为一个复杂系统随时间与环境不断变化,这就要求组织与个人必须要及时调整以适应这种变化,要善于学习危机,应对危机,建立学习型组织是必需的。

4. 危机管理组织行为分析方法:一种运用组织理论和行为科学对危机管理中诸组织行为进行一般分析的方法

危机管理目标的实现取决于危机治理中主体,即组织系统。危机管理组织系统是一个包括各种子系统的综合体系。各子系统的行为方式直接影响着危机管理目标的实现程度。

从组织行为学的视角分析危机管理主体行为,重视危机管理诸组织系统,并关注组织行为的效果。危机管理组织系统以政府为核心,包括专门的组织机构、专业知识和能力,特别是危机的应对能力;还包括社会支持系统(非正式组织的配合)、社会心理系统(适应能力)等。运用组织行为分析的方法,就是一种运用组织理论和行为科学对危机管理中诸组织行为进行一般分析的方法。通过组织行为分析的视角,危机管理就会关注社会心理的调适与救助管理,在危机管理体制建设中重视危机专业知识教育,增强专业管理人员的专业素质和应对危机的技能,提高组织整体应对危机的能力。

5. 危机管理案例方法:一种通过典型案例研究危机管理规律的方法

案例研究是一种运用历史数据、档案材料、访谈、观察等方法收集数据,并运用可靠技术对一个事件进行分析从而得出带有普遍性结论的研究方法。案例研究可以是给一个案例、事件绘制肖像(描述),更重要的是归纳结果,建立模型,找出一般性结论。它适用于多个学科、专业和场景。危机管理学的研究也使用了案例分析方法,如格雷牧·艾里森(Graham Allison)用政府职能的三个理论分析古巴导弹危机的处理。

案例研究法是危机管理理论研究中不可或缺的方法。通过对典型案例的分析,能够发现危机管理实践中存在的问题,完善危机管理体制。以"非典"为例,暴露出我国危机管理机制建设中存在着很多问题,主要有:缺乏常态管理下的危机意识;缺乏危机管理的预警和监测体系;缺乏危机管理的协调和整合机制;缺乏危机管理紧急措施的法律保障;缺乏危机管理的财政支持等。危机管理案例方法给我们提供了选择实际案例、建立各类危机的案例库的思路,丰富了危机管理方法论体系。

三、应用危机管理方法论,加强我国危机管理体系建设,提高危机管理能力

1. 运用过程方法,查找我国危机管理中的薄弱环节,科学设计、建立和完善危机管理流程,构建危机管理过程监管制度

危机有其发生发展的演变过程,科学的危机管理应该从纵向维度上贯穿危机发生至结束的全部环节。我们常常习惯于用领导碰头会、临时组建机构等管理方式,缺乏一个科学的危机管理流程设计,也没有建立起危机管理过程监管制度。美国在处理"9·11"事件中,虽然初期引起了一定程度的恐慌,社会失序,但很快就进入了危机管理流程,社会救助系统启动,有效减少了损失。我们要借鉴发达国家的经验,反思我国的危机管理实践,科学审视我国的危机管理的薄弱环节。

我国以往的危机管理实践缺乏过程的方法,要按危机发生的演变过程,在"事前""事中""事后"各个环节建立起科学的危机管理流程。往往对"事中"环节有足够的重视,而忽略了危机的预防、监控和评估等环节;管理侧重点在"治"而不是"防"。戴维·奥斯本和特德·盖布勒指出,政府管理的目的是"花少量的钱预防,而不是花大量的

钱治疗"。因此,我们必须运用过程分析的方法,查找我国危机管理的薄弱环节,科学设计和完善危机管理流程、建立危机管理过程监管制度。

在危机管理流程中,要对危机进行中、长期的预测分析,通过模拟危机情势,不断完善危机发生的预警与监控系统。要充分发挥危机监测系统的作用,及时掌握危机变化的第一手材料,探寻危机根源并随时对危机的变化做出分析判断。对监测得到的信息进行鉴别、分类和分析,对未来可能发生的危机类型及其危害程度做出估计,并在必要时发出危机警报;实行危机预控,即针对引发公共危机的可能性因素,采取应对措施和制定各种危机预案,制定多种多样的危机战略和对策,并做好相应的技术和保障准备,如建立反危机基金等。此外,还应该包括建立公共危机发生前的早期风险评估系统与风险管理系统,完善公共危机信息处理程序的规定。

2. 运用系统方法,建立我国危机管理预警体系、信息体系、决策体系、指挥体系、救援体系、救助体系、评估体系

危机的发生不是一个孤立的现象,危机管理同样不能孤立地实施。运用系统方法,从整体的宏观的层面把握危机规律,全面建立我国危机管理的科学体系,是一项重大而紧迫的战略任务。我国目前的行政体制,基本上是部门管理的体制,危机管理职能被人为地割裂开来,这成为建立统一高效的危机管理机制的阻碍。

我们要根据整合资源、降低成本和提高效率的要求,改革行政体制,减少专业管理部门,推行"大部委制",组建专门的危机管理职能机构,在此基础上,综合考虑建立政府危机管理预警体系、信息体系、决策体系、指挥体系、救援体系、救助体系、评估体系,实现危机管理各个系统之间的协调,建设一个前后衔接、综合配套、功能齐全、运转灵活的危机管理体系。在全面改革行政体制的举措暂时还不能推行前,应该在政府部门之上建立一个议事协调性的权威机构,指导各个部门步调一致地进行危机管理工作。

3. 运用组织行为分析方法，提高我国各级领导者危机管理能力

危机管理带有很大程度的人为特征，管理主体（组织和人）的行为能力的作用凸显。危机的爆发，是对我国政府组织和各级领导者应对危机能力的综合考察。

政府的能力是一种综合的、专业化的组织能力，即一种能够将危机的最初状态控制住（防止其蔓延）并彻底解决的能力。政府部门的组织能力取决于政府的科研能力以及政府用于处理危机的组织资源。前者是指政府获取和积累有关危机的知识的能力，后者是指政府部门在处理危机事件的过程中必须具备的人力和财力资源。政府必须建立有利于专业知识累积的专门危机管理机构和专门基金，使得组织能够应付突然而来的变化。

领导能力是指组织中个人必须拥有超人的智慧和处事艺术，具备很强的反应、决策、协调、指挥、控制能力。这种能力是经过专业教育和培训取得的。通过培训，危机管理的人员熟悉各种危机处理方案，明白应担负的具体责任，掌握必备的知识和技能，才能确保操作准确熟练，万无一失，以期收到"临危不惧、沉着应对"的效果。

4. 危机管理方法论也是高起点加强对干部和公民危机管理知识教育的理论宝库

针对目前我国的公民素质教育体系、公务人员的培训系统、危机意识和实际应对能力的训练都十分匮乏的现实，必须重视危机管理教育，培养训练有素的危机处置专业队伍和提高全民的危机意识。

危机管理知识教育包括基本知识教育和方法论教育。基本知识的教育目的在于增强公民的危机意识，培训应对危机的心理承受能力和自救、他救的基本功，以配合和支持事发时的危机处置工作。而危机管理方法论教育则是从高起点提高危机应对能力的教育。古语云："授之以鱼，不如授之以渔。"危机是千变万化的，突发性和不确定

性是其特点。危机的到来,破坏了组织的稳定与常态,迫使组织必须重新选择。方法论是创新的源泉。危机管理知识教育不能离开创新方法的教育,离不开方法论的指导。只有科学方法论的指导,才能开发人们的无穷的创造力,提高应对危机的创新能力。

(原载《中国行政管理》2005年第5期,作者为高小平、侯丽岩)

英国公共危机管理考察

2006年11月1日至21日，本人随国务院办公厅"公共安全管理能力培训团"对英国的公共危机管理进行了考察，分别访问了英内阁国民紧急事务秘书处及所属紧急事务规划学院、内阁地方政府事务部、消防学院等政府公共危机管理机构及救生艇协会等相关非政府组织，与中央和地方政府公共危机管理机构负责人进行了会谈，听取了英国专家和官员授课，实地考察了伦敦市温布利区、牛津市、曼彻斯特市、爱丁堡市、卡丁夫市等地公共安全管理情况，有一些启发和收获，又查阅了一些资料，遂成此文。

一、近年来英国不断加强公共危机管理

英国对公共危机管理的重视是有历史传统的，与这个国家灾难深重有关。英国是个岛国，自然灾害比较多。无数次的战争给英国带来了许多创伤。还有经常发生的传染病，更是让英国人雪上加霜。1919年"一战"刚结束，英国爆发一场大的流感，死的人比"一战"死的人还多。前些年的"疯牛病"给英国经济带来巨大损失，当时几乎所有欧洲人的餐馆，包括英国的餐馆，菜单上都划掉了"牛肉"，法国至今仍然不从英国进口牛肉。

早在16世纪，有人企图用炸药炸毁伦敦市政厅，幸而被及时发现粉碎，后人为纪念这件事件就在这一天（11月2日）燃放烟花爆竹，像过节一般。我们到伦敦的时候正好赶上这一天，晚上常常看到五颜六色的烟花此起彼伏，爆竹声声，有点中国的春节的味道。

近些年来,英国公共危机管理的力度进一步加强。这主要基于三个方面的原因:一是英国高度依赖国际贸易,大量的人口流动和国际交往增加了发生公共卫生和恐怖袭击事件的风险;二是英国是一个多民族社会,大量居民来自原殖民地及英联邦国家,具有不同的宗教信仰和文化背景,易发影响公共安全的社会问题;三是从20世纪80年代以后,北爱尔兰共和军开始在英格兰本岛实施爆炸活动,成为影响公共安全的重要因素。针对这些危机和风险,英国立足于在事发前发现、制止和控制危机,设计建立了公共危机管理制度体系,依靠训练有素的警察、消防、卫生救护及军队等力量,比较有效处置了各类突发公共事件。这一阶段,英国应急处置的显著特点是单一部门应对,基本上没有跨部门的协调。

20世纪90年代末期以来,随着危机形态的变化和危害的扩大,英国政府对公共危机管理体系重新审视和评估。一方面,由于气候变暖,英国洪水、龙卷风等自然灾害多发、威胁增大,如在过去10年内发生的洪灾超过了以往400年;另一方面,美国"9·11"事件及我国"非典"疫情发生后,英国政府认为本国难以应对类似大规模的恐怖袭击和突发公共事件,公共危机管理体系存在明显缺陷。主要表现为:中央层面缺乏强有力的组织协调;负责公共危机管理的相关部门和应急队伍之间缺乏协同、配合,命令程序和通讯方式各不相同,现场处置指挥很难统一;应急装备和设施只能满足日常公共安全管理的需要,不能适应应对重大突发公共事件的要求。对此,英国以解决指挥、控制、通讯三个方面的问题(即3C:Command,Control,Communications)为突破口,以强化中央层面协调和各部门协同为重点,着力改变应对紧急状态的方式,整合各方面应急资源,增强应对重大突发公共事件的合力。在去年伦敦地铁爆炸和今年伦敦机场未遂炸机事件中,英国都表现出较高的处置效率和能力。近年来英国公共危机管理体系最为显著的变化,就是针对紧急事态的新特点,更加注重跨部门、跨地区协调,强化了应急联动机制,做到一旦有事即能迅速调集必需的资源投入应急行动;更加注重公共危机管理体系建设,加强对重点场所、关键部位的监控。

二、目前英国的公共危机管理运行模式的特点与优点

在英国发生突发公共事件后,一般由所在的地方政府负责处置,直接参与处置的是警察、消防、医护等管理部门,其他地方政府部门及非政府组织予以协助和支持。中央政府负责应对恐怖袭击和全国性的重大突发公共事件。在中央层面,首相是公共危机管理的最高行政首长,相关机构包括中央紧急应变小组(Cabinet Office Briefing Rooms,简称 COBR,又称"眼镜蛇")、国民紧急事务委员会(Civil Contingencies Commitment,简称 CCC)、国民紧急事务秘书处(Civil Contingencies Secretariat,简称 CCS)和各政府部门。其中,COBR 是政府危机处理最高机构,但只有在面临非常重大的危机或紧急事态时才启动;CCC 由各部大臣和其他官员组成,向 COBR 提供咨询意见,并负责监督中央政府部门在紧急情况下的应对工作;CCS 负责危机管理日常工作和在紧急情况下协调跨部门、跨机构的应急行动,为 CCC、COBR 提供支持;政府各部门负责所属范围内的公共危机管理,卫生部等相关部门设立了专门的公共危机管理机构。

根据突发公共事件的严重程度和性质,英国采取分级危机处置模式。地方政府负责处置的主要是一般性(如交通事故)和影响当地但未波及全国(如区域性停电)等两类突发公共事件,后一类事件的处置情况要向中央政府报告。中央政府应对的紧急情况分为三级:一是超出地方处置范围和能力但不需要跨部门协调的重大突发公共事件,由相关中央部门作为"领导政府部门"(Lead Government Department,简称 LGD)负责处理;二是产生大范围影响并需要中央协调处置的突发公共事件,启动 COBR,协调军队、情报机构、CCS 和相关部门进行处置;三是产生大范围蔓延性、灾难性的突发公共事件,启动 COBR,由中央政府主导危机决策,决定全国范围内的应对

措施。其中，在前两种情况下，中央政府部门和 COBR 一般不取代地方政府的职责，而是负责在中央层面协调相关部门的行动，保证中央与地方联系畅通，掌握地方政府处置工作情况并提供指导性意见。

英国政府明确了公共危机管理的三个目标，即保护公众生命及财产安全、维护正常的社会秩序和公共服务、保障民主和法治进程。中央政府按照以下原则指导危机管理：一是有准备原则，强调参与应急处置的人员必须受过良好培训，时刻做好应对危机的准备；二是连贯性原则，强调要制定应急预案和计划，使应对工作有章可循，避免措手不及；三是辅助性原则，强调指挥权在直接处置危机的现场和一线；四是方向性原则，强调危机管理要有明确的战略目的和工作目标；五是综合原则，强调整合危机管理资源，做到各相关部门协同应对；六是沟通原则，强调突发公共事件信息要及时双向传递至政府部门和社会公众；七是合作原则，强调增强应急处置各个部门、机构之间的信任和理解，保障信息共享，有效实施救助；八是预见原则，强调未雨绸缪，预见并控制危机的发生、发展。

三、英国提升公共危机管理能力的主要做法

为有效应对各类危机，英国从本国历史和现实情况出发，有针对性地采取措施完善危机管理体系，使危机管理能力得到新的提升。从我们了解的情况看，以下几个方面是有特点、有成效的。

（一）完善危机管理法律和应急计划，为应对突发公共事件提供有效的法制保障。英国比较早地建立了紧急状态法律体系，但相关法律之间缺乏衔接和配合，没有发挥出应有的作用，也不能适应新型危机带来的诸多挑战。为此，英国在 2004 年 1 月通过了《国内紧急状态法案》，强调预防灾难是公共危机管理的关键，要求政府把危机管理与常态管理结合起来，尽可能减少灾难发生的危险，同时开展必要的培训和演习，做好应急准备；明确规定了地方和中央政府对紧急状态进行评估、制定应急计划、组织应急处置和恢复重建的职责。随

后，英国又陆续出台了《2005年国内紧急状态法案实施细则》《2006年反恐法案》等。根据法律规定，英国各级政府及部门还组织制订了各种应急计划，具体规定了不同紧急情况下的应对措施、程序和职责分工。从近年来英国几起重大突发公共事件处置情况看，危机管理都是在法律和行政法规的框架内实施的，同时在实践中获得的经验教训又能较快地在法律和应急计划中得到体现、予以明确，从而在制度上保证了危机管理成功经验的不断积累和应对工作依法、有序进行。

（二）适时启动中央紧急应变小组（COBR），强化中央层面对重大突发公共事件应对工作的协调和指挥。COBR不是一个常设机构，实际上是中央政府公共危机管理协调和决策机制，通常在面临重大危机并且需要跨部门协同应对时启动，以召开紧急会议的方式运作。COBR的组成人员不是固定的，而是根据事态的性质和严重程度由相关政府部门相应层级的官员参加。部长级会议一般由首相主持召开，首相不在时由副首相或内政大臣主持；政府官员级别的会议，一般由内阁办公室负责安全、情报事务的常务次官主持，或由与处置工作关系最密切的政府部门负责人主持。COBR的主要任务是：确保应急处置指挥人员与COBR的有效沟通；及时、准确掌握危机的现实情况；制定危机管理的战略性目标；在应急处置与保护公众权利之间保持平衡；向社会公众提供相关信息；加快决策的形成。为保证COBR职责的履行，配置了包括视频墙、保密电话和传真、电视会议等功能的现代化通信信息系统。

到目前为止，COBR召开紧急会议处理的危机包括1999年科索沃战争、2000年9月燃油供应短缺危机、2001年爆发的口蹄疫、2005年7月的伦敦地铁爆炸及2006年4月发生的高致病性禽流感和8月发生的伦敦机场未遂爆炸事件。相关决策都是由COBR做出或提请首相决定的，如在燃油短缺危机中禁止油价上涨，在未遂炸机事件后严格机场安检和减少随身携带物，等等。COBR这一协调和决策机制，既体现了属地管理、分级处置的基本原则，又强化了应对重大突发公共事件的协调和指挥，在一定程度上克服了因沟通不够、协调不力导致反应迟缓、效率低下等问题。

（三）设立内阁国民紧急事务秘书处（CCS），充分发挥危机管理办事机构的职能作用。2001年7月，英内阁办公室设立CCS，具体协调跨部门、跨机构的公共危机管理工作和紧急救援行动，通过内阁办公室负责安全和情报事务的常务次官向首相汇报情况，由此英国的国民防护职责从内政部转移到CCS。该机构主要有以下职能：一是负责危机管理体系规划和物资、装备、演练等应急准备工作。二是对风险和危机进行评估，分析危机发生几率和发展趋势，确保现有的应急计划和措施足以应对。三是在危机发生后，确定"领导政府部门"（LGD）名单、职责（CCS还负责平时适时更新LGD名单和职责）和是否启动COBR，制定应对方案，协调各相关部门、机构的应急处置；在区域性突发公共事件处置中，负责督促地方政府报告处置情况；在LGD处置不当或不力时，及时介入并进行干预。四是对应对工作进行评估，从战略层面提出改进意见，协调推动危机管理立法工作。五是负责组织危机管理人才培训。

目前，CCS有85名编制，下设"三部一院"，即评估部、行动部、政策部和紧急事务规划学院。其中，评估部负责全面评估可能和已经发生的灾难的严重程度、规模和影响范围，发布信息；行动部负责制定和审议应急计划，确保中央政府做好充分准备以有效应对各类突发公共事件；政策部参与制定危机管理政策，并与政府各部门协商起草应急规划、计划和全国性标准。CCS的设立，是英国加强公共危机管理的一项重要举措，既促进了危机管理与常态管理的有机结合，又提高了中央政府应对重大危机的效率。

（四）建立"金、银、铜"应急处置机制，实现各类突发公共事件危机管理的统一高效。由于历史的原因，英国的警察、消防、医护等主要应急部门内部和相互之间的独立性很强，在很长的时期内存在命令程序、处置方式不同和通讯联络不畅、缺乏协作配合等突出问题。建立"金、银、铜"机制就是为了解决上述问题。该机制既是一种应急处置运行模式,又是一个应急处置工作系统。一方面,根据事件性质和大小,规定形成不同的"金、银、铜"组织结构;另一方面,确定应急处置"金、银、铜"三个层级,各层级组成人员和职责分工各不相同,通过逐级下达命令的方式共同构成一个应急处置工作系统。为保证通信畅通,政府统一购买通信装备、提供无线通信频道。从近6年来的运行情况看,该机制取得了一定成效,"3C"问题都有所改进。

——金层级主要解决"做什么"的问题,由应急处置相关政府部门(必要时包括军方)的代表组成,无常设机构,但明确专人、定期更换,以召开会议的形式运作。该层级负责从战略层面对突发公共事件进行总体控制,制定目标和行动计划下达给银层级。要重点考虑以下因素:事件发生的原因;事件可能对政治、经济、社会等方面产生的影响;需要采取的措施和手段,以及这些措施和手段是否符合法律规定、是否会造成新的人员伤亡、是否会对环境、饮用水等产生影响;与媒体的关系等。金层级可直接调动包括军队在内的危机管理资源(决定资源在全国范围内调动的是COBR),通常远离事件现场实施远程指挥。由于成员很难短时间集中到一起,一般采用视频会议、电话等通信手段进行沟通和决策。在去年处置一起因漏油造成的火灾中,因气体含有害物质,当时的金层级就下达了疏散下风向10英里范围内人群的命令,军方也参与了疏散行动。

——银层级主要解决"如何做"的问题,由事发地相关部门的负责人组成,同样是指定专人、定期更换,可直接管控所属危机管理资源和人员。该层级负责战术层面的公共危机管理,根据金层级下达的目标和计划,对任务进行分配,很简捷地向铜层级下达执行命令(What、Where、When、Who、How等),并可根据不同阶段处置任务和特点的不同,任命相关部门人员分阶段牵头负责。要重点考虑七个方面问题:一是事件的性质和原因;二是需要做什么及理由;三是如何执行金层级的命令以及所要采取的行动会导致什么影响;四是在什么位置组织实施处置行动最有效;五是现有的危机管理资源及如何配置使用,后备的危机管理资源及何时能够拥有;六是所采取措施之间的相互关系及实施步骤、程序;七是及时掌握铜层级的行动情况。银层级的人员很接近但不直接进入现场进行指挥,负责对现场周边地区实施管控,必要时扩大管控范围。几年前,各部门第一次合作演练银层级运行时,各执一词、互不相让,后逐渐认识到解决这七个方面问题对应急处置非常有效。

——铜层级负责具体实施应急处置任务,由在现场指挥处置的人员组成,直接管理应急资源的运用。该层级执行银层级下达的命令,决定正确的处置和救援方式,"在合适的时间、以合适的方式做合适的事情"。

(五)依托紧急事务规划学院(EPC),强化综合性危机管理培训。英国公共危机管理培训体系由三部分组成:一是CCS所属的紧急事务规划学院(EPC),主要培训如何协同应对突发公共事件;二是政府部门设立的专业培训学院,主要培训本系统内如何应对突发公共事件;三是私立培训机构。其中,EPC作为英国最权威、最有影响的危机管理培训机构,具有为全国提供危机管理培训标准的地位和作用。该院始建于1937年,长期归内政部管辖,2001年后划归CCS管辖,是英国最大的公共安全资料库。目前,该院与利兹大学商学院合作办学,利兹大学为其提供了强大的学术支撑;拥有上百人的师资队伍,主要从各大学和研究机构聘请。

EPC的培训目标不是强化专业技能,而是培训来自不同部门的公共危机管理人员相互合作、协同应对。根据实际工作和学员的需求,设计建立了一整套公共危机管理培训课程,主要分为两个部分:一是核心课程,包括国民安全应急保护、重大活动和大型公共设施安全管理、灾难紧急救援等三类;二是专业课程,包括人畜疾病、化工和核事故、高速公路交通事故处置等。培训方式注重案例教学,引导学员参与提出解决问题的方案,学习如何与其他部门协同处置突发公共事件。2005年,EPC共培训学员7 000余人,占全国年同类培训的90%。受训人员包括地方政府工作人员(36%)、医疗卫生人员(20%)、紧急服务机构人员(20%)、中央政府公务员(8%)、企业相关人员(8%)、现役军人(3%)及其他一些国家政府公务员等。EPC独具特色和高质量的培训,为推动本国危机管理机制和方式的转变,培养危机管理人才队伍,发挥了重要作用。此外,EPC还为CCS的工作提供支持,参与调查和评估地铁爆炸案等重大突发公共事件应对工作,同时面向各类机构和社会公众提供公共安全咨询服务。

(六)重心下移,广泛动员社会力量参与危机处置。英国在强化政府部门间协调和协作的同时,还重视基层的公共安全管理,善于动员和储备社会应急力量。一是改善社区公共服务和管理,化解公共安全隐患。我们培训驻地伦敦温布利区是一个种族多样性、文化多元化十分突出的城区,易发各种社会问题。该区通过加大旧城改造力度、增加就业和住房、严禁种族歧视、加强治安管理等措施,有效地促进了社区和谐稳定。英国中央和地方政府支持改善社区公共服务和安全管理,建立了评级制度,起到良好的导向作用。二是广泛普及应急知识。英国注重在日常生活中通过教育、培训和情景训练,增强公众的危机意识和自救互救能力。英内政部向全国每户居民寄送"紧急事故指南",帮助公众为紧急事故做好必要准备。全国各地每年都要举行多种紧急应变演习。伦敦地铁爆炸发生后,在救援人员赶来前,乘客们一直在想办法自救互救,表现出良好的心理素质和应变能力,避免了更大的恐慌。三是鼓励非政府组织和民间团体建立应急志愿者队伍。英国非政府组织和团体众多且由来已久,一部分机构还承担公共服务职能。政府把这些民间力量纳入危机管理体系,支持建立各类专业性、技能性的应急志愿者队伍,在很大程度上弥补了政府公共危机管理资源的不足,同时增强了民间组织的社会责任感。在重大突发公共事件发生后,几乎都有受过良好训练的志愿者参与救援行动。四是利用媒体发布信息和安抚公众。英国政府非常重视第一时间准确发布突发公共事件信息，即使是三言两语，也会立即发表声明，从一开始就掌握信息传播的主动权；注重提高政府部门和公共服务机构在紧急情况下应对新闻媒体的能力，并作为应急计划的一个组成部分，要求任命专业的新闻官员负责媒体事务，全面参与应急计划制定和工作准备；同时，还注意通过广播、电视及时向公众提供应急防护信息和安全指导，培养公众通过主流媒体获取帮助的习惯。

总的来看，近年来英国危机管理体系一直处于调整和完善的过程中，取得了很大进展和一些成功经验，但仍面临探索提升公共危机管理能力的任务。比如，"金、银、铜"应急处置机制还没有被有关各方熟练掌握；一些政府部门应急计划尚未完成；现有应急资源不足以应对大规模灾难性危机等。CCS负责人布鲁斯向我们介绍了今后一个时期英国危机管理的战略目标：一是应对流感等大规模传染性疾病；二是确保2012年伦敦奥运会的安全；三是防范和应对化学、生化武器等恐怖袭击。为此，英国将继续致力于提高危机管理能力，一方面用两到三年时间加强硬件建设，购置必需的应急装备；另一方面用更长的时间培训危机管理人才。

（这是本人起草的资料，部分内容写入《英国应急管理考察报告》，署名为国务院办公厅公共安全管理能力培训团，发表在《中国应急管理》2007年第1期）

后　记

今年是邓小平同志发表《党和国家领导制度的改革》40周年。1980年8月18日邓小平在中央政治局扩大会议上发表的这篇讲话，实际上成了我国政治体制改革、行政体制改革的纲领性文献。这篇讲话也是1979年他在理论工作务虚会上发表"政治学、法学……要补课"思想的发展：从理论到实践。本书是我学习《党和国家领导制度的改革》的点滴体会。

在新冠肺炎疫情肆虐全球的日子里，我负责的国家社会科学基金重大项目"国家治理现代化与行政管理制度体系创新研究"工作一直没有停顿。本书是该项目研究的一部分内容。

本书的出版要感谢宋林飞教授、童星教授、严强教授的鼓励，感谢南大政府管理学院孔繁斌院长、周建国副院长、张海波副院长及魏姝教授等各位老师和同学的帮助，浙江大学马克思主义学院陈宝胜教授、温州大学法学院王宗正教授、中国行政管理学会鲍静研究员、张学栋高级工程师、沈荣华研究员、张定安研究员、解亚红研究员、刘杰副研究员、赫郑飞副研究员、曹胜副研究员等也给了很多帮助，南京大学出版社的编辑老师付出了辛勤的劳动，在此一并表示诚挚的谢意。

本书著者
2020年8月18日于北京方庄